PIETRO CITATI

Das Licht der Nacht

Pietro Citati

Das Licht der Nacht

Die großen Mythen der Welt

Aus dem Italienischen von
Barbara Kleiner
und Karl Pichler

Claassen

Die Originalausgabe erschien 1996 unter dem Titel
La Luce della Notte *im Verlag Arnoldo Mondadori Editore,*
in Mailand, Italien.

Wir danken der *Bibliothèque Nationale de France* für die freundliche Genehmigung der Abbildung des Drucks *Les Bergers d'Arcadie* von Bernard Picard nach Nicolas Poussin.

Der Claassen Verlag ist ein Unternehmen
der Verlagshaus Goethestraße GmbH & Co. KG

ISBN 3-546-00170-2

Gesetzt aus der Goudy Old Style bei
Franzis print & media GmbH, München
Druck und Bindung: Graphischer Großbetrieb Pößneck

Inhalt

Erster Teil: Die Könige von Mykene

Zweiter Teil: Vom heiligen Paulus zum Paradiso

Dritter Teil: Die Spiele des Dao

Vierter Teil: Im Islam

Fünfter Teil: Der Tod der Götter

Epilog

ERSTER TEIL

Die Könige von Mykene

Die Skythen

Wenn die Reisenden des 17. oder 18. Jahrhunderts im Frühling die immense Steppe durchquerten, die sich von der Ukraine bis nach Sibirien erstreckt, sahen sie längs der Straße Hügel, mal vereinzelt, mal in Gruppen, mal klein, mal über zwanzig Meter hoch. Die Reise wurde unterbrochen: ein paar Minuten oder mehrere Stunden lang. Ringsum ein üppiger Blumenteppich: wilde Tulpen, gelbe und violette Iris, Mohn, Ranunkeln, purpurne Hyazinthen, eingebettet in weißes, schaumiges Gras wie in ein silbernes Meer; und am Horizont in der klaren, blauen Luft zogen rasch die Gestalten von Hirschen, grauen und silberfarbenen Wölfen, Adlern und Trappen vorüber. Die Reisenden wußten nicht, daß in diesen Hügeln skythische Fürsten begraben lagen, von deren Sitten und Abenteuern sie voller Begeisterung bei Herodot gelesen hatten.

Welche Überraschung, als die ersten Forschungsreisenden die Türen zu den großen Hügeln öffneten! Darin lagen – in Grabkammern, die meist aus riesigen Steinquadern gefügt und mit Filz ausgekleidet waren – die Skythen, die sie sich beim Lesen so lebhaft vorgestellt hatten. Da waren die Fürsten und ihre Gattinnen, fanden sich Köche, Reitknechte, Dienerschaft und Boten; zehn oder zwölf Pferde, die Köpfe von Masken bedeckt, Goldgefäße mit goldenen Ohrgehängen, Ringen, Armreifen und Perlen, Amphoren, Bronzeketten, Köcher voller Pfeilspitzen, Bronzespiegel, Schwerter, persische Teppiche, griechische Schalen, chinesische Seidenstoffe, Streitwagen, Pelze und Spielzeug für die Kinder. Irgend jemand hatte hinten im Raum Häufchen schwarzer Erde aufgeschichtet, feuchte, fruchtbare Erde, von weither geholt: denn jedes Grab war symbolisch eine himmlische Weide, auf die der Tote seine Herden führte, zusammen mit den Pferden und den Menschen, die er liebte. Welche Überraschung aber erst, als ein Forscher ein Grab voll Eis fand! Ein paar Minuten lang betrachtete er den Fürsten und die Pferde in ihrer Gestalt, die vom Eis konserviert war: Alles schien lebendig, unbeweglich, wie für immer gebannt, die persischen Teppiche, die chinesischen Seidenstoffe, die Schwäne aus Filz, alles war wunderbar erhalten; dann schmolz das Eis, die Dinge zerfielen, und dieser kurze Traum von Unsterblichkeit zerrann.

Wir wissen nicht genau, woher dieses im Eis schlafende Volk gekommen ist. Sicherlich hatte es in der großen euroasiatischen Steppe gelebt, vielleicht in der Nähe des Kaspischen Meers oder des Altai-Gebirges. Die Menschen waren iranischer Abstammung und sprachen eine iranische Sprache. Nach 1000 v. Chr. folgten sie dem Beispiel ihrer persischen Brüder und zogen in Richtung Westen und Süden. Für immer verließen sie das Land der schrecklichen Winter, wo das Meer acht Monate im Jahr zugefroren ist, die Kälte den Speichel im Mund und die Tränen in den Augen gefrieren läßt, das Wasser sich, kaum am Boden, sofort in Eis verwandelt, und der Horizont beständig in eine Wolke gehüllt ist, die wie ein Wirbelwind in der Luft kreist. Herodot spricht von einer Massenwanderung auf den Spuren der fliehenden Kymbern. Wahrscheinlich aber kamen sie in Gruppen und arbeiteten sich langsam durch die Gebirgsschluchten des Kaukasus vor; wenn die Gräber Kleinasiens und des nordwestlichen Iran schon im 8. oder 9. Jahrhundert kauernde Tiere aufweisen, Hirschköpfe und Wildschweinzähne, so ist dies das Zeichen ihres Wandelns in der Geschichte.

Im 7. Jahrhundert kam es zur großen Wanderung. Die skythischen Krieger bestiegen ihre ausdauernden und widerstandsfähigen Pferde mit dem mächtigen Brustkorb und den kräftigen Beinen: »Pferde schneller als Panther, gefährlicher als Wölfe der Steppe«, wie der Prophet Habakuk sagt. Sie bedeuteten den Skythen alles: Kriegswaffe, Transportmittel auf Reisen und beim Herumstreunen, Nahrung, Grabbeigabe und himmlisches Reittier. Sie tranken ihre Milch, und aus der Milch gewannen sie ihr Kumys-Getränk. Ihr Zaumzeug verzierten sie mit Filz und geschnitzter Birkenrinde, sie schmückten ihre Stirn mit Plaketten in Tierform, an ihre Zügel hängten sie menschliche Skalps, in ihre Brustpanzer ritzten sie Abbildungen von Hirschen und Vögeln ein, und sie streiften ihnen Vogel- und Drachenmasken über, die den Pferden die Schnelligkeit von geflügelten Geschöpfen verleihen sollten. Hinter den Kriegern folgten die beweglichen Städte. Hunderte, mit Filz ausgeschlagene Wagen wurden von einem oder mehr Ochsengespannen gezogen; darauf saßen die Frauen mit den Kindern, den Waffen und den Schätzen der Familie. Manchmal kam der Zug zum Stillstand. Kymbrische oder urartäische oder assyrische oder medische Heere versuchten, die Invasoren aufzuhalten. Dann griffen die skythischen Krieger zu den Bogen, jenen eigenartigen Bogen mit der doppelten Krümmung, und ihre geschickten und flinken Hände verliehen dem Pfeil eine furchtbare Kraft, vor der die Krieger des Südens zitterten.

Nichts konnte sie aufhalten. Sie zogen bis nach Syrien und plünderten das Heiligtum der Astarte in Askalon; sie zogen durch Judäa und Ägypten, wo lediglich der Pharao Psammetich sie mit Geschenken aufhielt. Die Zeugnisse der Zeitgenossen künden von einem Schrecken, der nur dem vergleichbar ist, den achtzehn Jahrhunderte später die Mongolen verbreiten sollten. »Seht, Wasser wogen vom Norden heran«, klagte Jeremia, »und werden zum flutenden Wildbach. Sie überfluten das Land und was darin ist, die Städte und ihre Bewohner. Da schreien die Menschen, und laut klagen alle Bewohner des Landes vor dem donnernden Hufschlag der Hengste, vor dem Rasseln der Räder.« Mit jener höflichen Geschmeidigkeit und Diplomatie, wie sie häufig mit der Grausamkeit von Nomadenvölkern einhergehen, nahmen die Skythen an den wechselnden Allianzen und Kriegen des Vorderen Orients teil. Sie griffen die Assyrer an: Dann verbanden sie sich mit ihnen und gaben wahrscheinlich dem Skythenfürsten eine assyrische Prinzessin zur Frau. Als die Meder Ninive belagerten, schlugen sie sie; achtundzwanzig Jahre herrschten sie in Medien, wo »alles«, wie Herodot sagt, »durch ihre Gewalttätigkeit und Nachlässigkeit zerstört wurde«. Dann wurden sie ihrerseits von den Medern geschlagen, die sich mit den Babyloniern verbündet hatten. Da zogen die Krieger mit der spitzen Mütze und den Pferden »schneller als Panther, gefährlicher als Wölfe der Steppe« sowie ihre mit Filz ausgeschlagenen Wagen durch den Kaukasus und kehrten heim in den Norden, in die Nähe des Kaspischen Meers oder nach Südrußland. Der eine oder andere skythische Fürst blieb in Medien, südlich des Urmia-Sees.

In den Jahrhunderten, die sie im Vorderen Orient zubrachten, dem Ursprung der alten Kulturen, lernten die Skythen etwas, was sie nie mehr vergessen sollten. Als sie in den Süden kamen, verwendete ihre Kunst nur billige oder anspruchslose Materialien wie Knochen, Horn oder Holz. Jetzt erfaßte sie ein Traum von Macht und Glanz und Herrlichkeit, die kaiserliche und theokratische Herrscherwürde betörte und blendete sie. Und sie begannen, das Gold zu verehren, in dem sie nun ein Symbol der Macht und der Kunst erblickten. Ihre Gräber im Vorderen Orient lassen eine einzigartige Mischung aus assyrischer, urartäischer, babylonischer, medischer, protoiranischer und skythischer Kunst erkennen. Wir wissen nicht, wessen Hand die wertvollen Metalle bearbeitete, ob ein skythischer Handwerker, der den Umgang mit Gold und den großartigen orientalischen Bildnissen erlernt hatte, oder, was wahrscheinlicher ist, ein assyrischer oder urartäischer Künstler, der sich dem Geschmack der neuen Herren beugte. Wir brauchen nur die assyro-babylonischen Steinböcke rings um den Lebensbaum zu betrachten: die Köpfe der Gazellen mit den von Elfenbein eingefaßten Augen und den Hörnern in Form einer Leier, die Kopfplastiken von Greif und Löwe, die Jagd mit dem Wagen, die Stiere mit Menschenkopf mit den Schutzgottheiten des Orients. Gleich daneben der ganze Glanz und Duft Skythiens: kämpfende oder liegende Luchse, Raubvögel, kniende Hirsche – als ob sich der Orient und Sibirien, Paläste und Wagen, zwei völlig gegensätzliche Welten, zu einem einzigen strahlenden Bild vereint hätten.

Als die Skythen nach Südrußland kamen, wurde das Gold zum zentralen Symbol ihrer Kunst und Religion. Alles strebte nach diesem Gold, konzentrierte sich aufs Gold, das alles übertraf. Nach einer Legende, die Herodot anführt, ließ ein Gott – vielleicht die Göttin Tabiti, die wärmende Göttin des Feuers und des königlichen Herds – drei Dinge aus glühendheißem Gold vom Himmel fallen: einen Pflug mit Joch, eine Streitaxt und eine Schale – Symbole für die drei Stände. Wie im Märchen versuchten die drei Söhne des ersten Menschen, sie einzusammeln. Die ersten beiden Brüder aber mußten vor der Gewalt des Feuers zurückweichen, das sich jedoch beruhigte, als der jüngste Bruder kam, so daß der junge Mann die Gegenstände nach Hause bringen konnte. Dadurch, daß er Pflug, Schale und Axt an sich nahm, wurde er zum Priesterkönig von Skythien, seine Nachfahren und Erben hüteten den heiligen Schatz; und im Lauf der Jahrhunderte wurde das Gold – verehrt, angebetet und vergöttert – für die Skythen zum Bindeglied mit dem Himmlischen, zur Grundlage ihrer Gesellschaft und zum bevorzugten Material ihrer Kunst. Es kam ja vom Himmel. Aber es war auch sehr weit weg, im äußersten Norden, wo geflügelte Greifen es bewachten. Vielleicht war es so weit weg, daß außer den Schamanen in ihrer Trance kein menschliches Wesen es erreichen konnte: im mythischen Jenseits, auf dem Berg, wo der Vater des Himmels wohnt.

Diese Gegenstände aus Gold, die skythische Handwerker unermüdlich herstellten, befinden sich heute in der Eremitage in Sankt Petersburg, zusammen mit Objekten aus Sibirien. Vor fast dreihundert Jahren begann Peter der Große, sie zu sammeln, und im Lauf dieser Jahre fügten russische Archäologen den alten Schätzen neue aus den Hügelgräbern hinzu. Einige gelungene Ausstellungen machten sie einem großen Publikum in Europa und Amerika bekannt, aber keine Ausstellung ist auch nur entfernt mit dem Anblick des Hypogäum in der Eremitage zu vergleichen. Eifersüchtig von den Greifen-Wächtern behütet, strahlt dort der ursprünglich-kreatürliche Geist der Skythen und der Gräko-Skythen. Denjenigen, die noch nicht in Petersburg waren, empfehle ich das ausgezeichnete Buch von Véronique

Schiltz: *Die Skythen und andere Steppenvölker*[1]. Die Abbildungen sind wunderbar: Entsprechend vergrößert, verbergen die Goldobjekte keines ihrer Ornamente oder Intarsien und auch nichts von ihrem Glanz; der Text ist das Intelligenteste, was ich je über Kunst und Zivilisation der Steppennomaden gelesen habe.

In diesem Hypogäum wird man keine Paläste finden, auch keine Statuen, Gemälde oder Fresken: Die Kunst der Nomaden kennt die riesigen Königspaläste oder Tempelanlagen des Vorderen Orients und Griechenlands nicht. Alles ist aufs Minimum, auf wenige Zentimeter reduziert: Das Minimale wird hervorgehoben und verherrlicht, eine schöpferische Imagination, die in anderen Ländern einen Donatello oder einen Dürer hervorbringen sollte, konzentriert sich hier ganz und immer wieder auf den Brustpanzer eines Pferdes, auf den Kamm einer Prinzessin, eine Brosche, eine Gürtelschnalle, den Beschlag eines Schwertknaufs, auf einen Kelch oder die Verzierung eines Kleids, so daß sämtliche Gelegenheiten und Momente des Nomadenlebens verziert und ausgeschmückt werden. Man kennt keine Namen, wir wissen nicht, wer die Künstler waren. Wir wissen nicht einmal, ob es eine eigene spezialisierte Klasse von Handwerkern gab oder ob die Hände der nimmermüden Krieger in den Mußestunden damit beschäftigt waren, rennende Hirsche, Greifen und Hasen anzufertigen. Diese namenlosen und großartigen Handwerker vergaßen bald alles, was sie im Vorderen Orient kennengelernt hatten: die Göttin der Tiere, die Schutzgottheiten. Sie schnitzten Hirsche, weil Hirsche die Seelen der Toten ins Jenseits tragen; sie schnitzten ihr Totem sowie Löwen, Löwinnen, Panther und Greifen, um sich in den Besitz ihrer übermenschlichen Kräfte zu bringen.

Nie, oder fast nie trifft man auf die menschliche Gestalt: Der Mensch wagt nicht, in diese strenge Welt einzutreten, wie er es auch nicht wagt, den Göttern sein eigenes Antlitz zu leihen. Mit den Köpfen und Leibern von realen und imaginären Tieren gestalteten die skythischen Handwerker ein symbolisches Alpha-

[1] Auf deutsch erschienen: München 1994.

bet, worin Raubtier und Barbarei, Schimäre und Geheimnis – alles, was niedriger und was höher ist als der Mensch – einander in immer neuen Formen durchdringen. Da ist zunächst und vor allem das ruhende Tier, dessen Hinterbeine am Boden liegen. Plötzlich setzt es sich in Bewegung: Seine Glieder strecken sich, und es gewinnt an Geschwindigkeit, wie die Hirsche, die man in der Steppe jagt. Manchmal aber wirkt es wie ruhend und in Bewegung zugleich, gleichzeitig in zwei entgegengesetzten Posen festgehalten. Und das ist erst der Anfang. Bevorzugt gestalten die Nomadenhandwerker Gruppen und Kombinationen, dichte und undurchdringliche Massenkompositionen. Die Tiere fallen grausam übereinander her. Ein Raubvogel stürzt sich auf eine Bergziege, ein Adler schlägt seine Krallen in den Leib eines Hirsches, ein Tiger, ein Greif und ein Wolf reißen eine unbekannte Beute, ein Tiger beißt ein Kamel, das den Tiger beißt, ein Yak und ein Greif kämpfen miteinander, ein geflügelter Panther reißt einen Steinbock, ein Greif packt einen Hirsch an der Kehle; bis hin zu Exzessen der Grausamkeit – ein Pferd mit Vogelschnabel und Löwenschwanz ist Opfer von drei Angreifern: von einem Tiger, der es in die Kehle beißt, einem Wolf, der ihm die Flanke aufreißt, und einem Greif, der es an der Mähne packt, aber der Tiger wird vom Greif attackiert, während das Pferd mit einem letzten Hieb seines Schnabels den Wolf zerreißt, der es auffrißt.

Manchmal lassen sich »diese monströsen Vermengungen, diese unauflöslich verschlungenen Kämpfe, diese Knäuel von gekrümmten Rücken, Schnäbeln, Krallen und Klauen, zwischen denen – von nah oder fern – ein rundes Auge hervorschaut« nicht entwirren. Wo hört der Tiger auf? Und wo fängt der Greif an? Und der Hirsch und der Wolf? Da trägt der Fisch einen Löwen in sich, einen Hirsch, einen Geier; oder der Löwe ist zugleich Stier, Fisch und Skorpion, und die vier Tiere miteinander bilden einen Bogen. Die skythische Kunst neigt dazu, sämtliche Tierformen in einer schreckenerregenden Konfusion der Glieder miteinander zu vermengen, zu einer Art Übertier, wo Jäger und Beute, Henker und Opfer, Angreifen und Sich-Darbieten eine einzige Figur bilden. Der Betrachter gewinnt den Eindruck, der skythische Handwerker stehe immer auf der Seite der Jäger: immer, wenn ein Greif einen Stier anfällt, ein Tiger ein Pferd reißt oder ein Löwe eine Ziege verschlingt. Alles wirkt wie ein Hymnus auf die Gewalt, die in alle Ewigkeit die Formen der Welt verschlingt. Véronique Schiltz will darin jedoch lieber eine großartige Philosophie der Metamorphose erkennen, worin der Tod das Leben unentwegt befruchtet und neu hervorbringt.

Gewalt, Wildheit und Grausamkeit, von denen diese Welt aus realen und phantastischen Tieren durchdrungen scheint, setzen sich um in reißende Energie des Stils. Biß, Sprung, Angriff, Tod sind ein sengendes und brennendes Zucken, das jedwede Materie verschlingt, sogar die kostbarste. Das Gold ist nur noch Linie. Das Volumen glüht wie die brennenden Dinge, die vom Himmel fielen. Keine animalistische Kunst besitzt solche Energie und Wucht, selbst die jonische oder protoiranische nicht. Es gibt kein Innehalten oder Verweilen im Dekorativen. Auch der Schmuck, die Türkise und Korallen, die die Zwischenräume ausfüllen, wie um jede Ruhe zu verbannen, haben teil an diesem überaus eleganten barbarischen Furor, der die Welt vernichtet und neu gebiert.

Im Jahr 520 v. Chr. begann der Perser Dareios mit dem Bau der Stadt Persepolis – eine symbolische Stadt, in der kein Handel getrieben und nicht regiert wurde und von der auch keine Gebete zu den Göttern aufstiegen: Sie war gedacht als Allegorie des persischen Reichs. Die Gründung von Persepolis sollte an zwei Ereignisse erinnern: den Sieg der Sonne über den Mond, der die Sonnenfinsternis in Vergessenheit geraten ließ, die im Jahr zuvor Persien in Dunkel gehüllt hatte; und den Sieg des Königs über den Usurpator, der zwei Jahre zuvor das iranische Königreich bedroht hatte. Am 21. Juni, dem Tag der Sommersonnenwende, feierte Dareios seinen Triumph. Um zehn nach sechs erreichten die ersten Sonnenstrahlen seinen Palast und drangen vor bis in den zentralen Saal, sieben Minuten lang lagen alle anderen Teile des Gebäudes noch in die letzten Schatten der Nacht gehüllt. Dareios war allein, eingeschlossen in seinen Palast und angestrahlt von der Sonne: Er saß auf dem Thron, in der

Hand den Stock und die Lotosblüte, die Füße auf einen Schemel gestützt, so, wie man ihn auch heute noch in Sandstein gehauen bewundern kann. Alle Großen des Reiches waren geladen, betrachteten aus der Ferne seine strahlende Erscheinung und verneigten sich schweigend vor ihm. In diesen sieben Minuten, diesen der Zeit enthobenen Minuten, brach das neue Jahr an und mit ihm die *Zeit*.

Seit einem Jahrhundert hatten die Skythen den Vorderen Orient verlassen, und bei dieser Zeremonie, mit der das neue iranische Reich begründet wurde, war keiner ihrer Abgesandten zugegen. Aber ich vermute, die stolzen Nomaden hätten sie auch gar nicht verstanden. Wenn Dareios jeden 21. Juni aus einem Zustand außerhalb der Zeit die Zeit anbrechen ließ, so lebten sie *in* der Zeit, in der sich unablässig, Tag für Tag das Spiel von Leben und Tod wiederholt. Wenn Dareios an Ahura Mazda glaubte – »den großen Gott, der die Wasser und diese Erde erschaffen hat, der die Menschen erschaffen hat und der Dareios erschaffen hat« –, war die religiöse Welt der Skythen vielgestaltig, und keine einzelne Figur ragte daraus hervor. Kein skythischer König hätte je von sich gesagt: »Ich, Dareios, großer König, König der Könige, König der Länder des Universums und jeder Zunge sowie dieser weiten und fernen Weltengegend.« Und obwohl sich das Reich der Nomaden über weite Teile Südrußlands erstreckte, konnte es sich doch mit dem des Dareios nicht messen, der in seinen Palast in Susa die Worte einmeißeln ließ: »Was aus der Erde gegraben und mit Kies aufgeschüttet, zerrieben und zu gebrannten Ziegeln verarbeitet wurde, das hat das Volk von Babylon vollbracht; das Zedernholz wurde von dem Gebirge gebracht, das man Libanon nennt, das Teakholz kam aus Gandhara und Kirman. Das Gold wurde aus Sardeis und aus Baktria gebracht, Lapislazuli und Karneol wurden aus Chorezmien herbeigeschafft, Silber und Kupfer kamen aus Ägypten, Elfenbein wurde aus Äthiopien gebracht, aus Indien und aus Arachosia …« Persien war ein Weltreich, Skythien ein duftender und goldfunkelnder Bruchteil davon.

Einige Jahre später erklärte Dareios den Skythen den Krieg. Herodot liefert eine epische Erklärung dafür: Der König wollte sich an ihnen rächen, weil sie ein Jahrhundert zuvor »Medien besetzt hatten«. Alles läßt darauf schließen, daß Dareios das Vorhaben des Kyros fortführen wollte: die iranischen Völkerschaften, die des Vorderen Orients, wie die, die noch in Sibirien und Rußland lebten, zu einem einzigen Reich zusammenzufassen, was bedeutete, die Nomadenvölker in die Disziplin von Haus, Hof und Landwirtschaft zu zwingen, sie unter das Joch der gemessenen Zeit und des regulierten und aufgeteilten Raums zu nehmen. Als das persische Heer an den Bosporus kam, bestieg Dareios ein Schiff, es nahm Kurs auf die Kyaneai-Inseln. Von dort aus betrachtete er, auf einer Anhöhe sitzend, das Schwarze Meer. Dann segelte er zur Schiffsbrücke, die sein Heer über den Bosporus gebaut hatte, und ließ an den beiden Ufern zwei Marmorstelen errichten, »in welche die Namen aller Völker eingetragen waren, die er befehligte«. Das vor allem war seine Mission: nicht zu kämpfen, vielleicht nicht einmal Befehle zu erteilen und zu kommandieren, sondern mit seinem strahlenden Seherauge, das das Universum erhellte, alles von oben zu betrachten. Es genügte, daß er zusah, wenn die Heere zu seinen Füßen dahinzogen, und schon wurden die Dinge sein, und die Welt war nur ein Abglanz von Dareios, dem König über alle »weiten und fernen Weltengegenden«.

Herodot berichtet im Vierten Buch seiner *Historien* von diesem Feldzug. Ich lese es wieder und wieder, mit wachsender Begeisterung und zunehmendem Vergnügen, doch unsere brennendsten Fragen beantwortet es nicht. Perser und Skythen trafen an der Donau und in der Ukraine aufeinander, sie redeten miteinander, mit Übersetzern oder auch ohne, da ihre Sprachen verwandt waren. Was sagten sie einander? Welchen Eindruck hatten sie voneinander? Welchen Eindruck machten der große König, sein Hofstaat und das feierliche Zeremoniell auf die skythischen Reiter, die ein Jahrhundert zuvor nicht weniger glänzend Hof gehalten hatten? Und was verstanden die Perser von ihren geschiedenen Brüdern? Vieles verband sie: der Kult des Feuers und des Herdes, der Mithras-Kult, die schamanistische Ekstase, der Einsatz von berauschenden Getränken in den Riten, das Pferdeopfer, der Eid beim Herdfeuer des Königs; sie hatten keine Statuen für die Götter, liebten aber Tierbilder, die sie in Kelche und sonstige Gegenstände eingravierten. Aber die Perser wußten, daß sie einem völlig anderen Raum angehörten als die Skythen: Während ihr Raum abgemessen und geregelt war, lebten die Nomaden in einem Raum ohne Dimension, ohne Städte und ohne Häuser, ohne Bezugspunkte, fremd, unzugänglich und wahrhaft furchterregend.

Als Dareios die Donau überquerte, begann der Krieg. Der König, seine Würdenträger, das persische Heer hatten etwas Derartiges noch nie erlebt. Die skythischen Reiter ließen die Wagen, auf denen ihre Frauen und Kinder lebten, und das Vieh entfernen und schickten sie nach Norden. Sie brannten die Weiden ab, zerstörten die Ernte, schütteten Erde in die Brunnen. Dann traten sie wie Gespenster den Rückzug an und wichen der Schlacht aus. Plötzlich aber griffen sie die Perser an, wenn diese gerade auf Nahrung ausgingen oder sich nachts bei brennendem Feuer ausruhten. Dann zogen sie sich wieder zurück und lockten die Perser so immer tiefer in die immense Weite Skythiens hinein, während der Winter heranrückte. Und als sie schließlich die Herausforderung zur Schlacht annahmen, war es wie eine Art Spiel. Einmal nahmen sie vor den Persern Aufstellung, aus ihren Reihen sprang ein Hase hervor – einer der Hasen, die so häufig auf ihren Goldobjekten abgebildet wurden –, und sobald sie ihn sahen, begannen alle, ihm schreiend und brüllend nachzusetzen, und ließen Dareios in der Ebene stehen, seine Generäle, das persische Heer, als ob es keine Schlacht gäbe und auch keinen Krieg. Das war kein Krieg, sondern eine Jagd, in der Dareios nicht Jäger war, sondern der Gejagte; der ängstliche Hase, der naiverweise in das von den Nomaden geschickt ausgelegte Netz geht.

Wie ein König in der Tragödie machte Dareios einen Versuch, seinen Part als großer Akteur der Geschichte zu spielen. Er sandte dem König der Skythen eine Nachricht: »Warum fliehst du andauernd, während du eines der folgenden beiden Dinge tun müßtest? Wenn du dir zutraust, dich mit meinen Kräften zu messen, halte an, höre auf herumzuziehen und stelle dich dem Kampf. Wenn du hingegen erkennst, daß du unterlegen bist, so höre auch in diesem Fall auf herumzuziehen, bringe deinem

Herrn Erde und Wasser dar und komm zum Gespräch.« Zunächst beleidigte der König Dareios. Dann sandte er ihm einen Herold mit Geschenken: einem Vogel, einer Maus, einem Frosch und fünf Pfeilen. Dareios täuschte sich, er meinte, die Geschenke bedeuteten Unterwerfung und Gehorsam. Aber einer seiner Ratgeber, Gobryas, der einzige, der die geistige Welt der Nomaden erfaßt hatte, lieferte ihm die richtige Interpretation. Die Skythen wollten sagen: »Wenn ihr Perser nicht zu Vögeln werdet und am Himmel fliegt, oder wenn ihr nicht zu Mäusen werdet und unter die Erde kriecht oder zu Fröschen und in den Sümpfen hüpft, dann werdet ihr von diesen Pfeilen durchbohrt und werdet nie mehr zurückkehren in eure Heimat.« Da begriff Dareios: Er wurde ein Skythe wie Gobryas. Sobald es Nacht war, wurden auf sein Geheiß Feuer angezündet, ließ er Lasttiere und erschöpfte Männer im Lager zurück und begab sich auf die Flucht. Der große Feldzug war zu Ende. Dareios, der Seher – er hatte nichts gesehen. Die Bogenschützen von Skythien hatten die Feldherrn des »Königs der Könige« besiegt. Die Orakel, Zaubersprüche und Rutenbündel der Schamanen hatten die Zukunft genauer geweissagt als die Magier der Achämeniden. Die Heimat der Nomaden war fern und uneinnehmbar geblieben, wie die Greifen, die im Gebirge und im Schnee des Nordens das Gold hüten.

Das große persische Heer kehrte nie wieder in diese Gegenden zurück, in denen es sich verloren hatte. Seit fast zwei Jahrhunderten hatte sich ein anderes Volk an den Ufern des Schwarzen Meeres niedergelassen: ein Volk, das auf kleinen Inseln lebte, kleine Städte bewohnte, auf kleinen Objekten dargestellte Symbole liebte und das die immensen Weiten des persischen Raums immer verhöhnen würde. Kein König beherrschte es, kein Heer begleitete es. Vielleicht schon im 8., sicher jedoch im 7. Jahrhundert v. Chr. gelangten Kaufleute aus Milet und von anderen griechischen Inseln in die Küstengebiete der Ukraine. Hier gründeten sie Kolonien und zogen weiter bis hinauf ins Innere Rußlands, am Dnjepr, dem Donez, dem Don und der Wolga entlang, Hunderte Kilometer von der Küste entfernt landeinwärts, und ließen auf ihrem Weg Keramikgegenstände zurück. Das Schwarze Meer, welches das unwirtlichste aller Meere gewesen war, wurde das gastliche. Die griechischen Händler kauften Getreide, Holz, gesalzenen Fisch, Metalle, Honig, Pelze, Zinnober und Sklaven; und sie verkauften Schmuck, Keramik, bearbeitetes Gold und Silber. So entstanden an der Küste die ersten griechischen Städte, mit ihrer Akropolis, ihrer Agora, der Stoa, dem Gymnasium, mit Theatern, Heiligtümern und Tempeln für den Delphischen Apollon und Apollon den Arzt, mit den Statuen des Dionysos, der Artemis und der Kybele und Hunderten von Handwerkerläden. Die Gräber waren mit Malereien geschmückt, die Schlachten zwischen den Pygmäen und den Kranichen darstellten, sogar die Werkstatt eines Malers war darauf abgebildet, und auf einer tönernen Öllampe hieß es: »Ich gehöre dem ..., und ich leuchte den Göttern wie den Menschen.« Als ob Griechenland an jedem Ort identisch wiedererstehen würde, wohin ein Händler oder Handwerker seinen Fuß setzte.

Herodot, der in einer dieser Städte wohnte, in Olbia nämlich, und dort Reisende und gebildete Leute kannte, gibt uns Auskunft über das Verhältnis zwischen den beiden Bevölkerungsgruppen. Viele Skythen verliebten sich in die griechische Kultur und meinten, ihre eigene Religion, ihre Sitten, Gewohnheiten und Künste verleugnen zu müssen zugunsten derjenigen ihrer geschäftstüchtigen und gewandten Nachbarn, oder sie glaubten, die beiden Kulturen verschmelzen zu können. Der eine oder andere Krieger ließ sich in der Nähe einer griechischen Stadt beisetzen: Das Grab war skythisch, aber bei dem Vorrat an Pfeilspitzen, mit denen der Tote im Jenseits Hasen und Hirsche jagen würde, standen neben dem Leichnam eine Amphore aus Chios und eine schwarz lackierte attische Schale. Ein Skythenkönig, Sohn einer Griechin, ließ sich in Olbia ein großes, herrliches Haus erbauen, mit Sphingen und Greifen aus weißem Marmor. Er ließ das Heer draußen vor den Toren der Stadt stehen und verbrachte einen Monat mit seinen eigentlichen Mitbürgern. Er legte das skythische Gewand mit den engen Hosen und den Lederstiefeln ab und trug fortan eine Tunika. Ohne Leibwache ging er über den Markt und lebte wie ein Grieche, las griechische Bücher, brachte den griechischen Göttern Opfer dar und nahm teil an den Orgien zu Ehren des Dionysos.

Die Nomaden ermordeten ihren König. Aber die griechische »Seuche« muß weit verbreitet gewesen sein, wenn wir im 4. Jahrhundert einem unerklärlichen Ereignis begegnen, das die tiefsten Schichten der skythischen Vorstellungswelt berührt. Mit einem Schlag hörten die skythischen Handwerker auf, ihre wunderbaren Kunstgegenstände herzustellen, keine fliehenden Hirsche und Hasen mehr, keine zusammengerollten Panther, keine Tierkämpfe mehr. Dieses völlige Verschwinden der Kunst eines ganzen Volkes ist entsetzlich. Jetzt arbeiteten die griechischen Handwerker in den Werkstätten der Küstenstädte: Vielleicht kamen sie manchmal von noch weiter her, vom Festland oder von den Inseln, angelockt vom Reichtum und Glanz der Nomaden. Bis dahin hatte die skythische Kunst die menschliche Gestalt gemieden, nun trat sie unter den Händen der griechischen Handwerker triumphierend in Erscheinung. Die Götter, von den Skythen als Schwert oder Schale oder Pflug dargestellt, nahmen nun menschliche Züge an, als ob alle früheren Widerstände und Hemmungen gefallen wären.

Die griechischen Handwerker führten die berühmtesten Bildwerke ihrer Heimat vor, freilich in den bei den Skythen beliebten kleinen Maßen. So taucht zum Beispiel der Kopf der riesigen Athene-Statue, die Phidias in Gold und Elfenbein für das Parthenon gestaltet hatte – die berühmteste Statue der Antike überhaupt –, auf einem Goldmedaillon von siebzehn Zentimeter Durchmesser wieder auf, während sich auf einem Frauenkamm Reiter und Soldaten eine Schlacht liefern wie auf einem Tempelfries. Häufig schufen die Griechen Bildnisse, die der Vorstellungswelt der Nomaden weitgehend entsprachen: Darstellungen von Amazonen, Greifen, Arimaspoi, des Pegasus: Chiron, der Achilles den Gebrauch des Bogens lehrt, die Initiation eines Bogenschützen. Aber sie stellten auch die bedeutendsten Szenen der skythischen Tradition dar: die Muttergöttin mit dem Drachenschwanz, den Königssohn, der den Bogen spannt. Wir wissen nicht, was uns mehr fasziniert an diesem Verhältnis, das so einzigartig ist in der Geschichte: die vorbehaltlose Bereitschaft der Skythen oder der griechische Genius – und das heißt: der Genius des Abendlands –, der willig jeden Inhalt und jede Anforderung aufgriff und der Phantasiewelt eines anderen Volkes erhellend Form verlieh. Einige Gegenstände wie das Pektorale aus der Tolstaja Mogila, der Goldbecher aus dem Kul-Oba oder der Prunkkamm aus Solocha sind absolute Meisterwerke: Die Energie und Gewaltsamkeit der Skythen erscheinen hier gebändigt, gezähmt und besänftigt, diese Kunst gefällt sich in realistischen und preziösen Details, die sie früher gemieden hätte.

So blühte einige Jahrhunderte lang am Schwarzen Meer eine reiche skythisch-griechische Kultur. In dieser Steppenregion mit ihren Wäldern voller Vögel und Bienen schützten die Nomadenfürsten die griechischen Handelsstädte und die – vermutlich schon protoslawische – Landbevölkerung. Auf der Krim gründeten die Skythen eine Stadt, Neapolis, voll von eleganten öffentlichen Gebäuden und Fresken. Und sie prägten Münzen, auf denen das Profil des Königs dem Alexanders des Großen gleicht. Die Zivilisation hatte sie für sich gewonnen. Der Furor, der sie plündernd und brandschatzend bis nach Syrien und Ägypten getrieben hatte, er war nicht einmal mehr eine Erinnerung. Ihre Pferde waren nicht mehr die »Panther« und die »Wölfe der Steppe«, von denen Habakuk gesprochen hatte. Wollen wir Hypokrates und Lukian Glauben schenken, so liebten die Skythen jetzt Wein, Gesang, das angenehme Leben, Muße, Freundschaft, Beredsamkeit und Weisheit. Die Schrift pflegten sie nicht. Aber sie glaubten nach wie vor an Eide.

Dann ging diese glorreiche Blütezeit zu Ende, wenn auch langsam und mit sporadischem Aufblitzen der alten Pracht. Als Dion Chrysostomos 95 n. Chr. nach Olbia kam, fand er dort verfallene Häuser, Tempel und Statuen vor und Einwohner, die ein schlechtes Griechisch sprachen. Die Skythen, die Thukydides für das mächtigste Volk Europas und Asiens gehalten hatte, wurden von den Mazedoniern besiegt, dann von den Sarmaten, den Thrakern, den Galatern, von den Königen von Pontos, von den Römern, den Alanen, den Goten und den Hunnen. Der eine oder andere von ihnen assimilierte sich, andere flohen in die gebirgigen Gegenden der Krim, wieder andere überlebten im Kaukasus, wo die Osseten einen Teil ihrer Mythen bewahren. Aber die Fabeltiere sollten nie mehr von der Erde verschwinden. Die Skythen hatten sie entdeckt; und jetzt fanden sie überall Verbreitung, mit ihren weiten Schwingen, dem runden Auge und den in schnellem Lauf gebeugten Beinen: bei Wikingern, Sachsen, Kelten, Briten und Merowingern, bei Chinesen, Russen und bei den Bildhauern und Miniaturmalern des romanischen Mittelalters.

Die Könige von Mykene

Bis vor wenigen Jahren glaubte der Reisende, wenn er nach Mykene kam und zuvor in Knossos die Labyrinthe und die Vasen mit pflanzlichen und maritimen Motiven bewundert hatte, einen Zivilisationssprung zu tun. Der Horizont verfinsterte sich: Die antike orientalische Heiterkeit und Leichtfüßigkeit, dieses Fest der Delphine, Polypen, Palmen und fliegenden Fische, dieser sanft von den Wellen und an den Stränden aufgehäufte Reichtum, hier schienen sie verhangen und verborgen von den Wolken eines finsteren und barbarischen griechischen Mittelalters. Alles schien diesen Eindruck zu bestätigen: die düstere Landschaft der Argolis, die glühenden schwarzen Steine, der gähnende Abgrund zu Füßen des Felsens, der trockene Fluß, die dürren Sträucher und das dürre Gras, die Erinnerung an die vierzehn Skelette, die Schliemann auf der Akropolis entdeckt hatte, mit wundervollen Goldmasken vor dem Gesicht und Diademen auf dem Schädel, Schwerter und Dolche nutzlos neben den von Feuer versengten Händen, das wuchtige Löwentor, die riesigen Kuppelgräber, die Hütte, in der der Wächter saß, die Treppe, die in die Finsternis zur Perseia-Quelle hinabführte …

Während der Reisende das Löwentor durchschritt, sah er im Geist den purpurroten Teppich vor sich, über den Agamemnon bei seiner Heimkehr aus Troja geschritten war, und er hörte den Schrei der weiten Ebenen wie einen Hund um die in der Nacht lodernden Fackeln streichen. Eine Art Traum oder Alptraum schlug ihn in seinen Bann. Von jeder Art verwandtschaftlicher

Anklänge und Bezüge heraufgerufen, drängten sich die Verse des Aischylos in seinem Geist, und er begriff, warum die Vorstellungskraft des Menschen die großen Mythen und die Helden der Tragödie ausgerechnet hier angesiedelt hatte, als ob dies ihre natürliche Wiege wäre. Nur entlang diesen zyklopischen Mauern, nur in diesen engen Gängen, in den unterirdischen Treppen und in den Gräbern so groß wie Tempel, konnte die schamlos blutrünstige Bande der Erinnyen zu Hause sein, und jedes Ungeheuer, das die Erde je nährte und trug. Wo, wenn nicht hier, in dieser Festung, die sich beherrschend über die Argolis erhebt wie ein verfluchtes Adelsschloß, hätte der Mensch die Sünden erkennen sollen, die sein frevelhafter Geist hervorbringt? Maßlosigkeit, grenzenlose Verwegenheit, Zügellosigkeit der Sinne und der Phantasie, Dreistigkeit des Herzens, die Schlange des Verrats, grausames Wüten gegen das eigene Blut. Und wo, wenn nicht hier, konnte die Hand der Klytaimnestra Agamemnon in den bestickten Mantel hüllen und zwei-, dreimal mit dem Dolch auf ihn einstechen, so daß das »schwarze Blut« zur Erde rann, »daß kein Magier es mehr in die Adern zurückrufen konnte, denen es entsprungen war«?

Ich weiß nicht, ob ein Besucher, der heute den Weg zur Burg von Mykene hinaufsteigt, noch von denselben Phantasien beseelt sein kann wie Emilio Cecchi, der sie auf einigen seiner schönsten Seiten festhielt. Die Vorstellungswelt des Menschen ist so störrisch, daß sie das durch Dokumente Bewiesene beiseite schiebt und die Orte, die sie sich zu Symbolen erkoren hat, in diejenigen Farben taucht, die sie bevorzugt – das Blutrot der Tragödie oder das zarte Hellblau der Meeresidylle. In den letzten vierzig Jahren haben jedoch die vereinten Bemühungen von Archäologen und Philologen das Gesicht der mykenischen Kultur gründlich verändert. Bei Grabungen in Pylos im Palast des Nestor entdeckte Blegen sechshundert Schiefertäfelchen, die von Hand eines Schreibers beschriftet waren. Der große Brand, der in kurzer Zeit die gesamte mykenische Kultur dahinraffte, hatte ironischerweise ausgerechnet das Vergänglichste an ihr verschont: bürokratische Aufzeichnungen, Lohnzettel, Inventare, Verwaltungsberichte. Ein paar Jahre später gelang es Ventris, diese Zeichen zu entziffern, sie wurden plötzlich beredt und sprachen von Tempeln und Herden, von Göttern und Opfern, von Königen und Handwerkern, von Geschäften und Gräbern.

So muß der heutige Reisende sich von den Mauern, den Räumen und selbst aus der Landschaft die grausam grellen Farben wegdenken, die Aischylos hier mit vollen Händen verteilt hatte, muß das vom »schwarzen Blut« des Agamemnon braun angelaufene Gold wieder blank putzen. Wenn er ein antikes Buch mit sich führen will, dann schlage er die *Odyssee* auf, dort wo Telemach, nachdem er eine grüne Landschaft voller Klee, Getreide, Hafer und Gerste durchquert hat, ins Königreich Sparta kommt, das glänzt von Gold, Bronze und Elfenbein, wo der Orient die Erinnerung an seine Meere, seine Ungeheuer und Geheimnisse hinterlassen hat, an seine Zaubertränke und seine wunderbar bunten Metamorphosen.

Wer aber waren also die Könige von Mykene, Sparta und Pylos? Wer war Agamemnon, wer Nestor und wer Menelaos? Der Wissenschaft zufolge bildete das Schloß des Agamemnon das Herz einer theokratisch-bürokratischen Monarchie, ähnlich denen des nahen Orients. Dieser König, den wir uns gerne als rauhen Kriegsherrn vorstellen oder als Handwerker, der von eigener Hand Betten, Flöße und Geräte herstellte, teilte den Titel *wanax* mit einem Gott und stand in engster Verbindung mit einer Göttin, genannt »die Herrin«. Im Palast lief die Verwaltung des gesamten Reiches in einer komplexen Bürokratie zusammen. Oberaufseher, Provinzverwalter, Distriktoffiziere und Inspektoren erhoben Tribute, gaben Rohstoffe und Lebensmittelrationen aus, zählten die Herden. Während die Wäscherinnen, Weberinnen, Spinnerinnen und Bäckerinnen im Palast wirkten wie in einem riesigen, summenden Bienenstock, legten die Schreiber die zerbrechlichen und unzerstörbaren Schiefertafeln an, einige klein wie Notizzettel, andere groß wie Seiten eines großen Buches, auf denen noch die Spuren ihrer Finger zu erkennen sind; und sie verfaßten Dokumente jeder Art, ähnlich der Menge von Schreibern, die das Ägypten der Pharaonen bevölkerten.

In erster Linie war der *wanax* ein Grundbesitzer, und Tausende von Schafen und Ziegen, ein paar Schweine und wenige Kühe weideten für ihn auf den Hügeln Griechenlands und Kretas. Aber das Land war nicht reich. Woraus bezog er seine Macht? Alles gibt zu der Vermutung Anlaß, daß die mykenischen Herrscher, ähnlich wie Ludwig XIV., »königliche Manufakturen« besaßen: Fabriken für Salben und Parfüms, wie jene außerhalb der Mauern von Mykene, aus der Agamemnon einen Teil seines Reichtums bezog. Auch der Außenhandel war ein Privileg des Königs, und die Händler und Seeleute, geschickt und skrupellos wie die künftigen griechischen Händler, kreuzten auf Anordnung der Oberaufseher bei Hof durchs Mittelmeer. Salben, Vasen, bunte Stoffe, Schwerter und auf der Peloponnes hergestellte Dolche wurden in die Häfen von Zypern, Ägypten, Kleinasien und Italien verschifft, von wo aus andere Händler sie weiter nach Norden bringen würden, bis nach Cornwall. Auf dem Heimweg führten die mykenischen Schiffe bei ihren Herrn höchst begehrte Güter mit: Gold aus Nubien, Skarabäen, Ebenholz, Harze, Straußeneier, seltene Steine aus Ägypten; das magische Bernsteinharz aus England, Zinn aus Cornwall, Böhmen und der Toskana, Silber aus Sardinien sowie indisches Elfenbein, das von Karawanen langsam und unermüdlich nach Ugarit, nach Alalkomenai und nach Byblos geschafft wurde.

Aber der Herrscher vereinte nicht wie in Ägypten alle Macht und den Namen des Staates in seiner Person. Der *lawagetas*, der Heerführer, nahm den zweiten Platz im Reich ein, wie bei den Hethitern »der große Waffenträger« dem Sonnenkönig zur Seite stand. Und die *telestae* waren vermutlich durch eine Art Feudalbeziehung an den Herrscher gebunden. Der *demos* schließlich, das Kollektiv des Volkes, besaß viel eigenes Land, über das es nach eigenem Gutdünken verfügte. Dem *demos* gehörte auch jene geschäftige Menge von freien Handwerkern an, die sich in den Straßen der Ortschaften drängte. Schlagen wir die Aufzeichnungen der Schreiber auf, so tauchen da Zimmerer auf, Kesselschmiede, Gerber, Töpfer und Steinschneider; und dies sind die Namen der Schmiede: Plouteus, Kukleus, Noeus, Onaseus, Khariseus; da sind die wunderbaren Möbeltischler, die Tische und Stühle mit Löwenköpfen, Polypen und Greifen in Elfenbein verzierten, mit Palmen und Vögeln in Gold, Zyanith und Bergkristall; da sind die Goldschmiede, die Fabrikanten von Helmen und Bögen, die Färber mit ihren von Purpur fleckigen Händen; schließlich der Heilpflanzenverkäufer, der in seinen Regalen Wurzeln, Samen, Algen, Weihrauch und Arzneien sammelt, zur Behandlung der Lebenden und der Toten.

Zwischen 2200 und 1900 zogen die mykenischen Völkerschaften in die Hügel und Ebenen Griechenlands herab. Eins steht fest: Um 1500, als barmherzige Hände die vierzehn Skelette mit Goldmaske begruben, gehorchte das kontinentale Griechenland dem König von Mykene. Sie hatten Pferde mitgebracht, die bis dahin in der ägäischen Welt unbekannt gewesen waren, und sie setzten das Zeichen ihrer Macht auf Siegel, Fresken, Schwerter und Grabsteine. Ein Jahrhundert später gingen die herrlichen zweirädrigen Wagen mit dem hölzernen, rot bemalten Kasten und den bronzebeschlagenen Rädern in Kreta an Land, beherzt griffen sie die minoischen Krieger an, ein griechischer König saß auf dem kleinen Alabasterthron des Minos. Und die beiden Kulturen vermengten sich miteinander, Pferd und Polyp, Schwert und Delphin, so daß es heute ein aussichtsloses Unterfangen erscheint, sie unterscheiden zu wollen.

In vieler Hinsicht waren sich die mykenische und die griechische Religion ähnlich: Zeus, Hera, Hermes, vielleicht Athene und die zwei Königinnen (später Demeter und Persephone genannt) erscheinen auf Tafelbildern, während eine Menge von Tiergottheiten und Dämonen in den bildhauerischen Werken und auf Malereien zu erkennen sind. Aber Zeus und die künftigen olympischen Götter lebten im Zeichen einer mächtigeren Gottheit. Damals war Poseidon Herrscher auf der Peloponnes, der Gott der tiefen unterirdischen Wasser, der lebendigen Quellen, der Sümpfe, die Griechenland noch bedeckten, der plötzlichen und katastrophalen Erdbeben sowie der Wasser des Meeres: Vater von Ungeheuern, die die olympischen Götter in der *Odyssee* mit List zu bekämpfen suchen.

Um die Mitte des 13. vorchristlichen Jahrhunderts erreichte die Macht der mykenischen Herrschaft ihren Höhepunkt. Mächtige Steinmauern erhoben sich rings um die Burgen, Paläste wurden erweitert, deren Säle reich mit Fresken verziert waren, Kuppelgräber nahmen die Gebeine der Atriden auf, während die Krieger Ägypten angriffen und den Herren von Troja ihr religiöses Regime aufzwangen: den Pferdegott (eine der Inkarnationen Poseidons). Wenige Jahrzehnte später, als hätten die Könige von Mykene mit diesem Feldzug etwas Verhängnisvolles unternommen und dadurch die Schande der Jahrhunderte auf sich herabbeschworen, ereignete sich das furchtbare Verhängnis. Was war der Grund dafür? Vielleicht ist es wie Rhys Carpenter meint, daß sich die Passatwinde der Ägäis nach Norden verlagerten. Damit blieb auch in vielen Gebieten Griechenlands der Regen aus, und sie waren daher der Dürre ausgeliefert, öde, verbrannt und verlassen, mit wenigen, bis auf die Wurzeln abgenagten Bäumen. Nichts gestattet uns, an diese phantasievolle Hypothese zu glauben.

Ein unbekannter Eroberer griff Pylos an. Wie die Schiefertafeln verzeichnen, richteten die Mykener sich auf die Verteidigung ein. Die Frauen verließen die Dörfer, und das Gold aus einem Heiligtum wurde in den Königspalast gebracht. Gruppen von »Wächtern« wurden ausgeschickt, um die Küsten am Messenischen und am Argolischen Golf zu beobachten: Einheiten von Ruderern, Bronzeschmiede und Maurer verstärkten die militärischen Einheiten der Flotte, die um das Kap Rion versammelt waren. Aber alle Verteidigungsmaßnahmen waren vergeblich: Die geheimnisvollen, eisenbewehrten Horden landeten in Pylos, schlugen die in Bronze gekleideten Krieger, steckten den Königspalast des Nestor in Brand und setzten damit diesem friedvollen Leben für immer ein Ende. Sie ermordeten die Schreiber, die gerade ein Flurverzeichnis schrieben, und die Dienerinnen, die eben Amphoren mit Wein und Wasserkrüge für das Bad der Königin bereitgestellt hatten. Etwas später erreichte die wilde Feuersbrunst Mykene, Tyrins, Orkomenos und Knossos. Athen rüstete sich zur Verteidigung. Das Andenken an die Kultur des Agamemnon und des Nestor aber lebte über dreißig

Jahrhunderte lang in den trügerischen und wahrhaftigen Worten der großen Dichter weiter.

Apollon, Hermes und die Poesie

Bevor Apollon dort geboren wurde, war Delos eine kleine Felseninsel, die wie ein Grashalm lose in der Strömung im Meer trieb. Polypen und Robben kamen hier nieder. Als Leto die Insel erreichte, wuchsen auf einmal aus dem Herzen der Erde vier goldene Säulen empor, die sie in der Senke des Ägäischen Meers verankerten. Schwäne – »die harmonischsten unter den Vögeln« – umkreisten siebenmal die Insel und sangen siebenmal für die Gebärende, bis Leto nach neun Tagen und Nächten der Schmerzen mit den Armen eine Palme umfing und sich mit den Knien auf den Boden stützte. Die Erde unter ihr lächelte. Im Glanz des Tages trat Apollon ans Licht, während Rhea, Dione, Themis und Amphitrite einen Schrei ausstießen. In diesem Augenblick bedeckte sich die kleine Insel der Robben und Polypen mit Gold – diesem Materie gewordenen Licht, das Pindar so sehr liebte. Die Erde wurde zu Gold, der kleine runde See sandte goldene Wogen aus, die Palme schüttelte Wedel und Datteln aus Gold, die klaren Wasser des Flusses Inopo glänzten von Gold. Der junge Gott erhob sich. Er bewegte sich leicht, mit großen Schritten »über die Erde mit den breiten Straßen«, er spielte die Leier, wie ein Stern am hellichten Tag. Blitze zuckten an seinen Stiefeln und an seiner Tunika, Funken sprühten von seinem Leib, und der Glanz verbreitete sich bis zum Himmel. Griechenland hatte den Gott des Lichts gefunden, der mit einer Bewegung die unterirdischen Ungeheuer und die Finsternis der »furchtbaren Nacht« auslöschen würde.

Was für ein seltsames Licht: Licht, das in seinem exzessiven Glanz jede Bandbreite des Lichts oder der Tonskala überschreitet und in sich die ganze Tiefe der Finsternis birgt. In den ersten Gesängen der *Ilias*, des Gedichts, das ihm gewidmet ist, steigt Apollon vom Olymp herab »wie die Nacht« und schießt seine scharfen Pfeile auf die Griechen und die Tiere ab. Und es überrascht uns nicht, daß das Licht tötet – nicht immer ist das Licht wohltuend –, wohl aber daß der Bogenschütze seiner Rivalin gleicht. Wir wissen, daß Apollon ein Heiligtum mit den Göttinnen der Nacht teilte, und sogar die vollkommen reinen Wasser der Musen waren unterweltlichen Ursprungs und somit Gegenstand der Ehrfurcht. Apollon reinigte – aber er selbst war gereinigt worden, denn auch er hatte seine Hände mit Mord befleckt. Er heilte, aber tötete auch. Und was die Gabe des seherischen Wahnsinns angeht, die nur wenigen Auserwählten vorbehalten ist, wer schauderte nicht, wenn er Kassandra bei Aischylos reden hört, die tragische verkannte Seherin, besessen und zerstört von ihrem zu lichtvollen Gott:

Stöhnet, stöhnet das Weh!
Apollon, Apollon!
...
Apollon dort am Torweg
Apollon heißt Vernichter,
Nun hast du wieder mich vernichtet![2]

Der jüngere Bruder des Apollon, Hermes, war nicht im Freien gezeugt worden, sondern im Inneren der Erde, in einer einsamen, schattigen und verräucherten Höhle, die sich im waldigen Gebirge Arkadiens auftat. Er wurde nachts geboren, und seine Zeit war die Nacht. Kaum fielen die Schatten länger auf die Erde, waren die Straßen verlassen und leer, kaum hatte der Schlaf Besitz ergriffen von Göttern und Menschen und erhoben auch die Hunde ihre Stimme nicht mehr – dann ging Hermes vorüber, still und unsichtbar wie der Nebel und die leichte Brise im Herbst. Er führte das riesige Volk der Träume mit sich: Er ließ die Augen der Menschen im Schlummer zufallen, und er öffnete sie ihnen, er begleitete die Seelen der Toten, die ihn zwitschernd umschwirrten. Eine stille, süße Nacht war um ihn, die die ab-

[2] Aischylos, *Agamemnon*, in: Aischylos, *Griechische Tragödien*, übertragen und erläutert von Ernst Buschor, Zürich, München 1977, S. 125.

gründige Finsternis des Apollon nicht kannte. Aber auch Hermes hatte sein Licht. Der ihm gewidmete Gesang des Homer bezeugt, daß er es war, der das Feuer erfand, indem er einen Lorbeerzweig an einem Granatapfelzweig rieb. Das Licht des Hermes ist eigentlich das Augenlicht: Seine Blicke waren so glutvoll, beweglich und lebhaft, das Blitzen seiner Pupillen ein solch funkelndes Leuchten, daß er die Augen niederschlagen mußte, um seine Gedanken nicht zu verraten. Sein Licht war funkelnd und flüchtig, listig und verschattet, kompliziert, vergänglich und ironisch, wie es im Herzen sanfter hermetischer Nächte glüht, und nichts hat es gemeinsam mit dem gewaltsamen, blendenden Licht des Apollon.

In ihrer nimmermüden Liebe zu Antithesen und Gegensätzen stellten die Griechen Apollon und Hermes einander gegenüber. Apollon war der große Gott, die edle und tragische Figur, die auf Tempelfriesen erschien, am Anfang von epischen Gedichten und auf der Bühne des Aischylos. Mit seiner Bogen-Leier hielt er sich von den Menschen fern: auf einem Berg oder in der unüberbrückbaren Distanz des prophetischen Geistes. Vielleicht liebte er die Menschen nicht, oder er liebte sie zu sehr, und oft waren seine Beziehungen zu ihnen unglücklich. Er wußte, daß sie klein waren »gleich Blättern«, »kaum der Traum eines Schattens«, wie Pindar sagte, und deshalb setzte er ihnen Grenzen (»Erkenne dich selbst«, »Nichts im Übermaß«) und bestrafte ihre Hybris. Wenn er unter die Menschen ging, rief er Staunen und Verwunderung, Schrecken und Verehrung hervor.

Die List des Hermes bestand darin, sich für klein auszugeben. Er, der künftig über ein geheimnisvolles und immens großes Reich herrschen sollte, erschien vor Göttern und Menschen als Dämon, als Luftgeist. War Apollon tragisch, so war er komisch; liebte Apollon die schöne Geste, so hatte er eine unbändige Freude an allem Schiefen, Obszönen, Skurrilen und Zweideutigen; und er lehrt uns, daß die winzigste Regung des Lebens die gleiche gewinnende Anmut haben kann wie die überlegene Geste. Er kannte keinerlei Verlegenheit im Umgang mit den Menschen: Er stieg zu ihnen herab, begleitete sie in der Nacht, nahm sie bei der Hand, half ihnen, tröstete und beschwichtigte sie, mit einer so innigen Zärtlichkeit, wie man sie von einem so spöttischen Geist nie erwarten würde. Wenn die Erlösung nahe war, verschwand er, denn – und vielleicht ist dies das Schönste, was je ein Grieche gesagt hat – »es wäre tadelnswert, wenn ein unsterblicher Gott so offen seine Liebe zu den Sterblichen zeigte«, und ließ einen Hauch von Zärtlichkeit und Bezauberung zurück.

Kann man einen griechischen Gott einfach nennen? Jeder von ihnen war ein Kosmos, eine widerspruchsvolle Vielfalt von Gedanken, Bildern und Visionen, von Gefühlen und Riten, die eine komplexe Einheit bildeten. Und doch fühlten die Griechen, insbesondere die Philosophen, daß der Kosmos des Apollon »einfach« war, klar und rein: einfach, wie das Licht erscheint. Er hatte nur eine Gestalt und zeigte sich frontal, wie auf dem Tempel von Olympia. Er war aufrichtig: Die Lüge war ihm unbekannt, er tat »den unwandelbaren Willen des Zeus« kund, obwohl die Wahrheit der Götter dem Menschen überaus dunkel erscheinen kann, denn der Gott »sagt nicht aus und verbirgt nicht, sondern deutet an«, wie Aischylos sagt, und sein Wort bricht sich in vielen Facetten. Er brachte das Gesetz: das Gesetz der Tempel, der Opfer, des Kultus, der Intelligenz und der Poesie; alles, was formvollendet und harmonisch ist am menschlichen Geist, gehört zu seinem Reich.

Im Vergleich zu Apollon verhielt Hermes sich wie die Farben zum Licht. Sein Geist nahm die vielfältigsten Formen an, schlug alle Wege ein und ging, stets verschlungen und umgarnend, in alle Richtungen. Niemand war vielfältiger und gewandter als er. Sein Geist war »farbig«, »vielfältig« (*poikilometes*), ein wunderbarer Ausdruck, der sich nicht wörtlich übersetzen läßt. Der Geist des Hermes war farbig wie ein Gemälde oder ein Teppich oder das Rad eines Pfaus, aber auch artifiziell und konstruiert wie ein Gedicht oder eine geschliffene Rede; und verwickelt und enigmatisch wie Knoten, Labyrinthe, Himmelskonstellationen und das Werk der Bienen. Wir begreifen also, daß Hermes die Wahrheit wenig schätzte, auch die verhüllte und angedeutete eines Heraklit nicht. Er liebte Betrügereien und Lügen, Diebe, Händler, Straßenräuber und Schwindler. Seine Sache waren nicht das Gesetz und die Ordnung des Apollon, sondern der Zufall, das Unvorhergesehene, der Glücksfall: alles, was vorübergeht, beweglich ist, auf der Schwelle steht, erscheint und verschwindet, unfaßlich und unsichtbar wie der Nebel und die Brise im Herbst. Wir finden ihn überall, und er lächelt uns an und lacht uns aus und lädt uns ein. Wenn man sich von dieser immensen Welt verabschiedet, fragt man sich, wie man nur im Zeichen eines einzigen Gottes leben kann. Aber trotz der Weite seiner Welt verliert Hermes nie die Schnelligkeit des Blicks und des Schritts und die luftige Leichtigkeit eines Seevogels.

Neben den vielen Dingen, die Apollon und Hermes unterschieden, gab es wenigstens eines, das sie verband: die Poesie. Den homerischen *Hymnen* zufolge haben beide die Leier und damit die Poesie erfunden. Genauer gesagt: Apollon hat Leier und Poesie gar nicht erfunden, er bekam sie bei seiner Geburt in die Wiege gelegt, als etwas, das nur ihm gehörte: »Mein sei das Vorrecht der Leier und des gekrümmten Bogens.« Von ihm stammen also die Dichter und Sänger ab, die an die heilige Inspiration der Erinnerung glauben. Hermes hingegen war buchstäblich der Erfinder der siebensaitigen Leier. Kaum geboren, fand er vor der Tür des Hauses eine Schildkröte. Er drehte sie um, tötete sie, riß ihr grausam das Fleisch heraus, bohrte den Panzer an, befestigte Querstange und zwei Balken daran und spannte sieben Saiten aus Schafdarm darüber; dann begann er die Liebe des Zeus und seiner Mutter zu besingen. Für ihn war die Poesie eine sinnvolle technische Erfindung, bei der er sich, wie es dann alle Poeten tun sollten, alle Gaben des Zufalls und des Unvorhergesehenen zunutze machte.

Will man die Poesie des Apollon verstehen, muß man dem größten Helden seiner Welt lauschen: Achilles. Als Phönix, Ajax und Odysseus das Zelt des Agamemnon verließen, gingen sie »am Ufer des tosenden Meeres entlang« und gelangten zum Zelt der Mirmidonen. Dort fanden sie Achilles, der auf der Leier »zum Ruhm der Helden« sang. Homer erzählt, daß Achilles sich an der Leier »ergötzte« (*eterpen*). Das Vergnügen an der homerischen Poesie war also nur dies? Ein schlichtes »Ergötzen« wie das eines Rokoko-Poeten an seinen kleinen, gefälligen und musikalischen Versen? *Terpein* ist jedoch ein bedeutungsschweres Wort, das erklärt uns Odysseus (einer unter den Zuhörern des Achill), als er Alkinoos die Freude der zum Gastmahl Geladenen beschreibt, wenn sie den Sängern lauschen und die Räume voll sind von Brot, Fleisch, und der Mundschenk den Wein in den Becher füllt und in die Schalen. »Das dünkt mich eine wunderschöne Sache.« Die Freude, die die homerische Poesie erzeugte, kam aus der Fülle des Seins, es war eine leibliche Lust, wie die am Essen, an der Liebe, am Bad oder am Tanz; eine Lust, die die ganze Seele und das ganze Herz in Anspruch nahm. Wie in keiner anderen Tradition des Abendlands war die Poesie hier Freude, und die Freude war mit dem Namen von zwei Musen umschrieben, Terpsichore und Euterpe, und in dem des Terpandros, der die siebensaitige Leier erfand.

Die Griechen waren aber viel weniger naiv als wir, sie wußten daher wie tragisch die »Freude« in der Lichtwelt des Apollon war. Denn die Leier, die Freude schenkt, ist dasselbe Instrument wie der Bogen, der den Tod bringt. Wie Apollon von ferne die Pfeile von seinem Bogen abschoß, so sandten die Musen von ferne die Strahlen von ihrer Leier. Der Dichter war ein Bogenschütze, sein Lied ein Pfeil, der sein Ziel nie verfehlte, und die Sehne des Bogens vibrierte wie die Saiten der Leier. In dieser Metapher ist alles Wesentliche über die apollinische Poesie ausgesagt. Der Dichter hielt sich in kontemplativer Ferne wie der Gott, der auf dem Giebel des Zeus-Tempels in Olympia dem Kampf zwischen Kentauren und Lapithen mit einer Bewegung Einhalt gebot; und er besaß die Präzision und Genauigkeit, die Kunst, den Kern der Sache zu treffen und die wahre Ordnung der Dinge zu erkennen, wie sie auch große Mathematiker besitzen. Aber er führte eine schrecklichere Gabe mit sich, den Tod. In jedem Vers von Homer, Pindar und Aischylos müssen wir das verhängnisvolle Schwirren der Pfeile vernehmen, mit denen Apollon am Beginn der *Ilias* unter den Griechen den Tod verbeitete.

Wenn Hermes zur Leier griff und den Ursprung und die Geschichte der Götter besang, hörte Apollon ihm gebannt zu. Ein Wunsch erfüllte sein Herz, und er sagte zum Bruder:

Wunderbar ist die neue Stimme, die ich vernehme und ich
behaupte, daß keiner unter den Menschen sie je gekannt
noch einer der Götter, die die Stätten des Olymp bevölkern,
wenn nicht du, Gauner, Sohn des Zeus und der Maia.
Was für eine Kunst ist dies? Was ist das für ein Gesang, der
unwiderstehliche Leidenschaften besänftigt?

Der Poesie des Apollon hatte Hermes ein einziges Wort hinzugefügt – *thélgein*, bezaubern –, das die poetische Tradition verändern sollte. Als Herr der Magie und der Heilmittel war Hermes auch Herr über jede Art von Bezauberung. Aber für uns ist »Bezauberung« ein abgenutztes Wort, das die Ausdruckskraft verloren hat, die es in den homerischen Gedichten und Hymnen besaß. Wenn Hermes zur Leier sang, wirkte er auf sein Publikum unendlich suggestiv: Verführung durch Magie, erotisches Verlangen, Heilkraft und die Macht, Leib und Seele zu besänftigen, Macht des Vergessens, Ruhe, Frieden, das einschmeichelnde Vergnügen der melodischen Töne, der tiefe Zauber des Schlafs und, vermischt mit all diesen »unwiderstehlichen Leidenschaften«, die unfaßliche und allem sich entziehende Kunst des Betrugs.

Wenn die »Freude« der Poesie des Apollon den Strahl des Todes in sich barg, so führte die Poesie des Hermes eine vielleicht noch fürchterlichere Gefahr mit sich. Wer konnte der Macht von Magie und Eros widerstehen, von Vergessen, Schlaf und Betrug, wenn sie im betörenden melodischen Fluß der Töne zusammengeschmolzen waren? Wer hätte nicht die Besinnung verloren vor der neuen Muse Thelxinoe? Die Griechen faßten all dies in der Figur der Sirenen zusammen, die nach einer bei Homer nicht belegten Tradition Töchter der Musen waren. Auf der Wiese der Insel sitzend, besangen sie »in honigsüßen Tönen« die Geschichte des Kriegs von Troja und all dessen, »was auf der fruchtbaren Erde geschah«, wie eine Gruppe von Sängern. Der Zauber ihrer Stimmen und ihrer Geschichten war so dämonisch, daß jeder, der sie hörte, auf der Insel strandete und sich selbst und jegliches Bewußtsein seiner Existenz dort verlor, bestrickt, umgarnt, bis ans Ende seiner Tage berauscht von diesen betörend süßen Stimmen. Wenn der Tod ihn ereilte, blieb der Leichnam auf der »blumigen Wiese« liegen und verweste dort.

Kirke, die Zauberkräfte besaß wie Hermes und die Sirenen, zeigte Odysseus und allen Zuhörern der hermetischen Poesie, wie man sich vor deren Gefahren schützen kann. Sie befahl ihm, sich mit Händen und Füßen an den Schiffsmast binden zu lassen, Augen und Ohren offen für die Verführungskraft der Sirenen. Keine Geste der Literaturgeschichte ist gründlicher mißverstanden worden: Nur sehr wenige haben die Welt des Odysseus in ihrer ganzen Tiefe begriffen. Man bezichtigte ihn, die Freuden der Poesie unlautererweise genossen zu haben: vorsichtig und feige, dank dieser Stricke die Gefahr der Tragödie vermeidend. Aber Odysseus war kein romantischer Held. Er war Grieche, der den Göttern gehorchte, insbesondere, wenn sie ihn mit Gewalt zwangen, das eigene Schicksal auf sich zu nehmen. Er lebte im innersten Herzen der Bezauberung: Er sah, hörte, erkannte die ganze Verführungsmacht des Hermes, und das ging so weit, daß er sich losbinden lassen wollte, daß auch er (der nie vergaß) versuchte zu vergessen. Es war dies die äußerste Gefahr, in die er in der *Odyssee* kam. Für einen Augenblick war er eingetaucht in das Reich der Magie, des Eros, der Musik und des Vergessens, in dem er sich für immer verlieren konnte. Aber die Götter und Kirke kamen ihm zu Hilfe: Die Stricke hielten ihn an den Baum und an sich selbst gebunden. So bewahrte er die Freiheit des Blicks und des Gehörs, die apollinische Distanz des betrachtenden Geistes, die Erinnerung und den Wunsch nach Heimkehr. Er kehrte nach Hause zurück und verwandelte den dämonischen Zauber des Hermes und der Sirenen in die reine »Freude« der Poesie.

Das homerische Gedicht erzählt, daß Hermes die siebensaitige Leier nicht lange behielt. Er überließ sie dem Apollon, im Tausch gegen fünfzig Kühe, einen goldenen Stab, die Gabe der Prophezeiungen, die mal wahrhaftig, mal trügerisch sein sollten, und Jungfrauen-Bienen. Uns will ja scheinen, er habe schlecht abgeschnitten bei dem Tausch. Aber es ist müßig, unsere bescheidene Weisheit dem nächtlichen Wissen des Hermes entgegensetzen zu wollen, der Größeres im Sinne hatte als nur die Poesie, wenn er einige Jahrhunderte später Hüter des gesamten esoterischen Wissens werden sollte. Uns bleibt nur das Bedauern, daß wir seine geheimnisvolle und modulationsreiche Stimme nicht mehr vernehmen können.

In Wirklichkeit aber ist Hermes nicht vergessen. Von jenem Zeitpunkt an hören wir innerhalb der apollinischen Poesie – in ihr enthalten und eingeschlossen – auch die Stimme des Hermes mit. Die Leier und die Hymne des Pindar – des größten apollinischen Poeten – waren »farbig« und »vielfältig« wie der Geist des Hermes und verbreiteten denselben »Zauber«. Die Erste pythische Ode lautet:

> Goldene Harfe, beiden gleicherweise zu eigen, Apoll und den veilchenlockigen Musen, dich hört, das Fest zu beginnen, der Tänzer Schritt;
> ... Da besänftigt sich die nie verlöschende Flamme des drohenden Strahls. Auf dem Stabe schlummernd des Zeus, lässet beide sausende Fittiche rasten der Adler,
>
> Aller Vögel König, weil du ihm ums gebogene Haupt,
> Wolkengleich, die Schranke der Lider, die süße, gossest, das Dunkel; dem Schläfer wogt
> Leis der weiche Rücken, und er hat
> Sich ganz an dein Schwingen verloren;[3]

Innerhalb der abendländischen Tradition gibt es kaum ein tieferes Zeugnis für den allmächtigen Reichtum der Poesie: die Macht der Bezauberung, der Liebe und des Schlafs, der Besessenheit und des Todes, die in jeder Strophe miteinander verschränkt sind.

Verliebt in Antithesen und überdies imstande, sie mit luzider Geisteskraft bis auf die Spitze zu treiben, wußten die Griechen, daß jede Antithese, wenn sie ihre Stoßkraft verbraucht hat, in eine umfassendere Versöhnung übergehen muß. Die Versöh-

[3] Pindar, *Erste pythische Ode*, in: Pindar, *Die Dichtungen und Fragmente*, verdeutscht und erläutert von Ludwig Wolde, Wiesbaden 1958, S. 59.

nung zwischen Apollon und Hermes hatte schon in der *Ilias* und in der *Odyssee* stattgefunden. Die *Ilias* beginnt mit Nacht und Tod, die der Lichtgott Apollon bringt, und endet mit der Reise des Hermes, der Priamos zum Zelt des Achilles begleitet und dabei Menschen und Götter, Griechen und Trojaner zu einer Begegnung einlädt. Einer Überlieferung zufolge stammt Odysseus von Hermes ab, und in der *Odyssee* wird sein Geist als »vielfältig, schillernd und bunt« geschildert wie der des Gottes, aber seinen Triumph erlebt er jedoch bei einem Frühlingsfest des Apollon und mit einem Bogen, ähnlich der Leier des Apollon. Solche Übereinstimmungen können nicht zufällig sein, wer weiß, wer sie erfunden hat. Vielleicht begann und schloß der frühe Homer sein Gedicht mit den Taten der beiden Götter, die die Poesie erfunden hatten, und nach einiger Zeit antwortete ihm der späte Homer mit einem raffinierten Chiasmus und erinnerte an die beiden Götter der »Freude« und des »Zaubers« der Poesie. Oder vielleicht geschah alles viel später, als ein Kopist dieses ganze immense Material ordnete? Die Antwort ist nicht sonderlich wichtig, und es ist unwahrscheinlich, daß es je eine geben wird. Wichtig ist lediglich, daß gleich im Ursprung Griechenlands *Ilias*, *Odyssee*, die *Hymne an Apollon* und die *Hymne an Hermes* daran erinnern, daß die Poesie von zwei gegensätzlichen und gleichgesinnten Göttern erfunden wurde. So erzählt Pausanias, daß in Megalopolis ein Heiligtum errichtet wurde, das den Musen, Apollon und Hermes zugleich gewidmet war.

Im Lauf der Zeit haben die Menschen die Poesie in den verschiedensten Formen darzustellen versucht. Der eine hat naive und sentimentalische Poesie unterschieden, ein anderer klassische und romantische Poesie; wieder ein anderer hat in der gesamten abendländischen Kultur ein apollinisches und ein dionysisches Prinzip ausmachen wollen. Ich aber glaube, daß die antike Antithese, wie die mythische Intuition der Griechen sie formulierte und wie Goethe sie im *Faust II* wieder aufgenommen hat, die zutreffendste ist. Wenn wir dreißig Jahrhunderte der europäischen Kunst überblicken, dann sehen wir zu jeder Zeit den apollinischen und den hermetischen Poeten, zwei geistige Grundformen, die gemeinsam die Literatur des Abendlands hervorgebracht haben und in tausenderlei Verkleidung unter uns lebendig sind.

Dies ist der Dichter im Sinne des Apoll: Genährt von absolutem Licht und absoluter Finsternis, von Freude und Tod, liebt er die Tragödie, die reine Form, Adel des Stils, geistige Distanz, die nackte oder verhüllte Wahrheit und die Harmonie. Und dies der Dichter des Hermes: ein kleiner, nächtlicher Dämon mit schillerndem Geist, bunt und funkelnd, der die Komödie liebt, die Lüge, Träume, den Zufall, Eros, Zärtlichkeit und Leichtigkeit, und der einem melodischen Zauber, schrecklicher als der Tod, erliegen kann oder uns diesem ausliefert. Die Literatur besteht fast nur daraus. Es gibt nichts als Apollon und Hermes, Hermes und Apollon, ihre Spannung, ihr Zwiegespräch und manchmal ihre tiefe Begegnung.

Odysseus und der Roman

Welcher Gott, welcher Held, welches göttliche Tier oder welcher Mensch verbirgt sich hinter dem noch immer geheimnisvollen Namen Odysseus? So wie wir ihm von einem Gesang der Odyssee zum anderen näherkommen, so wie er von seinem eigenen Schicksal verfolgt wird, scheint die Gestalt des Odysseus schwankend; sie dreht sich um sich selbst und zeigt ein Gesicht, das immer wieder in anderem Licht erstrahlt. Einmal tritt er vor uns hin als überaus edler Held, strahlend schön und voller Anmut, in einen weichen Purpurmantel gehüllt; dann wiederum als alter Bettler mit verklebten Augen, runzliger Haut, in zerrissenen Kleidern und von Rauch geschwärzt, ein schmutziges Bündel bei sich tragend. Einmal scheint er ein Löwe, der mit seinen feurigen Augen Wind und Regen durchdringt, dann wieder ein Polyp mit schleimigem Kopf und ekligen Tentakeln, die sich am Felsen festgesaugt haben; einmal ist er ein großer, mit der menschlichen Spache begabter Adler, dann wieder ein wachsamer, gieriger Geier … Wir wissen nicht, welches Gesicht wir wählen, welchem Tier wir den Vorzug geben sollen, und zum Schluß glauben wir, im Licht und im Dunst des Mittelmeers eine

Art Meeres-Greif zu erblicken, der den Kopf eines Löwen und die Tentakel eines Polypen besitzt, die Flügel eines Adlers und den Schnabel eines Geiers.

Wollen wir uns dieser ungewöhnlichen Figur nähern, sollten wir uns mit dem genialen Philologen Carlo Diano daran erinnern, daß Odysseus zwei Göttern glich, die ihn beschützten: Hermes, von dem er abstammte, und Athene, die ihm mit der eifersüchtigen Liebe einer Komplizin beistand. Wie diese beiden besaß er eine vielfältige und wendige Natur: Er konnte alle Formen annehmen, sämtliche Wege einschlagen, und vielseitig und gewinnend wie er war, zog es ihn in alle Richtungen. Er hatte einen »bunten« und »vielfältigen« Geist wie Hermes; er glich einem Bild oder einem Teppich, aber er war auch künstlich gestaltet wie eine Rede, verschlungen und geheimnisvoll wie Labyrinthe und Himmelskonstellationen und dunkel wie der Sinn der Diebe, der Händler und der heimlichen nächtlichen Liebenden.

Auch Odysseus griff zu den Waffen, kämpfte und tötete mit dem Bogen, und einmal, als er den geblendeten Polyphem beschimpfte, machte er sich sogar der Vermessenheit schuldig. Das war seine einzige, wirkliche Sünde, für die er bis ans Ende seiner Tage bestraft wurde. Während andere Krieger nur davon träumten, die Taten des Achilles zu wiederholen, bemerkte er, daß noch kein epischer Held seinen Fuß auf ein enorm großes Gebiet gesetzt hatte, das sich unergründet vor seinem Begehren auftat. So sah sich Odysseus mit seinen scharfen Augen um, forschte und lernte. Die geschickten und erfahrenen Hände befühlten die Dinge, wogen sie und untersuchten sie bis in ihre innersten Fasern; sie ersannen technische Listen und Erfindungen, vollbrachten die Werke des Maurers und des Seemanns, des Zimmermanns und des Künstlers, als ob die gesamte handwerkliche Weisheit Griechenlands sich in seinen Wunderhänden konzentriert hätte. Unterdessen hörten sein räuberischer Geist und sein gerissenes Herz nicht auf, Tricks, Diebstähle, Lügen und Mystifikationen zu ersinnen, und das listige und beredte Wort eroberte die Gemüter.

War er also ein bewährter Handwerker oder ein phantasievoller Betrüger? Ein Tüftler oder ein Schwindler? Wer die Welt des Odysseus begreifen will, muß vergessen, daß für uns heute der Handwerker und der Dieb, der aufrichtige Mann und der Lügner entgegengesetzte Aspekte der Wirklichkeit darstellen. Solange Odysseus unter dem doppelten Schutz von Hermes und Athene stand, hätte niemand unterscheiden können, was an Technischem und was an Betrügerischem in seinen Erfindungen lag, da die präzisen und geschickten Hände und die weise Erfindungsgabe etwas hervorbrachten, was auf einen Betrug hinauslief, aber dieser Betrug gehörte vielleicht in einem höheren Sinn dem Reich der Präzision an. Die Unternehmungen, denen Odysseus und Penelope ihren Ruhm verdanken, sind zugleich Werke der Handwerkskunst und der Betrügerei: das Holzpferd, das Troja zu Fall brachte, und das große, sehr feine Tuch, in das über Jahre hinweg die Hoffnungen der Freier gewebt wurden.

Aber die List mit dem Pferd war etwas zu Einfaches für einen labyrinthisch verschlungenen Geist. Unter den Grenzen der Wirklichkeit, jenseits und unterhalb der Grenzen der Welt erstreckt sich die riesige Stadt der Nacht, der Magie und des Todes, von der den Menschen nur so wenige Zeichen bekannt sind. Odysseus war ihr auserwählter Bewohner, da er von Hermes abstammte, dem nächtlichen Zauberer, der die Rute des Schlafs mit sich führt, dem Hexenmeister, der die Geheimnisse der Kräuter kennt, dem Seelenführer im Hades. Aber mit seinen schlichten menschlichen Listen fand er dort keinen Einlaß. Ein Gott mußte ihm den Weg weisen, den Zugang und die Rituale. So machte er auf der Insel der Kirke halt, dieser Betrügerin, die ihm ähnlich und mächtiger war als er. Die Beziehung, die ihn an diese göttliche Hexe band, und die Wahlverwandtschaft zu ihrem Geist, die er entdecken mußte, waren so tief, daß er zum einzigen Mal in seinem Leben Gefahr lief, das Gedächtnis und den Willen zur Heimkehr einzubüßen. Als die Gefährten ihn nach einem Jahr überreden konnten, die Reise fortzusetzen, vertraute er nur auf die Hilfe der Zauberin, die ihn in ihrem Bett aufgenommen hatte und es ihm ermöglichte, die Übergriffe der Toten und der Seeungeheuer und den dämonischen Zauber der Poesie unbeschadet zu überstehen.

Neun Jahre später, als er nach Ithaka zurückgekehrt war, erwies Odysseus sich als Meister einer ganz anderen Art von Trug: dem Theater. Als Bettler verkleidet, aß er mit den Schweinehirten, vor den Toren seines Königspalasts hielt er die Hand auf und bettelte um ein Stück Brot und etwas Fleisch und stellte so die Not des unersättlichen Leibes aus. Als ob er ein Schauspieler wäre und sein ganzes Leben lang nichts anderes getan hätte, als die Gewohnheiten der Bettler zu studieren und sie vor einem hochgestellten Publikum nachzuahmen. Er redete und fluchte wie ein vom Wein erhitzter Aufschneider: Er erzählte immer wieder neue Versionen seiner Geschichte, zunächst dreiste Lügen; nach und nach kam er der Wahrheit jedoch immer näher und glich sie der makellosen Rede des Apollon an. Aber wer will ausschließen, daß er beim Lügen nicht den niedrigsten und fragwürdigsten Teil der eigenen Natur preisgab? Der König von Ithaka war gewiß ein überaus edler Adler des menschlichen Worts, aber auch ein herumstreunender Schwindler, der erste unter den Dienern der Komödie, die nach ihm munter, nie verzweifelt, nie bezähmt die verworrene und groteske Bühne der Welt betraten.

Sein Schicksal ließ ihn zehn Jahre lang umherirren, fern von seiner Heimat, es führte ihm die Grausamkeit der Zyklopen vor, die trostlose Traurigkeit des Hades, Stürme und Schiffbrüche, die lange tränenreiche Gefangenschaft im Herzen des Mittelmeers, und es trieb ihn bis dorthin, wo Orient und Okzident sich durchdringen. Wie bei allen Menschen war das zweifellos »sein« Schicksal, das einzige, das er erkennen konnte, da die Irrfahrten, Verzögerungen und Labyrinthe, in denen er sich zu verlieren drohte, den Antrieb zur Flucht auslösten, den er in sich trug. Andererseits hatte ihm aber jemand dieses Schicksal auferlegt. Während er von Küste zu Küste irrte, begehrte er nur eines: auf die Insel zurückzukehren, auf der er sein Haus, seinen Reichtum, sein angestammtes Bett und seine Frau zurückgelassen hatte, die ihm ähnelte wie eine Schwester. Keiner Verführung gab er nach, eine nach der anderen überwand er die Kräfte, die ihn zum Vergessen bewegen wollten, keine seiner Erinnerungen ging verloren, während er schlaflos die Wellen und die Geheimnisse des Mittelmeers durchkreuzte.

Unterdessen »litt er mannigfache Schmerzen«. Er lernte sämtliche Ängste kennen, Schrecknisse und die Anstrengungen von Körper und Geist, das höchste und erbärmlichste Grauen. Er leerte den Kelch seiner Existenz, bis hin zur letzten und fürchterlichsten Demütigung: im eigenen Haus zu betteln. Diese Summe von Schmerzen, die sich in ihm ansammelten wie in einem ständig aufnahmebereiten Gefäß, waren die existentielle Wirklichkeit seines Lebens. In zehn Jahren Krieg und weiteren zehn Jahren der Irrfahrten lernte er, die Schmerzen der Welt geduldigen und unerschrockenen Herzens zu erdulden, und er lernte die höchste und schwierigste aller Künste: demütig den Ratschlag der Götter hinzunehmen, was auch immer geschieht.

Im Lauf der Jahre verhärtete er sich, wie um sich gegen die Anschläge des Schicksals zu wappnen. Sein Herz wurde zu Stein. Und die Augen erlernten, angesichts der Schauspiele, die ihn am tiefsten rührten, reglos und hart wie Horn und Eisen zwischen den Lidern zu liegen. Aber diese hornharten Augen sollten uns nicht täuschen. Manchmal genügte ein winziger Anstoß, und sämtliche Mühen und Schmerzen, die er in seiner Seele verborgen trug, erwachten plötzlich wieder. Dann wurde dieser zähe und extrem harte Mann von unendlichem Weinen befallen, das ihn zwang, den Kopf im Mantel zu bergen, und sein Gewand mit Tränen netzte. Kein epischer Held, vielleicht nicht einmal Achill, hat je auf so herzzerreißende, tiefe und schreckliche Art und Weise geweint wie dieser große Lügner.

Im Unterschied zu Achilles, der auf der Leier »den Ruhm der Helden« besang, konnte Odysseus nicht dichten. Obwohl er die Musen und ihre Sänger verehrte, liebten diese doch seinen betrügerischen und listenreichen Geist nicht. Ihm fehlte, wie Telemach in einem arroganten jugendlichen Traktat zur Ästhetik erklärt, die kontemplative Distanz dessen, der die Stimme der Poesie zu vernehmen vermag. Wenn die Dichter seine Taten besangen, empfand er keine Freude, die harmonische Fügung der

Töne tröstete ihn nicht. Diese Gesänge erweckten nur seine Schmerzen zu neuem Leben, machten sie heftiger und unerträglich; und er schluchzte verzweifelt, als ob er eine in Gefangenschaft geratene Königin wäre oder eine arme Frau, die sich nur auf Webstuhl und Spindel versteht.

Das Reich, über das Odysseus herrschte wie ein allmächtiger Fürst, war das der Erzählung, grenzenlos und verschlungen wie die Zeichnung, mit der seine Irrfahrten die Landkarte des Mittelmeers überzogen. In der *Odyssee*, wo alle betrügen, sich verstellen und erzählen, gibt es keinen, der so unvergleichliche erzählerische Fähigkeiten besitzt wie er. Keiner versteht wie er die Kunst, sich der unterschiedlichsten Erfahrungen zu bemächtigen und sie vorzutragen, niemand hat ein so unermüdliches Gedächtnis und einen Geist, so zweideutig wie das Schicksal und so unauflöslich wie die Knoten der Kirke, bunt wie Teppiche, beweglich wie Proteus und verlogen wie die Wegelagerer. So wurde Odysseus zum Symbol der Erzählkunst selbst, alle großen Romanautoren sind bei ihm in die Schule gegangen und bemühten sich um den Besitz solch außergewöhnlicher Gaben und Talente.

Wenn Odysseus in den Sälen der Paläste oder in den Hütten der Schäfer erzählte, so ging von seinen Worten ein Zauber aus, ähnlich demjenigen, den die Sirenen in ihre epischen Gesänge gelegt hatten. Alle Zuhörer waren fasziniert: Alle hätten sie die Nacht über wach bleiben wollen, vielleicht jede Nacht, um die kühnen Abenteuer zu hören, als ob Hermes mit seinem Zauberstab den Schlaf von ihren Lidern genommen hätte. Aber Hermes besaß auch noch eine andere Fähigkeit: Er war in der Lage, den Schlaf auf müde und erschöpfte Augen herabzusenken. Odysseus wollte er diese Fähigkeit nie überlassen. Einige Zeit nach Abfassung der *Odyssee* verlieh er sie dem Apollon als Gabe: das heißt, er verlieh der großen epischen und lyrischen Dichtung die Fähigkeit, die Seelen so tief zu beschwichtigen, daß beim Klang der Leier sogar der Adler des Zeus, eingehüllt von der Wolke des Schlafs, den Kopf mit dem Hakenschnabel senkte und sanft die Lider schloß.

Weder Homer noch irgendein anderer antiker Dichter berichten, ob Odysseus gelitten hat, als sein Schutzgott ihm diese überaus kostbare Gabe verweigerte. Aber alles deutet darauf hin, daß er sich guten Mutes in die Entscheidung des Hermes gefügt hat. Ausgerechnet er, der so neugierig, beweglich und unruhig war, immer begleitet von einem untrüglichen Gedächtnis, wie hätte er die aufgewühlten Seelen beruhigen sollen und den weichen Zauber des Schlafes unter ihnen verbreiten, die sanfte Betörung des Vergessens? Unter den Phäakern und in Ithaka, in Griechenland, in Europa und überall sonst, wo die Menschheit anhebt zu erzählen, war sein Part ein anderer. Wenn alles bekannt und friedlich schien, dann wies er darauf hin, daß es dort hinten, jenseits des Horizonts andere Ungeheuer gab, anderen Zauber, andere Totenreiche, daß es möglich war, neue Gerätschaften zu erfinden, neue Betrügereien auszuhecken, neue Lügen und neue Schmerzen, und so erregte er die friedlichen Seelen und riß sie aus ihrer Ruhe. Und ist denn Romanschreiben nicht genau dies? Unruhe zu stiften, unter Lesern und Dingen, die Augen zu öffnen, Neugier zu wecken auf der Erde, die gar so gerne unter dem Lautenschlag der Ruhe ihr Haupt neigt, und die fürchterliche Gabe der Schlaflosigkeit zu verbreiten?

Philosophenliebe

Platons *Symposion* ist aufgebaut wie eine Erzählung von Joseph Conrad. Wir befinden uns in Athen um 400 v. Chr.: Apollodor aus Phaleron, ein junger Geliebter des Sokrates, spricht mit einer Gruppe von »Reichen und Geldmännern«, von denen wir nicht einmal das Gesicht kennen: Wir hören nur eine Stimme, und diese erzählt den stummen Gesichtern die Geschichte, die sie von einem Geliebten des Sokrates, Aristodemos, erfahren hat. Die Erzählung des Aristodemos wiederum referiert die Dialoge, die eine Gruppe von Freunden sechzehn Jahre früher über die Liebe geführt hat. Gesprochen haben Phaidros, Pausanias, Eryximachos, Aristophanes, Agathon. Aber der letzte und bedeutendste dieser Dialoge, der des Sokrates, enthielt die Rede der Diotima, der »fremden Mantineerin«, die sie, man weiß nicht wann, über die Liebe gehalten hat. Was bedeuten diese raffinierten narrativen Spielereien, diese Erzählungen, die immer neue Erzählungen beinhalten, dieses schwankende Zurückweichen in der Zeit der Erinnerung? Kein Wort ist zufällig in den Dialogen des Platon. Alles läßt vermuten, daß diese Spielereien mit souveräner Leichtigkeit auf jene souveräne Ambiguität anspielen, die im *Symposion* eben dem Eros eigen ist.

Von den Worten Apollodors und Aristodemos' angekündigt, erscheint Sokrates auf der Bildfläche. Gebadet und die Sohlen untergebunden, ganz gegen seine Gewohnheit. Seine vorspringenden »Stieraugen« können die Dinge einzeln fixieren, als wollte er in sie eindringen und zur Seite sehen, ohne daß er sich umzudrehen braucht, mit der Ubiquität von Polypen und Göttern. Kaum erblicken wir ihn, erkennen wir ihn auch schon wieder: Er ist »einer von uns«, wie Conrad wieder sagen würde. Er ist der genialste und bezauberndste unter den Dilettanten, der je auf der Bühne der Literatur aufgetreten ist, er besitzt keinerlei Kenntnisse, keinen genauen Beruf. Alles, was schulmäßig ist, langweilt ihn; alles, was schwerfällig, vorhersehbar, literarisch oder konventionell ist, provoziert seinen eleganten Sarkasmus; und der stummen Beschränktheit des geschriebenen Worts zieht er die schillernde Mehrdeutigkeit des gesprochenen Worts vor. Scheinbar besitzt er kein Haus: Er geht umher, ist müßig, streunt herum, fragt, plaudert innerhalb und außerhalb der Mauern, in den Häusern und an den Ufern des Ilissos, unersättlich neugierig auf die flüchtigsten Dinge, die sich in den Behausungen der Menschen zutragen, und auf die erhabenen oder unbedeutenden Gedanken, die ihnen durch den Sinn gehen. Obwohl er die Worte der großen Dichter kennt, ist er eine Komödienfigur: Er spricht über Lastesel, Schmiede, Schuster und Gerber; wie der dreisteste Bauchredner vergnügt er sich damit, Stile nachzuahmen, und sobald er erscheint, müssen wir beim Lesen die Stimme senken, denn das alltägliche Leben, dieses Geheimnis, tritt auf der geschriebenen Seite hervor.

Aber da geschieht etwas Außergewöhnliches. Plötzlich verlangsamt Sokrates seinen Schritt und bleibt auf der Straße stehen, läßt Aristodemos vorausgehen. Gedanken, von denen Platon uns nichts berichtet, haben von ihm Besitz ergriffen, und wir müssen uns vorstellen, daß göttliche oder dämonische Stimmen, Töne oder Eingebungen, die wir nie wahrnehmen werden, wie aus einer Amphore in sein Ohr geflossen sind. In diesem Moment ist Sokrates ein Erleuchteter geworden, der mit anderen Welten verkehrt. Ausgerechnet er, der uns der komischen Oberfläche des Lebens so nahe schien, kennt auf einmal nur die göttlichen Gaben, die das »Delirium« ihm eingibt: das Delirium, auf dem die Apollinische Seherkraft der Sybille und der Prophetin von Delphi beruht, das Delirium der Erleuchtungen und der dionysischen Waschungen, das Delirium, das die Musen in der empfindlichen und unbefleckten Seele der echten Poeten wachrufen, das heftige Delirium des Eros. Sich um sich selbst drehend zeigt Sokrates uns plötzlich ein völlig anderes Gesicht. Und wir hören nicht auf, uns über diesen Dilettanten, diesen Vagabunden zu wundern, über diesen Neugierigen, der mit so natürlicher Gelassenheit auf den Wegen des Ewigen wandelt. Wir hören nicht auf, uns zu wundern, daß dieser Komödiant deliriert und seine übernatürlichen Kräfte alsbald wieder hinter der liebenswürdigsten und freundlichsten Diskretion verbirgt. Ein derart vollkommenes Gleichgewicht zwischen den entgegengesetzten Kräften der menschlichen Seele hat es in der Geschichte nie wieder gegeben, und deshalb erscheint uns Sokrates immer wieder wie etwas völlig Einzigartiges. Alles ist klar an ihm: klar wie eine Platane, wie Gras, wie die durchsichtigen Wasser des Ilissos, wo wir ihn dahinschreiten sehen. Wir sind in der klarsten Welt, die wir je gekannt haben, und doch: Wer wäre geheimnisvoller als er, wer unerreichbarer und unfaßlicher in seiner Person?

Bald darauf beginnt das Symposion. Die Gäste strecken sich einer neben dem anderen auf den Liegen aus: Sie essen, bringen die rituellen Trankopfer dar, halten einen Lobgesang auf Dionysos und was sonst so Sitte ist. Keiner möchte mehr trinken, keiner möchte die Orgie vom Tag zuvor wiederholen, sie entlassen die Flötenspielerin, und auf Vorschlag des Phaidros bringt jeder der Geladenen eine Lobrede auf Eros vor. Ein geeigneteres Thema gibt es nicht für eine dionysische Zusammenkunft, denn, wie wir schon bald von Sokrates erfahren, zeugte den Eros ein vom Nektar berauschter Gott. Die ersten Reden sind nicht besonders begeisternd: Phaidros, Pausanias und Eryximachos loben Eros als den ältesten, edelsten und tugendhaftesten unter den Göttern, und wir verstehen sogleich, daß Platon uns nicht eingeladen hat, um hinter unsichtbaren Türen versteckt solchen erhebenden moralischen Reden zu lauschen. Der Ton ändert sich etwas, als Aristophanes das Wort ergreift, der bisher nur Späße gemacht hatte, zunächst hustend, dann niesend, um den Husten zu vertreiben. Die Rede des Aristophanes ist wunderbar wie die großen mythisch-schwankhaften Erfindungen seiner Komödien, die Platon mit entzückender Leichtigkeit nachahmt, als ob er sämtliche Stile imitieren, sich in sämtliche Formen, die diese lebendige Erde bevölkern, verwandeln könnte.

Ob sie nun von der Sonne, vom Himmel oder vom Mond abstammten, ursprünglich war die Gestalt der Menschen rund, erzählt Aristophanes. Rücken und Brust gingen im Kreis herum, vier Hände hatte jeder, vier Beine, vier Ohren und zweifache Genitalien. Beim Laufen bewegten sie sich rasch Rad schlagend vorwärts, behende wie Akrobaten oder Riesenspinnen, und benutzten dazu Arme und Beine gleichzeitig. Sie hätten glücklich und zufrieden sein können, da sie an der Perfektion des Kreises teilhatten. Aber verblendet und aufgebläht von maßlosem Hochmut, griffen sie den Himmel an. Da strafte sie Zeus. Er schnitt sie entzwei, wie man ein Ei durchschneidet. Apollon drehte ihnen das Gesicht herum, zog ihnen die Haut über das, was wir heute den Bauch nennen würden, so als würde man einen Beutel zusammenziehen, und ließ dabei nur eine Öffnung frei, den Nabel. Er glättete die Runzeln und fügte die Brust zusammen, mit einem Werkzeug, womit die Schuster über dem Leisten die Falten aus dem Leder herausglätten. Die derart entzweigeschnittenen Wesen sehnten sich nun jedes nach seiner anderen Hälfte und begehrten etwas, das sie nicht benennen konnten, etwas, das sie dunkel ahnten und errieten, und sie wollten sich wieder miteinander vereinen in einem einzigen Leib. So müssen wir heute, Tausende von Jahren nach dieser Strafe des Zeus, wenn wir das Glück erfahren wollen, den Geliebten wiederfinden, der zu uns gehört, jenen Teil, der grausam von jedem von uns abgetrennt wurde. Und nur Eros kann die beiden getrennten Teile wieder zusammenfügen. Das Gefühl der Liebe kommt also nicht aus der Fülle, wie die anderen Teilnehmer am Gastmahl meinten. Als die Menschen rund waren, gab es Eros nicht, er entspringt erst aus der Niederlage, aus dem Fall, dem Riß, der Entbehrung.

In der Rede des Aristophanes klingt das zentrale Thema des *Symposion* an: das Bündnis, das in jener einmaligen Erdennacht der dionysische Geist, der zugleich komische und tragische Geist der Komödie, mit dem erotischen Geist der Philosophie einging, und zwar gegen das, was man heute Literatur nennen würde. Was heißt es schon, daß Aristophanes zu Lebzeiten ein Gegner des Sokrates war? In jener unvergeßlichen Nacht gehörten Aristophanes und Sokrates für einen Augenblick demselben Reich an: Die Komödie wie die Philosophie gehen über die rationale Erkenntnis hinaus, um die höchste Wahrheit in einem Mythos einzufangen, der das, was die Vernunft allein nie imstande wäre auszudrücken, erleuchtet und enthüllt; sowohl Aristophanes als auch Sokrates erblicken das Wesen der Liebe in der Entbehrung und im Fall. Aber Bündnis ist ein schwacher Ausdruck. Fassen wir uns einen Moment in Geduld. Als die Nacht auf ihrem Höhepunkt ist, hört man vom Hof her großen Lärm, Stimmen und Geschrei einer Festgesellschaft, auch die Töne einer Flötenspielerin sind zu vernehmen. Dann dringt der eleganteste und hemmungsloseste der dionysischen Geister in den Saal: Alkibiades, vollkommen betrunken, bekränzt mit Veilchen und Efeu, den Kopf geschmückt mit Bändern wie ein Bacchant. Sobald er Sokrates erblickt, streckt er sich auf der Liege neben ihm aus, bekränzt ihn, erinnert ihn an ihre vergangene Liebe und singt deren Lob.

Durch den Mund des Alkibiades lobt Dionysos den Sokrates und führt uns in der Gestalt dieses bescheidenen, nüchternen, ironischen Mannes mit dem Stierblick die vollendete Verkörperung des dionysischen Geistes vor Augen. Wer ihn erblickt, glaubt in ihm einen Silen zu bewundern, voll göttlicher Visionen, seine Worte bezaubern wie die Musik des Satyrn Marsyas, sie ergreifen uns und lassen unser Herz höher schlagen, sie treiben uns die Tränen in die Augen und wühlen unsere Seele auf. Und wenn der Biß der Viper das bacchantische Delirium auslöst, so löst der Schlangenbiß der philosophischen Rede in jungen, reichbegabten Seelen die bacchantische Raserei aus. Wir erwarten also, daß sich Sokrates, mit Veilchen und Efeu bekränzt, selbst an die Spitze des dionysischen Zuges setzt und daß das *Symposion* sich in eine heilige Orgie verwandelt. Aber nichts dergleichen geschieht: Sokrates gibt der fürchterlichen Macht des Gottes nicht nach, er trinkt, ohne sich zu betrinken. Er ist der Verführer, der sich selbst nicht verführen läßt, der Begeisternde, der sich nicht mitreißen läßt. Wie immer durchläuft er alle Stufen des religiösen Deliriums, das die Seele des Menschen befällt: den Wahn des Dionysos, den Wahn des Apollon, den Wahn des Eros. Daher rührt die ganze Erhabenheit und Macht der Wahrheit; und doch gelangt er unter diesen Bedingungen zu einer Art von entrückter Ruhe und majestätischer Gelassenheit, die ihm erlauben, delirierend über das Delirium hinauszugehen.

Als Sokrates die Bühne betritt, gibt er mit seiner freundlichen Stimme die ernstere Rede der Diotima wieder, der Mantineerin, Priesterin des Apollon. Hier ist Eros nicht der alte und überaus mächtige Gott der anderen Redner, sein Gesicht trägt dieselben Züge wie bei jedem von uns, da jeder von uns – die wir auf der Erde dahingehen, an die Erde gebunden sind und den Himmel begehren – Eros ist. Eros ist zwiefacher Abstammung. Als Sohn der Armut streckt er die Hand aus und bettelt vor den Türen, er ist wahrlich nicht fein und schön, gut, reich und glücklich, sondern ein armer, schmutziger Dämon, rauh und unansehnlich, barfuß; er schläft vor den Türen und auf den Straßen. Es mangelt ihm an allem, das Leben ist für ihn eine einzige Folge von Dingen, die ihm abgehen: Eigenschaften, die er nicht hat, Dinge, die er nicht besitzt und die mit einem Schlag vor den begehrlichen Augen auftauchen. Was uns zu Wesen auf halbem Wege zwischen Himmel und Erde macht, sind nicht, wie die Menschheitsgläubigen meinen, die intellektuellen und moralischen Fähigkeiten, auf die wir so stolz sind. Zeichen unserer Würde ist unser Mangel: der Hunger, der uns quält, die Güte, die wir nicht besitzen, die Wahrheit, die wir nicht kennen, die Schönheit, nach der wir streben, das Schweigen, das uns einhüllt, die Finsternis, die uns verbirgt.

Von väterlicher Seite her ist Eros Sohn des Poros (»Mittel«), der seinerseits Sohn der Göttin Metis ist. Da diese mythologischen Namen dem modernen Leser wenig sagen, soll der Hinweis genügen, daß Eros vom Vater her dem Odysseus ähnelt. Sein Geist ist vielfältig und wendig wie der des Odysseus. Er besitzt dieselben Eigenschaften des Steuermanns, der den Wind nutzt, um das Schiff sicher in den Hafen zu lenken, auf einer von den Launen des Meers vorgezeichneten Route; die des Jägers, der sich lautlos anpirscht und unsichtbar macht; des Polypen, der sich dem Stein angleicht und die Farbe der Dinge annimmt, in deren Nähe er kommt; des Sophisten, der tausend Spitzfindigkeiten ersinnt und die Dinge bald ähnlich, bald unähnlich erscheinen läßt; vor allem aber Eigenschaften des Handwerkers, der mit der emsigen Geschicklichkeit seiner Hände Wunder wirkt. Aber es gibt einen Unterschied. Während Odysseus und seine Schüler der beunruhigenden Vielheit des Werdens durch Vervielfältigung zu begegnen suchten, ist Eros (also Sokrates) beredt, abwechslungsreich, neugierig, listenreich und unstet, aber auf dem Weg ins Reich des Seins. Ist Sokrates nicht der Herr der Dilettanten, der Herr der Parodisten, der neue Proteus? Sich den Wünschen seiner Figur anpassend, nutzt Platon den ganzen Reichtum der Erfindung, der Vorstellung und der Handwerkskunst, die dem Reich der Thetis angehören, um dorthin zu gelangen, wo man zuletzt das Licht der Schönheit und des Gedankens betrachten kann.

So beginnt der Sohn von Armut und Poros, der barfüßige Dämon mit dem erfinderischen Geist, der Jäger und Sophist, seine leidenschaftliche philosophische Suche, an der wir, seine Brüder, alle teihaben. Da er Eros ist, zeugt und erschafft er unentwegt, und seine Seele ist geistig fruchtbar wie die der Philosophen, der echten Dichter, der erfinderischen Handwerker oder der Gesetzgeber der Polis. Geistige Kreativität – die viele dem Furor, der Unmittelbarkeit und der Melancholie entgegensetzen – ist nichts anderes als die höchste Form erotischer Vitalität, die allein uns Unsterblichkeit auf dieser Erde schenken kann. Um schöpferisch zu sein, müssen schöpferische Menschen sich verlieben. Wenn sie ins Alter der Fruchtbarkeit eingetreten sind, suchen sie sich mit all dem Hunger, der Begierde und der List des Eros wunderschöne junge Menschen, reich an glücklichen Gaben der Natur. Sie empfinden dann unendliche Glut und unendlichen Schwung, sie werden fröhlich und heiter, und diese Gefühle wirken wie beim Geburtsvorgang, da die Wände des Geistes sich weiten, dehnen und öffnen und dadurch endlich jene philosophischen Reden, jene Gedichte, jene Erfindungen hervorbringen, die in den dunklen und gewundenen Verliesen des Geistes verborgen gewesen waren. In diesem Augenblick entsteht zwischen dem Liebenden und dem Geliebten ein inniger Austausch: Beide nähren, fördern, erziehen die unvergänglichen Kinder ihrer geistigen Liebe und ziehen sie groß, von nah und von ferne denken sie an sie, so daß zwischen ihnen eine viel tiefere Gemeinschaft entsteht als mit den Kindern unseres Fleisches.

Wenn wir die höchste Ausprägung von Platons Liebesauffassung kennenlernen wollen, müssen wir die Stimmen, Schreie und das Flötenspiel des *Symposion* hinter uns lassen und uns an einem Sommertag in die Landschaft um Athen begeben. Wir befinden uns im *Phaidros*, wo nichts an die entzückenden erzählerischen Spielereien des *Symposion* erinnert. Alles ist klar und direkt erzählt, da die Liebe hier, ihrer ambivalenten und flüchtigen Formen entkleidet, ihr ewiges Wesen enthüllt. Während die Sonne am Himmel fast im Zenit steht, verlassen Sokrates und Phaidros die staubige Straße und waten mit nackten Füßen durch die spärlichen Fluten des Ilissos. Plötzlich sieht Phaidros einen Platz zum Rasten: Das Gras am sanften Abhang lädt zum Ausruhen ein; eine sehr hohe Platane wirft reichlich Schatten, ein blühender Strauch erfüllt die Umgebung mit seinem Duft, und ganz rein und klar fließt das Wasser vor unseren Augen dahin; die Zikaden zirpen munter über den Köpfen des Sokrates und des Phaidros und möchten sie, die sich nahe bei der Quelle gelagert haben, in den Schlaf singen. Aber da weder Sokrates noch Phaidros dem Schlaf nachgeben, greifen die Zikaden zu einer anmutigen List, die nur ihnen zu Gebote steht: Sie richten ihren Gesang direkt an die Musen. Jedes der Worte, die wir an diesem Sommertag hören – und vielleicht sogar unsere stumme Anwesenheit selbst unter den Platanen und am Wasser –, wird also in den himmlischen Gefilden Resonanz und Aufnahme finden.

Im Schatten der Platane und im Duft der Sommersträucher erzählt Sokrates dem Phaidros einen Mythos, der durch die Jahrhunderte enorme Berühmtheit erlangt hat. Der Zug der Götter und der noch nicht an einen Körper gebundenen Seelen bewegt sich zur Ebene der Wahrheit am überhimmlischen Ort hinauf. Zeus, seinen geflügelten Wagen lenkend, führt den Zug an, ihm folgt die Schar der Götter und Dämonen, von denen jeder einen Sternenkörper besetzt. Sie lenken ihre gefügigen Pferde und vollenden ihre perfekt kreisförmigen Bahnen, die jedem von ihnen vorgezeichnet sind. Dem Zug der Sterne folgend, möchten die körperlosen Seelen den überhimmlischen Ort erreichen. Der Wagenlenker ist geflügelt, wie die beiden Pferde, die er führt: Sie werden von der gleichen stürmischen Leichtigkeit angetrieben, die auch die Götter in die Höhe trägt. Aber wie verschieden doch die menschlichen und die göttlichen Wagen sind! Während die himmlischen Pferde gefügig sind, gehorcht bei den Menschen zwar ein Pferd den Zügeln, doch das andere scheut zurück und beugt die Hand des unerfahrenen Wagenlenkers zur Erde. Wenn die Sternengötter unwandelbar ihre Kreisbahn vollenden, so kennen menschliche Seelen die schrecklichen Qualen von Mißgunst und Neid, und die Lenker versuchen, sich gegenseitig zu überrunden. Die Wagen stoßen aneinander und werden im Getümmel und im Lärm umgeworfen; viele Seelen bleiben verstümmelt zurück und hinken jämmerlich, anderen wird das Gefieder gestutzt oder zerrissen, und sie kommen herab auf die Erde, wo sie benommen Wohnung nehmen in diesem Grab, das unser Körper ist, und sich an scheinhafte Nahrung halten.

Schließlich gelangt der Zug über die langen und steilen Anhöhen des Himmels hinauf zur Ebene der Wahrheit: Es sind nur noch wenige Seelen dabei, und sie können nur einen allgemeinen, oberflächlichen Blick darauf werfen. Dort oben wohnen die Ideen, unwandelbar auf ihrem heiligen Sockel: Gerechtigkeit, Mäßigung, Schönheit und der Gedanke, ewig gleich, einfach, rein, haben sie weder Gesicht noch Körper, weder Farbe noch Form; sie kennen keine Zeugung und keinen Tod, weder Wachstum, Nahrung noch Veränderung. Während die Seelen, dem Gesetz der Bewegung gehorchend, weiterhin im Kreis ziehen, erheben sie sich über der Himmelswölbung und ragen darüber hinaus. Obwohl sie immer dem schwindelnden Kreisen des Raumes und der Zeit unterworfen bleiben, treten sie für einen unendlich kurzen, unmerklichen Augenblick (den man nie wird messen können) aus Raum und Zeit heraus, mit den Augen an jenen Ort gebannt, von dem alle Orte abstammen. Die Pferde werden auf die himmlischen Weiden geführt und nähren sich vom immateriellen Gras, der einzigen Nahrung, die den Flügeln der menschlichen Seele ihre Leichtigkeit verleiht.

In diesem leichten und luftigen Grün werden den menschlichen Seelen, wenn sie über den Kreis hinausschauen, angesichts der Ideen dieselben Empfindungen zuteil, wie sie viele Jahrhunderte später die Eingeweihten am Ende der mystischen Initiation erleben: Schweiß, Furcht, Bestürzung, Schauder heiligen Schreckens, Delirium, Anbetung. Während der Himmelsreigen sie mit sich fortzieht, werden sie von einem reinen, blendenden Licht erleuchtet, wie der Eingeweihte »in der Mitte der Nacht eine blendende, strahlende Sonne« sieht. In diesem Moment ereignet sich das erhabene Paradoxon der abendländischen Philosophie: Gerechtigkeit, Mäßigkeit, Schönheit und Gedanke haben weder Form noch Farbe, weder Leib noch Hände, sie sind also unsichtbar, und wir müßten sie nur mit unserem Geist denken, wie wir jeden Tag die Begriffe unserer Vernunft denken. Und doch: die verschwindend wenigen menschlichen Seelen, die bis zur Ebene der Wahrheit vorgedrungen sind, erkennen die Ideen. Diese sind keine Begriffe, sondern Archetypen: Sie besitzen eine so erfüllte, reiche und leibhaftige Existenz, daß sie die Grenzen der Abstraktion mit einem Sprung überwinden, mit einem Satz in Raum und Zeit übergehen, und wir sehen sie leuchtend vor unseren Augen, wie ein Dichter die Visionen seiner

Kunst mit seinen Augen sieht. Der wahre Gedanke ist nichts anderes als das: die leibhaftige Vision des Unsichtbaren.
Und immer noch übertönen die Zikaden mit ihrem sich steigernden Gezirpe die sanfte, helle Melodie des Wassers; Sokrates führt uns über die Erde, auf der er so gerne lebt, und erzählt Phaidros und uns allen, die wir ihm zuhören, einen anderen Mythos – wie den Musen trägt auch uns der Gesang der Zikaden seine Rede zu. Er überläßt sich seiner unbezwinglichen Liebe zum Flüchtigen: Er schmückt seinen Mythos mit entzückenden Details aus dem Alltagsleben aus, und manchmal gibt er sich wunderbar virtuosen Spielereien hin. Aber nirgends ist Platon so ernst wie dort, wo er spielt, und genau hier liefert er uns die Beschreibung der Liebe, die das *Symposion* nur eben angedeutet hatte. Er unternimmt keine Psychologie der Liebe wie beispielsweise Stendhal oder Proust. Die Seele ist für ihn ein physischer Raum, der gebiert und sich nährt, eine physische Kraft, der Flügel und Zähne wachsen, wie bei Shakespeare und allen großen Schöpfern, die wissen, daß die wesentlichen Formen der Wirklichkeit sichtbar sein müssen, faßlich und materiell. Platon repräsentiert gleichzeitig eine Symbolik und eine Physiologie des Liebeslebens, indem er die Seele von ihren beiden Extremen her erfaßt, von oben und von unten. Eine höhere Form der Erkenntnis gibt es nicht. Erst wenn wir die Kräfte, Instinkte und Impulse unseres Ich in die Personen, Phantasmen und Schatten einer symbolischen und konkreten Komödie verwandeln, gelangen wir zur vollen Wahrheit über uns selbst.

Manchmal, wenn wir, gefangen im Kerker unseres Körpers wie die Auster in ihrer Schale, durch die Welt laufen, begegnet uns ein wunderschönes Gesicht. Die Erscheinung blendet uns, und in der Erinnerung sehen wir die überhimmlische Schönheit, gleich der, die wir einst schauen durften, strahlend auf ihrem heiligen Sockel. Beim Anblick des wunderschönen Gesichts sind wir betäubt und erschüttert: Ein Schauder heiligen Schreckens überfällt uns wie den Eingeweihten in den Mysterien; etwas von unseren früheren Ängsten schleicht sich in unseren Geist. Wir betrachten das schöne irdische Bildnis und verehren es tief, und müßten wir nicht befürchten, für verrückt gehalten zu werden, brächten wir ihm Opfer dar. In diesem Moment ereignet sich etwas Eigenartiges in uns. Während religiöser Schauder unsere Seele rührt, schlägt ihr vom Gesicht und vom Körper des jungen Mannes eine unkörperliche Welle entgegen, die sie bis an ihren Rand erfüllt. Und unter der schöpferischen und nährenden Kraft dieser beiden Flüssigkeiten löst eine unbekannte Wärme die harte Schicht, die die Seele einschloß und sie an der Entfaltung hinderte. Unsere Flügel bekommen neuen Schwung, die Kiele der Federn drängen und wachsen von der Wurzel aus; die ganze Seele sprudelt, quillt, brodelt, empfindet einen plötzlichen Kitzel, ein Jucken, ein Pochen – wie ein Kind, dem die Zähne wachsen. Ist der Geliebte fern, vertrocknen die Poren, aus denen die Federn wachsen wollten, und der entstehende Keim stirbt ab. Er bleibt in uns eingeschlossen und schlägt und pocht heftig, so daß die Seele, von allen Seiten gepeinigt, zornig und wütend wird. Nachts kann sie nicht schlafen, am Tag nicht ruhig sein. Sieht sie dagegen den Geliebten und schlägt ihr wieder die Welle der Vision und des Begehrens entgegen, öffnen sich die Poren der Federn, das Gefieder wächst wieder neu, der Schwung hat sich erneuert und empfindet die herrlichste Lust.

Die beiden geflügelten Pferde der Seele setzen sich in Bewegung. Das erste ist weiß, hat einen hohen, schlanken Hals und eine aufrechte und elegante Haltung, mit gespitzten Ohren lauscht es auf jedes Wort des Lenkers; das zweite dagegen ist schwarz und schwerfällig, hat einen kurzen, gedrungenen Hals, ein plattes Gesicht, graue, blutunterlaufene Augen, seine Ohren sind von so dichtem Fell überwachsen, daß es die Befehle nicht hören kann. Wenn der Liebende den Geliebten sieht, gehorcht das erste der beiden Pferde prompt den Zügeln, die es lenken und führen, während das Pferd mit dem schwarzen Fell und den blutunterlaufenen Augen, von der Raserei der erotischen Bezauberung gepackt, mit einem heftigen Satz auf den Geliebten zuspringt; und es wiehert, bäumt sich auf, hebt ostentativ den Schweif, beißt in die Trense, rast ohne Rückhalt und ohne Scham. Da hält der Wagenlenker den Wagen an, zieht die Zügel straff, das schäumende Maul und der Kiefer des aufsässigen Pferdes werden blutrot, er zwingt es wieder in einen gebeugten Gang und läßt in ihm dieselbe Schamhaftigkeit und schüchterne Verehrung entstehen, die auch sein Herz beim Anblick des Geliebten erfüllen. Wir meinen nicht, daß der strenge Platon hier seinen späteren asketischen Neigungen gehorcht. Wie die großen Maler der Renaissance sehr wohl begriffen haben, nutzt er wie kein anderer Philosoph die leidenschaftliche Gewalt des Eros und transformiert sie. Das erotische Delirium rast weiter im Körper und im Herzen des Liebenden, es erfüllt sein Herz mit Schrecken und mit Zärtlichkeit; das unerfüllte Verlangen wird an seinem höchsten Punkt festgehalten. Wenn die Seele ganz erfüllt ist und davon überläuft, wandelt sich die leidenschaftliche Kraft des Eros in philosophisches Delirium, wodurch wir schon auf Erden die übermenschlichen Formen des Seins betrachten dürfen. Dieses Delirium ist nicht weniger verheerend als das, welches im Herzen und in den Worten der Prophetin von Delphi, der wahren Dichter oder der Eingeweihten des Dionysos wütet.

Während sich also dergestalt der geschlossene Raum des *Symposions* in Athen, wo die Stimmen der Betrunkenen widerhallten, in die sonnige und lärmende Szenerie der Welt verwandelte, haben wir eine große Strecke zurückgelegt! Sehr weit sind wir nun vom Ausgangspunkt entfernt: Von der Armut gelangten wir zur Fülle, von der bloßen Meinung zum wahren Wissen, von der Intelligenz der Listen, Ränke, Schliche und Labyrinthe zur kontemplativen Intelligenz; von der Bewegung gelangten wir zur Ruhe, vom handwerklichen Können zur Philosophie, von der Neugier zum Delirium. Während die Hitze des Tages nachläßt, kann Sokrates seinen Weg fortsetzen, dorthin, wohin wir ihm nicht mehr folgen können. Aber wenn uns jemand fragte, was geblieben ist vom ersten, dunklen und polypenhaften Gesicht der Liebe, geboren aus Armut und List, was sollen wir ihm antworten? Kaum erobert, ist das Sein verloren, das Licht, das uns erleuchtete, es dauerte nur einen Augenblick; und Sokrates muß seinen Weg alleine weitergehen und auf die dunkle Macht unseres Mangels bauen, auf seinen Listenreichtum als Jäger, auf den Strahlenglanz seiner Liebesneugier.

Eine alte, entmachtete Gottheit herrscht noch über die Schicksale vieler von uns und wirft ihr düsteres und widersprüchliches Licht auf unser aller Leben. Saturn war Erbauer der Welt gewesen, er war Erfinder der Zeit und der Landwirtschaft, er hatte im Goldenen Zeitalter über die Erde geherrscht – diesem Zeitalter ohne Gesetze, Gerichtsbarkeit oder Furcht, ohne Inschriften auf Bronzetafeln, als es noch keine Schiffe und keinen Handel gab, keine Wälle rings um die Städte, Kriegstrompeten und -hörner, keine Schwerter und keine Soldaten, damals, als unablässig ein lauer Wind die wild wachsenden Blumen umsäuselte. Aber dieser ewige Gott der Utopie war auch ein »böser, verhaßter, anmaßender, grausamer« Gott gewesen, der seine Kinder und andere Götter verschlang. Zeus hatte ihn gestürzt und ihn vielleicht ans eisige Ende der Welt und der Meere verbannt, vielleicht in den Tartarus oder jenseits des Tartarus, wo er in Ketten lag wie ein Sklave. Dem nach ihm benannten Planeten schrieb die Antike dieselben widersprüchlichen Eigenschaften zu wie ihm selbst. Saturn war der höchste Planet, also repräsentierte er die Vorzüglichkeit und Souveränität des Sonnensystems. Aber er war auch schwarz und finster, träge und rätselhaft, sein Licht, das er auf die Erde sandte, war sanft und sehr schwach, es führte Eis und Schnee, Blitz und Donner mit sich.

Der antiken Auffassung nach durchliefen die Planeten ihre Bahn und nahmen dabei Einfluß auf unser Schicksal – im Unterschied zur heutigen Auffassung. Eine Kette von Einflüssen, Analogien, Bezügen und Übereinstimmungen durchzog den Himmel wie die Erde, die Bäume und Steine, und von den Steinen und Bäumen stieg sie wieder auf zu den Sternen und bildete so eine einzige Wissenschaft der Übereinstimmung, die gleichzeitig eine Kosmologie war. Mit dem geschärften Blick für kosmische Übereinstimmungen stellte der antike Astrologe die Beziehung des eisigen Planeten-Gottes zur Milz her, wo sich die Säfte der schwarzen Galle bilden und die düstere Melancholie. So entstand die Sippe der Kinder des Saturn.

Wir wissen alles über sie. Mit böswilliger Häme führen antike Astrologen immer wieder folgendes als ihre Eigenschaften an: Sie sind dunkelhäutig und dunkelhaarig, die Augen sind klein und tiefliegend, die Stimme ist schwach. Auf den ersten Blick sind sie von dieser Welt. Die »schwarze Galle« gehört zur Erde. Saturn ist als Planet dem Element Erde zugeordnet, und er ist langsam. Melancholiker haben einen hartnäckigen, soliden und trägen Charakter; daher eignen sie sich für Erdarbeiten. Sind es also Bauern und Maurer? Tragen auch sie zum Bau des großen Gefüges der Wirklichkeit bei, in dem wir als Gefangene eingeschlossen sind? Aber lassen wir die Schlußfolgerungen der antiken Astrologen und Psychologen vorerst beiseite. Aus ihrer erdgebundenen und steinernen Veranlagung beziehen die Saturnianer jene verzweifelte Hartnäckigkeit, jenen verbohrten Starrsinn, der sie ein Leben lang ein Ziel verfolgen läßt, das meist nicht von dieser Welt ist.

Wenn der Planet Saturn im Zeichen der Gegensätze steht, so zwingt ein ebenso furchtbarer Gegensatz den Melancholiker, sich in Polaritäten und Kontrasten zu bewegen, von einem Extrem ins andere zu verfallen, sich in Widersprüchen aufzureiben, an Paradoxen zu leiden, zu strotzen vor schwarzen Säften. Andere Menschen führen ein harmonisches, einheitliches oder zumindest kohärentes Leben, oder meinen doch, es zu führen. Das Leben des Melancholikers besteht aus Gegensätzen: Niedergeschlagenheit und Aufschwünge, Despressionen und Erregung, Verzweiflung und Ekstase – und zwischen den beiden Polen besteht insgeheim Affinität.

Wenn die scharze Galle kalt ist, wird der Melancholiker »trübe und stumpf«. Trägheit und Blässe des Saturn brechen über ihn herein. Plötzlich verliert er das Sehvermögen. Als ob jemand einen riesigen Schalter ausgeknipst hätte, liegt die Welt in fahlem Licht da. Was auch immer er ansieht, es ist feststehend, düster und gespenstisch, hohl wie eine Muschelschale oder wie ein ausgebranntes Haus. Die Welt ist trübsinnig, unbeweglich, düster und schrecklich still. Scheinbar hat hier nie jemand eine Bewegung gewagt, ist nie jemand in Gelächter ausgebrochen, noch hat je irgendwer einen Moment der Fröhlichkeit oder der

Hochstimmung gekannt. Das Leben ist stehengeblieben. Der Himmel lastet drückend und erstickend wie ein Grabstein. Alles wird irreal, in einer Mondlandschaft deuten Schatten und verschwommene Silhouetten vage Bewegungen vor Paravents mit Kreidezeichnungen an. Da verliert der Melancholiker jede Lust am Leben. Er ist apathisch und niedergeschlagen, alles ist ihm gleichgültig, selbst der kleinste Funken ist in seiner verdüsterten Seele erloschen. Alles was die anderen erfreut, ist ihm lästig; der Frühling langweilt ihn ebenso wie der Herbst, Winter und Sommer sind in seinen Augen gleich. Wenn er ein Buch liest, kann er sich nicht mit den Augen auf die Zeichen konzentrieren, die Buchstaben fügen sich nicht zu Wörtern, die Wörter werden nicht zu Bildern, die Bilder nehmen vor den Augen keine Gestalt an. Er liest ohne Anteilnahme, ohne zu verstehen, ohne Freude, und ohne daß in seinem Inneren das Licht des Verstehens aufgeht.

Freier Himmel, baumbestandene Alleen, das Meer oder ein Fluß haben keinen Reiz mehr für ihn. Er schließt sich zu Hause ein, sitzt im Lehnstuhl, ohne etwas zu tun, ohne an etwas anderes zu denken als an endlose Krankheit, in Schatten gehüllt, der zusehends größer wird, und umringt von den Gespenstern des Tages, den Alpträumen der Nacht und immer beklemmenderen Träumen. Jeder Moment fällt der Langeweile anheim, nichts kann sie vertreiben. Wenn die Langeweile sich erschöpft hat, überfallen ihn Ängste, Befürchtungen und mißtrauische Gedanken ohne Namen und ohne Bedeutung, sein Ich verändert sich, vervielfältigt sich, wird zum düsteren Feind, der von allen Seiten gleichzeitig über ihn herfällt. Die Belagerung kennt keine Pause, und er bricht in Tränen aus, so unüberwindlich erscheint ihm der Feind und dem Sieg so nahe. Jeden Morgen vor dem Spiegel ist er versucht, sich die Kehle durchzuschneiden, und wenn er die Idee des Selbstmords von sich weist, so deshalb, weil er glaubt, im Jenseits ein noch unerträglicheres Universum vorzufinden. Begleitet von diesem schwarzen Schatten, den er sogar im Geschmack der Speisen wiederfindet, geht er durch die Welt. Es gelingt ihm nicht, sich selbst zu lieben, und er hat das Gefühl, alle anderen mißtrauten ihm, verachteten ihn und stellten ihm

Fallen und Hinterhalte. Manchmal treibt ein Moment unbeschwerter Fröhlichkeit ihn zu den anderen, da möchte er sie dann an sein totes Herz drücken, meist aber verspürt er nichts weiter für sie als eisige Ablehnung, bitteren Groll, und lacht hinter ihrem Rücken ein bitteres Lachen.

In ihrer mythologischen und astrologischen Sprache schilderten die antiken Psychologen ganz vorzüglich die verzweifelte Ödnis dessen, was die modernen Psychiater heute »Depression« nennen. Wenn der Melancholiker seine kalte und deprimierte Phase durchläuft, liebt ihn niemand. Keiner kann jemanden lieben, der ganz in sich zurückgezogen ist, in sich verkrochen, kalt, apathisch, unfähig, die Wirklickeit und die anderen Menschen mit eigenen Augen zu betrachten. Daher sehen die gelehrten Schriften und die volkstümlichen Kalender im Melancholiker ein Kompendium der Laster: Er ist hinterhältig, geizig, schüchtern, neidisch, betrügerisch, arglistig, nachtragend, gierig. Außerdem wird ihm jede Art von Unglück, Pech und Mißgeschick zugeschrieben. Eine phantastische Etymologie leitet Melancholie von *malus*, das Schlechte, ab: Adam wird melancholisch, nachdem er in den Apfel vom Baum der Erkenntnis gebissen hat; das schwarze Gesicht des Judas ist das Gesicht eines Mannes mit schwarzer Galle. »Die Stunde des Saturn ist die Stunde des Bösen« lautet ein alter Kalenderspruch. »In dieser Stunde wurde Gott verraten und dem Tod ausgeliefert.«

Der andere Pol der Melancholie hat die Hitze und die Farben des Feuers. Ist die schwarze Galle heiß, wird der Saturnianer »lebhaft und geistreich«. Scheinbar kehrt die Gesundheit zurück. Aber handelt es sich dabei lediglich um eine Euphorie, die der Phase der Niedergeschlagenheit entgegengesetzt und doch identisch mit ihr ist, wie die medizinischen Lehrbücher heute behaupten? Ohne Zweifel, aber welche Schätze des Glücks eröffnet nicht diese Euphorie! Wenn der genesene Melancholiker erwacht, sieht er einen Sonnenstrahl durch die Ritzen seiner Fensterläden dringen: Voller Freude steht er auf, tritt ans Fenster, während er von ferne den Lärm der Straßenbahnen und des Autoverkehrs hört. Und da bietet sich die ganze Welt dar, wie Baudelaire sagt, »wie ein mächtiges Rauschen, mit klar umrissenen Konturen und in staunenswerter Farbenpracht«. Keine Spur mehr von Monotonie, Starre und Kälte. Alles ist heiter, fröhlich, belebt, von bebender Bewegung durchdrungen, das Licht badet die Dinge und löscht sie aus. Die Formen lösen sich auf in einer immensen Flut. Und doch, die Dinge bleiben körperlich und real, und eine Woge der Liebe trägt die Geschöpfe aufeinander zu. Noch nie hat der Melancholiker so gestrahlt. Alles bereitet ihm Vergnügen, interessiert ihn, zieht ihn an. Nie waren seine Sinne wacher und aufmerksamer. Das Gefühl entdeckt überall geheime Entsprechungen und Übereinstimmung, die Gedanken sind ständig in Bewegung, begleitet von einer nervösen Spannung, die sie ins Herz der Wirklichkeit führt.

Häufig nimmt die Euphorie dionysische Züge an. Die Leidenschaften, die bis dahin im Eis erstickt waren, brechen hervor: Liebe und Haß entflammen das Herz; der Stolz macht despotisch; Beredtheit, Zorn, Rausch, Tollkühnheit, Anfälle von Übertreibung und allgemeine Übererregung erzeugen einen Enthusiasmus, der dem Furor gleicht, den Platon den wahren Dichtern zuschreibt. Mit beängstigender Geschwindigkeit, mit einer Art lyrischer Ekstase reagiert der Melancholiker auf sämtliche Wahrnehmungen und Empfindungen: Seine Phantasie bringt bunte, lockende Gebilde hervor, Träume, Halluzinationen. Das Gedächtnis wird mit Gewalt von der unwillkürlichen Erinnerung überschwemmt; wenn die Persönlichkeit sich auf sich selbst zurückzieht, wird der Geist von Visionen heimgesucht, von der Gnade Gottes, von Prophezeiungen, die die Seele begeistern und beflügeln, von einem Gedanken, der das Herz und die Erfüllung des Seins zu erfassen trachtet. Ist der Melancholiker Künstler, wird er in solchen Momenten sein Ich aus sich hinausprojizieren und die rauschhaften narzißtischen Energien in ein erhabenes objektives Universum verwandeln. Aber der Saturnianer erfreut sich nie genug an diesen Gaben. Er weiß genau, daß er sie teuer wird bezahlen müssen; und daß sein dionysisch-platonischer Furor in Besessenheit ausarten kann, in Lykanthropie oder in den finstren Wahnsinn der Helden – Herkules, Ajax, Bellerophon –, die von einer Gottheit verdammt wurden.

Dieser Wechsel scheint nie ein Ende zu haben. Außer einigen wenigen – ob Glücklichen oder Unglücklichen sei dahingestellt –, die für immer aus dem Kreislauf austreten, kennt der Melancholiker nur diesen periodischen Wechsel von Niedergeschlagenheit und Euphorie, von Verzweiflung und Ekstase. Einerseits hat er das Gefühl, alle seine Gefühle seien unecht: Langeweile oder Glück sind nicht wahr, auch Licht und Schatten nicht, die ihn durchrieseln, sondern nur dieses ständige Schwanken, dieses unausgesetzte Auf und Ab, das flüchtige und zufällige psychologische Formen annimmt. So hält er sich manchmal für einen unfreiwilligen Schauspieler, der sich je nach dem Diktat eines finsteren inneren Despoten in die Gewänder von Freude und Schmerz hüllt. Wer aber will andererseits ausschließen, daß dieses Pendeln das Schwingen des Universums nachahmt, das die Gleichförmigkeit der geraden Linie nicht kennt, sondern nur zyklische Wiederkehr? Selten ist der Melancholiker unbescheiden, da ihm bewußt ist, daß er Mächten ausgeliefert ist, die über ihm stehen und sich seiner zu wer weiß welchem Zweck bedienen. Aber manchmal glaubt er mehr zu begreifen. Während die anderen brav in den Bahnen ihrer geordneten Existenz verharren, in beschränktem Kreis leben und jede Erfahrung mit Maßen genießen, kennt er die Maßlosigkeit, das Ungleichgewicht, den Exzeß: unendlicher Schmerz, übermenschliches Glück, verzweifelte Kälte, totale Finsternis, totales Licht. Um in Erscheinung treten zu können, braucht die Wahrheit diese Maßlosigkeit.

Einem solchen Menschen, einem derart den Extremen verfallenen Menschen, der so eisig und zugleich so hitzig ist, so verdorrt und so aufbrausend, so träge und so schnell, ist das vom immergleichen Schlag der Uhr beherrschte Leben der anderen Menschen unerträglich. Er kann nicht innerhalb der Zeit wohnen. Unter den antiken Astrologen und Psychologen macht sich bald die Überzeugung breit, daß das Leben auf dieser Erde, das Gleichmaß der Tage und der Geschäfte, die Gemeinschaft mit seinesgleichen, die Sprache der Sippe nichts sind für den Melancholiker. Ihm ist ein anderes Schicksal vorbehalten. In einem seiner *Problemata* behauptet Aristoteles, alle außergewöhnlichen Menschen seien Melancholiker, und er setzt den platonischen Furor mit der Melancholie gleich. Marsilio Ficino wiederholt, Gott enthülle die Geheimnisse der Erde und des Himmels nur den Kindern des Saturn und bestimme sie so zur religiösen Versenkung, zu Philosophie, Magie, den darstellenden Künsten und zur Mathematik. Die größten Geister Griechenlands haben die Melancholie gekannt. Zu ihrem Gedenken hissen denn auch Ficino und Lorenzo il Magnifico, Pico della Mirandola und Dürer, Raffael, Leonardo und Michelangelo das feierliche, das prunkvoll düstere Banner des Saturn.

Die Auffassung der Renaissance vom Genie, in der astrologisches, psychologisches und physiologisches Wissen zusammenfließen, ist die subtilste Theorie der Kunst, die der Mensch je entworfen hat. Wer Gedichte schreibt oder Bilder malt, wird dazu getrieben von dem unwiderstehlichen Impuls, das Goldene Zeitalter auf Erden wiedererstehen zu lassen. In seinem Werk ersteht es wieder, da es in sich selbst das verwirklichte Goldene Zeitalter ist. Aber er gleicht auch einem gestürzten Gott, der in der Finsternis gefangen oder an den Rand der Welt verbannt ist und der die Erinnerung an die Utopie und an ihr unausweichliches Ende im Gedächtnis bewahrt; oder einem Stern, der sich immer rätselhafter und bleicher dem forschenden Blick des menschlichen Auges entzieht. Wer das Licht der Form kennen will, muß den Schatten durchschreiten, am Rand eines Abgrunds stehen oder auf einem schmalen Grat zwischen zwei gleich schrecklichen Formen des Wahnsinns wandeln. Alle extremen Leidenschaften bedrohen ihn: der fanatische Starrsinn, das Grauen und die Tortur der Gegensätze, die Kälte dessen, der im Polareis wohnt und kein irdisches Gefühl zu empfinden vermag, die Raserei des göttlichen Wahnsinns, das Delirium der Bacchantinnen, die unreinen Anwandlungen der schwarzen Galle, Schrecken, grenzenlose Phantasterei, unsinniger Stolz, Schwachsinn …

Das Schicksal des saturnischen Renaissance-Künstlers ist tragisch; und die Orte, an denen er sich aufhält, sind vielleicht noch trostloser als diejenigen, an denen wenige Jahrhunderte später Chateaubriand und Poe, Kierkegaard und Baudelaire verweilen werden. Aber Marsilio Ficino zufolge gibt es eine Möglichkeit der Rettung für ihn. Die Gefahren der Melancholie können nämlich durch eine vernünftige Ernährung und eine richtige Zeiteinteilung, durch Reisen und den Klang von Lauten- und Harfenspiel gemildert werden. Das wahre Heilmittel allerdings liegt im Innern. Der Melancholiker muß sein astronomisches Schicksal rückhaltlos annehmen, er muß sich der »göttlichen Betrachtung« hingeben, sich leidenschaftlich und ausschließlich dem geschriebenen Wort widmen, Farben, Papier und Marmor, allein und nur der Erkenntnis leben, als ob kein anderes Band ihn auf der Erde hielte, über die ihn gleichwohl seine Schritte tragen. Wenn er angenommen hat, was die Sterne ihm bestimmt haben, wenn er sich das eigene, reiche Geschick ganz zu eigen gemacht hat, dann wird ihm die Erlösung durch die Form zuteil.

Alle diese Themen fließen in Dürers *Melencolia I* zusammen. Es ist fortgeschrittene Dämmerung oder frühe Nacht, die bevorzugte Tageszeit der Melancholie. Die Fledermaus gleitet durch die Luft, der Mond steht am Himmel, ein Komet kündigt Überschwemmungen an, das Meer gleißt in einem seltsamem Schimmer: Es sieht so aus, als würde nie wieder das volle, helle Licht der Sonne über der Erde erstrahlen und die Alpträume und Phantasmen vertreiben. Überall liegen die erhabenen Instrumente der Geometrie herum: Kugel, Zirkel, Winkel, Hammer, Polyeder, Hobel und Säge, Waage und Sanduhr und der Schmelztiegel des Alchemisten. Aber wohin schaut der im Zeichen des Saturn geborene geflügelte Genius? Die Wange ist auf die Hand gestützt, zum Zeichen des Schmerzes und der geistigen Anstrengung, das Gesicht verdüstert, schwarz, wie die Opfer der Melancholie; mit verzehrender Intensität sind die Augen auf das Reich des Unsichtbaren gerichtet, wo die Melancholie sich ihr Reich baut. Er ist untätig: Sein Geist wird heimgesucht von vagen und unbestimmten Visionen, die nur er alleine kennt. Die Säge liegt unbenutzt zu seinen Füßen, nutzlos lehnt der Schleifstein an der Wand, das Buch ruht fest verschlossen im Schoß, das Polyeder bleibt unbeachtet, die Kugel ist zu Boden gerollt und der Zirkel verrottet, weil ihn niemand benutzt, die Tasche ist nachlässig zu

Boden geglitten, die Schlüssel hängen ungeordnet an ihrem Ring, und der schäbige schlafende Hund ist eine Ausgeburt der Verzweiflung und der Kälte. Wird je der Tag wiederkommen und diese finstere Trägheit ein Ende haben? Wird je der Augenblick kommen, da der Künstler die Augen vom Unsichtbaren löst, bereichert um die Muße, der er sich hingegeben hat, und da seine Hand beginnt, Linien zu ziehen, oder die des Dichters, Verse zu schreiben, so streng wie geometrische Formen? Wird je auf der von Kometen überfluteten Erde das Licht erstrahlen?

Der Traum des Nero

Keiner von den römischen Kaisern hatte ein so günstiges Horoskop wie Lucius Domitius Nero in seiner Geburtsstunde. Wie Sueton berichtet, wurde er geboren, als die Morgenröte die Dunkelheit zerteilte, »so daß die Sonnenstrahlen ihn fast noch früher beschienen« als die noch kalte, bleiche und dunkle Erdoberfläche. Den Hofastrologen zufolge war das kein Zufall. Denn wenn die Sonne ihn so sichtbar gesegnet hatte, dann deshalb, weil der wirkliche Palast des Nero das Himmelreich war: Der Sonnenwagen des Apollon war sein, sein Auftrag war es, ihn im blendenden Licht über die Erde zu ziehen, die ihm heiter und vertrauensvoll huldigen würde. Von den himmlischen Höhen neigte die Sonne sich huldvoll zu ihrem jugendlichen Ebenbild herab, badete es in einem Licht, das aller Augen bannte, und ließ seine blonden Locken erstrahlen, seinen schönen Hals, seinen rötlichen Bartflaum … Wer konnte daran zweifeln, wetteiferten die Dichter und Philosophen in ihrem Lob, daß der neue Fürst alle bis dahin enttäuschten menschlichen Hoffnungen erfüllen würde? Mit Nero würde ein neues Goldenes Zeitalter anbrechen. Frieden, Eintracht und Milde würden auf ewig alle Dinge verbinden, die Tierherden würden den Löwen nicht mehr fürchten, während die Erde plötzlich Wein, Honig und Getreide in Hülle und Fülle hervorbringen würde.

Viele Zeichen deuten darauf hin oder lassen doch vermuten, daß der junge Herrscher mit den blauen Augen und dem rötlichen Bart anfänglich eine Art Widerstand empfunden hat, dieses strahlende Bild seiner selbst anzunehmen. Er stammte nicht nur von Augustus ab, der den römischen Apollon verehrt hatte. Zu seinen Vorfahren zählte auch dessen großer Widersacher, Mark Anton, der sein Leben dem Kult des süßen und wilden Dionysos geweiht hatte. Um Dionysos nachzueifern, hatte Antonius den Tag schlafend verbracht und die Nacht mit Orgien, Schauspiel und Vergnügungen, er hatte unter Schauspielern, Spaßmachern, Lautenspielern, Tänzern, zwielichtigen und durchtriebenen Gauklern, als Satyrn und Bacchanten verkleideten Männern, Frauen und Kindern gelebt; zusammen mit Kleopatra hatte er sich gemein gemacht – wie nur die Nacheiferer eines Gottes sich gemein machen können –, hatte mit ihr gewürfelt, getrunken bis zum Exzeß, hatte mit ihr gejagt, und verkleidet war er mit seiner als Sklavin verkleideten Königin durch die volkstümlichen und anrüchigen Viertel von Alexandria gestreift. So hielt Nero es auch. Nachts schwärmte er mit seinen gelehrten Freunden durch die schlafende Stadt, zu den Freigelassenen, einer Schar von Schauspielern, Roßhütern und Schwindlern. Als Sklave verkleidet zog er durch die Tavernen und Freudenhäuser Roms, wo er sich mit ironischer Distanz jeder Art von Orgien, Händeln, Ausschreitungen und Ausschweifungen überließ, ganz als ob die Maske der Komödie, die triviale und heilige Maske der Komödie, sein wahres Gesicht wäre. Wäre er dabei geblieben, hätte Rom nur einen Gaukler-Kaiser gekannt, einen König wie aus dem *Satyrikon*, einen ordinären blonden Falstaff.

Dieses Widerstreben, das eigene Horoskop anzunehmen, hielt jedoch nicht lang vor. Noch nicht zwanzigjährig, richtete Nero seinen Blick auf das strahlende Selbstbildnis, das ihm vorgezeichnet war. Und er versuchte, es zu verwirklichen, mit dem Elan und der Begeisterung, mit jener grandiosen und barocken Phantasie, die beispielhaft sein würden für die künftigen römischen Kaiser. Wenn die ersten Sonnenstrahlen seinen kindlichen Leib gestreift hatten, so sollte das volle Tageslicht sein Leben beleuchten, sein Reich und die Epoche, die seinen Namen tragen sollte. Wir müssen versuchen, die großartigen Feste, in denen Nero sein eigenes Bild vor die Menschen hinstellte, mit dem geistigen Auge zu betrachten. Rings um ihn das feiernde Rom: die riesige Stadt, wo es alles gab, was die Erde hervorbringt, die windungsreiche, von einem raschen Strom von Menschen durchzogene Stadt, die girlandengeschmückte Stadt voller Fackeln und Weihrauchduft, wo Bürger und Soldaten dem »Neuen Apollon« huldigten, der »Neuen Sonne«, dem »Retter und Wohltäter der Welt«, der in Purpur und in einem mit goldenen Sternen übersäten Kaisermantel erschien. An einem dieser Festtage wurde ein Theater ganz in Gold ausgekleidet: Bühne und Kulissen, Wände, die Kostüme der Schauspieler, alles glänzte und prangte in Gold – weil Gold das Sonnenmetall par excellence ist. Mit einer Vermessenheit, die manchem als Sakrileg scheinen mußte, wurde die himmlische Sonne von der Feier ausgeschlossen. Das Theater wurde durch große Purpurvorhänge abgedeckt, und in der Mitte war auf einer Stickerei Nero dargestellt, die Neue Sonne, wie er den Wagen des Apollon lenkte und das Universum erhellte, umgeben von den Sternen des Himmels.

Diese Apotheose befand sich am höchsten Punkt des Palasts – der *Domus Aurea* –, den er auf den Ruinen des abgebrannten Rom errichten ließ. Aber wer wollte das ein Haus nennen? Es war eine Welt, die in ihren weiten Grenzen alles umfaßte, was die Welt als Schöpfung für ihre Bewohner bereithält. Da gab es finstere und unwegsame Wälder, Weiden, auf denen Herden grasten, wilde Tiere, wie diejenigen, die den Palast des Montezuma bevölkerten, Wiesen, Weinberge, einen See mit Gebäuden ringsum, die einen Seehafen nachahmten, Plätze, Laubengänge, Nymphäen, Thermen, heilige Straßen, Säulengänge, Pavillons ... Wer es wagte, in diese Hallen vorzudringen, erblickte schon im Vestibül den *genius loci*: die fünfunddreißig Meter hohe Bronzestatue Neros in Gestalt des Koloß von Rhodos. Alles glänzte von Gold, Edelsteinen, Perlen, Silber und Elfenbein. Ein Gebäude war mit einem leuchtenden Stein aus dem Orient verkleidet: Wenn draußen die Dunkelheit herabsank, ging von ihm eine strahlende Helligkeit aus, und er erschuf damit einen ewigen Tag. Weiter vorn gelangte der Besucher in den Thronsaal, der sich Tag und Nacht um seine eigene Achse drehte, so, wie sich am Himmel Sonne, Mond, Sterne und die Tierkreiszeichen drehen. Dort oben thronte Nero im Kreis seiner Würdenträger wie ein babylonischer oder persischer Herrscher. Von seinem der Welt gleichenden Palast, von seinem kreisenden Zimmer aus, das die Himmelsrotation nachahmte, herrschte er über die Zeit, über die Ereignisse, die Gelegenheiten, über Leben und Tod, über die Träume und Worte der Menschen, über alles, was sich scheinbar oder wirklich in der sublunaren Sphäre zuträgt. Das Horoskop der Hofastrologen hatte sich also erfüllt. Der jugendliche Nachahmer des Apollon war innerhalb der Mauern seines Palasts souveräner Herrscher über die Geschicke geworden, der sonnengleiche Gesetzgeber des Universums.

Rom verfolgte Neros kurzen Lebensweg mit angespannter, erstaunter und verzweifelter Aufmerksamkeit. Nie zuvor hatte man einen Herrscher wie ihn gesehen. Alle anderen außer Caligula hatten eine bestimmte Tugend besessen oder sich doch um sie bemüht, jene spezifische Mischung aus Verwegenheit und Umsicht, Gewalt und Toleranz, Strenge und Milde, aus Geduld und Langmut, die durch die Jahrhunderte das Römische Reich geschaffen hatte. Alle hatten sie die Macht geliebt, jene *vis imperii*, die selbst im hintersten Winkel einer Gebirgsgegend ein einziges Bildnis des Herrschers in den Augen der Barbaren symbolisch zu repräsentieren vermochte. Auch Nero herrschte und erließ Gesetze, fällte Urteile, hielt Reden im Senat, wählte Konsuln, verurteilte zum Tode, triumphierte über ferne Rebellen, entwarf neue Steuergesetze, wie jeder Herrscher. Aber all das genügte seiner Seele nicht. Die Macht, von der er träumte, das Sonnenreich, das der Welt zu bringen er gekommen schien, war größer angelegt und ruhte auf keinen realen Grundlagen.

Die entscheidenden Taten während seiner Herrschaft waren andere. In den langen Nachtstunden mit ihren Trugbildern und Täuschungen übte er sich im Spiel der Leier und im Gesang. Seine Stimme war »schwach und tonlos«, weil Apollon ihm dieses über alles begehrte Talent nicht gewährt hatte, und er versuchte sie mit aller Macht und allen erdenklichen Hilfsmitteln zu erziehen. Beispielsweise, indem er sich eine Bleiplatte auf die Brust legte oder bestimmte Gerichte und schädliche Früchte mied und damit seiner Natur Gewalt antat, bis er in allen Lagen der Tonleiter glänzte, in Melodieführung und Koloratur, in der präzisen Begleitung auf der Leier, in der Kunst, den Körper in den Maßen des Takts zu bewegen. Er schrieb Gedichte: über den Fall von Troja, über das Geschick der Niobe oder über die weichen, glänzenden Haare der Poppaea. Er verwarf, fügte hinzu und verbesserte, wie alle, denen die schmerzliche Gabe des Schreibens zuteil geworden ist. Er trug die Maske und die hohen Kothurne der Tragödie; und er verwandelte sich in Ödipus, Thyestes, Herkules, Alkmaion, Orest, Kanache; mal war er ein flüchtiger Sklave, mal ein blinder alter König, dann wieder ein wüster Kindsmörder, dann der von Furien gehetzte muttermörderische Sohn, mal ein Wahnsinniger in Ketten, mal gebärende Frau. Schließlich lenkte er im Zirkus die Wagen – sogar den riesigen, von zehn Pferden gezogenen Wagen –, wie die Kampfwagen, an denen er sich in seiner Jugend versucht hatte.

Diese Gesänge, dieses Leierspiel, diese Verse, diese tragischen Gesten, die Nero als lebendige Inkarnation des Apollon vollführte, sollten dem Volk zeigen, daß ein neues Zeitalter heraufzog. Das alte Römische Reich war für immer tot. Nun wich die massive Wirklichkeit politischer Macht der flüchtigen Illusion des Schauspiels: Die verborgene Macht, die im Schatten der Höfe und Versammlungen insgeheim ihre Fäden spinnt, war überwunden von der Macht, die glänzt und sich vor aller Augen zeigt. Das Reich zu regieren bedeutete nicht mehr, glänzende Reden im Senat zu halten, Heere zu führen und zu verwalten – lästige Pflichten, die man besser Freigelassenen oder Sklaven übertrug –, sondern im Theater aufzutreten, als erster und einziger Akteur des Universums. Es machte nichts, daß die römischen Senatoren ihn verlachten und ihn beschuldigten, ein Hanswurst und ein Verrückter zu sein, der die große römische Tradition schmähte. Im rotierenden Saal, der die Rotation des Universums nachahmte, hatte Nero begriffen, daß sein wahres Reich das Reich der Fiktion war. So versuchte er, nach und nach sämtliche Symbole der herrscherlichen Macht zu verändern. Er stieg vom Thron, um auf die hohen Kothurne zu steigen, und er setzte die Maske des Schauspielers auf, die Maske, die die Wirklichkeit der Dinge zugleich enthüllt und verbirgt. An die Stelle der politischen Krone setzte er Kränze aus Olivenzweigen, aus Pinien und Lorbeer, wie sie den Siegern der Spiele dargebracht wurden; er bestieg seinen Wagen, auf dem Augustus kriegerische Triumphe gefeiert hatte, um seine sportlichen Siege zu feiern; und er wollte, daß die Soldaten als Waffen Leier, Plektron und die Masken der Tragödie und der Komödie trügen.

Umgeben von einem Stab von Architekten, Literaten, Malern und Bühnenbildnern begann Nero, das Leben Roms in ein ununterbrochenes Schauspiel zu verwandeln, bei dem das strahlende Tageslicht ebenso zum Einsatz kam wie brennende Fackeln, die die Dunkelheit und Intimität der Nacht zerrissen. Er veranstaltete Feste zum Empfang von Herrschern aus dem Orient: Gladiatorenkämpfe und Theateraufführungen, religiöse Feste, Empfänge, Pferderennen; er zwang die römischen Adeligen, Gesangsunterricht zu nehmen, Tragödien aufzuführen oder Pantomimen zu tanzen; und er ging so weit, für den Beifall und das Lob der Claque ein Ritual festzulegen, das durch eine Ironie der Geschichte innerhalb der christlichen Kirche wiederbelebt werden sollte. Alles, was er ersann, sollte die Vorstellungskraft beeindrucken, die Phantasie verblüffen, den Geist durch barocke Pracht und Illusionskunst betören. So ließ er in einem Theater eine Jagd auf wilde Tiere veranstalten – Stiere, Bären, Löwen –, als ob sich im Herzen Roms das Herz Afrikas auftäte. Auf ein Zeichen von ihm änderte sich dann schlagartig die Szenerie. Ströme von Salzwasser brachen in das Theater ein, exotische Vögel und Meeresungeheuer betrachteten dieselbe Seeschlacht, die viele Jahrhunderte zuvor die Athener gegen die Perser geführt hatten. Andere atemberaubende Szenenwechsel folgten einander im Lauf der Nacht. Die Gladiatoren gingen aufeinander los, verfolgten und töteten einander in dem nun wieder trockenen Theater; und als das Wasser erneut den Boden bedeckte, da erhoben sich mit Gold und Elfenbein geschmückte Schiffe, eine Schar von Männern und Frauen tafelte rings um Nero, und am Ufer ging in Tavernen das Licht an.

Entgegen seinen Hoffnungen und Aspirationen gelang es Nero nicht, die Figur des Apollon mit derselben natürlichen Grazie in seiner Person zu verkörpern, mit der Alexander der Große die Gestalten der Götter und antiken Helden in sich hatte wiederaufleben lassen. Zwischen ihm und seinem eigenen Mythos blieb immer eine Kluft, ein Abstand, ein Riß, den er nicht zu schließen vermochte. Er fand nicht das Maß, das seine Berufung verlangt hätte, seine Gesten waren mal großspurig, mal grotesk, mal tragisch, mal spöttisch, mal grausam, dann wieder so feinfühlig, daß sie die postume Erbitterung seiner Feinde entwaffneten. Er fühlte sich als der Fleisch gewordene Gott, keinerlei Angst hätte ihn streifen dürfen, wie keinerlei Angst die reglose Sonne berührt, angesichts des Universums, das ihr huldigend zu Füßen liegt. Er hingegen war, wenn er die Bühne betrat, ängstlich, unruhig und befangen, als ob er ein Niemand wäre, der jüngste und unerfahrenste unter den Wettstreitern. Er fürchtete die Richter, er, der wie das Schicksal selbst alles hätte beurteilen sollen, er spielte seinen Rivalen niederträchtige Streiche, er, für den es auf dieser Welt doch keinen ebenbürtigen Rivalen geben konnte. Und dann verstand er es nicht einmal auf der Bühne, sich selbst auszulöschen, wie der Schauspieler, der seinen Namen, Familiennamen, sein Leben, seine Schmerzen und Gedanken vergißt, um für wenige Stunden Agamemnon oder Ödipus zu sein. Wir wissen, daß in Neros Maske seine eigenen Züge eingezeichnet waren und daß er fast ausschließlich die Rolle des Muttermörders spielte, als ob er auf der Bühne das größte Verbrechen seines Lebens sühnen wollte. So war er nicht der Schatten eines Gottes, war kein Mythos, er war und blieb Lucius Domitius Nero, ein Mann mit dünnen Beinen und dickem Bauch, der zufällig Kaiser geworden war.

Wir kennen jedes Verbrechen dieses Mannes. Der Adoptivbruder Britannicus wurde während des Essens vergiftet, und seine Glieder erbleichten, erstarrten und erkalteten unter den Blicken der Tischgenossen. Die Mutter, die an seiner Stelle herrschen wollte, stand unsichtbar hinter einem Vorhang und wurde mit einem Schwertstoß in den Bauch getötet. Und der Sohn wurde viele Nächte lang von ihrem rächenden Geist heimgesucht, erschreckt fuhr er aus dem Schlaf auf, fürchtete, das Tageslicht nicht wieder zu sehen, und tagsüber glaubte er, Klagen aus ihrem Grab zu vernehmen. Die Ehefrau wurde verbannt, die Adern wurden ihr geöffnet, und sie wurde erstickt, ihr abgetrennter Kopf wurde nach Rom gebracht, als düsteres Geschenk für ihre Rivalin. Und dann, wie viele Freunde und Feinde, Unschuldige oder Verruchte, Verschwörer oder geringfügig Verdächtige mußten unter seiner Herrschaft ihr Leben lassen ... Er war ein »Ungeheuer«, der »Abschaum der Menschheit«, sagten seine Feinde und vergaßen dabei das Blut, das auch an den Händen des »frommen« Augustus geklebt hatte. Wir hingegen, die wir schlimmere Ungeheuer gekannt haben, fragen uns, ob alles, was ihm zustieß, nicht eine phantastische Allegorie gewesen ist. Wenn er im Reich der reinen Fiktion leben wollte, wenn er seinem Volk als der gekrönte Apollon erschienen wäre, hätte er vielleicht die schreckliche Verstrickung von grenzenloser Macht und grenzenlosem Verbrechen, die die Antike der modernen Welt als Erbe hinterlassen hat, lösen können. Er aber blieb auf halbem Weg stehen, an der ambivalenten Grenze zwischen Wirklichkeit und Illusion. Und während er das Reich immer mehr in ein Theaterfest zu verwandeln strebte, zeigte ihm die Macht, wie um sich zu rächen, daß sie sich nicht abschaffen läßt, zwang ihn, seinen Thron mit Blut zu besudeln, und trieb ihn, wenn wir einem Vers der *Octavia* glauben wollen, zu der Erklärung, der Terror sei die einzig mögliche Form der Regierung – es waren dieselben Worte eines Saint-Just und eines Robespierre.

In den letzten Jahren seiner Herrschaft steckte sich sein Ehrgeiz immer höhere und unerreichbarere Ziele. Er gab sich nicht damit zufrieden, von seinem Palast aus symbolisch über die Angelegenheiten des Universums zu herrschen, es genügte ihm nicht mehr, in den Theatern von Korinth oder Rom Apollon den Kitharöden oder Apollon den Wagenlenker darzustellen. Von einem persischen Magier initiiert, versuchte er, die Zukunft zu erforschen, mit den Schatten der Unterwelt zu sprechen und die Geheimformel zu finden, mit der man über die Götter herrscht.

Vielleicht hoffte er, zu werden wie Erichtho, die von Lukan geschilderte thessalische Zauberin, die die Gestirne und den Mond vom Himmel herabholte, die Meere anschwellen ließ, die Nacht verlängerte, vom Schicksal vorherbestimmte Ereignisse abänderte und die Götter des Himmels und der Unterwelt unter ihren Willen zwang. So kehrte sich Neros Lebensweg um. Der junge Herrscher, den das erste Sonnenlicht sanft gestreift hatte, begann der finstersten und bösesten unter den Gottheiten nachzueifern, die die Phantasie der Menschen der damaligen Zeit sich ausmalen konnte. War das noch Licht, was er ausstrahlte? War das noch Gold, was sein Haus schmückte? Die Mitbürger, die sich dem Atrium des großen Palasts zu nähern wagten, der drohte, die Stadt zu verschlingen, mußten ihn wie eine düstere Sonne empfinden, in eine finstere Wolke gehüllt, oder wie eine Sonne, die brennt und verzehrt und alle Dinge, die ihr Pesthauch berührt, zu Asche macht.

Sein Ende war pathetisch und jämmerlich. Als die Stämme Galliens und die Legionen in Spanien sich erhoben, der Senat sich verschwor und seine Getreuen begannen, von ihm abzufallen, tat er zunächst nichts, um den Thron zu verteidigen: Er gab keine Befehle, als wollte er den Aufstand durch Schweigen bezwingen. Leidenschaftlich verfolgte er die Kämpfe der Athleten: Er stieg selbst zum Wettkampf in die Arena. Mit unverminderter Aufmerksamkeit widmete er sich dem Leierspiel, und er sprach leise, um die entzündete Kehle zu schonen. Seine Spottlust hatte er aber nicht verloren. Eines Abends lud er die Senatoren in seinen Palast, als ob er ihnen eine Mitteilung von höchster politischer Dringlichkeit zu machen hätte, und zeigte ihnen die neuesten Modelle von Musikinstrumenten, die seine Truppen mitführen sollten. Er machte ein paar halbherzige Versuche des Widerstands. Aber sein wunderbarer oder grotesker Traum war es, die Macht der Waffen, die sich gegen ihn erhoben hatten, durch die reine und unkörperliche Macht der Fiktion zu überwinden. »Ich gehe in die Provinz«, erklärte er eines Nachts seinen letzten Freunden, »ich trete ohne Waffen vor die aufständischen Soldaten hin und weine ganz einfach. Dann werden sie bereuen: Ganz bestimmt werden sie bereuen; und ich, voller

Freude inmitten einer freudvollen Schar, ich werde meinen Siegesgesang vor ihnen anstimmen.«

Keiner wollte seine Tränen sehen – Theatertränen oder Tränen der Reue, wer kann das sagen? –, keiner erlaubte ihm, seinen Siegesgesang anzustimmen, den er schon vorbereitet hatte. In einer Juninacht des Jahres 68 sagten sich seine Wachen von ihm los und nahmen Decken, Teppiche und das Giftdöschen aus seinem Zimmer mit. Zusammen mit wenigen Freigelassenen ließ Nero die *Domus Aurea* für immer hinter sich, den Saal, der sich ohne ihn sinnlos drehte, den Koloß von Rhodos, der ihm glich, jene Bogen, Säulen und transparenten Steine, die bald schon zerstört und in alle Winde zerstreut sein würden.

Er war barfuß, und er trug ein ausgebleichtes Mäntelchen, ein Taschentuch bedeckte sein Gesicht. Und er versteckte sich in einem Gestrüpp bei einem Tümpel, kroch zwischen Dornenhecken hindurch, die ihm die Kleider zerrissen. Da blieb er eine Weile wortlos am Boden liegen, wie der letzte der Flüchtlinge, schreckte bei jeder Stimme aus der Ferne zusammen, fuhr auf, wenn ein Hund bellte, ein Vogel sang oder ein Zweig oder ein Strauch vom Wind geschüttelt wurde. Wie ein griechischer Historiker empört hinzusetzte: Zum ersten und letzten Mal nahm er die Maske ab und hörte auf Theater zu spielen, war er auf die nackte Wirklichkeit seines Lebens zurückgeworfen. Sein Gott hatte ihn verlassen, ohne ein Zeichen, einen Klang oder Musik. Dann wurde die nächtliche Stille plötzlich von eiligem Hufgetrappel gestört, Nero begriff, daß Reiter herankamen, um ihn lebend zu ergreifen. Zum letzten Mal erinnerte er die Welt an seinen Künstlertraum, sagte einen Vers von Homer auf und tötete sich.

Plutarch und der Mythos

Das Höchste, was ein Mensch in seinem Leben erreichen kann, ist nach Plutarch die Erkenntnis des Göttlichen. Alle anderen Gaben sind ihr unterlegen: sowohl die Reinheit und Strenge der Lebensführung als auch die Gewohnheit, in den Tempeln von Ägypten und Griechenland, wo dieselbe Gottheit unter wechselnden Formen verehrt wird, an den rituellen Handlungen teilzunehmen. Es gibt nichts Größeres auf dem Höhepunkt des Lebens als diese Erkenntnis der Götter. Aber wie kann man sie erkennen? Wie kann man das Wesen von Zeus oder Dionysos, von Amon-Ra oder Osiris begreifen? Jede Erkenntnis des Göttlichen läuft auf ein Paradoxon hinaus: weil das Göttliche eben das ist, was sich dem Blick entzieht, das Verborgene und Verhüllte, das Unbegreifliche, das unauflösliche Geheimnis, das Heiligtum, dem nicht einmal die Vögel sich nähern dürfen. Die Sphingen vor ägyptischen Tempeln erinnern daran, daß jede Theologie »von Wissen um das Geheimnis durchsetzt ist«, während Isis im Tempel von Sais verkündet: »Ich bin alles, was war, was ist und was sein wird, und kein Sterblicher hat je meinen Schleier gelüftet.« Also bleibt uns das, was wir erkennen sollen, auf immer verborgen? An einer wunderbaren Stelle in *Über Isis und Osiris* versichert Plutarch, daß die Wahrheit des Seins erkannt werden kann. Das ist weder eine philosophische Wahrheit noch eine mythische Erzählung, sondern eine ekstatische Offenbarung, wie die, die bei Platon den Seelen in den überhimmlischen Gefilden zuteil wird: ein blendend heller und rascher Blitz, der unsere Seele ein einziges Mal in unserem Leben durchzuckt; aber in diesem plötzlichen Blitz der Seligkeit können wir das Göttliche betrachten, es mit unserem Blick berühren, wie wir es in unserer Welt tun, wenn wir etwas in die Hand nehmen.

Weit unter dieser ekstatischen Offenbarung stehen die gegensätzlichen und parallelen Wahrheiten von Philosophie und Mythos. Die Philosophie ist lediglich ein »undeutlicher Traum«, worin der Mensch auf dieser Welt, ein Gefangener seines Leibes und seiner Leidenschaften, vom Göttlichen träumt. Und die ägyptischen Anhänger dieses Traums scheren sich das Haar, tragen strahlendweiße Leinengewänder, enthalten sich des Weins und übermäßigen Essens, um das Verlangen und die Suche nach dem Wahren mit Leichtigkeit, Reinheit und Behendigkeit der Glieder zu verbinden.

Der Mythos ist wesentlich komplexer: Seine Anhänger sollten die vielfarbigen und bunten Gewänder der Isis tragen, um symbolisch anzudeuten, was an Vielfalt, Unbestimmtem und

Widersprüchlichem in ihm liegt. Nur einer Sache scheint sich Plutarch völlig sicher: Der Mythos läßt sich nicht in eine historische menschliche Wirklichkeit übersetzen oder in eine einfache Naturtatsache, ja, nicht einmal in ein astrales Phänomen, als ob seine Substanz sich völlig in diesen Entsprechungen erschöpfte. In seiner scheinbaren Langmut eines Delphi-Priesters ist Plutarch raffinierter als Lévy-Strauss oder Santillana. Charakteristisch für den Mythos ist die unendliche Vielfalt der Verbindungen, die er zuläßt. Wir können ihn, wie Plutarch in *Über Isis und Osiris*, in dämonische Begriffe übersetzen, in mathematische, alphabetische, natürliche, philosophische oder religiöse Termini, und während wir ihn interpretieren, bemerken wir, daß jedes Zeichen gegensätzliche Valenzen haben kann, Wasser und Sonne zugleich bedeuten kann, Materie und Erkenntnis. Mythisch zu denken bedeutet, an den Ort zu gelangen, wo das Prinzip der Widerspruchsfreiheit keine Gültigkeit besitzt. Wir wissen, welche Einwände dagegen erhoben wurden: Auf das Prinzip der Widerspruchsfreiheit zu verzichten, würde bedeuten, auf Einheit und Kohärenz des Denkens zu verzichten, in Chaos und Konfusion zu versinken. Plutarch hingegen weiß, daß nichts einheitlicher und geschlossener ist als der Mythos: Wer mythisch denkt, erfaßt ein einzigartiges Phänomen der Realität und versammelt um dieses Phänomen – wir können es Hermes oder Dionysos oder Isis oder Osiris nennen – eine reiche Vielfalt von Motiven.

Jeder Mythos kennt seine Entfaltung und seinen Höhepunkt. Auf den unteren Deutungsebenen bezieht er sich auf die natürliche Realität, in seinen höheren Sphären setzt er uns in Beziehung zum Transzendenten. Der Mythos erfaßt das Wesen des Göttlichen nicht direkt, das wir nur im atemberaubenden Sprung der Ekstase berühren können, er erlaubt uns keine Annäherung und auch nicht, den makellosen Anfang aller Dinge mit unseren Augen zu betrachten; er ist nur ein Widerschein des Göttlichen, wie der Regenbogen ein Widerschein und Brechungsphänomen der Sonne ist. Und doch erkennen wir in diesem farbigen Reflex immer wieder das Göttliche: So sagt Goethe es am Anfang des *Faust II*.

Der Mythos erzählt gern von Tod und Leiden. Wie sich die

Farben des Regenbogens nur zeigen, wenn wir sie vor einem wolkenreichen Hintergrund betrachten, so bevorzugt das Licht des Mythos die traurigen und düsteren ägyptischen Opferrituale, ausgeführt in Tempeln, die tief im Dunkeln liegen. Er bevorzugt die Geschichte von Isis und Osiris, die vom Tod eines Gottes erzählt und von den Wanderungen und Leiden einer Göttin, und vermutlich hielt Plutarch ihn für den *logos* schlechthin. So beansprucht der Mythos all unsere Fähigkeiten. Aus dem zeitlosen Licht des ersten Prinzips geboren, führt er uns ins Dunkel, in die Nacht, auf Wanderschaft, zu Schmerz, Trennung, Tod, in unsere Zerrissenheit und unseren Tod, die für immer erlöst sind von der Zerrissenheit und dem Tod des Göttlichen.

Osiris, »der Herr aller Dinge«, der zivilisierende Gott Ägyptens, wurde von seinem verfeindeten Bruder Seth eingeladen, in eine prächtig mit Verzierungen geschmückte Arche zu steigen. Kaum hatte er sich darin ausgestreckt, schlossen Seth und die anderen Verschwörer den Deckel, nagelten ihn von außen zu und gossen geschmolzenes Blei darüber. Dann trugen sie die Arche zum Nil und überließen sie der Strömung, die sie ins Meer tragen würde, den Sitz des Unfruchtbaren und Bösen. Als Isis hörte, daß ihr Bruder verschwunden war, mit dem sie sich im Dunkel des Mutterleibs vereint hatte, legte sie ein schwarzes Trauergewand an; und wie Demeter zog sie rastlos umher, ohne zu wissen, wo sie suchen sollte, und fragte alle, denen sie begegnete, sogar Kinder. Unterdessen hatte die Meeresströmung die Arche des Osiris nach Byblos getragen, an die phönizische Küste. Die Wellen hatten sie in einem Feld voller Heidekraut abgesetzt. Unter dem Einfluß der befruchtenden Eigenschaften des Osiris wuchs das Heidekraut sehr schnell, es wurde zum schönen blühenden Strauch, umrankte die Arche und verbarg sie in seinem Inneren. Beeindruckt von der prächtigen Pflanze, ließ der König von Phönizien den Stamm des Heidekrauts abschneiden, und ohne den Sarg darin zu bemerken, machte er daraus die Säule, die das Dach seines Palasts trug.

Schwarz gekleidet wie die Königin der Nacht, gelangte Isis

nach Byblos und setzte sich an eine Quelle. Sie saß da und weinte und sprach mit niemandem, außer mit den Mägden der Königin, sie flocht ihnen das Haar, und ihr Leib verströmte einen Duft von Ambrosia. Als die Königin die Mägde sah, wurde sie von Verlangen nach der Fremden erfaßt, nach ihrer Kunst, das Haar zu flechten, und ihrem feinen Ambrosiaduft, und sie wählte sie zur Amme. Einige Zeit später erhielt Isis die Säule des Daches zum Geschenk, teilte die Zweige der Heidekrautpflanze, holte den Sarg hervor, öffnete ihn, und seufzend und weinend legte sie ihr Gesicht an das des Osiris und bedeckte es mit Küssen. Der Königssohn aber sah sie: Er sah das verbotene Schauspiel: die Göttin, die den toten Gott beweint. Voller Zorn wandte Isis sich mit einem furchtbaren Blick um und tötete ihn – so schrecklich war das Göttliche. Zurück in Ägypten, setzte sie den Sarg bei den Sümpfen des Nil ab. Aber Seth entdeckte ihn und zerriß den Leib des Osiris in vierzehn Teile, die er zerstreute. Die Göttin nahm ihre Wanderschaft wieder auf, noch peinvoller und dramatischer. Isis durchquerte die Sümpfe des Nil auf einem Papyrusfloß; und wo immer sie ein Stück vom Leib des Osiris fand, errichtete sie ein Grabesheiligtum. So schloß sich der Kreis: Nur die Ermordung, die Zerstückelung und das Verstreuen des göttlichen Körpers machten es möglich, das ganze Universum an den Riten teilnehmen zu lassen.

Diese große Erzählung, die Griechisches mit Ägyptischem verschmilzt, sakrale und rituelle Wirklichkeit, die Macht der Symbole, Abenteuer und Leidenschaft sowie Märchenhaftes – sie wird von Plutarch nach immer neuen Gesichtspunkten interpretiert. Mal ist Osiris das Buch, die »heilige Schrift«, die durch die Unwissenheit des Seth zerrissen und ausgelöscht, von Isis aber wieder zusammengesetzt wird, um sie an die Eingeweihten weiterzugeben; da lassen sich die Namen von Isis und Osiris in geometrische und alphabetische Begriffe übersetzen. Dann unternimmt Plutarch die natürliche Interpretation. Osiris ist der Nil, das Prinzip des feuchten Elements, »Ursprung des Lebens und fruchtbare Substanz«, Isis ist die befruchtete Erde, und Seth ist die Unreinheit des Meers. Aber jedes Element in diesem göttlichen Dreieck ändert seine Bedeutung, mit einer Geschwindigkeit, die die Mentalität der Heutigen oft vor den Kopf stößt, da sie die Geschwindigkeit und Beweglichkeit der griechisch-ägyptischen Geistigkeit verloren haben. Osiris wird einmal zum Mondlicht (insofern, als der Mond befeuchtet und die Zeugung begünstigt), dann zum Sonnenlicht. Als komplementäre Figur zu Osiris wird Isis ihrerseits zum feuchten und wandelbaren Mond. Seth wird zunächst zur Feuerkraft der Sonne, die brennt, auszehrt und Blumen und Keime verdorren läßt, dann verbindet er sich mit der Finsternis und mit maßlosem Wind, die der Vegetation genauso feindlich gesonnen sind. In dieser ersten Phase ist die Erzählung eine einzige Apologie des Natürlichen: Die Gefangenschaft des Osiris in der Arche ist Symbol für das Abnehmen der Wasser des Nils und ihr allmähliches Verschwinden.

Das ist aber nur die erste Stufe der mythischen Interpretation. Plutarch mißtraut allen, die den Mythos ausschließlich in natürliche Zeichen übersetzen, »in Winde und Wasserläufe, Säen und Pflügen und Geschicke der Erde und Wandel der Jahreszeiten«. Auf einem höheren Niveau, wo der Mythos farbiger Widerschein des Göttlichen ist, ist Osiris der Anfang aller Dinge, das Reine, Makellose, Intelligible, das Gute, alles, was fest und geordnet ist. Isis ist das weibliche Prinzip der Natur, das den Keim des Lebens in sich aufnimmt und sich in allen Formen entwickelt, Licht und Schatten, Tag und Nacht, Feuer und Wasser, Leben und Tod, Anfang und Ende; während Seth die Leidenschaft ist, das Chaos, die Rebellion, Gewalt, Maßlosigkeit. Unschwer erkennt man die halb platonischen, halb zoroastrischen Motive in diesem großartigen intellektuellen Gebäude.

Gleich nachdem er dieses Gebäude errichtet hat, führt Plutarch mit der leichten, bunten Hand des Übersetzers und Baumeisters von Mythen ein anderes auf. In diesem neuen Gebäude bleibt Osiris identisch mit sich selbst, über den Dingen und den Zeiten. Isis dagegen wird unser Verlangen nach Erkenntnis, das sich ständig in rascher Bewegung auf den Einzigen zubewegt. Wir haben also die einzigartige Konstruktion vor uns, daß das bewegliche weibliche Prinzip der Materie, der feuchte und wandelbare Mond, mit unserer intellektuellen Leidenschaft identifiziert wird, ständig im Wandel begriffen, immer feminin, in keiner Weise fixiert oder festgehalten. Jeder Leser begreift, wie gewagt diese Verbindung zwischen Intelligenz und Materie ist, zwischen Erkenntnis und Bewegung. Auch Seth ändert seine Natur. Man kennt bereits seine grausamen und destruktiven Kräfte, nun vernehmen wir, daß die Gewalt in seinem Herzen Stillstand bedeutet, Reglosigkeit, Erstarrung, Versteinerung: »Ein Hemmnis für die Natur, etwas, das sie daran hindert, sich zu bewegen und zu entwickeln.« Diese Verbindung zwischen Gewalt und Versteinerung benennt, scheint mir, sehr prägnant das Wesen des Bösen.

Plutarchs Verfahren ist immer dasselbe. Die Materie wird Erkenntnis, Zerstörung wird Stillstand. Plutarch lehrt uns, daß solches Denken in Bildern und Mythen (was er gern tut und was wir alle tun müßten) eine beständige Herausforderung des Prinzips der Widerspruchsfreiheit ist, eine dauernde, geniale Aufhebung der Widersprüche und Antithesen in einer höheren Einheit. Das kleine Buch zielt auf die Aufhebung des höchsten Widerspruchs, der noch alle Philosophien des Menschen entzweit hat. Einerseits ist Plutarch Dualist: Der Gegensatz zwischen Osiris/Isis und Seth ist der Gegensatz zwischen Licht und Dunkel, Gut und Böse, Ordnung und Unordnung, Bewegung und Estarrung, und Seth muß aus dem Leben verbannt werden. Andererseits aber weiß Plutarch sehr wohl, daß Seth eine zu kostbare und nuancenreiche Figur ist, um aus der Welt geschafft zu werden. Man kann die Trockenheit nicht aus der Atmosphäre verbannen, das Feuer nicht von den Elementen, das Meer nicht aus dem Universum. Man kann das Böse nicht abschaffen, als ob es eine einfache negative Form wäre. Also wird Plutarch ein Verehrer der Harmonie der Gegensätze. Ein Schüler des Heraklit hatte gesagt: »Harmonie der Gegensätze ist Harmonie des Universums, wie die zwischen Bogen und Leier.« Nach einer Variante des Mythos, die Plutarch gerne aufgreift, verwendete Thot die Sehnen des Leichnams von Seth, um daraus Saiten für Musikinstrumente zu machen. Unsere Musik, die uns tröstet und beruhigt und die Sphärenmusik nachahmt, hat also ihren Ursprung im Bösen und im Chaos, die geläutert und zur Universalharmonie erhoben werden.

Damit sind wir am äußersten Punkt dieses großartigen Buches. Die beiden verfeindeten Philosophien versöhnen sich. Aber wie ist ein Ausgleich möglich zwischen Zarathustra und Heraklit? Wie ist es möglich, daß dualistische Metaphysik und Harmonie der Gegensätze einen gemeinsamen Nenner finden? Plutarchs Antwort wird freilich nicht rationalistisch sein. Wie er immer gewußt hat, kann nur derjenige, der mythisch denkt, dorthin gelangen – weiß wie die Gewänder der Priester-Philosophen oder bunt wie die Kleider der Isis –, wo der Gegensatz zwischen den beiden höchsten Prinzipien der Welt sich in einer unaussprechlichen Parabel löst.

Das Licht der Nacht (I)

Als man ihn fragte, welchen Dichter der Vergangenheit er gerne kennenlernen würde, nannte Goethe prompt Vergil. Ich für mein Teil würde nicht wagen, diesen erhabenen lombardischen Bauern zu treffen, der wie ich seine Tage im Süden beschloß. Sein Wissen schüchtert mich ein, seine Kunst erschreckt mich. Aber auch ich hätte keine Zweifel. Von allen griechischen, lateinischen, italienischen, deutschen, russischen oder englischen Autoren, ja, selbst persische und chinesische hinzugenommen, würde ich am liebsten Apuleius treffen, diesen reichen afrikanischen Edelmann, diesen glänzenden Redner von Madaura, diesen »Priester sämtlicher Götter«, den größten lateinischen Prosaautor aller Zeiten.

Was würde ich nicht darum geben, mit Apuleius in seinem Haus in Tripolis oder Karthago plaudern zu können! Sicher würde die Unterhaltung bald zum Monolog. Ich könnte nur meine unsicheren Kenntnisse der abendländischen Literatur dazu beitragen, ein paar Nachrichten über das Mittelalter, in dem er als Zauberer galt, ein paar Erinnerungen an die venezianische und holländische Malerei, die ihm bestimmt sehr gefallen hätte. Ich weiß nicht, wie er aussah. Das Selbstporträt, das er in *De Magia* von sich gibt, ist gewiß verzerrend. Er war ein glücklicher Mensch, vielleicht zu glücklich; oder zumindest beteuerte er ständig, wie glücklich er sei: flink und allgegenwärtig wie Odysseus; eitel, frivol, geistreich, sprühend, brillant, hochmütig, verlogen, in sich selbst verliebt und in seinen Ruhm, natürlich in allem, was er sagte oder tat. Er konnte über alles reden. Er hätte mir von sämtlichen Göttern erzählt, die er kannte (das amüsanteste Thema), von Dämonen, Initiationsriten und Götterhochzeiten, in verhüllten Worten hätte er mir Andeutungen über den höchsten Gott gemacht, den *deus exsuperantissimus*; und dann, als ob es ein und dasselbe wäre (aber vielleicht ist es ja auch ein und dasselbe), hätte er über Rosen gesprochen, über Sterne, über das Haar der Frauen, über Kräuter, Steine, Meeresfrüchte, Liebesgeschichten, Hexen und über den unerschöpflichen Klatsch, der das Leben in der Provinz so angenehm macht. Ich glaube, er hätte alles über Spiegel in unserer Zeit wissen wollen, diese wunderbaren Gegenstände, die seiner Ansicht nach die Wirklichkeit so wiedergeben, wie sie ist – dein Gesicht, mein Gesicht, in ihrer Fülle und ihren Farben –, und zugleich die Dinge, die im Fluß sind und vorübergehen, geschliffen, täuschend und schillernd wie unsere Worte.

Da kein Nekromant je den Leib des Apuleius aus seinem dunklen afrikanischen Grab wiedererwecken kann, bleibt mir nichts anderes übrig, als die *Verwandlungen*, besser gesagt den *Goldenen Esel* zur Hand zu nehmen[4]. Wie Apuleius in den ersten Zeilen sagt, ist seine Wissenschaft eine *scientia desultoria*, eine »akrobatische Kunst«, wie die Reiter im Zirkus sie übten, wenn sie von einem Pferd aufs andere übersetzten. Und wenn die Weltliteratur von Aristophanes bis Beckett eine ganze Reihe Akrobaten aufweist, so ist doch keiner so intelligent, systematisch und ironisch wie Apuleius. Die *Verwandlungen* sind ein einziges Denkmal der fröhlichsten und verstiegensten Wissenschaft: Akrobatik beim Übergang vom Griechischen zum Lateinischen, beim Wechsel der Themen, in den ständigen Parodien und Selbstparodien (die

[4] Auf deutsch erschien: Lucius Apuleius, *Der goldene Esel*, aus dem Lateinischen von Carl Fischer, München 1965.

sich schließlich selbst parodieren, eine grandiose Hommmage an den beunruhigenden Gott des Lachens), in den vielfach verflochtenen Traditionen, in dem (stets impliziten) Netz der Beziehungen und Anspielungen, in den wie russische Puppen ineinander verschachtelten Erzählungen, in der Kunst der Anspielung und der Spannungserzeugung, in der Vielfalt der linguistischen Ebenen, beim Wechsel vom erhabenen zum leichten und feinen und pompösen und unhörbaren Ton ...

Wie jeder Akrobat praktiziert Apuleius die Metamorphose. Sein Traktat *De Mundo* ist eine Paraphrase. Die *Verwandlungen* sind ein Plagiat, besser gesagt, die Kompilation aus vielen Plagiaten, von jedem Schriftsteller und aus jeder Quelle, so daß Schreiben für Apuleius nicht gerade etwas Schöpferisches ist, sondern die Verwendung eines Satzes, eines Bildes oder Motivs, die ein anderer schon verwendet hat, und die langsame Verwandlung dieser Materialien. Apuleius war ein Plagiator, ein Intarsienkünstler, fast immer eine zweitrangige Kunst. Aber die *Verwandlungen* sind vielleicht der originellste Roman, der je geschrieben wurde; ohne ihn wäre das *Dekameron* nicht denkbar, ebensowenig die italienische Malerei der Renaissance, noch die abendländische Mystik aller Jahrhunderte, und auch der *Don Quichotte* nicht, der spanische Schelmenroman nicht und Sterne und die *Zauberflöte* nicht, weder Nerval noch *Pinocchio* und vielleicht nicht einmal Goethes *Wilhelm Meister*.

Mit dem Märchen von *Amor und Psyche* hat Apuleius eine Kunstform geschaffen, die sich der abendländischen Phantasie für immer eingeprägt hat: Mysterienkunst. Diese Kunst ist tief mit dem Geheimnis verknüpft: Sie muß die göttlichen Dinge verschweigen, während sie von ihnen spricht; sie muß sie also enthüllen, indem sie sie verbirgt. So baut Apuleius die *Verwandlungen* auf einer enormen Auslassung auf: Verschwiegen wird in den ersten zehn Büchern die Anwesenheit der Isis, die nicht weniger intensiv ist als dann ihre Apotheose im elften Buch. Außerdem gibt sich Apuleius verspielt, er verwendet oberflächliche und leichte Töne, Späße und Witze, geheimnisvolle Anspielungen, dunkle und obszöne Noten; und eine Form, die sich nicht im mindesten für religiöse Inhalte eignet: die hellenistische Mythologie, mit ihren Venusgestalten, Grazien, Amoretten, mit ihrer Neigung zum Kleinen und Parodistischen. Scheinbar könnten wir nicht weiter vom Heiligen entfernt sein. Und doch: Unter dieser Oberfläche ist das Märchen der großartigste und kühnste mystische Text der europäischen Literatur. Eine schwindelerregend tiefe Kluft trennt diese leichten Töne von den schwerwiegenden, schrecklichen Geheimnissen, die uns über die Beziehungen zwischen Gott und der menschlichen Seele mitgeteilt werden, ein radikales Auseinanderklaffen von Form und Inhalt, das die mystische Literatur bis hin zu Johannes vom Kreuz prägen wird.

Der Name deutet es schon an: Lucius, Autor und Held der *Verwandlungen*, ist eine Lichtgestalt, steht also unter dem besonderen Schutz der Götter. Er ist jung, schön, attraktiv, reich und aus guter Familie: gutmütig, naiv, sentimental und ein bißchen altklug, wie das bei reichen jungen Männern mit guter Ausbildung häufig so ist. Ihn zeichnen keine positiven Eigenschaften aus: Scheinbar hat er keine Neigung für das eine oder andere, sein Charakter ist passiv, er ist einer jener unbestimmten und bezaubernden jugendlichen »Spiegel« wie Tamino oder Wilhelm Meister, in deren blauen Augen sich die Welt spiegelt und die zu Helden eines Romans werden. Er lebt von Vorstellungen und besitzt eine grenzenlose Neugier, ähnlich wie Odysseus. Er liebt das Mögliche mehr als das Wirkliche und Wahrscheinliche, nichts scheint ihm unmöglich, er meint, die Dinge seien nicht, wie sie scheinen. Er liebt und verehrt Wunder, Metamorphosen, Magie und Zauberei, wie Don Quichotte seine Ritterromane; und wenn er durch Thessalien zieht, sind ihm die Steine, über die er stolpert, versteinerte Menschen, und die Vögel gefiederte menschliche Wesen, Statuen und Gemälde können sich jederzeit beleben, wie es dem Don Quichotte in der Landschaft Kastiliens ergeht.

Lucius ist eine komische Figur, wie sein spanischer Nachfahr und Erbe. Und mit souveräner Anmut macht Apuleius sich über die Sanftmut, über die Phantasie und die jugendliche Neugier seines Helden lustig. Die Ritterromane führen Don Quichotte in einen ernüchterten Tod. Lucius, der »Lichte«, kann sich hingegen retten. Seine Neugier, *curiositas*, die ihn einmal in die Irre führt, bewahrt ihn davor, sich von seinen Erfahrungen überwältigen zu lassen, sie verhilft ihm zu einem unvoreingenommenen Blick und geistiger Wachheit. Und zum Schluß erlaubt sie ihm, einen Roman zu schreiben, so umfassend wie das Universum, wozu Don Quichotte nie in der Lage wäre. Der Glaube an die Verwandlungen, den Apuleius teilt, führt ihn vor Isis – die Herrin aller Wunder und Verwandlungen. Alles war wirklich »selten und wunderbar«, wie er bei seiner Ankunft in Thessalien geträumt hatte. Im übrigen gab es keinen anderen Weg, um ein Buch zu schreiben: weil die Literatur, wie Apuleius wußte, von nichts anderem erzählt als von Magie und Verwandlungen.

Auch Photis, die kleine Magd, in die Lucius sich verliebt, hat einen lichtvollen Namen. Auf der Schwelle zum Reich der Verwandlungen steht sie, mit ihrer niedlichen, koketten und lasziven Erotik. Wenn sie auftritt – in ihrem Leinenkleidchen mit dem hellroten Band, mit den kleinen Brüsten und den rundlichen Händen, der milchweißen und flaumigen Haut, den biegsamen Flanken, dem offen wallenden Haar, wie sie eine Speise zubereitet oder sich in den Hüften wiegt, die Scham verhüllt oder mit feuchten, bebenden und halb geschlossenen Augen küßt oder mit der Gabe der »hängenden Venus« nährt –, durchzieht ein feiner Geruch von Küche und Sexus das Buch des Apuleius. Was für eine herrliche Prosa voller Zärtlichkeit und Süße, voller Diminutive, voll verbaler Phantasie und »Venusgesäusel«! Was heißt es schon, daß Photis nur eine kleine thessalische Magd ist? Mit ihr macht Lucius die Erfahrung der Aphrodite: das blendende Licht der Liebe und die alles durchdringende erotische Feuchtigkeit. Im Hintergrund spürt man noch das Sperma des Uranus, das sich ins Meer ergoß und aus dem Venus geboren wurde. Rings um Lucius und Photis ist alles in ein feuchtes Licht getaucht: die glänzenden weiblichen Haare, funkelnde Spiegel, in denen sich die lebhaftesten Sonnenstrahlen spiegeln, das Meer und seine Gischt, der Tau; Rosen, die Blumen der Venus, strahlend und vom Tau benetzt, und die taufeuchten Flügel Amors. Am Ende wird die Strenge des Isispriesters diese »niedere Wollust« verdammen.

Aber mit einem verschleierten Lächeln erinnert Apuleis uns daran, daß Photis Isis vorwegnimmt, die Königin allen Eros.

Die eigentliche Verfehlung des Lucius besteht darin, daß er nicht weiß, was Apuleius seit seiner Jugend wußte, als er seine philosophischen Traktate schrieb: Es gibt nur eine Gottheit auf dieser Welt, Isis, und diese Gottheit wiederholt sich in jeder Form und in jedem Namen und kehrt in ihnen wieder. Welche Gottheit wir auch immer anbeten oder anzubeten glauben – Venus, Juno, Demeter, Artemis, Proserpina, Minerva, Hekate, Kybele –, immer ist es Isis. In allen Dingen des Lebens – ob günstig oder widrig, ob himmlisch oder höllisch, tragisch oder komisch, zufällig oder vorherbestimmt – begegnet uns die Königin im tiefschwarzen, in dunklem Glanze strahlenden Mantel, *splendescens atro nitore*, jene Königin, die sechzehn Jahrhunderte später in der *Zauberflöte* zur Königin der Nacht werden sollte. Wie das Schild auf dem Bildnis von Sais besagt: »Ich bin was war, was ist und sein wird, und kein Sterblicher wird je meinen Schleier lüften.«

Wie ihre Anhänger wußten, war Isis auch Herrin über jede Art von Magie und Zauberei. Als er nach Thessalien kommt, begegnet Lucius Isis zunächst in ihrer *schwarzen* Gestalt, also ausschließlich der Zauberin und Hexe. Meroe und Pamphile, die zwei Zauberinnen der ersten drei Bücher, sind zwei finstre und verkommenene Aspekte der Isis[5]. Aber hinter Isis steht Erichtho, die

[5] Isis, Meroe und Pamphile verfügen über dieselbe Macht, die mit fast identischen Wendungen bezeichnet wird: *Herrin aller Elemente* (Isis, 11); *es dienen ihr die Elemente* (Isis, 11); *der die Elemente zu Willen sind* (Pamphile, 3); *sie läßt die Götter sterben* (Meroe, 1); *dir gehorchen die Sterne* (Isis, 11); *du hemmst böser Sterne verderblichen Lauf* (Isis, 11); *Himmelsherrin, deren Wink des Himmels strahlende Höhen … gehorchen* (Isis, 11); *der die Gestirne dienen* (Pamphile, 3); *sie löscht die Sterne aus* (Meroe, 1); *höchste Gottheit* (Isis, 11); *Dich ehren die Himmlischen* (Isis, 11); *die Geister folgen ihr* (Pamphile, 3); *die Götter sterben* (Meroe, 1). Dieselben Wendungen gelten auch für Amor: *[vor ihm] die Götter erschrecken, /Vor ihm schaudert der Pfuhl, schaudert die stygische Nacht*; (cfr. Meroe, 1: *sie läßt die Quellen versiegen/die Flüsse rückwärts fließen*). Außerdem ist Meroe der Name einer Stadt, die mit dem Isis-Kult verbunden ist; der Name der Freundin, Panthia, erinnert an Panthea, ein Epitheton der Isis. Und Zatchlas, der ägyptische Priester, der ein Isis-Gebet anstimmt und *die Gestirne des Himmels, die Elemente der Natur, das Schweigen der Nacht … die Geheimnisse von Memphis* anruft (2), ist ein Zauberer wie Erichtho. Siehe J. Wyn Griffith, *Isis in the Metamorphoses of Apuleius*, in: *Aspects of Apuleius' Golden Ass*, Groningen 1978, S. 143–5, und sein Kommentar zum Elften Buch, passim.

schreckliche Gottheit des Bösen, die größer ist als die Götter, die Gestirne und das Schicksal, und die Lukan ein Jahrhundert zuvor in den *Pharsalia* so großartig dargestellt hatte. Meroe und Pamphile holen den Himmel herunter, heben die Erde in die Höhe, lassen Quellen versiegen, machen Berge flüssig, befehlen den Göttern und den Manen, löschen die Sonne und die Sterne aus, erhellen die Unterwelt und lassen die Toten wieder auferstehen; sie nehmen jede erdenkliche Form an. Nichts ist düstrer und makabrer als die Zauberszenen der ersten Bücher – das Herz, das dem Sokrates ausgerissen wird, der Blick der Wiesel-Hexe, der tiefe Schlaf des Teliphron. Aber wer hörte nicht das respektlose Gelächter des Apuleius? Obwohl eine beunruhigende Macht von der Welt der Hexen ausgeht, ist sie doch bloß ein literarisches Versatzstück, den grotesken Ausbrüchen des Gottes des Lachens preisgegeben. Meroe ist Schankwirtin geworden, Pamphile die Frau eines Geizhalses, der von ihren übernatürlichen Kräften nichts weiß; und oft sind ihre Zaubereien lächerlich oder sie schlagen fehl.

Jeder weiß, was dann geschieht. Lucius hätte sich in einen Vogel verwandeln sollen, aber seine zarte Haut wird zu Leder, seine Finger werden zu Hufen, aus der Wirbelsäule wächst ein langer Schwanz heraus, der Mund wird breit, die Lippen wulstig, die Ohren verwandeln sich in die riesigen, behaarten Ohren eines Esels. Lucius' Schuld ist seine Neugier: Er ist einer niederen Form der Isis nachgelaufen; und ungeduldig in die geheimen Räume der Magie eindringend, hat er es nicht erwarten können, bis die Göttin ihm die Verwandlung schenkte. Jetzt ist er ein Esel: ähnlich wie Seth, der erbitterte Feind der Isis. Aber wie immer bei Apuleius, der sich gern über das intellektuelle Gerüst seines Romans lustig macht, wird dieser Esel mit enormer Sympathie geschildert: Tolpatschig, lächerlich, ein Parasit, unterwürfig, ängstlich, von allen beschimpft und geprügelt, ist er eine Art grandioser Sancho Pansa seiner selbst.

Bis hierher war Lucius ein köstlicher Erzähler und Zeuge des Geschehens, vielleicht teilt kein zweiter Roman so vollständig wie die *Verwandlungen* den Blickwinkel des Helden; alles, was geschieht, von Augenblick zu Augenblick, wird mit den Augen des Augenblicks gesehen. In seiner Eselsgestalt wird er jedoch ein noch großartigerer Zeuge. Da er ein Tier ist und die Menschen meinen, er verstünde sie nicht, verhehlen sie vor ihm ihre eigentlichen Gedanken und Empfindungen nicht, und das Leben mit all seinen Gemeinheiten und Geheimnissen offenbart sich rückhaltlos, in seinem ganzen Umfang vor ihm. Apuleius führt diese erzählerische Fiktion systematisch und auf die köstlichste Weise durch: Aus dem naiven Nachfolger des Odysseus macht er einen Schriftsteller, der viel erfahrener ist als Odysseus, aus einem Ich-Erzähler einen allwissenden auktorialen Erzähler[6]. Hier verläßt er seine entrückte Beobachtungsstation und tritt auf die Bühne vor uns hin. Wenn wir einen Roman schreiben wollen, der uns die höchsten und geringsten Geheimnisse enthüllt, dann gibt es nur einen Weg, scheint er sagen zu wollen. Wir müssen unsere zarte Menschenhaut ablegen, und unsere kurzsichtigen Augen, die die Geheimnisse nicht wahrzunehmen vermögen. Wir müssen in den Leib eines Tieres schlüpfen und unsere riesigen Ohren weit aufsperren, bis wir alle Worte und halblaut hingesagten Gedanken vernehmen, die die Menschen auf der Weltenbühne von sich geben.

Lucius beginnt seine Reise, auf der er der großen Göttin ein weiteres Mal begegnet. Da sie das Schicksal überwunden und unterworfen hat, ist Isis zugleich sehende Fortuna und blindes, grausames Geschick: *Pronoia* und *Tyche*, und in dieser zweiten Gestalt sieht Lucius sie wieder, ohne sie zu erkennen[7]. Wie

[6] Obwohl sein Blickwinkel als Erzähler und Augenzeuge enorm groß ist, kann Lucius doch nicht an sämtlichen Schauplätzen des Romans gleichzeitig gegenwärtig sein. Es gibt Ereignisse, die er nicht sieht und nicht hört. Da bedient sich Apuleius eines weiteren erzählerischen Tricks: der Träume, die dieser oder jener Person geschickt werden (z. B. in 8, 9 oder 9, 31) und dann demjenigen erzählt werden, der gerade vor Lucius erzählt. Dank dieses Mittels der Träume (sie gehören in das Reich der Isis, der religiös-narrative Zusammenhang ist vollkommen gewährleistet), verfügt der Erzähler/Zeuge über die Allwissenheit eines auktorialen Erzählers. Dabei unterläuft natürlich hier und da eine kleine Unwahrscheinlichkeit oder Unstimmigkeit, aber wie Tolstoj oder Dostojewskij schreibt Apuleius nicht für Gérard Genette.

[7] Siehe Siegfried Morenz, *Ägyptische Religion*, Stuttgart, 1977. Im Roman scheinen die beiden Figuren der Fortuna und der Vorsehung (oder der *fortuna caeca* und der *fortuna videns*) entgegengesetzt. Aber eine einzige Tatsache genügt, um uns von der geheimen Identität der beiden Figuren überzeugen: Im Märchen von Amor und Psyche ist Venus identisch mit Fortuna, und Venus ist, wie Reinhold Merkelbach gezeigt hat, eine der Erscheinungsformen der Isis.

enorm in den *Verwandlungen* der Variantenreichtum und die Vielfalt der Fälle ist! Zu Beginn des Romans sehen wir Lucius auf der Reise, offen für alle Abenteuer. Wir kommen in eine dieser Schenken, in denen die europäische Literatur achtzehn Jahrhunderte lang die bunte Vielfalt der Welt anzusiedeln beliebte. Wir erleben Grausamkeit, Gewalt, Ungerechtigkeit, Grauen, Niedertracht, groteske Unflätigkeiten, die Mühlen des Geschicks. Obwohl er an die Götter glaubte, läßt Apuleius uns doch keinen Augenblick lang meinen, auf der Erde herrsche die *harmonia mundi*. Freilich läßt er uns ahnen, daß wir auch im Schrecken und in den Zufällen des Geschicks eine Spur des Göttlichen sehen können – denn: »Ich bin alles, was war, was ist und was sein wird.« Aber der Zufall bleibt anormal und willkürlich. Da wir uns im Reich der Isis befinden, wenn auch in seiner verkommenen Form, nimmt er eine Gestalt an, wird eine stilisierte Darstellung, eine Art literarisches Genre. Wir kennen mindestens drei, die sich daraus ableiten lassen: die Geschichten von Eros und Gerissenheit, die Boccaccio nachahmte; die heroisch-komischen Räubergeschichten, die den Schelmenroman hervorbrachten, schließlich die epischen Tragödien der Liebesraserei, die Apuleius von Euripides, Apollonios Rhodios und Vergil entlehnte.

Das Märchen von *Amor und Psyche* ist das dunkle, glühende Herz der *Verwandlungen*; und wie üblich werden wir dorthin geführt durch Labyrinthe, Parodien und Spiegelungen, die Apuleius so sehr liebt. Wir hören dieses »Märchen für Erwachsene« (und für Kinder) nicht in einem Königspalast oder einem ägyptischen Tempel, sondern in einer Räuberhöhle. Es wird auf griechisch erzählt von einer »blöden, betrunkenen Alten«. Ihr Zuhörer ist ein Esel, der bedauert, nicht Tafel und Griffel dabeizuhaben, um es aufzuzeichnen; zum Priester geworden, setzt derselbe Esel es in schmuckvollem Latein auf; hinter seinem Rücken macht Apuleius sich über die Alte, Lucius über sich selbst und sein Buch, über die Götter, die Musen, Rom und die römischen Gesetze lustig.

Das Märchen ist einem fürchterlichen Gott gewidmet, dem Sohn der Isis, der so mächtig und ambivalent ist wie seine Mutter. Weder das Orakel des Apollon noch die Schwestern der Psyche haben unrecht: Die Liebe ist ein »grausamer, gewaltiger und giftiger Drachen«, der den Dingen mit Feuer zusetzt und Götter, Menschen und den Höllenschlund quält. Folgende, wunderschöne magische Anrufung auf einem griechischen *papyrus* könnte ihm gewidmet sein: »Du Erstgeborener, Schöpfer des Universums mit den goldenen Flügeln; du Dunkler, der du alle vernünftigen Vorhaben auslöschst und düstere Leidenschaften einflößt; du Geheimer, der du insgeheim in jeder Seele wohnst; du, der du das unsichtbare Feuer schürst und alle belebten Dinge berührst und sie unablässig mit Wollust und köstlichen Schmerzen quälst, von Anbeginn des Universums an: Du, der du durch deine Gegenwart Schmerzen verursachst, mal mit Grund, mal sinnlos. Du, für den die Menschen kühn ihre Pflicht fahren lassen und bei dem sie dunkle Zuflucht suchen. Du Letztgeborener, Gesetzloser, Grausamer, Unerschöpflicher, Unsichtbarer, unleiblicher Erzeuger aller Leidenschaft ... Du Herr des Vergessens, du Vater der Stille, für den alles Licht strahlt und dem es sich zuneigt ...«[8]

Der Gott sucht Psyche, die menschliche Seele, er verliebt sich in sie und überreicht ihr ein Band, wie Simone Weil sagt – aber »dieses Band ist er selbst«. Ein Zefir trägt Psyche an einen lieblichen, mit Gras bewachsenen Ort, dann begleitet er sie in einen Königspalast, wo die Wände und Säulen in hellem Licht leuchten, auch wenn draußen die Sonne nicht scheint. Wie sein Palast, so verströmt auch Amor Licht. Er ist nichts anderes als Licht: »Halten mich deine Arme umschlungen, bist du meine Sonne«, sagt Psyche zu ihm. Von den Haaren geht ein »strahlendes Leuchten« aus, die taufeuchten Flügel »funkeln weiß von blendendem Glanz«, der glatte Leib verströmt Licht, und einmal läßt sein Licht die Öllampe heller strahlen, ein andermal läßt es sie verblassen. Aber die Liebe zwischen dem Gott und der

[8] *Papyri Graecae Magicae*, hrsg. von K. Preisendanz, Stuttgart 1973, Bd. I, S. 129.

menschlichen Seele muß sich in Geheimnis und Einsamkeit vollziehen, in absoluter Dunkelheit, wie jeder Mystiker wohl weiß. Psyche sieht Amor nicht: Sie hört ihn, berührt und liebkost ihn; im Augenblick erschütternder Seligkeit kennt sie nur seinen Schimmer in der Nacht. Nichts ist süßer und schrecklicher als diese Liebe zwischen den beiden Polen der Welt, die sich im süßen Kerker zweier menschlicher Leiber vollzieht: Die überreizte Sinnlichkeit geht über die Ebene der Sinne hinaus und wird unersättlich, wie jede Liebe zwischen Gott und Mensch.

Psyche begnügt sich nicht damit, zuzuhören, sie will *sehen*; sie versündigt sich durch *curiositas*. Sie kann aber gar nicht anders als sündigen, weil die menschliche Seele sich danach sehnt, die göttliche Schönheit zu schauen und damit vom Licht in der Nacht zum hellen Tageslicht aufzusteigen. Als der Abend gekommen ist, hebt Psyche die Öllampe an und erblickt »das zahmste und süßeste von allen Ungeheuern«. In diesem Moment ritzt Psyche sich mit einem Pfeil einen Finger, so daß »ein paar Tropfen rosigen Blutes über ihre Haut rannnen«, während ein glühender Öltropfen Amor die rechte Schulter versengt. Wie die menschliche, ist auch die göttliche Liebe ein Feuer: Sie brennt, quält und bedeutet langes Leiden für den Gott wie für den Menschen, die glücklich ineinander verliebt sind.

Diese Sünde muß Psyche büßen, und das Umherirren, die Prüfungen und Qualen, die sie durchmacht, sind die ergreifende und märchenhafte Version dessen, was Isis auf der Suche nach Osiris erlebt, so wie Lucius' Irrfahrten deren groteske Version waren. Diese Ereignisse erinnern an die Rituale von Tod und Wiederauferstehung, wie sie jeder Eingeweihte in den Mysterien von Eleusis und der Isis durchmachte. Aber allein könnte sich Psyche – die einfache, sanfte menschliche Seele in den Mäandern und Schrecken der göttlichen Welt, unter den Gestalten, die sich vervielfachen und doch immer ein und dieselben sind – nicht retten. Sie begeht noch einmal die gleiche Sünde, sie öffnet einen geheimes Kästchen und läuft Gefahr, von ewigem Schlummer übermannt zu werden. Der Gott rettet sie und fleht Zeus an. Auf Geheiß des Zeus trägt Merkur Psyche in den Himmel, in einer burlesken mythologischen Entsprechung zum absoluten, blendenden Licht des Göttlichen, das Apuleius nicht darzustellen wagt.

Während die betrunkene Alte das Märchen von Amor und Psyche erzählt, wissen wir nicht, was Lucius davon versteht, obwohl das Märchen vor allem von ihm spricht. Vielleicht versteht er nichts, oder Apuleius läßt, in einer Technik, die Kafka wieder aufgreifen sollte, die Gefühle und Empfindungen seines Helden weg. In dieser Zeitspanne, die von einem Sommer bis zum nächsten Frühjahr reicht, scheint Lucius überhaupt nicht reifer geworden zu sein: Nach wie vor ist er ein einziges, riesiges Ohr, das gierig den Worten der Welt lauscht. Er hat nicht gesündigt, oder er weiß nicht, daß er gesündigt hat. Wenn er es doch getan hat – seine *curiositas* ist freilich weniger schlimm als die der Psyche –, reiht eine andere (der isaischen nah verwandte) Religion seine Verfehlungen unter die läßlichen Sünden ein. Am Ende des zehnten Buches, als er sich auf einer Theaterbühne mit einer Mörderin vereinigen soll, ahnt Lucius, daß er damit den Grund der Hölle erreicht hat. Er erträgt nicht, was da geschehen soll, und in diesem Moment der Angst flieht er, kommt ans Ufer des Meeres und schläft erschöpft auf dem weichen Sand ein, »im Abendfrieden«. Wie wir in unserem christlichen Vokabular sagen würden: Lucius hat keinerlei Verdienst; aber er hat eine lichtvolle Natur, und die Königin des Himmels ruft ihn, erwählt ihn und erregt damit in dem Schlafenden, wie Götter es tun, »Bangen und Freude«.

Die zauberhafte Frühlingslandschaft im Mondschein, die zu Beginn des elften Buches erscheint, ist die am tiefsten vom Numinosen geprägte Landschaft der gesamten europäischen Literatur. In dieser Nacht verstreut Isis überall ihre Zeichen. Die Vollmondscheibe taucht aus den Meeresfluten auf in gleißend hellem Glanz; das Meer ist ruhig, der Himmel wolkenlos; in der geheimnisvollen Stille der nächtlichen Einsamkeit kommt von der Höhe des Himmels zusammen mit den klaren und weiblichen Strahlen der Selene der Mondtau, der in die lebenden Dinge eindringt, sie löst und erweicht, sie entspannt und das Wachstum der Körper, die Erde und Meere bevölkern, fördert[9]. Wenn wir Isis bisher nur maskiert und in verkommener Gestalt begegnet sind, zeigt sie sich dem Lucius nun plötzlich in der Natur, in jener magischen Verbindung zwischen Feuchtigkeit des Meeres, befruchtendem Tau und Mondstrahlen, einer ihrer bevorzugten Erscheinungsformen. Wie Psyche das Licht des Amor im Dunkeln erkannt hatte, so erkennt Lucius Isis in ihrem nächtlichen Licht. Er wird nichts anderes von ihr kennenlernen, zum einen, weil Isis vor allem nächtliches Licht ist, dann aber weil die Menschen, wie Goethe sagt, das absolute Licht nicht schauen können.

In diesem Augenblick banger Kontemplation erkennt Lucius also die Gegenwart einer Göttin, obwohl er ihren Namen nicht weiß. Er badet im Meer, und mit tränenüberströmtem Gesicht richtet er ein Gebet an die Himmelskönigin. Dann schläft er wieder ein. Kaum schließt er die Augen, erscheint Isis ihm im Traum mit wallenden Locken, geschmückt von einem Kranz aus bunten Blumen, das Gewand aus feinem Leinen in allen Farben schillernd, der Mantel nachtschwarz von schimmerndem Glanz, funkelnde Sterne darüber ausgestreut. Lucius wird sie nie sehen: Isis erscheint ihm immer nur im Traum oder als Statue, während Psyche den Vorzug hatte, Amor mit eigenen Augen zu sehen.

Ebenso beredt wie Lucius, enthüllt Isis ihm ihren Namen. Wir wissen, daß sie »die mächtigste der göttlichen Gewalten ist, Mutter der Schöpfung, Herrin aller Elemente, Keimzelle der Geschlechterfolge«. Wie oft war sie im Buch aufgetreten, ohne daß Lucius sie erkannt hätte! Ihr wallendes Haar, die Rosen, der Glanz, der erotische Duft und die Meeresfeuchte, die sie umgeben – sie gehörten zu Photis, der kleinen, verliebten Magd. Vorher sind wir ihr in der Hexengestalt der Meroe und der Pamphile begegnet, jetzt erscheint sie uns als Herrin über allen Zauber und alle Verwandlung. Vorher war sie als blindes Schicksal erschienen, jetzt ist sie sehende Fortuna. Alle Formen, in denen Isis uns

[9] Zum Mondtau siehe W. H. Roscher, *Selene und Verwandtes*, Leipzig 1890; Hugo Rahner, *Symbole der Kirche*, Salzburg 1964, S. 91–173; und mein Buch über *Goethe*, Mailand 1990, S. 358–69.

erschienen ist, kehren jetzt wieder, aber verwandelt und geläutert; und vor ihrer strahlenden Erscheinung könnte sich niemand mehr erinnern, daß sie Photis war, Meroe, Pamphile und das Schicksal. Jetzt offenbart Isis, daß sie die sanfte und erbarmungsvolle Mutter ist, die hilft, rettet und schützt, die die Unglücklichen mit der feuchten Zärtlichkeit der Mondstrahlen tröstet, diese heidnische Madonna, diese *Regina coeli*, diese *Stella maris*, der Gérard de Nerval ein Leben lang nachjagte.

Während Gestalten in weißen Gewändern über die Bühne ziehen, die die byzantinischen Prozessionen vorwegnehmen, erscheint uns Lucius erneuert, wie ein Christ nach der Taufe. Er hat die Schrecken, Stürme und Gefahren hinter sich gelassen und ist in den Hafen der Ruhe gelangt. Anscheinend erinnert nichts an den plumpen Esel, der er war. Er ist »konvertiert«. Aber der Schwung seiner Worte, der Wunsch, geliebt zu werden, der Eifer des Neophyten, die stille Verehrung offenbaren uns die duldende und enthusiastische Sanftmut seines jugendlichen Herzens, das alle Geheimnisse zu erkunden suchte. Mit welch »glühender Liebe«, mit welchen Seufzern der Rührung betrachtet er die Statue der Isis, wirft sich ihr zu Füßen, betet er sie an und hegt ihr Bild in seinem Herzen. Weder in der griechischen noch in der ägyptischen Religion – versichert A. J. Festugière – gibt es etwas von der *inexplicabilis voluptas*, die Lucius vor der Statue empfindet. Er liebt seine *Regina coeli* und fühlt sich von ihr wiedergeliebt. Das ist ein »Glaube«, ganz ähnlich dem christlichen. Er weiht sein Leben der Isis, er reiht sich ein ihre *militia*: Er verspricht ihr vollkommenen Gehorsam, und unter dem Joch dieser Disziplin kostet er zum ersten Mal »die Frucht der eigenen Freiheit«.

Lucius' Initiation erfolgt nach dem Muster sämtlicher Mysterienreligionen. Wie Psyche macht er die symbolische Erfahrung des Abstiegs ins Totenreich und der Wiederauferstehung: Wie sein letzter Nachfahr, Tamino in der *Zauberflöte*, durchschreitet er die Elemente; er sieht die Götter der oberen wie der unteren Welt, und er verehrt sie aus der Nähe. Höchstwahrscheinlich kennt er die ekstatische Vereinigung mit dem Gott, die Apuleius im Märchen von Amor und Psyche dargestellt hatte. Seine höchste Erfahrung ist eine Lichterfahrung, wie in jeder Mystik. Platon, Aristoteles und Plutarch hatten von dem blendenden und blitzhaften Licht gesprochen, das unsere Seele wenigstens einmal im Leben durchzuckt, wenn wir in einem Moment der Seligkeit die göttlichen Dinge mit dem Blick *berühren* dürfen. Nun erfährt Lucius diesen Blitz. Aber auch das ist eine Vision des Lichts in der Dunkelheit: Er erschaut nämlich »um Mitternacht der Sonne weißes Licht«. Nach dieser Erfahrung erreicht Lucius das höchste Ziel, das ein gläubiger Grieche anstrebte. Er wird eins mit dem Gott, vor dem Volk erscheint er angetan mit den sakralen Gewändern, dem Leinengewand und dem mit Tieren bestickten Mantel, den Osiris in seiner solaren Erscheinung trug.

Die letzten Absätze der *Verwandlungen* sind scheinbar enttäuschend. Nach Rom gelangt, wird Lucius noch zweimal initiiert. Diesmal erscheint ihm, ebenfalls in der Nacht, Osiris, »der großen Götter Größter, der Größten Höchster, der Höchsten Mächtigster und der Mächtigsten König«. Wenn Isis Alles ist, dann steht Osiris, dieser *deus otiosus*, der die Welt weder erschafft noch verwandelt, über dem Alles, als *deus summus atque exsuperantissimus*, von dem Apuleius in seinen philosophischen Schriften sprach. Aber während die Begegnung mit Isis eine heiße, intensive und zärtliche Erfahrung war, bleibt Osiris ein bloßer Name: Die Begegnung mit dem höchsten Gott kann weder ausgedrückt noch erzählt werden, sie entzieht sich jeder menschlichen Sprache.

Als er zum Hohenpriester des Osiris ernannt wird, schert Lucius sich die Haare, und mit kahlem Schädel, weder bedeckt noch beschattet, läuft er durch die Straßen Roms. Noch eine andere Figur war kahl wie der Priester des Osiris: der Mime, der Clown, der *calvus mimicus*[10]. Im elften Buch, angesichts der Ernsthaftigkeit und Schwere der Riten der Isis, hatten wir den Akrobaten und seine Kapriolen völlig aus den Augen verloren,

[10] John J. Winkler, *Auctor and Actor. A narratological reading of Apuleius' Golden Ass*, Berkeley–Los Angeles–London 1985, S. 226.

den Apuleius am Beginn der *Verwandlungen* angekündigt hatte, als ob das Wissen ums Geheimnis jede Akrobatenkunst zunichte machte. Jetzt begreifen wir, daß das nicht wahr ist. Vor dem höchsten Gott, der uns zu schweigen zwingt, weil er unseren Liebesüberschwang tötet, überlebt nur der Spaßmacher mit dem kahlen Schädel. Nichts gilt als das Heilige, die göttliche Dunkelheit – und der Mime, obgleich keine Feder, nicht einmal die des Apuleius, imstande ist, uns die mystischen Clownerien zu überliefern.

Alles löst sich nun. Wenn wir geglaubt hatten, der junge Grieche und Anhänger der Isis und des Osiris trüge den lichtvollen Namen Lucius, läßt Apuleius nun den Schleier fallen, der sein Gesicht so lange bedeckt hatte. In einem der letzten Kapitel gibt er sich zu erkennen: Lucius ist *einer aus Madaura*, das heißt er selbst, Apuleius, der »Priester aller Götter«. So verwandelt sich auch das Buch, wie sämtliche Götter des Universums. Alle Dinge, die einem anderen zugestoßen waren, sind auch Apuleius zugestoßen. Obwohl er immer in seinem schönen afrikanischen Haus wohnte und ihm niemand weniger gleicht als Lucius, war er der auf Magie begierige Junge, der Esel, Psyche, der Akrobat, der Mystiker. Hinter dem Augenzeugen in erster Person stand stets der Erzähler, der alles wußte, der Beziehungen und Anspielungen flocht, der in diesem Moment mit einem kleinen syntaktischen Trick die letzten Worte des Buches vor uns hinschreibt: *gaudens obibam*, »ich starb voller Freude«. Nachdem er seinen ironisch-verliebten Hymnus an die Götter beendet hat, nachdem er alles dargestellt hat, was ist und existiert, und das Licht der Nacht kennengelernt hat und die Verwandlung und die Vereinigung mit dem Göttlichen, bleibt ihm nichts mehr zu begehren. Er konnte wirklich *voller Freude* sterben.

ZWEITER TEIL

Vom heiligen Paulus zum Paradiso

Ein Heide liest den heiligen Paulus

Ich habe mir nie vorgestellt oder gewünscht, in Athen zu leben, etwa zur Zeit des Perikles; oder in Rom, in den letzten Tagen der Republik, als Nachbar von Lukrez und Catull oder von Vergil und Properz, in einer jener tragischen und zugleich großartigen Epochen, in der der Mensch seinen Blick entschlossen auf sich selbst und auf den Himmel richtet. Ich würde es vorziehen, in einer bescheideneren und weniger genialen Zeit zu leben. Ich würde alles, was ich weiß, alles, was ich denke und erhoffe, dafür geben, ein einfacher gebildeter Mensch zu sein, ein Platoniker, der zwischen dem Ende des 1. und 2. Jahrhunderts nach Christus in Rom (oder in Alexandrien in Ägypten) lebt.

Es war dies eine Zeit, da viele feststellten, daß die Götter – und zwar sowohl die alten griechischen und römischen Götter wie auch die neuen (in Wahrheit uralten) Götter, die aus dem Osten gekommen waren – im Sterben lagen. Es ging etwas wie ein dünner und schmerzvoller Riß durch ihre Gestalt. Manch einer wiederholte, durchdrungen von immer stärkerem Skeptizismus, die dem Sokrates fälschlich in den Mund gelegte Aussage, es sei nicht mehr an der Zeit, »die Räume des Himmels, die Schicksale und die Geheimnisse des Weltalls« zu erforschen, »das, was über uns ist und in keiner Beziehung zu uns steht«. Andere aber, wie mein unbekannter gebildeter Platoniker, wurden durch den drohenden Tod der Götter dazu getrieben, sich nur noch mit ihnen zu befassen. Er studierte die Götter Ägyptens und Persiens und sogar des hintersten Indien, über die er so wenig wußte. Und er wäre mit seinen Gedanken gerne noch weiter gegangen, bis dorthin, wo geheimnisvolle Völker Seide herstellten. Er suchte nach Ähnlichkeiten, Analogien, einem möglichen gemeinsamen Ursprung. Er hoffte, dem einzigen im Licht wohnenden, unsichtbaren und unaussprechbaren Gott auf der Spur zu sein. Er war mit ganzer Seele von Ehrfurcht ergriffen. Er reiste durch Griechenland und Ägypten, nach Delphi und Athen, nach Theben und Dendera. Er besuchte die verfallenen Paläste, die Gräber der Heroen, die Säulenhallen der Tempel, die schon halb eingestürzt waren, aber immer noch majestätisch wirkten. Er betrachtete die alten Statuen aus Holz und die heiligen Steine – und ein Schauer ließ ihn erkennen, daß *hier* das Göttliche noch lebendig war.

Inzwischen war in den jüdischen Gemeinden, in den Vorstädten, in den Häusern des einfachen Volkes, gelegentlich aber auch in den Patrizierhäusern der großen Städte im Westen und Osten ein neues Volk aufgetreten: die Christen. Sie lebten ihr eigenes Leben, folgten eigenen Gesetzen und bildeten gleichsam einen feurigen Strom, der sich in den Ozean des Römischen Reiches ergoß. Unser gebildeter Platoniker, immer interessiert an fremden Traditionen, mußte sich fragen, was es mit diesem neuen Volk auf sich hatte. Vielleicht sprach er mit einem von ihnen. Er ging daran, ihre Schriften zu lesen, die ihm auf den ersten Blick nur schwer zugänglich erschienen. Dieses semitische Griechisch hatte so gar keine Eleganz. Die *Genesis* erzählte Geschichten, die er zum Teil, in anderer Form, schon gehört hatte. Das Evangelium nach Matthäus erschien ihm, wenn er die Erzählung über den Tod Christi las, eine Art ägyptischer Weisheitsschrift zu sein. Aber würde er auch die Briefe des heiligen Paulus lesen? Die historischen Dokumente, die wir kennen, erlauben uns nicht den Schluß, ein Heide habe vor der Mitte des 3. Jahrhunderts Paulus gekannt, auch wenn es uns unmöglich erscheinen mag, daß diese denkwürdigen Schriften keinerlei Aufmerksamkeit gefunden haben. Ich erlaube mir ein Gedankenexperiment. Ich stelle mir vor, daß unser Platoniker – voll mit Gedanken an Götter, Tierkreiszeichen, an Isis und Hermes – den *Ersten Brief an die Korinther* und den *Brief an die Römer* gelesen und studiert hat. Und ich versuche nun meinen Lesern – von denen ich nicht weiß, ob sie nicht vielleicht Schüler sowohl Platons wie des Paulus sind – zu berichten, was er verstehen und was er nicht hätte verstehen können.

Unmittelbar nach dem Aufschlagen des *Briefes an die Korinther* muß dieser bei ihm Ärgernis erregt haben. Er war an eine Bildung gewöhnt, bei der das Denken in innerer Folgerichtigkeit voranschritt und gemessen auf ein Ziel hinsteuerte. Hier aber stieß er auf ein Gemisch von intellektueller Anstrengung, prophetischem Eifer, herbem Sarkasmus und einer Mystik, die sich selbst widerlegte, und dies alles in einem wirren, konfusen und äußerst anstrengend zu lesenden Griechisch, in einem seltsam gedrängten Stil, voll von Kürzeln und Symbolen, der sich – trotz Widerstrebens – für immer einprägte; ein Denken, das stets bis ans Äußerste ging und die Paradoxie so weit trieb, daß sich die Aussagen ins Gegenteil verkehrten. Aber die Überraschung, oder das Ärgernis, wurde noch größer. Denn er mußte feststellen, daß Paulus, obwohl er gegen Grammatik und Logik verstieß, ein Denker und Jurist von beachtlicher Konsequenz war. Sein Gott vergaß nicht seinen Zorn, wenn er uns Menschen Verzeihung gewährte. Er verurteilte sie im Namen seines Gesetzes und seiner Vergeltung, nur daß er an unserer Stelle seinen eigenen Sohn verurteilte, der für uns zum stellvertretenden Opfer wurde. Konnte eine erschreckende juristische Logik weiter getrieben werden? Und konnte man sie zugleich so völlig ins Absurde wenden? Geprägt von der Vorstellung, daß die Götter weit entfernt und leidensunfähig seien, stand unser gebildeter Platoniker erstaunt vor einer extremen Gerechtigkeit, wie sie ihm noch nie begegnet war; und sie war verbunden mit einer gleichermaßen brennenden und unerklärlichen Liebe – einer Liebe, die einen Gott dazu brachte, seinen eigenen Sohn zu opfern.

In dieser Vorstellung lag für ihn etwas Erschütterndes. Er hatte eine ungemein hohe Vorstellung von Gott: Gott war für ihn ein vollkommen reines und unsichtbares Wesen, ohne Gestalt und Farbe, völlig verschieden vom Menschen, und immer gleich in sich selbst. Jetzt aber las er bei Paulus die erschreckenden Zeilen: »Aber das, was töricht ist in der Welt, hat Gott erwählt, um die Weisen zuschanden zu machen; das, was niedrig und mißachtet ist, das, was nichts ist, hat Gott erwählt, um das, was etwas ist, zu vernichten.« Er erfuhr, daß Gott sich in der Geschichte der Menschheit als Ärgernis und Torheit offenbart: Er nimmt die eigene Zurückweisung, Verachtung und den Tod auf sich, ja sucht sie geradezu; er scheint eine besondere Art tragischer und grotesker Aktion zu planen, die sich gegen die vorhandenen Dinge und gegen das eigene Wesen richten, indem er »das, was ist, vernichtet«. Von allen seinen edlen und vergeistigten religiösen Vorstellungen, von allen seinen lichtvollen und ekstatischen Bildern, von all seinem Bemühen, das Sein zu erfassen, bleibt nichts übrig als ein simples, grausames Faktum: ein Kreuz, ein Balken ...

Die Vorstellungswelt des Paulus mußte unserem Gewährsmann dunkel bleiben, wie sie fünfzehn Jahrhunderte später den konfuzianischen Weisen dunkel blieb, die mit dem Jesuitenpater Matteo Ricci und seinen Brüdern disputierten. Er konnte nicht beistimmen, daß Gott Änderungen und Verwandlungen unterworfen war, da ihm jede Veränderung fremd war; und er, der auch die Materie nicht geschaffen hat, würde nicht die menschliche Natur annehmen. Unser Platoniker konnte nicht ertragen, daß dem Sohn Gottes von den Evangelien und von Paulus dies elende Leben zugeschrieben wurde: arme Eltern, Kindheit in bescheidensten Verhältnissen, das Umherziehen, die niederen Gefährten, der Geruch von Kehricht und Tischlerwerkstatt, Hunger, Durst, Müdigkeit, Leiden, Gefangennahme, wo er doch, wenn er sich unbegreiflicherweise gezeigt hätte, Triumphe hätte feiern müssen. Ein Gott durfte nicht einen gewaltsamen und schändlichen Tod erleiden. Er konnte – abgehoben von der Erde, abwesend und nicht leidensfähig – nicht auf diese Erde herabsteigen, um uns von den Sünden zu erlösen oder sich für uns zu opfern. All dies: der Schmerz, die Ohnmacht, die Hinfälligkeit, die Schwäche Gottes – alles, was das Herz jedes Christen höher schlagen läßt, weil es für ihn das äußerste Zeichen seiner Kraft ist – mußte unserem Platoniker völlig unbegreiflich sein.

Und noch etwas mußte ihn eigenartig berühren. Der seltsame Gott, der Mensch geworden war, liebte den fleischlichen Menschen, »gebildet in der Unreinheit des mütterlichen Schoßes, in die Welt tretend durch die Schamkanäle, genährt von trügerischen Liebkosungen«, wie ein anderer Christ wenige Jahrzehnte später sagen wird. Diese Religion hatte einen körperlichen und irdischen Zug, der unserem Platoniker widerstrebte. Die Christen waren »Glieder« Christi: Das Göttliche durchdrang ihre Seele und ihren Körper, ihre Beziehung zu Gott war zutiefst fleischlich. Er konnte diese innige Verwandtschaft nicht zulassen. Und was hatte es schließlich mit dieser Hoffnung auf eine triumphale Auferstehung auf sich, und zwar mit leuchtenden und verherrlichten Körpern? Es war doch so anmutig zu hoffen, den Körper ablegen zu können und nach dem Tod eine Biene oder eine Nachtigall zu werden und das Menschengeschlecht mit der Süße des Honigs und der Schönheit des Gesangs zu erfreuen.

Und es gab da noch eine Besonderheit. Diese seltsamen Materialisten legten einen Haß auf den Körper an den Tag, den er nicht verstehen konnte. Wenn er Paulus las, hatte er zum einen den Eindruck, daß dieser die Welt im ganzen annahm, wie sie ist – die Umstände, Rassen, Orte, Gestalten und Veranlagungen der Welt –, und zwar mit einer Fähigkeit der Anpassung, wie man sie sich bisher bei einem römischen Bürger nur schwer vorstellen konnte. Manchmal schien ihm, er sei ein Sklave der Welt, in der er lebte, des Körpers, der ihn trug, der Gefühle, die er teilte. Dann plötzlich bemerkte er, daß diese Eingebundenheit trügerisch war. Die ganze Wirklichkeit war gleichsam in Klammern gesetzt, die Gefühle wurden schattenhaft und lösten sich in Nichts auf. »Die, die weinen, sollen sich verhalten, als weinten sie nicht; die sich freuen, als freuten sie sich nicht, die kaufen, als würden sie nicht Eigentümer; … die, die sich die Welt zunutze machen, als nutzten sie sie nicht, denn die Gestalt dieser Welt vergeht.« Er konnte nicht verstehen, wie man mit ganzem Herzen zugleich *hier* und *dort* sein könne: auf der schweren Erde der Leiber und in einem schwerelosen Anderswo.

Unserem gebildeten Platoniker wurde bei der Lektüre des Paulus das Herz schwer vor Angst und Traurigkeit. Er sah seine Welt – seine schöne Welt, die er so geliebt hatte – in Trümmer fallen. Bis jetzt war er der Meinung gewesen, daß eine sanfte Harmonie, ein erhabener Zusammenklang, ein dicht geknüpftes Netz von Entsprechungen und Analogien die Welt regierte. Über dem sichtbaren Himmel thronte Gott, der nie mit den Menschen verkehrt hatte, dessen Glanz aber von einer Kette von Konstellationen, Sternen, Planeten, Göttern, Dämonen, demütigen göttlichen Dienern, in allen Dingen gespiegelt und weitergegeben wurde. Alles war göttlich. Es gab einen Dämon im Brot, im Wein, in den Bäumen, in der Luft, die wir atmen, im Wasser der Flüsse. Der göttliche Lebenssaft durchfloß alle Adern des Weltalls. Und er konnte, wenn er wollte, zum Quell zurückkehren. Es war ihm nicht unbekannt, daß es auch das Böse gab, aber er sah nicht, oder glaubte nur selten zu spüren, daß es all seine Macht in einer einzigen Gestalt versammelte. Er hatte das Absolute Böse nicht kennengelernt, die »Greuel der Verwüstung«, wie Daniel sagte. Es war, als hätte das Böse sich auf alle Dinge verteilt; und als könnte es deshalb durch geschicktes Handeln, das ihn seine Meister gelehrt hatten, absorbiert und neutralisiert werden.

Bei Paulus fand er nur Antithesen, Widersprüche, Risse. Die heilige Kraft des Weltalls war in einem Punkt zusammengefaßt: in einem Ort von blendendem Glanz, der – so vermutete er – in sich blind machende Finsternis verbarg. Es schien ihm, daß Paulus jenes Heilige, das er aus den jüdischen Schriften übernommen hatte, noch schrecklicher machte. Gott ließ keine Grenzen zu, keine Bedingungen, keine Verpflichtungen, nicht einmal die, die er sich einst selbst auferlegt hatte. Dem Menschen wurde alles genommen, alles wurde an Gott übergeben. Die zugespitzte Logik des Paulus folgte einer höchsten Gerechtigkeit, der er sich selbst beugen konnte. Aber was geschah im Weltall? Er hätte die gleichen Worte sagen können, die fünfzehn Jahrhunderte später ein chinesischer Weiser zu einem Jesuitenpater sprach: »Ist es vernünftig, unter dem Vorwand, den Herrn des Himmels zu verehren, zu erklären, daß Himmel und Erde keine Vernunft haben, daß die Sonne, der Mond und die Planeten bloße Dinge sind, daß die Götter der Berge und der Pflanzen, die Götter des Bodens und der Ernte Teufel sind?« Unser Platoniker erschrak über die paulinische Entsakralisierung der Welt, über die Verdammung der Dämonen, die doch die große Analogie gewährleisteten. Die Bereiche der Natur strebten nicht länger nach Höherem. Die Dämonen, zu denen er betete und die er anrief, erfüllten nun die Luft mit Hinterhalten und Versuchungen. Manchmal fragte er sich, ob Paulus nicht doch recht hatte. Vielleicht war die Harmonie der Dinge nur ein Jünglingstraum gewesen, und die Bestimmung der Welt war Widerspruch und Leid.

Seine Wißbegier hatte ihn dazu geführt, andere Religionen kennenzulernen, die dem Bösen einen Platz einräumten. Die Dämonen des Iran waren eingebunden in die Schöpfung, sie lasteten wie ein Alptraum auf dem Leben, lagen im Hinterhalt in der Nacht, in den Winkeln, auf engen Wegen, an den Kreuzungspunkten des Lebens. Aber nichts von dem, was er je über das Böse gehört hatte, war vergleichbar mit dem Eindruck, den ein Satz des Paulus bei ihm auslöste: »Das Wollen liegt in meiner Macht, aber die Verwirklichung des Guten nicht. So daß ich nicht das Gute tue, das ich will, sondern das Böse, das ich nicht will. Wenn ich aber das tue, was ich nicht will, dann bin nicht mehr ich es, der so handelt, sondern die Macht der Sünde, die in mir wohnt.« Es gab nichts Schrecklicheres: Die Sünde, das Absolute Böse, stand nicht mehr *außerhalb*, in der Schöpfung, wie die Perser dachten; seine gebieterische und radikal fremde Gewalt war in uns selbst eingedrungen, sie wohnte auf dem Grund unserer Seele, unter den blassen Trugbildern, als die sich jetzt unser Wille und unser Bewußtsein erwiesen. Wenn er gedacht hatte, daß wir mit Verstand und Willen sündigten, so belehrte ihn jetzt einer (dem er eine außergewöhnlich scharfsinnige psychologische Beobachtungsgabe zugestehen mußte), wie ohnmächtig die Vernunft angesichts des Dunkels der Wirklichkeit war. Trostlosigkeit lehrte ihn, daß es keine Erlösung gab. Wir sind alle schuldig. Weder die natürliche Offenbarung der Griechen noch das jüdische Gesetz ermöglichen uns, Gott zu erkennen und das Gute zu tun. Und so waren alle Lehrer der Weisheit, an die er geglaubt hatte, Pythagoras und Platon, nichts weiter als gottlose hochmütige Schwätzer. Von Paulus lernte er, daß die einzig annehmbare Gestalt der Sünder war: der Mensch ohne Verdienste, der weiß, daß er sich nicht durch eigene Werke erlösen kann, der mit verzweifelter Hoffnung glaubt und auf das Paradoxon der überfließenden Gnade wartet.

Unser gebildeter Platoniker hatte voller Vertrauen in die Gegenwart gelebt, er hatte sich an seinem Dasein gefreut; und wenn er sich im Geiste nach dem Einen ausstreckte, hatte er gespürt, daß die Dimensionen der Zeit sich in die Ruhe der Ewigkeit auflösten. Bei Paulus stieß er auf ein ständiges Schwanken. Die Erlösung, von der er immerzu sprach, war zugleich vollendet und erst noch zu gewinnen. Der Mensch war erlöst; die Schöpfung war erlöst; und doch lagen der Mensch, die Schöpfung, die Tierwelt im Seufzen, erfüllt von einer unaussprechlichen Sehnsucht und in der Erwartung der Befreiung: »Wir wissen, daß die gesamte Schöpfung bis zum heutigen Tag seufzt und in Geburtswehen liegt. Aber nicht nur sie, sondern auch wir, die wir die Erstlingsgabe des Geistes haben, stöhnen bei uns und warten sehnlich auf den Loskauf unseres Körpers und darauf, als Söhne angenommen zu werden. Denn allein in der Hoffnung sind wir gerettet ... Hoffen wir aber auf das, was wir nicht sehen, dann harren wir aus in geduldiger Erwartung.«

Mit welch geduldiger und zugleich ungestümer Zuversicht erwartete Paulus das Ende der Zeiten! Von welch apokalyptischer Drohung war er erfaßt! Er, der von sich sagte, er sei erlöst, wartete nur auf die Anzeichen des Kommenden, auf die Posaunen des Endes, auf die lichtvolle und unzerstörbare Herrlichkeit der Auferstehung. Die Gegenwart wurde zur Zukunft; und die Zukunft – immer erwartet, nie verwirklicht – brach ein in die Gegenwart. Unser Platoniker stieß so mit Paulus und den Christen auf ein Zeitgefühl, das ihm unbekannt war. Auf der einen Seite das Gefühl des Besitzes: eine Bewegung auf die schon gewisse Zukunft hin; eine strahlende Siegesfanfare auf das, was mit Gewißheit Wirklichkeit sein wird. Aber er bemerkte bei ihnen auch eine nervöse Anspannung, eine Unvollständigkeit, eine Unzufriedenheit, eine tränenreiche Brüchigkeit, weil die Gegenwart nie erfüllt war und immer etwas fehlte. Sie besaßen nicht jene »runde Ewigkeit«, auf der sein Leben aufgebaut war. Und manchmal stieg in ihm eine Abneigung gegenüber diesen ruhelosen Menschen auf, die soviel stärker und soviel hinfälliger waren als er selbst.

Ich weiß nicht, ob unserem gebildeten Platoniker klar wurde, daß Paulus in seinem *Brief an die Korinther* die Grundlagen der griechischen Kultur in Frage stellte. Er konnte sicher seine Kritik der Erkenntnis nicht akzeptieren. Aber warum sollte er sie widerlegen? Die Kultur und die Erkenntnis waren für ihn das geeignetste Mittel, um schließlich zu Gott zu gelangen. Paulus hingegen äußerte sich verächtlich über jede menschliche Weisheit, auch über die auf dem Gesetz und auf den Evangelien beruhende geläuterte Weisheit; ja, über jeden Versuch, auf dieser Welt Einblick zu erhalten in die Geheimnisse Gottes, sei es mit Hilfe der Reflexion oder des ekstatischen *raptus*. »Wir können Gott nicht erkennen.« Wir können ihn auf dieser Welt auf unvollkommene Weise erkennen, *im Spiegel*, undeutlich; erst im zukünftigen Leben, wenn wir mit unseren verklärten Leibern den Himmel betreten, werden wir Einblick erhalten in die göttlichen Geheimnisse.

Er verstand auch nicht die Überhöhung der Liebe bei Paulus. Für ihn, der das *Symposion* Platons kannte, war die Liebe nicht Fülle, sondern ein Mangel: der Hunger, der uns quält, das Gut, das wir nicht besitzen, die Wahrheit, die wir nicht erkennen, die Schönheit, nach der wir uns sehnen, das Schweigen, das sich uns entzieht, die Dunkelheit, die uns umfängt. Dieses Wort, *eran*, drückte Sehnsucht, Zärtlichkeit, Zuneigung aus: eine dunkle Sehnsucht, die quälende Leidenschaften hervorrief, indem sie die belebten Dinge unermüdlich »mit Wollust und schmerzlichem Entzücken« quälte; ein unerbittliches Sehnen des Leibes und des Herzens, das sich schließlich in die philosophische Begeisterung verwandelte, in der wir die Gestalten des Seins betrachten, und in die religiöse Begeisterung, die uns zur Schönheit der Götter emporhebt. Dort oben würde er, mit den Blicken die göttlichen Ideen berührend, die ekstatische Offenbarung kennenlernen. Er war glücklich, daß seine sanfte Zärtlichkeit der Sinne und sogar seine unreinen Affekte verwandelt werden können sollten in der Hingabe an den, der über den Himmeln wohnt.

Hier aber, im ersten *Brief an die Korinther*, stellte Paulus dieses griechische Ideal auf den Kopf. Die ekstatische Offenbarung des Gottes hatte keine Bedeutung, besser: Sie war *hier* gar nicht möglich. Von der sinnlichen Liebe führte kein Weg zu Gott. Was für eine seltsame Sache war die Liebe Paulus zufolge! Sie galt sogar mehr als Glaube und Hoffnung. Paulus sagte: »Wenn ich in den Sprachen der Menschen und Engel redete, hätte aber die Liebe nicht, wäre ich nur dröhnendes Erz oder eine lärmende Zimbel. Und wenn ich die Gabe der Prophetie hätte und alle Geheimnisse wüßte und alle Erkenntnis hätte; und wenn ich alle Glaubenskraft besäße und Berge damit versetzen könnte, hätte aber die Liebe nicht, wäre ich nichts. Und wenn ich meine ganze Habe an die Armen verschenkte, und wenn ich meinen Leib dem Feuer übergäbe, hätte aber die Liebe nicht, so nützte mir dies alles nichts.« Die Liebe (Paulus sagte nicht *eros*, sondern verwendete ein seltsames Wort: *agape*) war keine Tugend: Nächstenliebe oder Erbarmen oder Wohltätigkeit oder mütterliche oder väterliche Zuneigung; eine Tugend, die zum Prinzip einer Ethik oder des Handelns hätte werden können. Bei Paulus gab es überhaupt keine Ethik, auf der es möglich wäre, eine Kultur und eine Gesellschaft – mit Verpflichtungen, Werken, Belohnungen – aufzubauen.

In der fehlerbeladenen Zeit des Übergangs, in der wir leben, war – nach Paulus – die Liebe die einzige absolut vollkommene Eigenschaft, so vollkommen, wie am Ende der Zeiten die unmittelbare Schau der Lichtgestalt Gottes. In der Liebe war alles schon *hier* gegenwärtig: Gott war schon unter uns; er benetzte uns in diesem Augenblick wie ein sanfter Regen. Aber wenn die Liebe absolute Gegenwart war, dann war sie auch die absolute Zukunft. Unbestimmbar und unbeschreibbar wie eine musikalische Woge erstreckte sie sich über die Zeit hinaus, näherte sich der Zeit an, in der Christus sein Reich errichtet haben würde, und nahm es in unserer Zeit vorweg. Sie war das einzige Unendliche, das der Mensch besitzen würde. Unser gebildeter Platoniker, der doch ganz auf die Verfeinerung der Erkenntnis aus war, konnte die Beschaffenheit dieser Liebe nicht erfassen. Er konnte nicht wissen, daß dies der Saft war, der über Jahrhunderte die Kultur des Abendlandes nähren würde: die so grenzenlos, so sehnsüchtig sein wird in ihrem Bestreben, auf das Göttliche und die Zukunft hin voranzuschreiten.

Er las gerne die Evangelien mit ihren knappen Naturschilderungen: ein Berg, ein See, eine Straße. Aber in den *Briefen* des Paulus stieß er nicht auf die wunderbaren Konstellationen der Gestirne – die hell leuchtende Ähre der Jungfrau, die züngelnde Flamme des Löwen, das leuchtende Gefieder des Schwans –; er fand auch nicht die Flüsse, die zum Meer fließen, nicht die stille Anmut der Bäume, der Blumen und der Tiere. Dieser Gott war so anmutig, hatte ein Dichter gesagt, »ein kleiner, zärtlicher Gott, der zwei Bäume hochzieht«. Er stand einem Paradoxon gegenüber. Diese Religion, die den Menschen erniedrigte und herabsetzte, war womöglich der höchste Ausdruck menschlichen Hochmuts. Der Mensch, geschaffen »nach dem Bild und Gleichnis« Gottes (Worte, die ihn unangenehm berührten), war für die Christen die Krone der Schöpfung. Sogar die Gedanken und das Handeln Gottes existierten aus Liebe zum Menschen: damit der Mensch, von dem er eine so geringe Meinung hatte, gerettet werden könne.

Eines Tages schrieb er in ärgerlicher Stimmung: »Man kann das Geschlecht der Juden und Christen mit einem Schwarm von Fledermäusen vergleichen oder mit Ameisen, die aus ihrem Bau hervorkommen, oder mit Fröschen, die um einen Sumpf Sitzung halten, oder mit Regenwürmern, die sich in einem kotigen Winkel versammeln und miteinander streiten, welche von ihnen die größeren Sünder wären, und behaupten: ›Es gibt einen Gott, und dann kommen gleich wir, denn durch ihn sind wir geworden, in allem ihm ähnlich, und uns sind alle Dinge unterworfen, die Erde, das Wasser und die Luft und die Sterne, und alles ist unseretwegen geschaffen, zu unserem Dienst.‹« War es wirklich sicher, daß die Menschen *gleich nach* Gott kamen? Er verstand nicht, wie Paulus und die Christen die Verehrung der Götterbilder derart mißverstehen konnten; Steine und Tiere waren für ihn Symbole für den unaussprechlichen Gott, der weit über dem Menschen stand und nicht in menschlicher Gestalt dargestellt werden konnte. Er hatte immer gedacht, daß die Vögel – mit ihren Flügeln, die sie emportrugen, ihren vielfarbigen Federn und ihrer Kenntnis der Zeichen, an denen sich die Zukunft voraussagen ließ – weiser als wir Menschen und Gott teurer wären. Auf jeden Fall lehnte er es ab zu glauben, daß das Weltall für irgend jemand oder irgend etwas geschaffen worden sei. Es war ein Ganzes, ein vollkommener Einklang von Gesetzen und Beziehungen und Proportionen, das im Namen des Alls existierte, dem nur Gott und die Götter Gehör schenkten.

Solche oder ähnliche Gedanken mußten unserem unbekannten gebildeten Platoniker durch den Kopf gehen, in Rom oder in Alexandrien, an einem späten Abend des Jahres 92 oder 121 oder 153 nach Christus. Er wußte nicht, daß alles, was ihn umgab – Sterne, Dämonen, Bäume, Bücher, ruhige und brodelnde Städte des Orients und des Okzidents –, kein sehr langes Leben mehr haben sollte. Er konnte nicht wissen, daß Paulus siegen würde und daß die Liebe (*agape*) über die menschliche Erkenntnis siegen würde. Aber ist heute, achtzehn oder neunzehn Jahrhunderte später, der Gegensatz ein ganz anderer? Es gibt in uns einen Platoniker, der Paulus kommentiert; und es gibt einen paulinischen Christen, der Platon kommentiert. Obwohl soviel Zeit verstrichen ist und die Völkerwanderungen und Vermischungen sich ereigneten, obwohl das Ungestüm des Paulus sich abgemildert hat und sein Stil eine Form gefunden hat, ist das Christentum immer noch ein *Skandalon*: die Torheit des Kreuzes, die Wunde Gottes, der Riß durch das Universum. Der Gegensatz ist nicht versöhnt, und vielleicht kann er es nie werden. Unsere Aufgabe ist es nur, ihn klar in unserem Geist zu bewahren: auf beiden Wegen bis zum äußersten zu gehen, ohne eine Lösung zu erwarten.

Gegen Ende des 1. Jahrhunderts wurde ein Christ, der auf die kleine felsige Insel Patmos verbannt worden war, »im Geiste« in das Reich Gottes versetzt. Wie Jesaja durchschritt Johannes die Pforten des Himmels, die sich mit einem gewaltigen Beben vor ihm öffneten. Es war kein Traum, wie er Daniel widerfahren war, es war auch kein plötzlicher Blitzstrahl im Gewittersturm, sondern eine leuchtende Vision, die sich seinem Blick darbot und sein Herz erfüllte. Und sie wurde aufgezeichnet auf den Seiten eines kleinen Buches, das süß war wie Honig und bitter wie Galle. Dort oben im Himmel saß auf einem blendend weißen Thron Gott: Das Alpha und das Omega, der Anfang und das Ende, derjenige, der alle Ausdehnung des Raumes und der Zeit in sich umfaßt, und alle Worte, die mit den Buchstaben des Alphabets geschrieben werden können. Er hörte seine Stimme, und er gab sie in dem Buch wieder. Er konnte nicht beschreiben, was er wahrnahm, denn über dem Thron stand etwas, das kein Antlitz hatte, keine Gestalt, keine Umrisse, kein Volumen, keine Farben; etwas, das das Gedächtnis festhält, das aber keine Feder je hätte wiedergeben können.

Wenn er Gott nicht darstellen konnte, so stellte Johannes seine Herrlichkeit dar: die *Kabod*, die Macht, das Ansehen, die Hoheit, den Glanz, der von ihm ausging. Das – unbeschreibbare und unbenennbare – leere Zentrum faßt er mit einem Schatz kostbarer Steine ein; mit einem Rückgriff auf Ezechiel und Daniel fertigt er, fieberhaft erregt, wie in einer Goldschmiedewerkstatt ein leuchtendes und funkelndes Gebilde, so als würde sich die vom Unendlichen überwältigte Phantasie an das klammern, was – wie die Edelsteine – mehr als alles andere begrenzt und klar umrissen ist. Der Regenbogen formte einen Baldachin über dem Thron, aber das Rot, das Orange, das Gelb, das Grün, das Blau, das Indigo, das Violett zeichneten nun nicht einen in die Wolken gesetzten Bogen aus sich ändernden Farben, wie damals, als Gott mit den Menschen den Bund schloß, sondern sie sammelten sich im Stein eines kristallenen Felsens, da die Farben die erste sichtbare Manifestation dessen sind, der keine Farbe hat. Johannes bemerkte, daß die Herrlichkeit Gottes unter den kostbaren Steinen den Jaspis bevorzugte, einen Edelstein, der dem Kristall gleicht, das Licht durchläßt, Licht ausstrahlt und nichts anderes ist als eine ununterbrochene leuchtende Energie, und daneben noch einen anderen, den roten Karneol. Dann beobachtete Johannes den gleichen Gegensatz zwischen der Transparenz des Kristalls und dem Glanz des glühenden Rot: Das himmlische Meer vor dem Thron wird gebildet aus Kristallglas und Feuer.

Die Bedeutung der süßen und bitteren Buchrolle, die wir eben zu entschlüsseln begonnen haben, ist gänzlich in diesem Gegensatz von Steinen und Farben zu suchen: zwischen dem Jaspis und dem Karneol, zwischen dem blendenden Weiß (der ersten Farbe, die aus der reinen leuchtenden Transparenz entsteht) und dem glühenden Rot. Die *Offenbarung* des Johannes ist ein blendend weißes Buch wie die Gnade und Reinheit Gottes, die Haare und das Gewand Jahwes im Buch Daniel, die Kleider Jesu am Tag der Verklärung, die Kleider des jüdischen Hohenpriesters, Salomos, der Engel am Grab Christi; und es ist ein glühend rotes Buch wie das Böse, wie der Zorn Gottes, das von Blut bespritzte Kleid Jahwes im Buch Jesaja, die Kleider der Priester des Dionysos, der römischen Kaiser und der zum Tod Verurteilten. Wir begegnen den beiden Aspekten der göttlichen Natur, die für uns augenscheinlich getrennt und ohne Verbindung sind, nacheinander, als könnten wir in der Geschichte diese Natur nur als einen ewigen Gegensatz wahrnehmen, ein blendendes Weiß, das für immer einem glühenden Rot gegenübergestellt ist.

Ich glaube, daß es, wie Dante in einem der letzten Gesänge des *Purgatorio* zu verstehen gegeben hat, in der ganzen Literatur kein blendenderes weißes Buch gibt als die *Offenbarung*: ein glühendes Weiß kraft dessen, daß es durchtränkt und überwältigt ist von Licht – das Weiß der Haare Christi, der Kleider und der verklärten Leiber, der kosmischen Liturgien, der tiefsten Tiefen der Himmel, der Reinigung und des Sieges; ein Weiß, von dem kein menschliches Gemälde, nicht einmal das leuchtendste frühchristliche Mosaik oder die leuchtendste Ikone, eine Ahnung zu geben vermag. Hinter der Pforte des Himmels erstreckt sich ein Raum, der zugleich Tempel und königlicher Palast ist; und der Glanz der priesterlichen und königlichen Liturgien hallt – triumphal vervielfältigt – in diesem Raum wider und wiederholt sich unaufhörlich in den irdischen Heiligtümern. Wir sehen Altäre, Bundesladen, Kelche und Leuchter. Aus Räucherpfannen steigt Weihrauch empor, Hände halten Palmzweige hoch, öffnen heilige Bücher, ergreifen Wachskerzen und Trompeten. Wir hören Gebete und Anrufungen. Wir wohnen der Investitur und Inthronisation eines neuen Königs bei. Die ehrfürchtige Stille, die das Öffnen des Buches unterbricht, das Feuer und der Rauch offenbaren uns, daß die Herrlichkeit Gottes in der himmlischen Kirche wohnt.

Alle Engel des Spätjudentums sind dort oben versammelt. Engel in der Gestalt eines Löwen, eines Menschen, eines Stieres und eines Adlers, mit sechs Flügeln, außen und innen voller Augen. Sie stehen an den vier Ecken der Erde und bändigen die Kraft der Winde; sie halten goldene Räucherpfannen und die Posaunen der Rache; da sind Engel der Kirche, des Wassers, des Feuers; gewaltige Engel, gegürtet mit dem Regenbogen, stellen den rechten Fuß auf das Meer und den linken auf das Land; Engel, die gegen den Drachen kämpfen oder die mit dem Zorn Gottes gefüllten Schalen über die Erde ausgießen oder auch den Raubvögeln das Blutbad unter den Gottlosen ankündigen; es sind Abertausende von Engeln, die die unterirdischen Räume bewohnen, zusammen mit der durch ein Siegel gekennzeichneten Schar der Erwählten in weißen Gewändern. Der Himmel ist zu einem »Haus des Gesanges« geworden. Wir hören eine einzelne Stimme vom Thron ausgehen, dann das Rollen mächtiger Donner und das Rauschen gewaltiger Wassermassen; gewaltige Chöre, Stürme und Orkane von Stimmen, erfüllen den Tempel des Himmels, während alle Geschöpfe – die Wasser oben, Sonne und Mond, Regen und Tau, Winde, Feuer, Eis und Schnee, Vögel und Fische, Quellen, Meere und Flüsse und die Früchte des Ackers – den lobpreisen, »der auf dem Thron sitzt«.

Vor der blendend weißen Schriftrolle der Himmel öffnet sich langsam das rote Buch des Bösen. Wir sehen einen Drachen von feuerroter Farbe vom Himmel herabsteigen, mit sieben Köpfen, die mit Diademen geschmückt sind, und mit zehn Hörnern; wir sehen ein scharlachrotes Untier aus dem Meer aufsteigen, mit dem Körper eines Panthers, den Tatzen eines Bären und dem Maul eines Löwen, mit sieben Köpfen und zehn Hörnern; wir sehen das Tier, das aus der Erde heraufsteigt, mit zwei Hörnern wie ein Lamm und der Stimme des Drachen; auf dem Tier aus dem Meer sitzt eine Hure, in Purpur und Scharlach gekleidet, »Babylon, die Große«, mit Gold, Edelsteinen und Perlen geschmückt und mit einem Becher voller Abscheulichkeiten in der Hand. Wie die iranische Tradition benutzt auch Johannes die Tiergestalten dazu, die Macht des Bösen auszudrücken; aber kein Monster von Persepolis hat je mit solcher Intensität die Heimtücke, die Hinterlist, die lose und gewalttätige Verkommenheit dargestellt, die das Böse verbreitet. Es ist unmöglich, die große Hure aus dem Gedächtnis zu verdrängen, die Stadt in der Gestalt einer Frau, Babylon und Rom in einem; die erotische Perversion, der religiöse Unglaube, die politische Maßlosigkeit, der Überfluß des Handels, die Erlesenheit des Prunkes und der Kunst, alle Schönheiten und Verzauberungen des Lebens sind hier zusammengeflossen in einer Gestalt, die das Universum verpestet. Die Faszination von »Babylon, der Großen«, der sich nicht einmal Johannes zu entziehen vermag, ist bereits die Faszination der Stadt Baudelaires, der Stadt der Hölle, mit ihren Engeln aus Gold, Purpur und Hyazinth, wo alle Kräfte des Menschen sich konzentrieren, vervielfachen, sich vom Schwindel und vom Unendlichen nähren.

Mit den drei Monstern, die den Himmel, die Erde und das Meer unterwerfen, unternimmt Johannes einen grandiosen Versuch, »die Tiefen des Satans zu erforschen«, und er wird damit zum Schöpfer der christlichen Theologie der Hölle. Er, der eine fast physische Intuition des sich festsetzenden Schreckens der Geschichte besitzt, begreift, daß nach der Inkarnation Christi und der Geburt der Kirche das Böse – in einem schrecklichen Paradoxon – seine Macht und Gewalt in der Welt gesteigert hat. Mit der Entfaltung der himmlischen Dreifaltigkeit hat das Böse erkannt, daß sich seine größte Verschlagenheit darin wird äußern müssen, Gott, Christus und den Geist nachzuäffen. So äffen in der *Offenbarung* die drei Personen der dämonischen Trinität (und ihre Stadt in Gestalt der Frau) mit peinlich genauer Exaktheit die Natur der drei Personen der himmlischen Trinität nach, die Beziehungen, die sie untereinander geknüpft haben, ihre Eigenschaften, ihre gegenseitige Anbetung und Inthronisierung. Das Böse ist zum Spiegelreflex des Guten geworden; und es kann den Anspruch erheben, das zu sein, was es nie zuvor gewesen ist: nicht mehr eine Macht des Abgrunds aus der Vorzeit oder ein rebellischer Engel oder ein einfach zusammengesetztes Geschöpf, sondern das absolute Gegenstück zum Guten. Diese Imitation ist grotesk, wie in einem Gemälde von Bosch: sprechende Bilder, Frösche, die aus dem Mund hervorquellen, verunstaltete göttliche Namen. Wir können nicht feststellen, ob die dämonische Trinität Gefallen daran findet, die himmlische aus Bosheit – als Gipfel der Perversion – zu parodieren, oder ob die Parodie unfreiwillig ist, weil jegliche Nachäffung des Guten durch das Böse gar nicht anders kann, als die Bilder grotesk zu deformieren.

Während im Himmel die in blendendem Weiß glühenden Bilder sich weiter entfalten und ausstrahlen, wird die *Offenbarung* zum Buch der Rache Gottes. Die ganze Gewalttätigkeit der biblischen Propheten versammelt und verdichtet sich, und nichts scheint den Lauf der Dinge, der stetig hereinbricht und doch drohende Zukunft bleibt, besänftigen zu können. Christus, der uns mit weißen Haaren aus Licht und unschuldig wie das Lamm erschienen war, ist jetzt der Jahwe Jesajas, der Richter mit den von menschlichem Blut rot gefärbten Kleidern. Er gießt den Becher über das Haupt, in dem sich der Wein von Gottes Zorn befindet, der Wein, der betäubt und verrückt macht wie der Wein Babylons. Dann erntet er die Trauben vom Weinstock der Erde, wirft sie in die große Kelter des Zornes Gottes und tritt sie in der Kelter. Diese Traube ist Fleisch von Menschen; und aus der Kelter strömt Blut, das sein schneeweißes Kleid befleckt, es fließt in die Ebene, es steigt an bis an die Zügel der Pferde und verwandelt die Erde in einen blutroten See.

Pausenlos überstürzen sich die apokalyptischen Verheerungen im Raum, hervorgerufen von einer Phantasie, die verzückt ist von den Katastrophen. Wir sehen Pferde, feuerrot, schwarz und fahl, die Krieg, Entbehrung und Hungersnot verbreiten. Wir sehen Heuschrecken, deren Gesichter wie Gesichter von Menschen sind; ihr Haar ist wie Frauenhaar, ihre Schwänze sind wie Skorpione, ihre Brust wie ein eiserner Panzer; und das Rauschen ihrer Flügel ist wie das Dröhnen von Wagen, die sich in die Schlacht stürzen; wir sehen, wie die Stadt in Gestalt der Hure vom Erdbeben erschüttert wird, wir sehen verschlungene Körper und abgebrannte Häuser, die zum Schlupfwinkel aller unreinen Vögel und aller dämonischen Geister geworden sind. Die Sonne wird schwarz wie ein Trauergewand oder erglüht von Feuer. Der Mond wird rot wie Blut und verdunkelt sich, die Sterne fallen auf die Erde herab wie ein Feigenbaum, den ein heftiger Sturm schüttelt und der seine unreifen Früchte abwirft; der Himmel dreht sich ein wie eine Buchrolle. Berge entflammen, stürzen ins Meer und färben es blutrot. Der Stern mit dem Namen »Wermut« vergiftet die Flüsse, die Inseln fliehen, und die Berge werden weggerückt. Dann vernichtet Christus die Könige der Erde und wirft ihre Körper den Raubvögeln zum Fraß vor; und er wirft die beiden Bestien, Satan und den Tod, in den See von brennendem Schwefel. Die letzte Stunde wird angekündigt. Himmel und Erde, verschlissen wie ein alter Mantel, flüchten erschreckt vor den großen weißen Thron Gottes, und das Gericht findet statt in der Leere, im Nichts, das sich über der Schöpfung wiederhergestellt hat.

Das Geheimnis des Himmlischen Jerusalem, der großen quadratischen Stadt, die am Ende der *Offenbarung* vom neuen Himmel auf die neue Erde herabsteigt, liegt wiederum verborgen in der Zusammensetzung seiner Edelsteine. Die Herrlichkeit Gottes gleicht nun nicht mehr dem Karneol, dem roten Stein des Feuers, wie sie Johannes in der einleitenden Himmelsvision erschienen war. Sie gleicht jetzt dem kristallklaren Jaspis, dem Stein, der Licht aufnimmt und ausstrahlt. Aus Jaspis sind die Mauern der Stadt gebaut, und an Jaspis erinnert der feine und klare

Glanz, den sie ausstrahlt. Hier, in der neuen Schöpfung, in den ersten Tagen einer völlig neuen Welt, der vollkommensten Utopie, die menschlicher Geist je in Bilder gefaßt hat, offenbart die Herrlichkeit Gottes ihre wahre Natur, welche die Edelsteine angedeutet hatten. Sie ist nichts als Licht.

Wie in einen unaufhörlichen und ruhigen Fluß ist die quadratische Stadt in das Licht der göttlichen Herrlichkeit getaucht: die Mauer aus Jaspis, die mit edlen Steinen aller Art geschmückten Grundsteine, der Platz aus durchscheinendem Gold, die zwölf Tore aus Perlen, die dem sehnsüchtigen Schritt der Pilger immer offenstehen; der Thron Gottes, von dem ein Strom mit Wasser klar wie Kristall ausgeht, der »Baum des Lebens«, von dem einst das Flammenschwert der Cherubim Adam und Eva ferngehalten hatte; die verwandelten Antlitze der Menschen. Die Augen des Sehers suchen vergeblich die Sonne und den Mond, die die erste Schöpfung erleuchtet hatten; oder die Lampen, die jeden Abend von unserer Angst angezündet wurden. Die früheren Quellen des Lichts sind verschwunden, denn das neue Jerusalem ist nicht mehr das Reich des Symbols, sondern der absoluten Wirklichkeit. Es gibt keine Nacht mehr. Jede Finsternis, jeder Schatten, jede kleinste Spur von Dunkelheit, die immer das Herz des Menschen beunruhigt haben, ist verschwunden; und verschwunden sind, zusammen mit der Nacht, alle Sünde und Strafe.

Wie Johannes zu Beginn der *Offenbarung* angekündigt hat, befinden wir uns im Paradies. Neben dem Baum des Lebens gab es im früheren irdischen Paradies noch den Baum der Erkenntnis des Guten und des Bösen; von ihm leitete sich die Aufteilung der Welt in zwei entgegengesetzte Sphären her: gut und böse, heilig und profan, rein und unrein, erlaubt und verboten, Leben und Tod, göttlich und dämonisch, das weiße Buch der Gnade und des Gottesdienstes und das rote Buch der Sünde und der Vergeltung. Im Neuen Paradies gibt es nur noch den Baum des Lebens. Das Wesen Gottes ist nicht mehr in Gegensätze geschieden, sondern es ist jetzt ganz und ungeteilt; seine beiden Antlitze sind vereint in einer höheren Einheit über dem Guten und Bösen, wie die Farben des Spektrums vereint sind in der Einheit des Lichtes.

Es gibt auf Erden und im Himmel keine Tempel mehr: als wäre jeder Gottesdienst gebunden an die entgegengesetzte Herrschaft des Bösen, als enthielte alles Weiße in sich das Rote der Sünde und der Vergeltung. Die Distanz zwischen Gott und Mensch, die Himmel und Erde, das Heilige und das Profane auseinanderhielt, ist gefallen. Es gibt keine Vermittlung und keine Trennung mehr. Der Mensch wohnt jetzt in Gott und in Christus, die zu seinem Tempel geworden sind, so wie der biblische Bräutigam in der Braut gewohnt hat. Gott wischt die Tränen der Weinenden ab; er nimmt die Schmerzen weg, die Klagen, die Verwünschungen der vorigen Welt; und jedem, der durstig ist, bietet er »das Wasser« an, »das in ihm zu einer sprudelnden Quelle wird, die fortströmt in das ewige Leben«. In der in Gottes Herrlichkeit ruhenden Stadt werden die Menschen sein Antlitz sehen, das verborgen war hinter den Wolken und dem Rauch oder dem Feuer des brennenden Dornbuschs oder den Edelsteinen; und sie verkünden den bislang geheimen Namen des Christus.

Wenn nicht mehr Sonne und Mond die Tage messen, wenn es keine Nacht mehr gibt, wenn der Mensch in Gott wohnt, wenn das Licht ohne Hindernisse und ohne Unterbrechung leuchtet, könnten wir glauben, die Zeit habe aufgehört zu existieren. Es mag scheinen, als habe der alte Tyrann aufgehört, seine regelmäßigen und düsteren Schläge zu schlagen. Und doch ist das nicht der Fall. Es gibt noch Jahreszeiten, es reifen noch Früchte, und durch die immer offenen Tore des Himmlischen Jerusalem schreiten Völker und Könige, die noch nicht der quadratischen Stadt angehören, in diese. Und es gibt durchaus noch Ereignisse; die Zukunft bleibt offen, die Bewegung der Geschichte ist nicht zu Ende; es gibt keine letzte Seite, keinen endgültigen Stillstand, kein für immer erreichtes Ziel. Wie sollen wir uns das alles vorstellen? Haben wir vielleicht den geheimnisvollen Punkt erreicht, wo Zeit und Ewigkeit zusammenfallen? Die Zeit, die so erdrückend war, hat den ekstatischen Rhythmus des Unendlichen angenommen, und die Ewigkeit ist keine Kristallisation in einem unbeweglichen Punkt, sondern sie bewegt sich ohne Ende, wie der Strom, dessen Wasser vom Thron ausgeht, wie die »sprudelnde Quelle, die fortströmt in das ewige Leben«.

Wenn wir die Visionen des Johannes lesen, haben wir nie den Eindruck, das, was in den Räumen des Himmels geschieht, wirklich zu sehen, wie das bei den ekstatischen Visionen in der Literatur des Islam der Fall ist: Himmelstüren, die sich öffnen, Körbe voll Rosen, Schleier aus Rosen, karminrote Rosen ohne Ende, Gebilde, die sich formen und auflösen auf siebzigtausend Sternen, das Herz in das Weltall versetzt, eine verklingende Fülle von Archetypen. Was wir hier lesen, scheint nicht dem sichtbaren Raum anzugehören. Johannes ist kein »Hellseher« und kein »Visionär«. Er lebt in einer Welt, die voller Bücher ist: Es gibt die Buchrolle im Himmel, in der Gott die Gestirne sinnbildlich dargestellt hat, es gibt das Buch mit den sieben Siegeln, in dem Gott die Zukunft aufgezeichnet hat, das Buch des Lebens, das Buch der Werke, das kleine prophetische Buch, das süß und bitter zugleich ist. Und Christus ist die Mitte eines Buches, dessen Siegel noch gelöst werden müssen. Als das Lamm das erste der sieben Siegel löst, wird der Inhalt der Buchrolle vor Johannes entfaltet und sichtbar gemacht; dann wird das letzte der Siegel zum Ton der sieben Posaunen, die letzte Posaune wird zum Wein und Blut der sieben Schalen, und Ton und Wein und Blut verwandeln sich ihrerseits in Visionen. In einer Ecke des göttlichen Tempels schreibt Johannes; und er faßt das große himmlische Buch in ein kleines irdisches Buch.

Wie können diese papierenen Visionen weitergegeben werden? Ohne es zu wollen, erklärt es uns Johannes in einem bekannten Vers, den er seinerseits aus einem anderen Text übernommen hat: Er ißt, verschlingt die Bücher, deren Papier in seine Eingeweide eindringt: das zweite Buch Mose, Exodus, Jesaja, Ezechiel, Daniel, Sacharja, Joel und weitere jüdische und jüdisch-christliche Schriften, die uns heute zum Teil nicht mehr bekannt sind. Wie die größten Goldschmiede der ottonischen Zeit, die in ihre goldenen Kanzeln ägyptisches Elfenbein, Schalen, Schachfiguren, römische Chalzedonsteine einfügten, so kombiniert, mischt, vermengt, ziseliert er die ererbten Bilder. Seine Figuren bilden nie eine abgeschlossene Ganzheit; sie werden aus Teilen, die unterschiedlichsten Quellen entnommen sind, zusammengesetzt, nebeneinander gestellt, wie Intarsien ineinandergefügt. Es sind Werke einer wunderbaren Goldschmiedekunst, keine Erzählungen. Sie erwecken den Eindruck der Dichte, der Fülle, ja der Überfülle, so als fehlte der einzelnen Metapher der nötige Raum.

Wenn wir mit der Lektüre fortfahren, bemerken wir in den Versen der *Offenbarung* eine Spannung, eine Wucht, eine Leidenschaft, die etwas Kannibalisches hat. Ungestümes Verlangen, Bücher zu besitzen und zu verschlingen und in andere Dimensionen zu projizieren. Der Goldschmied bearbeitet sein Werk mit Feuer. Mit einer Art halluzinierter Trunkenheit verwandelt Johannes das, was er verschlungen hat, und die von Jesaja und Ezechiel übernommenen Bilder scheinen uns – gegenständlicher, heftiger und massiver als in der jeweiligen Vorlage – in die Augen zu springen. So ist dieser Text, der nicht aus einer visionären Erfahrung hervorgegangen ist, zum bedeutendsten visionären Text des Abendlandes geworden. Die Literatur hat von der *Offenbarung* gelernt, daß Sehen in erster Linie eine *Vision von Büchern* ist. Die Mosaiken und Reliefs der Kathedralen, der Beatus Ferdinand I., die Wandteppiche von Angers, die *Apocalypsis cum figuris* von Dürer, die Illustrationen der Bibel von Hans Lufft haben erfaßt, welch heftiger figurativer Taumel in diesen rasch aufeinanderfolgenden Zeichen verborgen ist; und sie haben daraus – wie eine Buchrolle, die Abschnitt für Abschnitt zum Lesen freigibt – die Bilder des Christus mit dem Schwert und der Lampe ans Licht gebracht, das Bild vom Engel mit den Beinen aus Feuer und von den Tieren mit den auf monströse Weise zusammengesetzten Köpfen und Hörnern und Diademen.

Johannes projiziert beim Schreiben seine Erfahrungen aus Vergangenheit und Gegenwart in die Zukunft: die Träume, die Ängste und die Hoffnungen, die sein Leben in der Verbannung ausmachen. Aber es ist eine doppelte Zeitbewegung. Denn die vollkommene Glückseligkeit, das Himmlische Jerusalem, das letzten Endes in der Tiefe der Zukunft verborgen liegt, ist dennoch schon hier und jetzt Wirklichkeit, im Leben des Volkes Gottes, das sich um Christus versammelt. Mit jeder Zeile kommt die Zukunft näher. Alle Vorahnungen, die die Siegel, die Posaunen und die Schalen auf dem Weiß der Himmel zeichnen, bedrohen uns und brechen in die Gegenwart ein. »Die Zeit ist nahe«: Die Stunde der Bewährung wird binnen kurzem über die ganze Welt hereinbrechen, Christus steht schon bereit, an die Tür eines jeden von uns zu klopfen. Jedem Zeichen haftet eine unmittelbare dramatische Bedrohung an, wie sie in keinem anderen menschlichen Werk zum Ausdruck kommt. Wir sehen auf dem Papier die Gegenwart des Ereignisses, das gleich vor unseren Augen ausbrechen wird. Die ineinandergefügten rätselhaften Bilder scheinen Bruchstücke der Zukunft, Boten der Zukunft, Meteorsteine der Zukunft zu sein, die eine Hand dem Dunkel der Zeit entrissen hat. Mit ihrer erstaunlichen Fernrohr-Konstruktion gibt die *Offenbarung* diese Doppelbewegung wieder. Sie schreitet nie gerade voran, sie bewegt sich nicht, der logischen und narrativen Konsequenz der Fakten folgend, von einem Punkt zum anderen; die Bewegung vollzieht sich in aufeinanderfolgenden Kreisen, konzentrischen Wellen, die die Themen und Bilder variieren, wieder aufgreifen, mit sich steigernder Verzweiflung, je näher das Ende kommt. Am Beginn der Kreisbewegungen steht jedoch immer ein bestimmtes Zeichen, das die Ereignisse vorwegnimmt, die Stimme eines Engels, der diese Ereignisse als bereits verwirklicht darstellt, und so unsere erwartungsvolle Spannung noch steigert.

Die Offenbarung des Johannes ergeht »schriftlich«, und sie wird den Christen aller Kirchen zugesandt, den Judenchristen in Jerusalem und in der Diaspora und den Heidenchristen in der ganzen Welt. Wie die biblischen Propheten will auch Johannes, daß das prophetische Wort beachtet und in Handeln umgesetzt wird. So schreibt er offen, klar und ungestüm und ahmt die Schrecklichkeit des Jesaja nach, um der Welt die Essenz seiner Botschaft zu verkünden: die Ankunft Christi, das Bevorstehen schrecklicher Ereignisse. Aber mit entgegengesetzter Geste verbirgt er seine Offenbarung hinter einem Schleier von Anspielungen und Rätseln. Er hält einen Teil der himmlischen Wahrheiten geheim (die Worte der »sieben Donner«); er hat Freude an geheimnisvollen und faszinierenden hebräischen Namen oder unfaßbaren Zahlen; er verdreht die logische Satzkonstruktion; er schreibt so, daß jedes Bild viele Bedeutungen enthält und daß jeder Gedanke sich in viele Bilder kleidet. Ich bin überzeugt, daß noch nie jemand die *Offenbarung* wirklich ganz verstanden hat, nicht einmal die kleinasiatischen Gemeinden, an die sie unmittelbar gerichtet war und die die Anspielungen am ehesten hätten verstehen müssen.

In Wirklichkeit wollte Johannes, als er die *Offenbarung* schrieb, gar nicht verstanden werden. Wie die Weisen und Dichter setzte er auf das Geheimnis, das Rätsel, die Doppelsinnigkeit und die Vielfalt der Bedeutungen. Er wußte sehr gut, daß seinem Text, je mehr die Ausleger ihn durchsuchten, immer etwas Dunkles anhaften und vieles in ihm, das meiste, unergründlich bleiben würde. Und daher würde die Buchrolle, kaum geöffnet, endlos in allen möglichen Bedeutungen ausgelegt, auf alle Epochen und Situationen angewandt, mißverstanden und in die Wirklichkeit umgesetzt werden. Die Dunkelheit bürgte für die Zukunft des Textes, die Zukunft, auf die er vor allem abzielte; erst wenn wir unsere Augen im sanften Licht des Himmlischen Jerusalem öffnen, wo es keinen Schatten mehr gibt, können wir jeden Buchstaben davon verstehen. Johannes wußte, daß die klar und eindeutig geschriebenen Bücher tot sind, kaum daß sie geboren werden. Nur die mit der Kalligraphie des Himmels chiffrierten Bücher, nur die Bücher, die keiner vollständig entschlüsseln kann, entfachen über die Jahrhunderte hin immer wieder unser Denken.

Der Abgrund und das Schweigen

»Im Anfang«, heißt es in der *Genesis*, »schuf Gott Himmel und Erde; die Erde aber war wüst und leer, Finsternis lag über der Urflut, und Gottes Geist schwebte über dem Wasser.« Die *Genesis* nach Valentinos – dem großen Häretiker des 2. Jahrhunderts aus Alexandrien – geht viel weiter zurück, bis dahin, wo Gott allein mit sich selbst in den »unsichtbaren und unnennbaren Höhen« ruht. Der Gott des Valentinos trägt einen seltsamen Namen: Bythos (Abgrund). Der Name sagt nicht, daß er eine sich im Unbestimmten verlierende Höhlung oder die ungeheure Erstreckung der primordialen Wasser gewesen sei. Er besagt, daß er über allen menschlichen Eigenschaften stand: ohne Gesicht, ohne Gefühl, ohne Leidenschaft, ohne Sehnsucht, ohne Vorstellung, ohne Vernunft, ohne Gedanken; er kannte weder Zahl noch Gestalt, noch Ordnung, Größe, Gleichheit oder Ungleichheit; er lebte nicht und war nicht ohne Leben, er bewegte sich nicht und war nicht bewegungslos, er handelte nicht und schuf nicht; er befand sich außerhalb von Zeit und Raum. Dieser Bythos hatte auch nicht die Eigenschaften, die für gewöhnlich Gott zugeschrieben werden: Wissen, Hoheit, Weisheit, Wahrheit. Er war nicht das All, denn das All würde in die Kategorie der Größe fallen; er war nicht das Eine und nicht das Gute oder der Vater oder der Herr – leere Begriffe, die nur das Unvermögen der menschlichen Vernunft und Sprache offenbaren. Wer war dann der Bythos, der Abgrund? Wer war dieser unsagbare, unbegreifbare, unfaßbare, unerklärliche Gott? Wer war dieser unbekannte Gott, über den keine Aussage und keine Verneinung möglich war? Wenn wir unseren Worten vertrauen könnten, könnten wir sagen, daß der Bythos das große Nichts war, das unermeßliche Nicht-Sein, die unfaßliche Leere, die in sich die Möglichkeit allen Seins und aller Namen, die es gibt, enthielt.

Unmittelbar nachdem er gesagt hat, daß der Bythos »während unermeßlicher Zeiten in großer Ruhe und Einsamkeit geruht« habe, fügt Valentinos hinzu, daß mit ihm zusammen eine weibliche Wesenheit gewesen sei: die Sige (das Schweigen). Hat der Bythos also im Schweigen der Räume Jemanden oder Etwas geschaffen? Wie kann dem Bythos ein Geschlecht zugeschrieben werden, wenn er der menschlichen Natur fremd ist? Valentinos kämpft mit der Begrenztheit unserer Sprache und geht dabei bis an die Grenzen des Paradoxons. Der Bythos hatte nichts geschaffen. Die Sige, das Schweigen, war er selbst. In räumlichen Begriffen ausgedrückt, ist er die Negation jedweder Ausdehnung (Abgrund), in den Begriffen der Sprache ausgedrückt, ist er die Negation jeder Rede (Schweigen). Während der jüdische und der christliche Gott männliche Götter waren, drückt Valentinos mit dem Paar Abgrund–Schweigen aus, daß das göttliche Prinzip ebenso männlich wie weiblich ist, besser gesagt, daß das männliche und weibliche Element in der vollkommenen Einheit des Androgynen gründen und sich aufheben. In den Fragmenten anderer gnostischer Häretiker, etwa bei Basilides, stoßen wir andererseits auf die schwer faßbare Vorstellung eines Schöpfungsaktes im Herzen des Nicht-Seins. *Der, der nicht ist*, schafft eine andere Wesenheit, die nicht ist: das Nichts schafft nichts; die Leere spiegelt sich in der Leere. Es dürfte kaum Ausführungen geben, die außergewöhnlicher sind als dieser kühnste metaphysische Versuch, das zu erklären, was jenseits der Schwelle der Existenz liegt.

Schließlich wurde jedoch die absolute Reinheit des Nicht-Seins verletzt. Der Bythos legte einen Samen in die Sige, wie ein Mann den Samen in einen Mutterschoß legt. Die Sige wurde schwanger und gebar den Nus (die Vernunft), der dem, der ihn hervorgebracht hatte, ähnlich und gleich war. Der Nus war also das »Doppel« des Bythos. Aber während der Bythos in seiner Unsichtbarkeit, Unbegreifbarkeit und im Schweigen verschlossen blieb, trat der Nus in das helle Licht des Seins, der Erkenntnis und des Wortes. Dann setzte sich der Prozeß der Hervorbringung fort: Es wurden Logos (Wort) und Zoe (Leben) hervorgebracht, Anthropos (Mensch) und Ekklesia (Kirche), Monogenes (Eingeborener Sohn) und Makaria (Selige), Paraklet (Tröster) und Pistis (Glaube), Patrikos (Väterlicher) und Elpis (Hoffnung), Metrikos (Mütterlicher) und Agape (Liebe), Theletos (Gewollter) und Sophia (Weisheit), bis schließlich dreißig Äonen hervorgegangen waren. Der Bythos blieb für die Äonen unsichtbar, mit Ausnahme des Nus, der »seine Anschauung genoß und sich an der Betrachtung seiner unermeßlichen Größe ergötzte«. Er wollte die Brüder und Schwestern zur Erkenntnis des Bythos führen und ihnen sein Wesen ohne Anfang nahebringen. Aber die Äonen wären wohl nicht imstande gewesen, den Anblick dieser leeren Finsternis zu ertragen. Bevor der Nus seine Absicht ausführen konnte, hielt ihn die Mutter zurück; und die Äonen betrachteten den Bythos nur im lichtvollen Widerschein, den sein erster Sohn ihnen darbot.

Einer der Äonen jedoch wollte sich mit diesem indirekten Anblick nicht zufriedengeben. Sophia (Weisheit), die letzte der Emanationen des Bythos, entbrannte in Liebe zum Vater, getrieben von dem Wunschtraum, »die Tiefe des Abgrundes und seine Unerforschbarkeit« zu erfassen. Das war eine Sünde, ja die größte aller Sünden; eine Sünde, die aus intellektuellem Hochmut geboren war, aus dem Wunsch, die Grenzen zu überschreiten, die jeder Wesenheit im All gesetzt sind. In diesem Augenblick gebar sie eine form- und bewußtlose Substanz, eine Fehlgeburt, das einzige, was ein weibliches Wesen ohne Mitwirkung des männlichen Partners hervorbringen kann: die Materie. Als sie das sah, wurde die Sophia zunächst wegen der Unvollkommenheit dessen, was sie geschaffen hatte, traurig, dann bekam sie Angst, es möchte nicht überleben. Entsetzen und Ratlosigkeit bemächtigten sich ihrer. Sie drängte immer weiter nach vorn, angezogen von der Sanftmut des Vaters, und sie wäre am Ende von der schmerzvollen Leere des Unendlichen verschlungen worden, wenn ihr nicht eine Kraft zu Hilfe gekommen wäre. Dieser hatte der Bythos die Aufgabe übertragen, die Welt der Äonen zu ordnen und von unserer Welt zu trennen: der Stauros (Pfahl, Kreuz). Der Stauros reinigte die Sophia, stärkte sie und führte sie wieder zu den Äonen zurück; und die Sophia kehrte, ihre Sünde aus ihrem Gedächtnis löschend, in ihre eigenen Grenzen zurück. Um weiteren Sünden vorzubeugen, schuf der Bythos mit Hilfe des Nus Christus und den Heiligen Geist. Und Christus hat mit seinem endgültigen Wort verkündet, daß weder der Raum noch das Denken den Bythos fassen können: Er ist unsagbar, unfaßbar, unbegreiflich, auf ewig verborgen in der Finsternis seines Schweigens.

Das gestalt- und bewußtlose Wesen, die von der Leidenschaft der Sophia geborene Fehlgeburt, wurde aus der Welt der Äonen geworfen und wallte im Reich des Schattens auf. Da offenbarte Christus die Güte, die ihn beseelte: Er beugte sich über die Tochter der Sophia und gab ihr Gestalt und Bewußtsein. Dann verließ er sie. Da machte sie sich auf die Suche nach dem Licht des Christus, aber sie bekam es nicht zu fassen, weil sie von der Grenze des Stauros, dem Horos, daran gehindert wurde. Sie konnte sie nicht überschreiten und verfiel allen möglichen Leidenschaften: Sie litt unter Trauer, weil sie nichts zu fassen bekam; unter Angst, sie könnte wie das Licht auch das Leben verlieren; unter Ratlosigkeit und Unwissenheit ... »Manchmal weinte und trauerte sie, weil sie allein in der Dunkelheit und in der Leere festgehalten wurde; manchmal, wenn sie ins Nachdenken über das Licht kam, das sie verlassen hatte, wurde sie fröhlich und lachte, manchmal befiel sie aber wieder die Angst, und manchmal war sie ratlos und erschrocken ...« So sei die Materie gebildet worden, aus der diese Welt besteht: Aus den Tränen der Tochter der Sophia sei alle feuchte Substanz entstanden, vom Lachen die lichthaltige, von der Trauer und Erschrockenheit seien die körperlichen Elemente der Welt entstanden. Es traten ans Licht der Demiurg, der untere und mittlere Gott, der Gott des Alten Testaments, den viele mit dem Bythos verwechseln, ferner die Sterne, die Himmel, die Erde, die Engel, die Dämonen, die Menschen und alles, was wir in der Luft, im Wasser, im Feuer, auf der Erde wahrnehmen oder in unermeßlich fernen Räumen mutmaßen.

Dieser großartige kosmogonische Mythos, den ich – ganz nüchtern, ohne seinen Glanz und Reichtum – in heutiger Sprache zu referieren versucht habe, ist nur einer aus der Vielzahl der wunderschönen Mythen, die uns in den Texten, Fragmenten und Bruchstücken der gnostischen Literatur überliefert sind. Ebenso ausdrucksstark ist die Erzählung vom Fall der Ennoia (des ersten göttlichen Gedankens), die von den Erzengeln, die sie geschaffen hat, gefangengenommen, in einen menschlichen Körper eingeschlossen und gezwungen wird, eine Verhüllung nach der anderen zu wählen, und schließlich als Prostituierte in einem Bordell von Tyros endet; oder die Erzählung von der Erschaffung Adams, den die Engel vergeblich nach dem »Bild und Gleichnis« Gottes zu formen versuchen; oder die qualvolle Geschichte der Eden, die von Elohim verlassen wird, an den sie sich vergeblich zu erinnern sucht. Ich kann mir gut vorstellen, daß viele heutige Leser der Fülle der blühenden intellektuellen Phantasie, die das orthodoxe Christentum mit seinen eher strengen Gedankengebäuden unterdrückt hat, mit Mißtrauen begegnen. Aber was mich betrifft, kann ich nur die Worte aus dem *Evangelium nach Philippus*, einem von Valentinos inspirierten Text, wiederholen: »Die Wahrheit kam nicht nackt in die Welt. Sie kam in Sinnbildern und Abbildern.« Die theologische

Einbildungskraft ist eine der höchsten und reinsten Formen, zu denen sich das menschliche Denken erheben kann; und wenn sie heute nicht viel gilt und darniederliegt, dann hat dies auch darin seinen Grund, daß sie sich nicht mehr an den Quellen der Theologie nährt, sich nicht aus ihren Formen aufbaut und mit ihnen spielt. Im übrigen können die gnostischen Mythen auf sehr vielfältige Arten verstanden werden. Wer ihren theologischen Untertönen gegenüber taub ist, kann die Erzählung von Bythos und Sige, von Nus und Sophia als Darstellung seelisch-geistiger Prozesse lesen: Wie das Denken in weiten und unbestimmten Orten des Nicht-Seins geboren wird, wie aus Finsternis Licht wird, wie das Schweigen zum Wort wird, wie das abstrakte Denken sich in konkreten Gedanken entfaltet; wie es gegen sich selbst sündigt, indem es den eigenen dunklen Ursprung betrachten will, und wie schließlich aus diesem Irrtum das gestaltlose Bild aller Dinge entsteht.

In einer bekannten Szene des *Evangeliums nach Matthäus* stellt Jesus seinen Jüngern folgende Frage: »Für wen haltet ihr den Menschensohn? Simon Petrus antwortete: Du bist der Christus, der Sohn des lebendigen Gottes! Jesus sagte zu ihm: Selig bist du, Simon, denn nicht Fleisch und Blut haben dir das offenbart, sondern mein Vater im Himmel.« In einem gnostischen Text, dem *Evangelium nach Thomas*, gibt es eine Variante zu dieser Szene: »Jesus sagte zu seinen Jüngern: Vergleicht mich und sagt mir, wem ich gleiche. Simon Petrus sagte zu ihm: Du gleichst einem gerechten Engel. Matthäus sagte zu ihm: Du gleichst einem Menschen, der ein verständiger Philosoph ist. Thomas sagte zu ihm: Meister, mein Mund wird es nicht ertragen können, daß ich sage, wem du gleichst!« Thomas, in der Gnosis der auserwählte Jünger, lehnt es also ab, zu offenbaren, was er in der Tiefe seines Geistes weiß, denn Christus ist unaussprechlich wie der Bythos. »Und Jesus nahm Thomas, zog sich mit ihm zurück und sagte ihm drei Worte.« Nach Henri-Charles Puech könnten diese Worte gelautet haben: »Der Vater, der Sohn und der Geist«, oder: »Der Weg, die Wahrheit, das Leben«; oder: »Kaulakau,

Saulasau, Zesar«, drei geheimnisvolle gnostische Namen. Aber bedeutsam ist gerade, wie Puech bemerkt, daß die drei Worte nicht ausgesprochen werden. Der Name des Christus, den im *Evangelium nach Matthäus* Petrus ohne Scheu kundgibt, bleibt geheim. Die Wahrheit bleibt verborgen. »Als Thomas zu seinen Gefährten zurückkam, fragten sie ihn: Was hat Jesus dir gesagt? Es sagte Thomas zu ihnen: Wenn ich euch auch nur eins der Worte sagen würde, die er mir gesagt hat, würdet ihr Steine aufheben und nach mir werfen, und aus den Steinen würde Feuer kommen und euch verbrennen.« Jedes Wort über Gott, das in der Welt kundgetan wird, erregt Anstoß; es führt zum Mord und zum Feuer der Rache; der geheime Name muß in der Vertraulichkeit zwischen dem Meister und dem auserwählten Jünger gewahrt bleiben.

Ist das das erste und letzte Wort der Gnosis? Das Schweigen? Die Unmöglichkeit, etwas auszudrücken? Mit einem für die Gnosis so typischen Umschlag betont das *Evangelium nach Thomas*: »Es gibt nichts Verborgenes, das nicht offenbar werden wird«; »Es gibt nichts Verdecktes, das ohne Enthüllung bleiben wird.« In der kleinen gnostischen Gemeinschaft, die die einmütige Gemeinschaft des Weltendes ankündigt, werden alle Namen bekannt, werden alle Geheimnisse verkündet, wissen alle Menschen, woher sie kommen und wohin sie gehen. Keiner kann am Namen und an der Gegenwart des Christus vorübergehen – denn »hebe den Stein auf, und du wirst ihn dort finden; spalte das Holzscheit, und er wird dort sein«.

Christus ist ein verzehrendes Feuer: das Feuer, das hinter den sieben Vorhängen des Thrones verborgen ist; das Feuer der Liebe; das Feuer, das die Welt am Ende der Tage verbrennen wird. »Ich habe das Feuer auf die Welt geworfen«, sagt er, »und siehe, ich hüte es, bis die Welt brennt.« So sieht der Gnostiker in seinen Visionen, die ihn von Zeit zu Zeit vom Gewicht der Welt befreien, ein Licht. »Am Tag des Vollmondes, als die Sonne aus ihrem Umlauf getreten war, folgte ihr eine Macht von äußerster Leuchtkraft, und es war unmöglich, das Licht, das ihr folgte, zu messen. Sie kam vom Licht der Lichter... Diese leuchtende Kraft stieg auf Jesus herab und umhüllte ihn ganz, während er von seinen Jüngern getrennt dasaß, und er leuchtete, und es war nicht möglich, das Licht zu messen, das über ihm stand, denn ihre Augen waren vom hellen Licht geblendet, und sie sahen nur, daß das Licht eine Vielzahl von Strahlen aussandte, die alle von unterschiedlicher Art und unterschiedlicher Form waren ...« Zu dieser Glut steigt das Gebet des Gnostikers auf: »Jesus, verborgenes Geheimnis, das mir offenbart worden ist, in mir hast du deine Geheimnisse mehr kundgetan als vor allen meinen Gefährten. Du hast Worte zu mir gesprochen, die mich entflammt haben, die ich aber nicht ausdrücken kann ... Dir sei Ehre, du Leben vom Leben! Dir sei Ehre, du Spender des Lebens für die vielen! Dir sei Ehre, du Hilfe derer, die bei dir Zuflucht suchen! Dir sei Ehre, der du seit Ewigkeit wachst und die Menschen wieder weckst! ... Ich danke dir mit der Stimme, die vom Schweigen umschlossen wird, die man nicht deutlich hört, die nicht von körperlichen Organen ausgeht, die nicht in fleischliche Ohren dringt, die nicht von einem vergänglichen Wesen gehört wird, die sich nicht über die Erde ausbreitet, die nicht in Bücher geschrieben wird ...«

Dieser glühende Christus hat mit dem Christus der Evangelien und des Apostels Paulus nichts mehr zu tun. Wenn der gnostische Christus die Himmel durchquert, um auf die Erde hinabzusteigen, nimmt er das Aussehen eines Engels an, um seine Reise vor den bösen Engeln, die die Himmel regieren, zu verbergen; und auf Erden nimmt er nur das Aussehen eines Menschen an. Sein Körper besteht nicht wie unserer aus Fleisch, Knochen, Nerven, Blut; es ist vielmehr ein *feinstofflicher*, geistiger Körper oder ein Phantasma, ein trügerisches und wandelbares Gespenst. In den *Akten des Johannes* versuchen die Apostel vergeblich, seine Fußspuren zu sehen; und wenn sie die Hand auf seinen Körper legen, greift die Hand in eine immaterielle Substanz. Christus verwandelt sich je nach Zeit und Person. Einmal ist er ein Kind, dann ein Riese, der mit seinem Haupt den Himmel berührt, einmal ist er ein wunderschöner Mann mit edlem Blick, dann ist er wieder kahlköpfig, klein und häßlich. Mit diesem trügerischen Luftkörper kann er nicht leiden und am Kreuz sterben. Basilides geht so weit zu behaupten, daß Simon von Kyrene auf das Kreuz stieg, während Christus, der sein Aussehen angenommen hatte, »getarnt nahe dabeistand und die verlachte, die ihn zu kreuzigen glaubten«. Das Drama der Inkarnation und das Skandalon des Kreuzes, das Herzstück der christlichen Offenbarung, werden so für die Gnostiker zu einer Theaterszene, zu einem trügerischen Trick, mit dem Christus sich über seine Widersacher lustig macht. Aber die Gnostiker wurden besiegt. Der Zauberkünstler-Christus (oder der Engel-Christus) wurde besiegt vom Gott-Menschen: Die Materie, der Körper, das Leid wurden erlöst und in den Himmel aufgenommen; und damit wurde, nach den Worten von Henry Corbin, »das Schicksal des Denkens und der Kultur des Abendlandes für siebzehn Jahrhunderte entschieden«.

In unserer Welt, die aus der ruhelosen und bewußtlosen Fehlgeburt der Sophia entstanden ist, lebt der Gnostiker in Angst. Alles, was er berührt, ist entwürdigt: der Demiurg, die Sterne, die Engel, die Zeit, der menschliche Leib, die Tiere. Der Demiurg ist ein verfluchtes Wesen, oder er ist unvollkommen, blind, schwach und unwissend. Der Himmel, die Sterne und die Planeten, die für einen Stoiker eine wunderbar harmonische Ordnung bilden, erscheinen ihm als ein eintöniger und tyrannischer Mechanismus. Die Sphären der Planeten sind Zollstationen, wo Dämonen als Wächter eingesetzt sind, um die Seelen festzuhalten, die zum Werden zu entkommen versuchen; und dort oben sieht der Gnostiker das Schicksal das schreckliche Netz des Lebens knüpfen. Die »Welt« erscheint ihm als eine hermetisch abgeschlossene Festung, von Mauern und von unüberschreitbaren Gräben umgeben. Die Zeit mit ihrer Unbeständigkeit, ihrem immerwährenden Wechsel, ihrem Fließen, mit dem Auftauchen, Verschwinden und Wiederauftauchen der Ereignisse könnte ihn belustigen; aber alle diese vereinzelten und zerstreuten Augenblicke laufen darauf hinaus, eine Kette zu bilden, hart und drückend wie Eisen. Was den Körper betrifft – dieses Kleid, diesen Leichnam, dieses Grab, diese Fessel, diesen Kerker, diesen Drachen –, so schnürt er die Seele ein, erstickt sie, preßt sie zusammen und unterdrückt sie; alle seine Äußerungen erwecken in ihm nur Abscheu. So lebt der Gnostiker auf der Erde wie ein Fremder, wie ein Wanderer, der auf die ganzen Beschäftigungen verzichtet, denen die anderen ihre gesamte Zeit widmen, und sich in einem immerwährenden geistlichen Sabbat einschließt.

Und doch stimmt diese Lehre, die so verzweifelt das Los des Menschen beklagt, die herrlichste Lobeshymne an, die je zum Preis unseres Wesens erklungen ist. Mit den Augen der Seele blickt der Gnostiker in die andere Welt, den Ort des »Wahren Lebens«, der »Ruhe« und der »Fülle«; und er entdeckt, daß dort oben sein wahres Ich lebt, sein himmlisches Doppel, das Bild, das vor ihm geschaffen wurde, das nicht stirbt und sich nicht zeigt. »Du bist nicht von hier«, sagt er sich immer wieder, »dein Ursprung ist nicht die Welt.« Auch hier, im Kerker des Schicksals, der Zeit und des Körpers, weiß der Gnostiker, daß in der feinsten Seelenspitze ein Funke des göttlichen Lichtes verborgen ist, ein Funke, den nur er besitzt, nicht aber die anderen Menschen, ein Funke, den nicht einmal der Demiurg besitzt, der dieses Gefängnis, in dem wir wohnen, geformt hat.

Mit diesem göttlichen Funken in der Seele fürchtet der Gnostiker kein Unheil, kein Unglück und keine Gefahr. Als Erbe eines privilegierten Geschlechts oder »Sohn des Königs« ist er von Natur aus und aus Gnade erlöst. Nichts von dem, was er in seinem Leben tut, keine Erfahrung, in die er – vergleichbar einem Fremden oder einem zerstreuten Wanderer – durch Zufall oder Schicksal verwickelt wird, kann bewirken, daß er seine Eigenschaft, Sohn des Königs zu sein, verliert. Bei Valentinos lesen wir: »Das pneumatische Element kann unmöglich mit Untergang zu tun haben, ganz gleichgültig, auf welche Werke es sich eingelassen hat. Denn genau wie das Gold seine Schönheit nicht verliert, wenn man es in den Kot wirft, sondern seine besondere Natur bewahrt, weil der Kot ja dem Gold nichts anhaben kann, so leiden auch sie keinen Schaden und verlieren nicht ihr pneumatisches Wesen, auch wenn sie ein noch so materielles Leben führen.« Wenn der Gnostiker von Natur aus dem Christus ähnlich ist, so wird er um so mehr ihm gleich werden, wenn die Erkenntnis die Schlacken seiner Natur gereinigt hat. Am

Ende der Einweihungsbelehrung identifiziert sich der Jünger mit dem Meister – was für einen Christen gottlos und unfaßbar ist. »Du hast den Geist gesehen, und du wurdest Geist«, heißt es im *Evangelium nach Philippus*, »du hast Christus gesehen, und du wurdest Christus. Du hast den Vater gesehen, und du wirst der Vater werden.« So hebt diese Religion, die die Begrenzungen der göttlichen Wesen betont hatte, mit einer weiteren Wendung alle Begrenzungen auf, welche die Sehnsüchte und Hoffnungen der menschlichen Geschöpfe eingeschränkt hatten.

Der letzte Aufruf der gnostischen Evangelien lädt ein zur Vereinigung. »Aus diesem Grund ist der Christus gekommen: Um die Trennung aufzuheben, die von Anfang an bestanden hat, um denen das Leben zu geben, die in der Trennung tot waren, und um sie von neuem zu vereinen.« Jeder Gnostiker muß also in sich selbst die zersetzenden Kräfte der Trennung besiegen, indem er in seinem Ich das Innere und das Äußere, die Tiefe und die Oberfläche, das Untere und das Obere, das Gefühl und den Verstand, die Bewegung und die Ruhe in Übereinstimmung bringt, womit er also den Lichtfunken seiner Seele mit dem seligen himmlischen Doppel in eins setzt. Aber diese innere Vereinigung genügt nicht, denn der kompakten Vollendung jeder einzelnen Person muß die Aufhebung jeder individuellen Begrenzung entsprechen. Jeder Mensch wird »eins« mit seinem Ebenbild; und die beiden Geschlechter werden ihre getrennten und unterschiedenen Glieder zu einer einzigen Gestalt vereinen, die der ähnlich sein wird, die zuerst im irdischen Paradies erschienen ist. »Als Eva noch in Adam war, gab es keinen Tod. Als sie von ihm getrennt wurde, entstand der Tod. Wenn sie wiederum in ihn hineingeht und er sie in sich aufnimmt, wird kein Tod mehr sein«, heißt es im *Evangelium nach Philippus*. So schließt der großartige gnostische Mythos: mit dieser Negation der Zeit und der Körper, mit diesem makellosen Traum des Androgynen und der Hoffnung, den Tod zu besiegen, der heimlich, wie ein Feind, in das All eingedrungen ist, geschützt vom ersten Androgynen, dem Bythos, der sich in der Sige spiegelt, jener Sige, die sich im Bythos spiegelt.

»Das Lied von der Perle«

In einem Königreich im fernen Osten lebte ein junger Prinz. Der »König der Könige« war sein Vater, die Königin seine Mutter, der ältere Bruder Erster Minister. In den großen Palästen, die gefüllt waren mit Schätzen und Juwelen, lebte eine große Anzahl von Fürsten und Würdenträgern. Eine Zeitlang verbrachte der junge Prinz seine Tage »im Hause des Vaters«. Wir erfahren über diese erste Phase seines Lebens nur sehr wenig. Wir wissen nur, daß Vater und Mutter ihn mit einem bunten und glänzenden Gewand kleideten, das mit Gold bestickt, mit Beryll, Chalzedon und Sardonyx besetzt war sowie Spangen aus Diamanten hatte, und daß auf dem Kleid das Bild des »Königs der Könige« aufschien. Dieses Kleid war nicht einfach nur ein Gewand. Es war das himmlische Doppel, sein beständiges und wesentliches Ich, das seinen Ort jenseits der Welt der Phänomene und Erscheinungen hat. Es war verschieden und zugleich identisch mit ihm, wie eine Gestalt und ihr von einem Spiegel zurückgeworfenes Bild verschieden und identisch sind. Aber der Prinz war noch zu jung und einfältig, um die wahre Bedeutung des Kleides, das seine Glieder umhüllte, zu erkennen.

Eines Tages erfolgte in diesem unbewußten und seligen Leben ein Bruch. Vater und Mutter zogen dem Sohn das leuchtende Kleid aus, und sie schlossen eine Übereinkunft mit ihm, die sie ihm ins Herz schrieben, damit er sie nicht vergesse, so wie in das Herz eines jeden von uns das Zeichen unserer Bestimmung eingezeichnet ist. Er sollte nach Ägypten hinabziehen und eine Perle – die einzige, die diesen Namen verdiente – befreien; die Perle lag im Meer und wurde von einer Schlange bewacht, die vor Gier geiferte und Gift versprühte.

Jeder Leser des *Liedes von der Perle* begreift, daß es hinter dem Buchstaben der Erzählung geheime Wahrheiten birgt. Manche dieser Wahrheiten sind offenkundig. Das Reich im Osten ist das Reich der Himmel. Ägypten steht für die Welt der Materie, und die Schlange ist der Fürst dieser Welt. Wer ist der junge Prinz? Und was ist die Perle? Wie bei allen wichtigen Symbolen treffen parallele und einander widersprechende Wahrheiten aufeinander und vertragen sich brüderlich. Der Prinz, der die Reise in die Materie antritt, ist der Erlöser, die Perle ist die menschliche Seele, jener Sonnenfunken oder himmlische Tautropfen, der in das Gefängnis des Körpers eingeschlossen ist. Der Prinz ist aber auch das Bild aller Menschen, die auf die Erde hinabsteigen, um das Reich Gottes zu gewinnen, die einzige Perle, die diesen Namen verdient.

Zusammen mit zwei Gefährten überschreitet der Prinz die Grenzen des eigenen Reiches und die Mauern Babyloniens, die von Bösewichten und Dämonen bewohnt werden. Als er Ägypten erreicht, verlassen ihn die Gefährten. Er ist jetzt allein und doppelt fremd: fern von den Seinen, die in der Tiefe der himmlischen Welt zurückgeblieben sind, und fremd den Ägyptern, die ihn nie lieben und verstehen würden. Er fürchtet sich vor ihnen, und um sich vor den gleichgültigen und feindlichen Augen zu verbergen, zieht er ihre unreine Kleidung an, ihren Körper aus Wasser und Erde, wie Christus einen menschlichen Körper angezogen hatte. Wir erfahren nicht, wie lange dieses Leben in Verborgenheit dauert – vielleicht einige Monate, vielleicht aber auch ein ganzes Menschenleben lang. Bis der Prinz in einem Augenblick der Unachtsamkeit und Zerstreuung den Ägyptern sein Geheimnis offenbart; die Ägypter bemerken, daß er ein »Orientale« ist, ein Mensch des Lichtes, und geben ihm von ihrer Speise zu essen. Da fällt er in einen tiefen Schlaf; es ist nicht ein erholsamer Schlaf, der die Glieder und den erschöpften Geist erquickt, sondern ein schrecklicher Schlaf, der uns unsere Identität preisgeben und unser Ich vergessen läßt und uns im Traum Dinge tun läßt, in denen wir uns nicht wiedererkennen. Er vergißt also seine königliche Abstammung, das Lichtkleid und die Perle, die er holen sollte. Während Christus, als er die himmlischen Sphären durchschritt, seine göttliche Natur bewahrt hat, verrät der unbekannte Erlöser seinen Auftrag, hierin uns ähnlich, die wir ebenfalls das Reich Gottes nicht aus eigener Kraft gewinnen können.

Wer weiß, wie lange er, überwältigt vom Opium des Vergessens, noch so gelebt hätte, wenn ihm nicht der liebevolle Blick des Himmels zu Hilfe gekommen wäre. Der »König der Könige«, die Königin, der Bruder, die Fürsten und Würdenträger des Hofes im Osten schrieben ihm einen Brief, in dem sie ihn aufforderten, sich seiner Herkunft zu erinnern. Wir können uns vorstellen, daß ein Bote nach Ägypten hinabsteigt, um ihm diesen Brief zu bringen, oder daß er ihn in einer Vision sieht. Geschrieben auf Seide aus Seleukia oder China, wird der Brief zu einem lebenden Geschöpf, wie alle abstrakten Begriffe, Symbole, Gedanken und Empfindungen in diesem Mythos einen beseelten Körper annehmen. Der Brief durchquert den Himmel, und zwar in Gestalt eines Adlers; der Adler wird, sobald er nach Ägypten hinabgestiegen ist, zu einer Stimme, zu einem Wort, zu einem gellenden Schrei, der in den schrecklichen Tiefen des Schlafes widerhallt. Diese Stimme ist identisch mit der Übereinkunft, die der »König der Könige« bei dessen Weggang in das Herz des Prinzen geschrieben hatte: Es ist seine Bestimmung, die ihm aus der Höhe des Himmels in Erinnerung gerufen wird.

Der Prinz erwacht. Er nimmt den Brief, der jetzt wieder nur ein Blatt aus Seide ist, drückt ihn an die Brust, küßt ihn und liest ihn; und sofort ruft das Gedächtnis in seinem Geist das Bild vom Vaterland und von der vergessenen Perle hervor. Der besiegte Erlöser wird erlöst, die verlorene Seele wird von dem Zauber befreit, der sie gefangengehalten hat. An diesem Aufwachen hat der Prinz keinerlei eigenes Verdienst, aber dann überwindet er in sich jede Schwäche, jedes Zögern, jede schuldhafte Ablenkung, er stärkt seinen Willen und macht sich auf, die Perle zu holen. Er trifft am Strand des Meeres auf die Schlange, bezaubert sie, indem er die Namen des Vaters, der Mutter und des Sohnes ausspricht, und schläfert sie damit ein. Er öffnet die Muschel und befreit die Perle aus der doppelten Knechtschaft des Fürsten dieser Welt und ihrer starren Hülle; und er hält sie in das Licht des Ostens. Die gefangene Seele kann schließlich, zusammen mit dem Erlöser, der sie befreit hat, in ihr wahres Vaterland zurückkehren.

Der Heimkehr stellt sich kein Hindernis, keine irdische Macht in den Weg. Der Prinz läßt den Körper aus Erde im Sand Ägyptens zurück und beginnt die Reise – eine Reise, die entweder nach unserem Tod oder in ekstatischen Momenten der Vision vor sich geht – zum Haus des Vaters. Der Weg ist lang und beschwerlich. Begleitet wird der Prinz dieses Mal von seiner erfüllten Bestimmung, die ihm in der Gestalt des vom Himmel gesandten Briefes entgegenkommt. Lebendig, wie nur eine Person lebendig sein kann, edel wie das vornehmste engelgleiche Geschöpf, geht ihm der Brief stets voran; die Oberfläche von feinster Seide strahlt Licht aus wie eine Lampe, die die nächtlichen Straßen erleuchtet, die wunderbare Stimme gibt neuen Schwung, die Heftigkeit der Liebe treibt ihn in die Höhe. Der Erlöser zieht noch einmal über die Karawanenstraße; er läßt die Flüsse, die Wüsten, die dicht bepflanzten Ebenen und die schreckenerregenden Mauern Babyloniens hinter sich.

Als er an die Grenzen seines Reiches gelangt, wartet dort das leuchtende farbenfrohe Kleid seiner Kindheit auf ihn. Er hatte es völlig vergessen, als er begraben im Gefängnis des Vergessens lebte. Jetzt begreift er, daß das Kleid, dessen Bedeutung er in seiner Jugend nicht erkannt hatte, sein lebendiges Spiegelbild geworden ist. Sie sind zwei unterschiedene und getrennte Personen, und doch sind sie dieselbe Person, dasselbe Bild, dieselbe Gestalt, worin sich das Bild Gottes in der Ferne spiegelt. Er hört es sprechen, und er begreift, daß das Kleid von den Antrieben des vollkommenen Wissens beseelt ist. Es bietet sich ihm auf königliche Weise dar, bewegt sich auf ihn zu, damit er es anziehe, und er eilt auf es zu, damit es ihn für immer umhülle. Die eben erwachte Liebe drängt den Prinzen, dem Kleid entgegenzugehen, die Hände und den Körper auszustrecken; und er hüllt sich ganz darin ein und schmückt sich mit der Schönheit seiner Farben. Nachdem der Prinz so seine eigene Bestimmung verwirklicht hat, nimmt er sein doppeltes himmlisches Schicksal an, er versteht es und wird verstanden, er liebt es und wird geliebt. Der Riß durch das Ich ist wiederhergestellt, das Ich der Erscheinung vereint sich mit dem transzendenten Ich, die Person mit ihrem Spiegelbild; und der Erlöser und jeder Mensch »werden zu dem, was sie sind«.

Nach der Rückkehr in die Paläste des Ostens begrüßt der Prinz ehrfürchtig seinen Vater, während die Fürsten und Würdenträger Beifall spenden. Steht er nun vor dem »König der Könige«, der ihn als Kind weggeschickt hat? Wir meinen ja. Das

Lied von der Perle teilt uns jedoch mit, daß der Vater ihn vor den Thron des wahren »Königs der Könige« führen soll. Und wenn er vor diesen Thron gelangt ist, wird er sicher vor einen anderen Thron treten müssen, hinter dem der Schatten wieder eines anderen Thrones sichtbar werden wird. Die Bewegung zu Gott hin kann nie ein Ende finden, denn er rückt weg, entfernt sich von uns, weicht aus in immer höhere und entferntere Räume und wird jedesmal, wenn man glaubt, ihn erreicht zu haben, von einem neuen Schleier verhüllt.

Das *Lied von der Perle* wurde im 1. oder 2. Jahrhundert n. Chr. verfaßt. Die älteste erhaltene Fassung ist auf Syrisch geschrieben, aber wir wissen weder, wer das Lied geschrieben hat, noch kennen wir den Ort, an dem es geschrieben wurde. Die moderne Wissenschaft hat auf Parallelen in den apokalyptischen Schriften des Fühjudentums, in den Evangelien und in den Briefen des hl. Paulus, in der judenchristlichen Tradition, in der syrischen Kirche, in der christlichen und heidnischen Gnosis, im Zoroastrismus, bei den Mandäern, im Manichäismus und schließlich in der altgriechischen, vom Sonnenkult beeinflußten Dichtung hingewiesen. Keine dieser Parallelen schließt die anderen aus, sie ergänzen und verstärken einander vielmehr. Dieses wunderbare Lied ist eine Perle, die alle Einflüsse und Nachklänge der Welt, alle Tropfen des himmlischen Taus, in sich aufnimmt, in die Vollkommenheit ihrer eigenen Sphäre einschließt und sie unsichtbar werden läßt wie der Strahl des Lichtes, der sich immer mehr in der Tiefe des Meeres verliert.

Die »Bekenntnisse« des heiligen Augustinus

Die *Bekenntnisse* des hl. Augustinus folgen zwei unterschiedlichen zeitlichen Rhythmen. Da ist einmal die lose zusammenhängende Geschichte der Wahrnehmungen, Empfindungen und Ideen, die sich im Laufe von dreißig Jahren im Herzen des Augustinus festsetzen. Er dreht sich nach allen Seiten, sucht voller Unruhe Heil und Erlösung, er liebt, haßt, was er geliebt hat, weist zurück, was er bevorzugt hat; bei dieser ängstlichen Suche glaubt er sich allein, er sieht kein Licht, das Sicherheit böte; er weiß nicht, daß Gott aus der Höhe des Himmels auf ihn herabblickt, ihm folgt und ihn führt und daß jeder Schritt, den er verwirrt auf der dunklen Straße tut, zugleich ein Zeichen setzt auf der hellen Straße der Vorsehung, die Er für ihn gebahnt hat. Aber andererseits kann Augustinus, als er die *Bekenntnisse* niederschreibt, nicht gelten lassen, daß er ein Gefangener der linearen und sich kontinuierlich erstreckenden Zeit sei, in der sich die Geschichten der Menschen entfalten. Wie er vom hl. Paulus auf dem Weg nach Damaskus gelernt hat – und wie es von ihm alle zukünftigen christlichen Bekehrten lernen sollten –, ist die Gnade Gottes keine Tochter der Zeit. Die Gnade tritt mittels eines unvorhersehbaren Einbruchs in unser Leben, in einer plötzlichen Erleuchtung, in einem unerwarteten Bruch, so daß unser Leben in zwei Teile zerrissen wird. Vor ihrem Einbruch war Finsternis, danach ist Licht; keine Dialektik wird die beiden getrennten Teile unserer Existenz zu einem Ganzen zusammenfügen können. Nur so kann die blitzartige göttliche Ewigkeit in die menschliche Zeit einfallen. Darüber hinaus hat Augustinus (wie Manzoni) vom hl. Paulus gelernt, daß Bekehrung nicht nur ein innerer Funke ist. Wie ein großer Theaterregisseur benötigt die Gnade Gottes eine sichtbare Bühne: eine Straße, Menschen auf Reisen, Kinder in einem Haus oder einer Kirche nebenan, Lichtstrahlen oder Stimmen vom Himmel herab.

Nach Jahren der Unsicherheit stand Augustinus kurz vor der Bekehrung; alles schien bereit für seine Aufnahme in die Kirche; der Geist befahl dem Geist das Wollen; aber der Geist gehorchte nicht. »So war ich krank und quälte mich; heftiger als sonst klagte ich mich an, dabei drehte und wendete ich mich in meiner Fessel, um sie ganz zu sprengen ... Denn ich sagte mir in meinem Innern: Es ist Zeit! Jetzt, ja jetzt, muß es geschehen! und mit diesen Worten schritt ich schon zum Entschluß. Fast handelte ich schon, aber nein, dann auch wieder nicht.« Unterdessen, während er zögerte und die Entscheidung hinausschob, verfolgte ihn der Herr bis in seine Schlupfwinkel mit einer strengen Barmherzigkeit und schlug ihn mit der doppelten Geißel der Furcht und der Scham. Eines Tages zog er sich in den kleinen Garten des Hauses, das er in Mailand bewohnte, zurück, floh die Gegenwart des Freundes Alypius; in seinem Herzen erhob sich ein Sturm, begleitet von einem Strom von Tränen. Er warf sich unter einem Feigenbaum zur Erde. Der Feigenbaum ist das Sinnbild für den Todesschatten der Sünden des Menschengeschlechts, das eine Beute der Begierlichkeit geworden, aber durch Christus ohne Gegenleistung gerechtfertigt wurde. Er ließ den Tränen freien Lauf, sie brachen wie Ströme aus seinen Augen hervor, während er bemitleidenswerte Worte ausstieß: »Und du, Herr, wie lange noch? Wann, Herr, wird dein Zorn ein Ende haben? Erinnere dich nicht mehr unserer alten Sünden! ... Wie lange noch? Wie lange noch? Morgen, immer morgen. Warum nicht sofort? Warum soll meine Schande nicht in dieser Stunde enden?«

Während er in der Bitternis seines gebrochenen Herzens weinte, hörte er eine Stimme, die aus einem Nachbarhaus (oder einer nahen Kirche?) kam. Es war eine Stimme, an deren Klang er sich trotz aller Bemühung nicht erinnern konnte; vielleicht war es die Stimme eines Jungen oder eines Mädchens, vielleicht eines engelgleichen Geschöpfes, wie die Jahrhunderte nach Augustinus gerne lasen. Im Singsang und unter häufigen Wiederholungen sagte die unbekannte Stimme wie in einem Kinderspiel: »Nimm und lies, nimm und lies!« Aber in keinem Spiel, an das er sich erinnerte, kam ein solcher Kehrreim vor. Die erste, die diese wunderbare Stelle verstanden hat, war, glaube ich, die hl. Teresa. In diesen Augenblicken der Angst und der Erwartung, mit zerrissenem Herzen und aus den Augen strömenden Tränen, hatte Augustinus eine der großen visionären Erfahrungen seines Lebens. Er hörte im Geist die Stimme eines Kindes oder eines Engels; und er projizierte sie in die Außenwelt, die ihn umgab, in den Garten, in dem Alypius zurückgeblieben war. Während einer sanften Entrückung traten ihm, wie es in Visionen zu geschehen pflegt, die Gestalten der überlieferten christlichen Tradition vor Augen: die *iuvenes* oder *pueri* oder *adolescentes*, die in den *Märtyrerakten* den »Bekennern des Glaubens« lächelnd Botschaften geistlicher Seligkeit offenbaren, und die Übung, mit Hilfe eines

Priesters oder eines *puer innocens* aus den Seiten der Bibel eine Vorbedeutung zu lesen. Augustinus hemmt den Lauf der Tränen, er nimmt das Buch mit den Briefen des hl. Paulus zur Hand, das in der Nähe stand, und liest, wie die Stimme ihm gesagt hat, den ersten Abschnitt, auf den sein Auge fällt: »Nein, nicht in Schmausereien und Trinkgelagen, nicht in Betten und Unzucht, nicht in Streit und Neid, sondern zieht den Herrn Jesus Christus an und gebt nicht dem Fleisch und seinen Begierden nach.« Weiter wollte er nicht lesen. Denn als er die letzten Worte gelesen hatte, strömte das Licht der Gewißheit in sein Herz, und jegliche Finsternis des Zweifels war verschwunden.

Ist das alles wirklich so geschehen, wie die *Bekenntnisse* es erzählen? Gab es wirklich diesen unvorhersehbaren Einbruch, diese lichtvolle Zäsur in seinem Leben? Im letzten und zu Beginn unseres Jahrhunderts haben viele Gelehrte daran gezweifelt, wenn sie die dramatische und mit einem Weinkrampf verbundene Erzählung der *Bekenntnisse* mit dem ruhigen Licht verglichen haben, das die *Dialoge* einhüllt, die, unmittelbar nach der Konversion, in Cassiciacum, nördlich von Mailand in den Hügeln von Brianza, geschrieben wurden. Sicher kann niemand die tiefgreifenden Unterschiede im Ton leugnen. Als Augustinus sich im September 386 nach Cassiciacum zurückzog, lebte er – zusammen mit seiner Mutter, dem Sohn und einigen Schülern – seine Zeit des christlichen *otium*, so wie viele Lateiner der klassischen Zeit, die, frei von den Sorgen einer öffentlichen Aufgabe, den Sommer oder den Herbst auf dem Lande verbrachten und sich der Lektüre und der Meditation widmeten. Er wachte mitten in der Nacht auf; in der Stille des Schlafraums dachte er über alles das nach, was Eingebung oder Zufall ihm zufließen ließ: Gott, die Ordnung, die Schönheit der Welt, die Existenz des Bösen. Dann erwachte auch einer der Freunde, und sie unterhielten sich, während der Morgen nahte. Sie aßen wenig; ihre Diskussionen setzten sie in den wohltemperierten Bädern auf dem Land fort, oder auf den Wiesen nahe beim Haus, sobald die Morgennebel sich gelichtet hatten. Vermutlich hat er sich nie von so zärtlichem Glück erfüllt, so heiter und entspannt gefühlt wie damals, als sich Seele und Leib von den Wunden der Konversion erholten. »Jetzt bist du der einzige, den ich liebe«, schrieb er, »du der einzige, dem ich folge, du der einzige, den ich suche, du der einzige, dem zu dienen ich bereit bin.« Er war erfüllt von Eifer und Begeisterung für den Herrn; er liebte die neuplatonische Philosophie und ihre »Wohlgerüche«, wie er sie nie zuvor geliebt hatte; er sah die Welt als einen bezaubernden Nebel des Lichts; und er war – wie nie zuvor – sicher, daß der Himmel für ihn eine strahlende Zukunft bereithielt.

Vielleicht hatte er noch nicht seinen wahren Gott gefunden, den Gott der *Bekenntnisse*; ohne sich dessen bewußt zu sein, betete er noch den Gott der Philosophen an – den Gott des Schönen und Guten, den Ursprung und Anfang des intelligiblen Lichtes und von allem, was in diesem Licht erglänzt: »Das einzige, ewige und wahre Sein, wo es keinen Mißklang gibt, keine Verwirrung, keine Wandlung, keinen Mangel, keinen Tod, wo höchste Eintracht, höchste Gewißheit, höchste Beständigkeit, höchste Fülle, höchstes Leben ist.« Wenn er das All betrachtete, nahm er dessen Harmonie und wunderbare Ordnung wahr. Die Augen bewunderten die schönen und vielgestaltigen Formen, die lebendigen und frischen Farben, das Licht, das die Dinge überflutet und uns liebkost, auch wenn wir nicht darauf achten. Es gab keinen Mißklang, weil das Schlechte durch das Gute ausgeglichen wurde, das Unglück durch das Glück, die Sünde durch die Erlösung. Alles, was das Vorrecht des Seins besitzt, ist gut; das Mögliche, das zum Sein strebt, ist gleichermaßen gut; und in einem Aufwallen von Optimismus dachte er, daß alle unsere Ideale, unsere Träume, die Wahrheiten, die wir in unserem von Gott erleuchteten Geist aufbauen, notwendigerweise an einem bestimmten Ort auf dieser oder in einer anderen Welt existieren, auch wenn wir nicht in der Lage sind, sie zu sehen. Er pries alle Dinge glücklich, auch die, an denen die Philosophen das Wesen des Bösen wahrgenommen hatten. Die Leiber besitzen Schönheit und Harmonie, und sie sind also das Werk dessen, der der Ursprung aller Harmonie ist. Das, was stirbt, sich auflöst oder verwandelt, weil es den bitteren Wechselfällen der Zeit unterworfen ist, stört nicht das Gleichgewicht des Alls, wie ja auch in einem wohlgegliederten Vortrag die Silben und Laute aufeinanderfolgen. Auch das Böse – dessen Vorstellung jeden Lobredner der *harmonia mundi* irritieren muß – hellte im Geist des Augustinus seinen Schatten auf. Er war jetzt gewiß, daß es keine Substanz war, wie er früher geglaubt hatte, bevor er Plotin gelesen und den hl. Ambrosius gehört hatte. Es erwuchs aus dem freien Willen jedes einzelnen; *nequitia*, »Schlechtigkeit«, »Nichtigkeit«, war abgeleitet von *ne quidquam*, »nichts«; das Böse war also reine Absenz, eine Privation, ein Mangel, wie die Finsternis nichts anderes ist als das Nichtvorhandensein von Licht und das Schweigen das Nichtvorhandensein von Lauten.

Es ist nachvollziehbar, daß Augustinus in seinem Zustand der zarten Glut des Rekonvaleszenten sein Leben in Unruhe und Angst und seine dramatische Bekehrung nicht in ihrem wahren Licht gesehen hat. Das alles war Vergangenheit. Und er streckte sich ohne größeren Druck auf die wunderbare Zukunft hin aus, die die Gnade Gottes und die Taufe in ihm erschaffen würden. Aber dieser Zustand war nicht von Dauer. Während der zehn Jahre, die auf die Bekehrung folgten, verlor die Welt des Augustinus die Leichtigkeit und die Harmonie, die sie auszeichnete, und sie wurde wieder von Schatten verdüstert. Er gelangte zu der Überzeugung, daß der Mensch von sich aus nicht imstande sei, das Gute zu tun; und so konnte auch er nicht von sich aus dazu gekommen sein, sich zu bekehren und sich von der eigenen Vergangenheit zu befreien. Er begann wieder, wie in seiner Jugendzeit als Manichäer, fieberhaft nach der Natur des Bösen zu forschen: »Was waren das für qualvolle Geburtswehen meines Herzens, was für ein Seufzen, mein Gott! ... Und während ich in der Stille leidenschaftlich suchte, stiegen gewaltige Stimmen hinauf zu deiner Barmherzigkeit: der stumme Aufschrei meines zerknirschten Herzens.« Er hatte die These vertreten, das Böse sei ein Mangel an Gutem. Jetzt ging ihm ein Satz des hl. Paulus nicht mehr aus dem Kopf: »Das Wollen liegt in meiner Macht, aber die Verwirklichung des Guten nicht. So daß ich nicht das Gute tue, das ich will, sondern das Böse, das ich nicht will. Wenn ich aber das tue, was ich nicht will, dann bin nicht mehr ich es, der so handelt, sondern die Macht der Sünde, die in mir wohnt.« Zwar änderte er nicht die theologischen Formulierungen, aber er nahm nun das Böse als eine dunkle und bedrohliche Präsenz wahr, die, tiefer verankert als unser Wille und unser Bewußtsein, in uns wohnt und sich in unserem Innern ausbreitet. Wer könnte also leugnen, daß das Böse eine dunkle und gewaltsame Substanz hat? Wenn er in seinem Herzen nachforschte, so entdeckte er jetzt, daß er schon gesündigt hatte, bevor er ein Bewußtsein besaß; kaum geboren, hat er – »bleich und mit bitterbösem Blick« – dem Bruder gegenüber Neid empfunden, der wie er an der mütterlichen Brust gestillt wurde; und dann hat er weiterhin gesündigt, durch Lügen, durch Verlangen nach Spiel und frivolen Schauspielen. Catilina hatte das Böse aus Gier nach Macht und Ehre begangen, er aber hatte es – etwa als er Früchte vom Birnbaum stahl – aus reiner Freude am Bösen getan, aus Freude an der Übertretung und am Vergehen. Damit hatte er das Schlimmste begangen: das Absolute Böse.

Vieles war es, das ihn jetzt von der Zeit seiner Bekehrung trennte. Damals erging er sich darin, Gott in der Ordnung und Schönheit der Welt zu verehren. Jetzt aber wollte er, wenn möglich, auch darüber sprechen, wer Er ist, über sein unfaßbares Wesen, über die Gnade, die ihn in den Jahren seiner Jugend geschützt und gerettet hatte und die ihn auch weiterhin rettete. So wollte er in dem Buch, das er gegen Ende seines vierten Lebensjahrzehnts begann – einem Buch, das ganz durchwoben war von Worten und Bildern der Schrift und auf einer einfallsreichen Intarsiatur des Psalmenbuches aufbaute –, seine *Confessio peccati et laudis* schreiben; er wollte damit die göttliche Gnade offenbaren, die in ihm gewohnt hatte, als er noch dem Bösen verhaftet war, und Gott verherrlichen, der die Welt erschafft.

Ich glaube, daß nie das Buch eines Menschen – auch nicht die Texte der persischen Sufis – so nah bei Gott war. »Das erwog ich, und du warst mir nahe; ich seufzte, und du hörtest mich; ich schwankte, und du wiesest mir die Richtung, ich ging die breite Straße der Welt, und du verließest mich nicht.« Augustinus ist durchdrungen, besessen, beherrscht, ganz ausgefüllt von dieser übermenschlichen Gegenwart. Mit wieviel Liebe, Vertrauen,

Gewißheit und vollkommener Ruhe wendet er sich an dieses *Du*! Wie unglaublich zart sind die Anreden, die er gebraucht: *dulcedo mea, lumen cordis mei – du meine Wonne, Licht meines Herzens*! Dieses Buch ist, auch wenn es scheinbar für jeden von uns geschrieben zu sein scheint, in Wahrheit für keinen Menschen, sondern allein für Gott geschrieben, der sein einziger Leser und Hörer sein sollte. In seiner Allwissenheit weiß Er schon alles, was Augustinus gefühlt, erlitten und gedacht hat; Er hat alles gesehen, was in ihm und um ihn geschehen ist, und Augustinus braucht nur die Worte zu wiederholen und sich selbst zu offenbaren, die Gott schon immer kennt. Aber ein Verlangen konnte er nicht verwirklichen: das Bekenntnis der Sünde und des Lobpreises mit den Augen und der Hand Gottes selbst zu schreiben, die eigene Autobiographie so zu buchstabieren, wie Er sie am Tag des Gerichts auf die Bühne des Himmels stellen wird.

Im Anfang lebte Augustinus wie der verlorene Sohn in der Fremde: im »unermeßlichen Abgrund« und im »finsteren Leid« der Trennung. Dann begann er mit der Suche nach Gott. Während er immer ängstlicher und unruhiger wurde, stiegen in ihm die Gedanken auf, die eine verschattete Vernunft gebiert, wurden die Leidenschaften wach, die ein brennendes Herz erregen können, die Gewissensbisse, die es verwirren; er erlebte die bittere Freude der Vergnügungen dieser Welt und die angstbesetzte Leere seiner Illusionen. Er konnte keine Ruhe finden. Es trieb ihn hin und her, er seufzte, er weinte, er verlor die Fassung, fand keine Ruhe und hatte keine Entschlußkraft. Jetzt war er von einer inneren Freude ergriffen, die mit Angst verbunden war, und von einer stillen Bitterkeit, die sich mit Hoffnung mischte. Er trug eine gequälte, blutende Seele in sich, die sich dagegen sträubte, von ihm getragen zu werden, er aber wußte nicht, wo er sie hätte absetzen können. »Nicht in lieblichen Hainen, nicht bei Spiel und Gesang, nicht in Bädern mit ihren Wohlgerüchen, nicht bei erlesenen Gastmählern, nicht in der Kammer und im Bett mit ihrer Lust, auch nicht bei Büchern und Gedichten fand sie Ruhe.« Und er ging durch Dunkelheiten und Schlüpfrigkeiten, er suchte den Herrn außerhalb seiner selbst, und nirgends fand er den »Gott seines Herzens«. Bis er schließlich den Blick in die Tiefen seines eigenen Ichs richtete, wo sich alles sammelte und spiegelte, und der Eine ihn aus der Zerstreuung sammelte und ihn auf sich selbst konzentrierte.

Aber wer ist dieser Gott – der Leser und der heimliche Autor der *Bekenntnisse*? Wer ist dieses Zentrum, das immer erahnt und nie ergriffen, immer erstrebt und am Ende erfaßt wird? Zur Zeit der *Dialoge* von Cassiciacum war Gott ein Licht, das Licht schuf und in seiner Unbestimmtheit wahrgenommen wurde; jetzt, da Augustinus seinen Geheimnissen um vieles näher ist, ist er zu einem beständigen Schöpfer von Antithesen geworden, ist er der geheime Sinn aller Antithesen, die sich in ihm auflösen und aufheben. Er ist immer in Aktion und immer in Ruhe, er ist der Grund für die entgegengesetzten Eigenschaften der Bewegung und des Stillstands, die in der Ewigkeit ineinander übergehen. Er ist *der, der ist*, der, der sich nicht ändert, ein ewiges Heute, und doch schafft er das veränderliche Leben der Menschen in der Zeit. Er ist das beständigste und mit sich selbst identischste aller Wesen, und er müßte deshalb sofort mit dem Geist erfaßt werden, und doch ist er das dunkelste aller Wesen. Er ist an allen Punkten und allen Orten der Welt, und er ist an keinem. Und wenn wir in sein Antlitz blicken, das er uns zuwendet, dann sehen wir, daß sich in denselben Zügen Rache und Barmherzigkeit mischen, der Anblick dessen, der straft wie der strengste Herr unter den Menschen, und der Anblick dessen, der in unendlicher Zärtlichkeit die Tränen derer abwischt, die weinen. Aber diese Antithesen – und alle anderen, die Augustinus mit der Meisterschaft des Sophisten aufstellt – hängen alle von einer wesentlichen Antithese ab. Gott ist zugleich die absolute Transzendenz und die absolute Immanenz. Unser Herz und alle Dinge der Welt können ihn nicht aufnehmen, weil sie ihn nicht fassen können, und doch lebt er im Herzen eines jeden von uns. Er ist *altissimus et proximus, secretissimus et praesentissimus*. Er ist in der Höhe, hoch erhoben über alle Dinge, verborgen im eigenen schwindelerregenden Abgrund, unaussprechlich, das geheimnisvollste aller Wesen; und doch ist niemand uns näher als er, der uns »innerlicher als unser Innerstes« ist und uns so brüderlich und vertraut begegnet.

Obwohl in den *Bekenntnissen* die Ferne Gottes einen erstaunlichen Ausdruck findet, zieht Augustinus es doch vor, den anderen Pol der Antithese herauszustellen: seine Gegenwärtigkeit. Wenn er die menschliche Liebe zurückweist, macht er das nicht, weil er jedes Verlangen auslöschen wollte, sondern weil die ganze Kraft des menschlichen Eros in der Umarmung Gottes aufgehen und aufgehoben werden soll. An einer kühnen Stelle des zweiten Buches legt er dar, daß Gott die Entsprechung und Substitution von allem ist, was wir vom Leben erwarten können und daß alle unsere psychologischen und körperlichen Freuden, sogar die niedrigen und unangemessenen, verwandelt und verwirklicht werden müssen in der Liebe zu Gott. Wenn wir in der Überheblichkeit die Hoheit suchen, weist er darauf hin, daß Gott über alle Dinge hoch erhaben ist; wenn der Ehrgeiz auf Ehre und Ruhm aus ist: Gott als einzigem gebühren Ehre und Ruhm; wenn die Machthaber gefürchtet sein wollen: zu fürchten ist allein Gott; wenn die Wollüstigen sich der Liebe hingeben wollen: nichts ist zärtlicher als die Liebe Gottes; wenn die Trägheit die Ruhe sucht: die einzig wahre Ruhe ist in seinem Schoß; wenn die Schwelgerei Überfluß und Sättigung anstrebt: Gott allein ist die Fülle und der unerschöpfliche Reichtum unvergänglicher Wonne; wenn die Habgier viel besitzen will: Gott besitzt alles; wenn der Zorn Vergeltung sucht: wer vergilt gerechter als Gott? Im Herrn können wir alles lieben: die Schönheit eines Körpers, den Glanz des Lichtes, die wohlklingendsten Melodien, den Duft der Blumen, die Körperteile, denen die fleischlichen Umarmungen gelten. Die vergänglichen Dinge gehen, wohin sie immer gegangen sind, um nicht mehr zu sein, und sie quälen die Seele mit Sehnsüchten und unheilvollen Schmerzen, da die Seele in den Dingen sein und ruhen will, die sie liebt. Wer könnte das mit dem Bewußtsein des Fleisches? Oder wer könnte sie erfassen, selbst wenn sie zum Greifen nahe sind? Wir können diese vergänglichen Dinge nur in Gott erkennen, lieben und besitzen – wenn wir beständig und zuverlässig geworden sind, wie Er es ist.

Was aufmerken läßt, ist die anthropomorphe Sprache, mit der Augustinus Gott darstellt. Nie wurde ihm ein Körper zugeschrieben wie in den *Bekenntnissen*: Die Beziehung zu ihm findet statt von Antlitz zu Antlitz, von Mund zu Mund, von Ohr zu Ohr – erschreckend körperlich wie bei der hl. Teresa. Welche glühenden Sätze! »Mit meinem ganzen Herzen möchte ich deine Hand ergreifen«; »Was ist näher deinem Ohr als ein bekennendes Herz und ein Leben aus dem Glauben?«; »Nähere das Ohr meines Herzens deinem Mund, damit du mir sagst ...«; »Wir lechzten mit dem Mund unseres Herzens nach den Wassern, die aus der Höhe, aus deiner Quelle, aus der Quelle des Lebens, die bei dir ist, herniederfließen, um dann von ihr nach unserer Fassungskraft gestärkt zu werden.« Gott ist eine Speise, Augustinus hat Hunger und Durst nach ihm, ganz so, wie ein Hungriger sich auf eine irdische Speise stürzt. Diese körperliche Gestalt Gottes leitet sich von der vielfältig variierten Sprache der Psalmen her. Augustinus weiß sehr wohl, daß Gott weder ein Antlitz noch Hände hat: Er ist reiner Geist. Aber dieser Geist tritt in eine so enge Verbindung zu ihm, daß er ihn nahe fühlt wie den eigenen Atem, wie die Halsschlagader, wie das vom Spiegel reflektierte eigene Bild. Er hat das Gefühl, daß Gottes umfassender Körper ihn von allen Seiten einhüllt und daß er selbst nur ein kindlicher Schatten ist, der von Seinen Augen festgehalten, von Seinen Händen getragen und von Seinen Ohren gehört wird.

In seiner philosophischen Suche, die ihn durch die Bücher und Schulen führte, hatte Augustinus die Wahrheit gesucht – vor allem aber ein Ziel, das er noch viel höher ansetzte: die Glückseligkeit. Er war überzeugt, daß »niemand weise ist, wenn er nicht glücklich ist«. Aber wo wohnt die unerreichbare Glückseligkeit? Zur Zeit seiner Bekehrung hatte er begriffen, daß er nur glücklich sein konnte, wenn er Gott erkannte: nur wenn er von etwas aus der Höhe, von etwas Beständigem, Festgegründetem, Sicherem, von der Gestalt des Vaters angestoßen wurde, die ihn einhüllte und in seine Arme schloß. Jetzt, da er seit Jahren in der Gegenwart Gottes lebte, mußte ihm »Glückseligkeit« als ein naives und allzu menschliches Wort erscheinen. Sicher, er war »glücklich« in der Gegenwart Gottes. Aber er lebte fortwährend in einer unbeständigen Situation, hin- und hergerissen zwischen den beiden Abgründen der Sünde und der Gnade, ohne die stille und dauerhafte Ruhe, die er sich vorgestellt hatte. Er wollte mehr: die Ekstase, die zumindest punktuelle Verschmelzung, wie er sie in der Vision von Ostia erlebt hatte.

Damals standen Augustinus und Monika an ein Fenster gelehnt, das den Blick auf einen Garten freigab; und sie sprachen in überirdischer Innigkeit miteinander. Sie vergaßen das Vergangene, waren ganz auf die Zukunft gerichtet, sprachen über das ewige Leben der Heiligen im Himmel, das kein Auge je gesehen und kein Ohr je gehört hat. Sie erhoben sich mit glühendem Herzen zu Gott, stiegen rasch auf in sich selbst und überstiegen dann, Stufe um Stufe, alle körperlichen Dinge und auch den Himmel; sie stiegen über sich selbst hinaus und richteten das Denken, das Gespräch und ihre Bewunderung auf seine Werke. Schließlich gelangten sie dorthin, wo Gott sein Volk auf der Wiese der Wahrheit weidet. Dort ist die ewige göttliche Weisheit. Und während sie von ihr sprachen und sich nach ihr sehnten, geschah es, daß sie sie einen Moment lang berührten, mit einer raschen und heftigen Erschütterung des Herzens. Sie seufzten auf und ließen die feinsten Teile ihres Geistes, die »Erstlinge«, dort gebunden zurück. Dann brechen die Vision und die Ekstase ab, und Monika und Augustinus kehren auf die Erde zurück.

Dieser Schriftsteller, der sein ganzes Leben lang von einer geradezu exzessiven intellektuellen Spannung beherrscht wurde, dieser ungemein kraftvolle und unendlich feine Geist, dieser heimwehkranke Himmelspilger, dieser Wanderer auf der Suche nach einem nie erreichten Land, dieser Mensch, der sich in jedem Augenblick seines Lebens mit Fragen nach sich selbst, nach der Welt und nach Gott konfrontierte, ohne sich in seinem Fragen angstvoll Grenzen zu setzen – er fand, daß das Seltsamste und Außergewöhnlichste in der Welt der Mensch sei. »Die Menschen blicken voll Staunen auf die Gipfel der Berge, die ungeheuren Fluten des Meeres, die breiten Wasser der Flüsse, die Größe der Meere und die Umlaufbahnen der Sterne, aber sie übersehen dabei sich selbst, und sie staunen nicht über sich selbst.« Es gibt wenige Seiten in den *Bekenntnissen*, die einen modernen Leser so unmittelbar ansprechen wie die Sätze über die großen Räume und weiten Paläste unseres Gedächtnisses: die Höhlen, die Labyrinthe, die Verstecke, »sie sind unabsehbar angefüllt mit unzähligen Arten von Dingen, sei es mit Bildern, sei es mit den Sachen selbst, sei es mit ich weiß nicht welchen Begriffen oder Zeichen«. Wir sind erstaunt über die Fähigkeit des Augustinus, das Unbestimmte zu denken und in das einzudringen, was unser Geist an Flüchtigem, Vagem und Abgründigem verbirgt, und zugleich das Unbestimmte in einen sichtbaren Raum zu verwandeln, in eine innere Bühne, wo die Gedanken und Leidenschaften des Herzens in nahezu physischer Gestalt handeln und kämpfen und hin und her wogen.

Petrarca hat die *Bekenntnisse*, dieses »von Tränen triefende Buch«, geliebt. Und er liebte daran vor allem die wunderbare Rhetorik: das Spiel der Wiederholungen, der Refrains, der Reihungen, der Parallelismen, der Oppositionen, den verwirrenden Sprachzauber, die sanfte und dramatische Intensität der Fragen, die Geschmeidigkeit der Formulierungen. Das Ziel all dessen war es – bei dem, der es geschrieben hat, und bei uns, die wir es jetzt lesen –, ein Maximum an Wirkung zu erzielen. Augustinus sprach vom *aestus* seiner Gefühle: der Hitze, der Glut, der Unruhe, dem reißenden Strom, dem Sturm. Wenn wir näher hinsehen, so zeigt sich, daß dieser *aestus* einige Besonderheiten aufweist. In seiner Jugendzeit hat Augustinus nicht nur geliebt, sodern er liebte das Lieben. »Noch liebte ich nicht, und liebte doch das Lieben; und mit tiefstem Ungenügen haßte ich mich, da ich zuwenig Verlangen hatte. Ich suchte, das Lieben liebend, etwas, das ich lieben könnte, und ich haßte den sicheren Weg ohne Fallstricke.« Er ging gerne ins Theater. Wie er, obwohl er noch nicht liebte, sich gerne in das Spiel von Eifersucht und Befürchtung stürzte, so verlangte ihn danach, im Theater die gespielten Liebesleiden, die vorgetäuschten Tränen, die fiktiven Leidenschaften dargestellt zu sehen. Und diese Lügen ließen echte Tränen fließen, die ihm höchsten Genuß bereiteten.

Augustinus hat dies alles nie wirklich abgelegt. Es war in ihm lebendig, auch als er die *Bekenntnisse* niederschrieb: die Sehnsucht nach einer unbegrenzten Liebe, die Pflege einer eingebildeten und bemühten Leidenschaft, die Erregung des Gefühls, die

Lust an Tränen. Und all die wahren und eingebildeten *aestus* verleihen seinen Sätzen eine Assonanz, einen Nimbus, einen Widerhall, eine Eindrücklichkeit, die sich in uns festsetzt und widerklingt und die Vorstellung und den Traum von einer Leidenschaft nach etwas weckt, von dem wir wünschen, daß es nie ausgeschöpft werden könne. Welche Rolle spielt es da, aus welcher Quelle es entspringt oder wie man es sich verschafft? Es ist der ständige »ardent sanglot qui roule d'âge en âge«, das sehnsuchtsvolle Schluchzen, das sich durch die Zeiten wälzt; Augustinus hat es vom menschlichen Subjekt gelöst, es emporgehoben und Gott übergeben, und er ließ es »mourir au bord de *son* éternité«.

Als der Tag nahte, an dem sie aus diesem Leben scheiden sollte, hielt sich Monika, die Mutter des Augustinus, mit ihrem Sohn allein in einem Haus in Ostia auf. Sie standen an ein Fenster gelehnt und unterhielten sich »köstlich innig«; »das Vergangene vergessend und sich ausspannend auf das Kommende«, fragten sie sich, welcher Art wohl das ewige Leben der Heiligen sei; dabei »lechzten sie mit dem Mund des Herzens nach dem Wasser aus der Höhe, aus der Quelle Gottes«, um von dorther benetzt zu werden.

Einen Augenblick lang dachten Augustinus und Monika an die Freude der fleischlichen Sinnesgenüsse, die uns manchmal so glanzvoll erscheinen und doch nichtig sind. Dann stiegen sie höher, immer höher, und erhoben sich in glühendem Aufschwung zu Gott. Sie durchwanderten Schritt für Schritt alle Stufen der Wirklichkeit der äußeren Welt, die er geschaffen hat, sie stiegen auf zur Sonne, über den Mond und die Sterne hinaus, die ihren Glanz widerspiegeln. Und sie stiegen höher und höher im Betrachten, Bereden und Bewundern seiner Werke. Und sie kamen zu unserer Geisteswelt und überstiegen deren Abgründe und Höhen, die um so vieles tiefer und geheimnisvoller sind als alle äußerlichen Höhen. Schließlich überschritten sie in einem letzten Sprung den menschlichen Geist und gelangten zur »Region des nie versiegenden Überflusses«, wo er wohnt. Und sie fuhren fort im Gespräch und seufzten auf zu ihm. Da berührten sie kurz, für einen Augenblick, das Reich der Himmel, sie berührten es mit einem Schlag des Herzens. Vielleicht haben sie Gott gesehen, vielleicht haben sie seine Stimme gehört. Sie seufzten und ließen »die Erstlinge des Geistes« gebunden dort oben zurück. Und sie stiegen wieder herab in die Region der Körperwelt, wo man nur »das leere Getön unserer Rede« hört.

Zurückgekehrt auf die Erde, in das Haus in Ostia, sagten sie: »Schwiege in einem Menschen der Aufruhr des Fleisches, schwiegen die Bilder von Erde, Wasser und Luft, schwiegen die Himmel und schwiege selbst die Seele und überstiege sie sich, ohne länger an sich zu denken, schwiegen Traumgesichte und Visionen, schwiege jede Zunge und jedes Zeichen und schwiege alles, was vergänglich ist in einem Menschen, schwiegen also alle diese Dinge, weil sie das Ohr ganz dem geöffnet haben, der sie geschaffen hat, und spräche dann Er allein, nicht durch die Dinge, sondern durch sich selbst, so daß wir sein Wort hören, nicht durch eine fleischliche Zunge oder die Stimme eines Engels oder den Donner in den Wolken oder in Rätsel und Gleichnis, sondern ihn selbst, ihn, den wir in den Dingen lieben, so daß wir ihn ohne all dies hören, so wie wir eben jetzt mit einem blitzartig aufleuchtenden Gedanken die ewige Weisheit berührten, die über allen Dingen bleibt; und wenn dieser Augenblick anhielte und alles andere Sehen, das unvergleichlich weniger ist, weggenommen würde und wenn dieser eine Blick uns hochrisse und uns eintauchte in die inneren Freuden, und wenn das ewige Leben so wäre wie dieser Augenblick der Einsicht, die uns stöhnen machte«, wäre das nicht das Leben im Reich der Himmel?

Manch einer hat diese ersehnte, nur einen Moment dauernde Vision, die den Höhepunkt der *Bekenntnisse* bildet, recht zaghaft empfunden. Von all den Sehnsüchten und Hoffnungen und Aufstiegen, von so vielen ausgesprochenen und oft wiederholten Worten bleibt nur dies: eine kurze Berührung, vielleicht ein Lichtblitz, vielleicht eine kaum hörbare Stimme? Aber Augustinus konnte nicht anders schreiben. Er hatte Paulus gelesen. Er wußte, daß die erotisch-philosophische Begeisterung der griechischen Neuplatoniker sich in eine Vision verwandelte, in der sie die ekstatische Offenbarung erhielten und mit den Blicken die göttlichen Ideen, die reinen Formen des Seins, berührten.

Anders als die Griechen konnten jedoch die Christen das Licht Gottes – außer in ganz außergewöhnlichen und ganz kurzen Augenblicken – nicht erfassen; sie würden es – absolut und ungemindert – erst am Ende der Zeiten im ewigen Leben sehen. Hier in dieser beschränkten Zwischenzeit, in der wir leben, in diesem »Haus des Elends«, ist die einzige vollkommene Gabe die Liebe.

Die Briefe von Abaelard und Heloise

Um das Jahr 1132 war Abaelard über fünfzig Jahre alt. Er begann, einen langen Brief an einen Freund – und an die Welt – zu schreiben, der mit dem Titel »Geschichte meiner Leiden« versehen wurde. Voller Hingabe, Selbstgefälligkeit und Verzweiflung erzählte er darin sein Leben. Er erzählte von seinem Ruhm als junger Professor der Philosophie und der Theologie, als die Scholaren aus allen Teilen Europas zu ihm kamen, um seine Vorlesungen zu hören, als wäre er die Leuchte des universalen Wissens. Er erzählte von der Liebe zu Heloise, einem höchst gebildeten Mädchen, die zwanzig Jahre jünger war als er, und wie ein äußerst heftiges, fast brutales erotisches Verlangen und die Lust an Vergänglichem sich in eine glühende Leidenschaft verwandelten. »Unser Verlangen ließ keine Abstufung des Liebens aus, und wenn die Liebe etwas Ungewöhnliches ersinnen konnte, probierten wir es sofort aus; und je weniger wir in diesen Freuden erfahren waren, um so brennender gaben wir uns ihnen hin, und niemals wurden wir darin müde.« Es folgte die heimliche Heirat mit Heloise und die von einem Verwandten des Mädchens angestiftete Entmannung. Diese Entmannung erfüllte ihn immer noch mit Scham, als wäre er dadurch ein unreines Wesen geworden. Und er erzählt, wie er zum Mönch wurde, wie Heloise zur Nonne wurde, er erzählt von den kirchlichen Verfolgungen, den Anklagen wegen Häresie: von der Flucht in die Einsamkeit des Eremiten, von der Wiederaufnahme der philosophischen Lehrtätigkeit, vom Rückzug in die Abtei Sankt Gildas, wo barbarische Mönche ihn zu ermorden suchten.

Während er diese Vorkommnisse im Geist noch einmal

durchlief, suchte und fand Abaelard darin einen tieferen Sinn. Nichts war aus Zufall geschehen. Auch in den grausamsten Geschehnissen, die ihm Wunden zugefügt und ihn im Fleisch verletzt hatten, entdeckte er den Plan und die Vorsehung Gottes, der seinen Stolz und seine Unzucht hatte bestrafen wollen, um ihn zu sich zurückzuführen. Diesen Plan nahm er mit gebeugtem Haupt voll und ganz an: »Dein Wille geschehe, wie Christus am Kreuz gesagt hat«; »Was immer ihm widerfährt, der Gerechte wird sich darüber nicht betrüben«, wie es im Buch der Sprüche heißt. Und doch, trotz dieser Akzeptanz, überzeugt uns nicht, was Abaelard sagt. Wenn wir an die *Bekenntnisse* des Augustinus denken, so finden wir in der *Geschichte meiner Leiden* keinerlei Echo des inneren Lebens und nicht einmal eine Spur jener Reue, die dem Text Gestalt geben und ihn in ein stilles Wehklagen auflösen müßte. Der reumütige Abaelard begreift sein Leben weiterhin als einen Kampf. Das Wissen um seine Großartigkeit und die Selbstgefälligkeit verlassen ihn so gut wie nie. Überall sieht er Neid und Anschläge gegen sich. Und wenn er an sich selbst denkt, so sieht er sich – in einer Art hartnäckiger Mythomanie – als eine Wiedergeburt des verfolgten Athanasios, des gejagten Hieronymus, des verleumdeten, vor Gericht stehenden und gekreuzigten Christus.

Es gibt nur wenige Seiten, auf denen uns seine Stimme authentisch erscheint. Eingeschlossen in der schrecklichen Abtei Sankt Gildas, wo die Mönche den Meßwein vergiftet hatten, sieht er keine Hilfe. Die Verzweiflung und die Angst bemächtigen sich seiner. Er lehnt sich gegen Gott auf. Er sieht sich umherirren wie der flüchtige Kain, verflucht wie Kain. Und der Verdacht blitzt in ihm auf, einer unaussprechlichen Sünde gegen Gott schuldig zu sein.

Dieser lange Brief gelangt – vielleicht durch Zufall, wahrscheinlicher aber mit Abaelards Zutun – in die Hände von Heloise, die Äbtissin in der Abtei zum Parakleten ist. Heloise antwortet Abaelard: »Ihrem Herrn, vielmehr: dem Vater, ihrem Gatten, vielmehr: dem Bruder, seine Magd, vielmehr: die Tochter, seine

Gattin, vielmehr: die Schwester – an Abaelard Heloise.« Mit dieser Antwort beginnt der berühmte Briefwechsel zwischen den beiden. Heloise war, nicht nur für ihre Zeit, höchst gebildet. Sie beherrschte Latein vollkommen und hatte Griechisch und Hebräisch gelernt. Den Stil und den Rhythmus ihrer Prosa – voll von Antithesen, Parallelismen, Hyperbata, Wortspielen – hatte sie bei einem italienischen Magister gelernt, der im Frankreich ihrer Jugendzeit wenig bekannt war. Sie pflegte die Kunst des Zitierens, und sie liebte sie, als wäre sie ihr Geliebter; und wie Intarsien fügte sie in ihre Sätze Worte von Ovid und Lukan, von Hieronymus und Cicero, von Seneca, Horaz, Persius und Augustinus ein.

Wenn wir heute einen Brief schreiben, so ist dies eine private Angelegenheit. Wir können lügen, uns verstecken, die Wahrheit verbergen, die Flucht ergreifen: Immer wendet sich eine Seele an eine andere Seele, und der Blick der Öffentlichkeit tritt nie (oder fast nie) zwischen uns und unseren Gesprächspartner. Bei den Briefen von Heloise ist das Gegenteil der Fall. Auch wenn sie nicht an eine Veröffentlichung gedacht haben sollte (was aber nicht ausgeschlossen ist), stand sie oben auf einer hohen Bühne. Sie sprach und deklamierte vor einem riesigen Publikum, das aus ihren Zeitgenossen und aus den Menschen der Vergangenheit bestand: Ovid, Lukan und Hieronymus, deren Worte sie in ihre eigenen einfügte und so in den strahlenden und tönenden Mantel der Prosa kleidete. Was dabei überrascht, ist die Tatsache, daß nie, niemals ein manierierter Ton aufkommt. Mit welchem Elan, mit welcher Schamlosigkeit stellt sie ihre Leidenschaft dar; welche Anmut und welche Sanftheit gewinnt die klassische und mittelalterliche Rhetorik in ihrer Stimme. Sie ist von Schmerz erfüllt, verlassen, endgültig, funkelnd, und immer von erhabener Natürlichkeit. Eine lichtvolle Intelligenz, die schon auf die große französische psychologische Tradition vorausweist, läßt sie alle Hindernisse der Konventionen und des Ichs überwinden und die ganze Wahrheit aussprechen, die volle und tiefe Wahrheit, ohne Rücksicht auf das eigene Schamgefühl oder das Schamgefühl Abaelards, der Kirche und des zuhörenden Publikums.

Heloise fühlt sich von Abaelard, dem Gatten, dem Bruder, dem Vater, dem Herrn verraten und im Stich gelassen. Sie wünscht sich, daß er sie mit Worten oder mit Briefen tröste; und sie klagt ihn an, daß er sie nie geliebt habe: »Was dich mit mir verbunden hat, war eher Begehren als Freundschaft, eher das Feuer der Lüsternheit (und sie hätte hinzufügen können: eher die Selbstgefälligkeit) als Liebe.« Während Abaelard alt geworden, entmannt, verfolgt, sich von ihrer gemeinsamen Vergangenheit (wenigstens zum Teil) distanziert hatte, ist diese Vergangenheit nach fast fünfzehn Jahren für Heloise vollkommen gegenwärtig, in einer Weise, wie sie es glänzender und qualvoller nicht sein könnte. Alles hat sich gewandelt. Abaelard ist Mönch, sie ist Nonne, sie sind weit entfernt voneinander; und doch ist diese Vergangenheit unverändert und unveränderlich, für immer festgeschrieben in ihrem Gedächtnis, das nicht vergessen kann. Mit welch prächtiger Frivolität wendet sie sich zu ihr zurück, erinnert sie die Zeiten der Jugend, als Abaelard ein hochberühmter Philosoph war, alle ihn bewunderten und die Frauen ihn begehrten; er vernachlässigte das Studium und komponierte für sie Liebesgedichte und Liebeslieder; sie war allseits bekannt und beneidet; und sie lebten ihre Leidenschaft in der Öffentlichkeit, in einer Stimmung der Fülle, der Freude und des Festes der Liebe. Jetzt war davon nichts geblieben. Die Freuden, die das Gewissen und die Kirche als schändlich betrachteten, sind die einzigen Freuden, die sie liebt und die sie sich immer wieder ins Gedächtnis ruft. »Die Liebesfreuden, die wir miteinander genossen haben, waren für mich so süß, daß ich sie nicht verwerfen und nicht aus meinem Gedächtnis verbannen kann, nicht einmal ganz kurz. Wohin ich mich auch wende, sie tauchen immer vor meinen Augen auf und entzünden in mir das Feuer des Verlangens. Selbst wenn ich schlafe, bleiben mir diese Bilder nicht erspart. Sogar mitten im Hochamt, wenn das Gebet ganz lauter sein sollte, nehmen diese schamlosen Bilder der Wollust meine unglückliche Seele ganz und gar gefangen, so daß ich mehr an den Genuß als an das Gebet denke. Und so kommt es, daß ich statt zu seufzen über das, was ich begangen habe, eher deshalb seufze, daß es vergangen ist. Und damit meine ich nicht nur das, was wir damals getan haben, sondern auch die Orte und die Zeiten, wo und wann wir es getan haben, und du selbst bist mir derart in die Seele eingemeißelt, daß ich handle, als wäre ich mit dir zusammen, und nicht einmal im Schlaf finde ich Frieden.«

Mit vollkommenem Scharfblick erkennt Heloise ihre Situation. Zwar ist sie in ein Kloster eingetreten, und sie leitet mit gewissenhafter Aufmerksamkeit das Leben der Nonnen der Abtei zum Parakleten; aber sie hat das keineswegs für Gott getan; sie hat alles für ihren Liebhaber und Gatten getan. Und wenn Abaelard in seinem eigenen Unglück einen Plan der Vorsehung erkennt, kann sie in ihrem Leben keinerlei göttlichen Plan erblicken. Sie protestiert gegen ihr Schicksal und das von Abaelard; sie protestiert gegen Gott: »Ich klage ihn einer allzu großen Grausamkeit an.« Sie akzeptiert nicht; sie beugt nicht das Haupt; sie sagt nicht: »Dein Wille geschehe!«; wie Etienne Gilson schreibt, ist ihr Ausruf »O Gott, wenn es gestattet ist, das zu sagen: In allem bist du grausam zu mir!« würdig der Phädra des Racine. Und sie gibt nie der Versuchung nach, dem eigenen Gewissen zu schmeicheln. Die anderen, die die Vollkommenheit ihrer Werke sehen, glauben, sie sei eine tugendsame und fromme Nonne vor Gott. Sie aber weiß nur zu gut, daß sie nicht wahrhaft tugendsam ist, weil ihr ganzes Denken vom Bild Abaelards besetzt ist, während Gott in ihrem Innenleben nicht vorhanden ist.

Für Heloise gibt es auf der ganzen Welt, unter allen Menschen, Gedanken, Gegenständen, Ursachen und Möglichkeiten nur Abaelard. Abaelard ist ihr Herr, ihr Vater, ihr Bruder, ihr Liebhaber, ihr Gatte: Alle gefühlsmäßigen Bindungen sind auf ihn gerichtet. Es gibt niemand anderen auf der Welt, weder in der Vergangenheit noch in der Gegenwart. Und wenn Hieronymus, Augustinus und zu Heloises Zeit, Bernhard gesagt haben, es gebe nur eine Weise Gott zu lieben: mit einer *maßlosen* Liebe, dann widmet sie, die diese Texte wie eine Nahrung aufgenommen und sich zu eigen gemacht hat, mit einer großartigen Frevelhaftigkeit und in einer Verrücktheit, deren sie sich vollkommen bewußt ist, diese *maßlose* Liebe einem irdischen Geschöpf: Abaelard. »Gott weiß, daß ich in jedem Augenblick meines Lebens immer mehr fürchte, dich zu beleidigen als ihn und daß ich wünsche, dir mehr zu gefallen als ihm.« Wenn Abaelard ihr Herr ist, kann sie gar nicht anders, als seine ergebenste Untertanin zu sein: seine Magd, die jedesmal den Weg des Gehorsams, der Erniedrigung und der Demütigung wählt – und ihm, wenn er dies wollte, bis in die Hölle folgen würde. Sie will, daß er sie vollkommen besitzt. Sie will sich unrettbar in ihm auflösen, und sie weiß, daß darin ihre Größe besteht. Abaelard hatte an Heloise die Schönheit, die Bildung, die Freuden der Vergänglichkeit geliebt; Heloise liebt in Abaelard nur *ihn*; nicht die Ehe, nicht den Reichtum, vielleicht nicht einmal die Philosophie und die Bildung. Ihre Liebe ist absolut. Mit wunderschöner Rhetorik schreibt sie: »Ich rufe Gott zum Zeugen an, wenn der Kaiser selbst, der Herrscher der Welt, mir die Ehre erwiese, mir die Ehe anzutragen, und mir den Besitz der ganzen Welt für immer zusicherte, dann wäre es mir um vieles teurer, und ich würde es für viel würdiger erachten, deine Dirne zu sein als seine Kaiserin.«

Abaelard hat geantwortet. Er war alt, müde, aufgerieben. Er hatte nur noch blasse Erinnerungen an seine Liebe zu Heloise – oder, wenn überhaupt, nur düstere und teuflische Erinnerungen, gebildet aus Gewalt und Schlägen, ohne eine Spur jenes Glanzes, der die Erinnerungen Heloises umgibt. Er wollte sterben. Was hätte er antworten können auf diese brennende Leidenschaft, die Gott, die Welt, die Menschen auslöschte aus Liebe zu ihm und vor allem zu sich selbst? Während Heloise ihn immer noch liebte, liebte er sie nicht mehr; oder er liebte sie in Christus, als Nonne, Angehörige einer »zahlreichen und heiligen Gemeinschaft«. Er verwies sie auf Gott, drängte sie in die Umarmungen Gottes; und er wünschte sich von ihr nur Gebete. Er wollte, daß sie sich nicht mehr erinnere, daß sie alle Erinnerungen auslösche, die für sie das Herzstück ihres Lebens waren; und daß sie sich der »niedrigsten Schamlosigkeiten« schäme, die sie begangen hatten – ein Ausdruck, der Heloise erschrecken mußte. Er klagte sie an, daß sie den Plan der Vorsehung nicht annehmen wolle, wie er sich in der Verknüpfung ihrer beider Leben offenbart habe; während es den Anschein hatte, daß Gott sie hart bestraft habe, hatte er sie gerettet; es war ihnen nicht Gerechtigkeit widerfahren, sondern *Gnade*; und sie sollten zusammen »auf dem Weg der Seligkeit« wandeln. »Sieh doch, wie umfassend der Plan der göttlichen Liebe uns gegenüber ist und wie barmherzig Er das Gericht uns zur Besserung verwandelt hat.« In einem Anflug seines früheren Größenwahns glaubte Abaelard, Er sei das Herzstück dieses Heilsplans, während Heloise ein Mittel war, eine winzige Intarsie, ein Bauer auf dem Schachbrett. Gott hatte sie mit der gleichen Macht gefesselt, mit der er den heiligen Paulus geschlagen hat, um ihn zu bekehren, und jetzt waren sie beide – getrennt und doch vereint – ein Beispiel für alle, und im besonderen für die Gebildeten.

Mit allen Mitteln, die ihm verblieben waren, mit jener bewundernswerten Kunst der Logik, die seinen Ruhm begründete, mit einer Art umgekehrter Leidenschaft und einem großartigen christlichen Pathos versuchte Abaelard diese unbezähmbare Frau zu bezähmen. Ihn gab es nicht mehr. Es gab nur noch Christus. Heloise sollte mit Christus leiden, mit Gott: Er, der Mensch geworden war, wurde gefangengenommen, ausgeliefert, ausgepeitscht, mit verbundenen Augen verspottet, geschlagen, mit Dornen gekrönt, und er wurde für sie gekreuzigt. Heloise mußte noch weitergehen. Sie durfte nur Christus lieben – den einzigen, der sie je geliebt hat. »Meine Liebe, die uns beide in die Sünde hineingezogen hat, war eher Begierde als Liebe«, sagte Abaelard – sich selbst verleumdend und im Wissen darum, daß er sich selbst verleumdet. »Ich befriedigte an dir meine unselige Wollust, und das war meine ganze Liebe ... Dein Wehklagen muß sich an den wenden, der dich losgekauft hat, nicht an den, der dich verderbt hat, an deinen Erlöser, nicht an deinen Verführer, an den Herrn, der für dich gestorben ist, nicht an den Knecht, der noch lebt.« Er war nicht mehr wie früher einmal der Herr von Heloise; jetzt war er besiegt, schwach, ihres Gebetes bedürftig, nur noch ihr *Knecht* – eine Wahrheit, die Heloise, die ihre Größe darin sah, seine Magd zu sein, nicht annehmen konnte. Abaelard stand nun bald der Himmel offen; und er hoffte, daß Gott dort ihn mit derjenigen vereinigen würde, der er entsagt hatte: »Du hast uns vereint, o Herr, und du hast uns geschieden, wann und wie es dir gefallen hat. Vollende jetzt, o Herr, in deiner Barmherzigkeit, was du barmherzig begonnen hast. Der du uns in der Welt einmal voneinander geschieden hast, vereine uns mit dir auf ewig im Himmel, unsere Hoffnung, unser Erbteil, unsere Erwartung, unser Trost, Herr, sei gepriesen von Ewigkeit zu Ewigkeit.«

Wir wissen nicht, welchen Widerhall die übertriebene Eloquenz Abaelards im gequälten Herzen Heloises gefunden hat. Wohl erkannte sie darin die glühende Kraft seiner Stimme wieder, die ihr zunächst verloren schien. Am Beginn ihres Antwortbriefes schrieb sie eine kurze, preziöse und subtile Widmung: *Suo specialiter, sua singulariter* – »An den, der in besonderer Weise der Ihre ist, die, die auf einzigartige Weise die Seine ist«, als wollte sie ausdrücken, daß Abaelard ihr nur als Mensch und Knecht Christi angehören wollte, während sie als Person ganz die Seine sei. Es war ihr letztes Aufbegehren gegen Abaelard. Dann beugte sie noch einmal ihr Haupt. Sie ging in ihrer Antwort auf den Hauptpunkt seines Briefes nicht ein. Aber sie nahm den Gott an, den Abaelard ihr hatte auferlegen wollen. Sie sprach nie wieder über ihre Erinnerungen, weder über die vergangene noch über die gegenwärtige Liebe zu ihm. Sie wechselte das Thema. Sie bat Abaelard, eine Klosterregel für Frauen auszuarbeiten, mit milder Strenge, in der Art, wie sie die Abtei zum Parakleten leitete. In dieser neuen Regel, die vom Geist der Theologie des Paulus und der Philosophie Abaelards geprägt war, sollten das Herz, die Gesinnung, die Freiheit des Evangeliums und das sanfte Joch Christi den Ton angeben, und nicht die gefühllosen Werke, die das jüdische und monastische Gesetz auferlegt hatten. »Die wahren Christen sind nur dem inneren Menschen verpflichtet, sie sind bemüht, ihn mit Tugenden zu schmücken und von den Lastern zu reinigen, und sie kümmern sich nicht, oder nur wenig, um Äußerlichkeiten.« »Die Enthaltsamkeit ist keine Tugend des Fleisches, sondern des Geistes.«

Mit einer gewissen Erleichterung und mit neuem Eifer hat Abaelard mit zwei langen Briefen an Heloise geantwortet, in denen er die Tugenden und die Vortrefflichkeit der Frauen pries. Eine Frau hatte für uns den Erlöser geboren; Frauen hatten den

Leib Christi gesalbt und geheiligt; und während Petrus und die anderen Jünger Jesus verleugnet haben, haben die Frauen mutig bis zum Ende ausgeharrt, ohne den Leib des Herrn preiszugeben. »Sie wurden gleichsam zu Apostelinnen über den Aposteln erwählt, denn sie waren es, die von Gott oder den Engeln gesandt wurden, den Jüngern die große Freude der Auferstehung zu verkünden.« Und ganz allgemein, bis in die jüngste Zeit haben die Frauen immer eine enge Verbindung zur Wirklichkeit und zur Wahrheit bewiesen, während die Männer nur über die Welt der Zeichen und der Worte geboten. »Es gibt wohl nichts auf der Welt, dem Gott seine Gnade in so vollkommener Weise schenken wollte wie dem weiblichen Geschlecht, und zwar gerade wegen seiner Schwäche ... Die letzten werden die Ersten sein ...« In diesen beiden letzten Briefen scheinen das Bewußtsein der eigenen Großartigkeit und das männliche Herrschaftsempfinden, die die ersten Texte Abaelards belastet haben, verschwunden zu sein. Es gibt nur Milde: Abstattung von Dank an die Frauen, vergleichbar dem Loblied des hl. Bernhard; als hätte die maßlose Sinnlichkeit, der er hatte entsagen müssen, sich aufgelöst in einen Traum von weiblicher Reinheit und Zurückhaltung. Heloise, die Besiegte, hatte in seinem Geist den Sieg errungen.

Was Heloise betrifft, so verharrt sie, zurückgezogen in ihrer Abtei lebend, in Schweigen. Seit Jahrhunderten versuchen die Ausleger dieses Schweigen zu erklären. Was dachte diese höchst gebildete Frau, die Leserin von Ovid, Lukan und Hieronymus, die erlesene Zitate kunstvoll wie Intarsien einarbeitete, sie, die mit größter Leidenschaft die Liebe geliebt hatte? Manche meinen, Heloise habe diese *maßlose Liebe*, die zunächst Abaelard gegolten hatte, auf Gott gerichtet, und sie habe so schließlich den *eros* sanft in die *caritas* umgewandelt. Andere glauben jedoch, Heloise habe sich nicht gewandelt. Sie habe vierzig Jahre ein tadelloses Leben im Kloster geführt, verschwiegen und vornehm, ohne je die Tröstungen der Gnade zu erfahren, eingemauert in eine Art heroischen Atheismus. Daß sie an Abaelard die Frage gerichtet hat, »ob jemand sündig werden könne, wenn er tut, was Gott gebilligt, ja geradezu befohlen hat«, läßt vermuten, daß sie, die allen Dingen auf den Grund ging, dabei an sich selbst dachte und an ihre Situation als Nonne, die keinen Glauben hatte. In Wahrheit ist das Schweigen Heloises nichts anderes als Schweigen. Die Briefe schweigen; und wir dürfen dieses Schweigen nicht aufbrechen.

Das Geschehen findet zehn Jahre später ein Ende, als Petrus Venerabilis, Abt von Cluny, wo Abaelard sein Leben beschließt, einen langen Brief an Heloise schreibt, die er immer bewundert hat. Dieser Brief schließt folgendermaßen: »Verehrungswürdige und teuerste Schwester im Herrn, der, mit dem du zuerst im Fleisch vereint warst und mit dem du dann mit einem um so stärkeren, weil vollkommeneren Band verbunden warst, dem Band der Gottesliebe; der, dem du mit Ehrerbietung und unter dessen Autorität du dem Herrn gedient hast: ihn hält nun an deiner Stelle und wie dein anderes Ich Christus auf seinem Schoß; dir bewahrt er ihn, damit er beim Kommen des Herrn, wenn die Stimme des Erzengels ertönt und die Posaune erschallt, dir durch seine Gnade wiedergegeben werde.« Bewundernswerte seherische Liebe der christlichen Jahrhunderte, schreibt Gilson. Petrus Venerabilis hatte erkannt, daß Abaelard nicht nur der Herr, der Vater, der Liebhaber, der Gatte, der Bruder, sondern auch der Sohn war, wie Heloise selbst es nie zu sagen gewagt hätte. Jetzt erfüllte Christus an Abaelard die zugleich mütterliche und weibliche Aufgabe Heloises. Aber diese Rolle Christi war nur vorübergehend: Er bewahrte Abaelard *an deiner Stelle und wie dein anderes Ich*, denn er gehörte nicht Gott, sondern Heloise, wie Abaelard nie hatte zugeben wollen: Abaelard gehörte Heloise: der *Einzige* gehörte der *Einzigen*. Und wenn Gott am Ende der Zeiten vom Himmel herabsteigt, während die Stimme des Erzengels ertönt und die Posaune erschallt, dann wird Abaelard an Heloise zurückgegeben, wie am Ende des *Faust* Maria unter den Büßerinnen auf den Wolken zu Gretchen sagt, daß Faust ihr zurückgegeben werden wird.

In den *Evangelien* und in den *Briefen des hl. Paulus* gibt es eine außergewöhnliche Leerstelle, auf die schon im 3. Jahrhundert Origenes aufmerksam gemacht hat. Es fehlen das Substantiv *eros* und das Verbum *eran*. In der hellenistischen Kultur drücken *eros* und *eran* das Verlangen aus, die Zuneigung, die Zärtlichkeit; ein dunkles Verlangen, das geheime Leidenschaften weckt. Dann stieg *eros* empor und verwandelte sich in philosophische Verzückung, mit der wir die Formen des Seins betrachten, und in religiöse Ekstase, die uns zu den Göttern emporhebt. Mit seiner äußerst strengen intellektuellen Klarheit tilgte der hl. Paulus diese Wörter aus dem christlichen Sprachschatz. Im Neuen Testament und in seinen *Briefen* findet sich von *eros* keine Spur mehr. Er duldete weder den irdischen noch den himmlischen *eros*, und schon gar nicht ihre Verschmelzung im platonischen und neuplatonischen Denken. Nie, unter keinen Umständen, kann unsere sanfte sinnliche Zärtlichkeit, können unsere unreinen und melodischen Gefühle in die Liebe verwandelt werden, die wir Gott gegenüber empfinden – auch dann nicht, wenn sie gereinigt werden.

Die christliche Liebe hat einen anderen Namen: *agape*, *caritas*. Sie steht höher als alle anderen menschlichen Tugenden und bildet deren Herzstück und Begleitmusik. Es gibt nichts, was über der *agape* steht: nicht die prophetische Rede der jüdischen Tradition, nicht die unverständliche Sprache der Engel, die die Korinther in der Ekstase zu sprechen glauben; nicht einmal die Hoffnung, nicht die Erkenntnis, die in dieser Welt nur Stückwerk ist, da wir Gott nur undeutlich erkennen, wie in einem Spiegel, in »Rätseln«.

Die Liebe steht sogar höher als der Glaube. Im *Evangelium nach Matthäus* hatte Jesus Christus gesagt: »Wenn euer Glaube auch nur so groß wäre wie ein Senfkorn, dann könntet ihr zu diesem Berg sagen: Rück von hier nach dort!, und er wird wegrücken. Nichts wird euch unmöglich sein.« Und der hl. Paulus – ausgerechnet er, der seine Theologie auf dem Glauben aufbaut – antwortet mit einer außergewöhnlichen Kehrtwendung: »Wenn ich alle Glaubenskraft besäße und Berge damit versetzen könnte, hätte aber die Liebe nicht, wäre ich nichts.« Alle diese Tugenden – die Gabe der Prophezeiung, die Gabe der Sprachen, die Hoffnung, die Erkenntnis und der Glaube – hatten dem hl. Paulus zufolge einen gemeinsamen Mangel. Sie waren Tugenden dieser Welt, in der wir »unter Seufzern« leben und sehnsüchtig auf die Erlösung warten und Gott nur wie in einem dunklen Spiegel sehen. Stückwerk ist unser prophetisches Reden, Stückwerk ist die Gabe der Sprachen, Stückwerk ist unsere fragmentarische Erkenntnis, Stückwerk sind die Hoffnung und der Glaube, die Gott nie erreichen, der der Gegenstand ihres Verlangens ist. Am Ende der Zeiten, wenn Gott mit einer kaum wahrnehmbaren Berührung seiner Hand die Pforten seines Reiches öffnen wird, werden alle diese Gaben vergehen, wie der Schnee unter dem Licht der Sonne schmilzt.

In unserer vergänglichen Welt ist die *agape* die einzige vollkommene, vollgültige und absolute Tugend, wie auch unsere Schau des Lichtes Gottes am Ende der Zeiten vollkommen sein wird. Wir brauchen die Erwartung nicht zu suchen und aufzuschieben. In der Liebe ist alles schon gegenwärtig. Gott ist schon mitten unter uns. Schon heute kennen wir nichts anderes als ihn. Wir tragen nicht einen Lichtfunken seines Wesens in uns, wir erkennen ihn nicht, wir schauen ihn nicht in der Ekstase, wir rufen ihn nicht in unserem Tun hervor; wir begegnen ihm nur in der Liebe, die uns in diesem Augenblick erfüllt und aus uns ausströmt wie sanftes überreichliches Wasser. Aber wenn die Liebe die absolute Gegenwart ist, dann ist sie auch die absolute Zukunft. Am Ende der Zeiten, wenn sich die Pforten des Reiches der Himmel weit öffnen, haben prophetische Rede und Hoffnung und Glaube ihre Vollendung gefunden, und sie werden aufhören. Es wird dann keine menschliche Tugend mehr geben. In der Leere des Endes wird es nur noch die Liebe geben, die in diesem Augenblick in der reichen und leuchtenden Schau des Antlitzes Gottes aufgehen wird.

Man könnte zwanzig Jahrhunderte der christlichen Kultur als die Geschichte des langen Streites zwischen *agape (caritas)* und *eros* und zwischen *eros* und *agape* erzählen, zwischen der reinen

Gottesliebe, die keine Leidenschaft kennt und die Zukunft vorwegnimmt, und der irdischen zarten Liebe, die sich zu den Göttern aufschwingt und sich mit ihnen in der Ekstase vereinigt. Manch einer hat das getan. Aber es gibt diese beiden gegensätzlichen Prinzipien, damit sie sich anziehen. Nachdem sie sie zurückgewiesen hatten, sollten die Christen leidenschaftliche Leser Platons und der Neuplatoniker werden. Sie wiesen dann dem *eros* einen höheren Stellenwert zu als der *agape*; und schließlich gelangten sie dahin, *eros* in *agape* aufzuheben und *caritas* in *eros* zu verlieren. Sie lasen das *Hohelied;* obwohl sie es allegorisch auslegten, fand diese prunkvolle *imagerie orientale* – die Düfte, die Öle, die Myrrhe, die Weingärten, die Salben, die Weine, die Brüste, die Küsse, die Liebessehnsucht – doch im Stil der Kommentatoren sinnlichen Widerhall. Es waren vor allem ganz bestimmte Verse, die sich dem kollektiven Gedächtnis einprägten:

> Stark wie der Tod ist die Liebe,
> die Leidenschaft ist hart wie die Unterwelt.
> Ihre Gluten sind Feuergluten, gewaltige Flammen.

Die Leidenschaft, jene Leidenschaft, die die *caritas* hatte auslöschen wollen, trat von neuem ans Licht: fest, hart und schrecklich wie in der Bibel und bei den klassischen Autoren.

Wohl in keinem anderen mittelalterlichen Buch haben sich *eros* und *caritas* so vollkommen miteinander verbunden wie in der Abhandlung *Über die Gewalt der Liebe. Ihre vier Stufen* des Richard von Sankt Viktor. Es ist dies ein Text, der um die Mitte des 12. Jahrhunderts in der Abtei von Sankt Viktor vor den Toren von Paris geschrieben wurde. Daß die irdische und die himmlische Liebe aus derselben Quelle entspringen, war eine unter den geistlichen Lehrern der Zeit verbreitete Überzeugung. Aber Richard ging um vieles weiter. Er beschrieb die beiden Arten der Liebe, und er fand in beiden die gleiche Struktur, die gleichen Äußerungsformen, die gleichen Stufen: die Liebe, die verwundet, die bindet, die Sehnsucht weckt, die zur Auflösung führt. Er hatte den hl. Paulus und seinen Hymnus auf die *caritas* im *Ersten Brief an die Korinther* gelesen. Der hl. Paulus hatte die

Nüchternheit, das Maß, die Sanftheit, die Ruhe dieser Macht betont, die »alles trägt« und uns in die Zukunft leitet. Richard hingegen betont die Heftigkeit, das Ungestüm; über die Gefühle der Menschlichkeit, der Freundschaft, der Verwandtschaft, der Brüderlichkeit hinaus »gibt es die brennende und glühende Liebe, die das Herz durchdringt und das Gemüt entflammt und die Seele bis ins Mark durchbohrt«.

Diese hellsichtigen und inbrünstigen Seiten können uns nicht genug verwundern. Wir sind geneigt, diesem schottischen Mönch die Kenntnis der Gottesliebe zuzusprechen, sein tiefes Eindringen in ein Gebiet, das jenseits aller Psychologie liegt; aber dann merken wir, daß er auch alles über unser Herz weiß, daß ihm kein menschliches Gefühl fremd ist, daß sein Stachel ihm keine irdische Leidenschaft verbirgt, als wäre Baudelaire in das 12. Jahrhundert versetzt worden. Es hat keine Bedeutung, ob er selbst die Erfahrung des irdischen Verlangens gemacht hat oder ob er es durch Intuition in sich entdeckt hat, wie es bei großen Geistern vorkommt. Was zählt, ist seine tragische Idee von der Liebe: seine Verehrung für die »höchste Vortrefflichkeit der Leidenschaft« und das Wissen um die Verhängnisse, die sie für uns bereithält. Der erste Teil dieses kleinen Buches könnte bei manchem Analytiker des menschlichen Herzens Neid erregen. Wenn Richard erklärt, daß Leidenschaft aus dem Schmerz erwächst, wenn er die Obsession und das Gefängnis beschreibt, das sie für unsere Seele ist, wenn er von der Sammlung, der Untätigkeit, der Unersättlichkeit, dem verborgenen Haß berichtet, wenn er beschreibt, wie sie zu einer Krankheit wird, zum Wahn und in den Tod führt – welche Erinnerungen ruft er dann in unserem Gedächtnis wach! Die ganze Liebesdichtung des Abendlandes ist in diesen wenigen Seiten verborgen, und vor allem der letzte Romancier, der die Tradition zusammenfaßt und weiterführt – Marcel Proust.

»Die Kunst der Künste ist die Kunst der Liebe«, schreibt Wilhelm von Saint-Thierry; und dieser Satz könnte als Überschrift für die schönsten Abhandlungen über die Gottesliebe gewählt werden, die im 12. Jahrhundert in Frankreich aufblühen, reich und unerschöpflich wie die Kirchen, die die Erde »in einen reinen Mantel kleiden«. Der hl. Bernhard, Hugo von Sankt Viktor, Wilhelm von Saint-Thierry, Richard, Frater Ivo, Aelred von Rievaulx: Sie schreiben alle Werke wie *De diligendo Deo* oder *De gradibus charitatis* oder *Speculum charitatis* oder *De contemplatione* oder *De substantia dilectionis*, die einen Reichtum der Sprache der Liebe enthalten, der in unsere modernen Sprachen gar nicht übersetzt werden kann. All diesen Abhandlungen liegt ein Satz von Johannes zugrunde: »Gott ist Liebe; wer in der Liebe steht, bleibt in Gott, und Gott bleibt in ihm.« Die Liebe ist Vision, sie ist Verstehen, sie ist Erkenntnis, sie ist Wahrheit, sie ist unendlich; und im Mund des unbekannten Frater Ivo steht sie noch höher als Gott: »Wenn die Seele wahrhaft den Gott der Liebe liebt, wird sie nie satt sein, denn Gott ist die Liebe und ihn lieben heißt die Liebe lieben. Die Liebe lieben: Der Kreis schließt sich, und die Liebe hat kein Ende. ... Sieh also, auf welche Weise die Liebe, die alles übersteigt, selbst unübersteigbar und so unersättlich ist, daß sie alles verschlingt ... Niemand wird in Zukunft an der Süßigkeit der Gottesliebe satt werden können, und niemand kann in der Gegenwart voll von ihr sein. Und diese Unmöglichkeiten sollen dir ein Trost sein, daß es dafür keinen Trost gibt.« Alles erklingt in diesen Abhandlungen, jeder Faden verknüpft sich mit anderen Fäden, jede Stimme findet ein Echo in anderen Stimmen, jede Bibelstelle wird unablässig glossiert, jede Ekstase ruft eine weitere Ekstase hervor; und wir gewinnen den Eindruck, daß der endlose Schußfaden für alle diese Fäden und alle Stimmen die *Sermones supra Cantica canticorum* sind, die der hl. Bernhard gleichsam am Beginn dieser Literaturgattung geschrieben hat.

Die Stufen des Aufstiegs zu Gott sind die gleichen, wie wir sie aus der Literatur der Mystik kennen. Die Seele ist eine Bettlerin, »auf dem Land groß geworden und gewöhnt an rohe Speisen«, die in den Thronsaal des Königs tritt. Jedesmal wird sie schmachvoll verjagt und gewaltsam hinausgeworfen; aber sie kommt immer wieder an die Pforte, ungelegen, aufdringlich, atemlos, hoffend und seufzend, sie blickt hinein, blickt nach oben, ob man ihr etwas reicht und ihr öffnet. Und schließlich überwindet sie mit ihrer lästigen Beharrlichkeit alle Hindernisse, sie tritt ein und dringt vor bis zur inneren Tafel der Weisheit und setzt sich dort hin. Sie sitzt dort, blickt voll Verlangen auf den Herrn, der sie sieht, ohne daß sie ihn sieht; sie bietet sich ihm ganz an, durch alles, was sie ist, alles, was sie kann, alles, was sie weiß, und selbst durch die Tatsache, daß sie ermattet und ohnmächtig wird. »Aber wo ich dich finden kann, finde ich dich nicht. Wo bist du, Herr, wo bist du? Und wo, Herr, bist du nicht? ... Ich weiß, daß du bei mir bist. Aber wenn du bei mir bist, warum bin nicht ich auch bei dir? Welches Hindernis gibt es? Was verhindert es? Was tritt dazwischen?«

Die Seele ist es müde, im Reich der *dissimilitudo* zu leben, müde der Versprechungen, der dunklen Geheimnisse, der Gleichnisse, der Spiegel und der Rätsel. Sie wünscht sich die Offenbarung von Antlitz zu Antlitz, von Auge zu Auge. Sie lebt in Sehnsucht, während Gott sich nähert und sich entzieht. »O anwesende Abwesenheit und abwesende Anwesenheit, die sich gleichzeitig verliert und hält.« So schwingt die Seele sich zum verborgenen Gott auf, während eine stille Süße sanft an ihr Herz rührt. Geschüttelt von den Seufzern und aufgeweckt vom eigenen Schluchzen, kann sie ihre Melancholie nicht verbergen und das Feuer des Schmerzes nicht löschen. Sie kann keine Entschlüsse mehr fassen und sich nicht mehr der Vernunft anvertrauen; sie kennt kein Maß und keine Ordnung, und sie betrübt sich bei dem Gedanken, wann die Süße desjenigen zurückkehren wird, der immer allzu langsam zu sein scheint, mag er auch noch so schnell sein. Am Ende spürt sie ein unverhofftes Glücksgefühl. »Was ist dieses Glück, das so heftig und zart wächst, und zwar so sehr, daß ich das Gefühl habe, mich von mir selbst zu entfernen und zu etwas hingezogen zu werden, das ich noch nicht verstehe? Unversehens fühle ich mich erneuert und verwandelt, spüre ein Wohlbefinden, das ich nicht in Worten ausdrücken kann ... Mein Geist jubelt, der Verstand wird hell, das Herz erleuchtet, und es scheint, als befände ich mich an einem anderen Ort, und ich weiß nicht wo ...«

So erreicht die Seele schließlich den Gipfel. Gott offenbart sich. Und wie ein kleiner Wassertropfen, der in viel Wein gegossen wird, sich vollständig zu verlieren scheint, indem er Geschmack und Farbe des Weins annimmt; und wie das Eisen, wenn es in Feuer getaucht wird, zu glühen beginnt und im Feuer aufgeht; und wie die Luft, durchdrungen von den Strahlen der Sonne, sich in Licht wandelt – so löst sich die Seele in die Substanz Gottes auf. Aber wie kurz ist diese Berührung der Gnade! Die lichtvolle Überflutung Gottes geschieht vorübergehend, in seltenen Momenten und kaum »einen Augenblick lang«, sagt der hl. Bernhard.

Gott erscheint und entzieht sich. »Kaum daß das Wort – als Antwort auf den Ruf der Nachtwachen und der flehentlichen Bitten, auf das Drängen des großen Kummers und auf den Fluß der Tränen – sich zeigt, entzieht es sich auch schon dem Zugriff der Seele, die es festhalten will. Und wenn es auf neues Wehklagen hin herbeieilt, läßt es sich fassen, aber nicht festhalten, und es entflieht abermals den Händen, die sich um es schließen wollen. Und wenn die Seele sich wiederum dem Bitten und den Tränen überläßt, kehrt es zurück, aber um sich neuerlich zu entziehen.« Die beiden Substanzen verschmelzen also nicht. Die menschliche Substanz wird nicht zur göttlichen Substanz; der Tropfen Wasser wird nicht wirklich zu Wein, das Eisen nicht zu Feuer, die Luft nicht zu Licht. Vielleicht ist alles nur ein unbedeutendes Spiel Gottes mit den zarten und traurigen menschlichen Seelen.

Neben den Texten von Bernhard und Wilhelm von Saint-Thierry nimmt die Abhandlung Richards *Über die Gewalt der Liebe* einen einzigartigen Platz ein. Wir kennen die ersten Stufen des Aufstiegs. Die Seele vergißt sich selbst; sie läßt die körperlichen Leidenschaften hinter sich; sie hat keinen Willen, kein Verlangen, keinen Kummer mehr; der Geist entledigt sich seiner selbst und vertraut sich völlig dem göttlichen Willen an. An diesem Punkt aber erfolgt die »Verzückung«, von der der hl. Paulus gesprochen hatte; so heftig, tief und überreich, wie Bernhard und Wilhelm nie zu hoffen gewagt hatten. Die Seele wird aufgesogen in Gott; sie verwandelt sich, verändert ihre Substanz. Richard spricht nicht von Dauer, und er will davon auch gar nicht sprechen; die Ekstase kann nicht mit der Zeit gemessen werden. Die Umwandlung in Gott ist absolut; und dieses Mal wird der Vergleich durch nichts abgeschwächt: »Wenn Eisen ins

Feuer geworfen wird, sieht es zunächst schwarz und kalt aus. Doch wenn es eine Weile in der Feuersglut bleibt, wird es langsam heiß, es verliert allmählich die Schwärze und zieht nach und nach die Eigenart des Feuers in sich hinein, bis es schließlich gänzlich schmilzt und sich selber vollständig verliert und in eine völlig andere Beschaffenheit verwandelt wird. So also, genau so, verzehrt sich die Seele auf dem Holzstoß des göttlichen Feuers und im Brand der innersten Liebe; zuerst erhitzt sie sich, dann wird sie weißglühend, und schließlich schmilzt sie und verliert gänzlich ihren früheren Zustand.« Alles ist Feuer und Schmelzen, wie es in den Psalmen und in den Texten des Daoismus heißt. In diesem Augenblick außerhalb der Zeit erfährt die Seele die Geheimnisse der göttlichen Weisheit: »Jene geheimnisvollen Worte, die der Mensch nicht aussprechen darf.«

Wir glauben, die höchste Stufe der Liebe erreicht zu haben; wir glauben, daß der Aufstieg hier zu Ende ist, wenn das Eisen für immer zu Feuer, der Wassertropfen sich für immer im Wein auflöst und der Wind Licht geworden ist. Wie könnte man darüber hinausgehen? Statt dessen wendet sich, Richard zufolge, auf der höchsten Stufe der Liebe alles um. Die Seele, die selbst in Gott gestorben war, wird wiedergeboren; aber zugleich fällt sie, stürzt vornüber, wird von neuem menschlich; sie entleert sich, erniedrigt sich, nimmt Knechtsgestalt und die Gestalt des Verfolgten an. Wurde sie zuerst eins mit Gott, so wird sie jetzt eins mit Christus und seinem Leiden. Und wenn sie in der ekstatischen Kontemplation aufgehört hat zu handeln, so wird sie jetzt wieder aktiv; sie ist nun nur noch Mitleid, brüderliche Liebe, werktätige Liebe, mit einer Unersättlichkeit und einem Eifer, die uns an das Ungestüm und die Unersättlichkeit der erotischen Liebe erinnern. Ich glaube, das ist das schönste, was Richard von Sankt Viktor geschrieben hat. Die Seele ist nicht maßvoll und tugendsam, wie man meinen sollte; sie vollbringt keine »guten Werke«; sondern sie ist besessen von einer Art Trunkenheit und Wahn, die sie jede Ordnung und jedes Maß verletzen läßt. Die Bibel erzählt, daß Abraham, Mose und Aaron sich aus Liebe zu Israel Gott entgegengestellt haben; und hier, auf der vierten »Stufe« Richards, schickt die Seele sich an, sich Gott entgegenzustellen, aus Liebe zu Gott und zu den Menschen versucht sie, der Allmacht zu widerstehen. In diesem Augenblick streckt der Mensch sich über das Menschliche hinaus, wie es noch nie geschehen ist. Der himmlische und irdische *eros* gelangt auf den Höhepunkt seines *excessus*; und genau da krönt ihn die *caritas* des Paulus – »tönender als jedes Erz und jede Zimbel«.

Das Paradies Dantes

Neun Jahrhunderte, nachdem Augustinus und Monika die Ekstase von Ostia erlebt haben, wird Dante zum Empyreum emporgehoben; er hört die Fürbitte, die der hl. Bernhard bei der Heiligen Jungfrau für ihn einlegt, und jetzt richtet er seine Blicke unbeweglich auf Gott. Da ist nichts mehr von den blitzartig kurzen Berührungen und den Seufzern zu bemerken, die Augustinus und Monika im Garten von Ostia erlebten. Dante schaut mit nach vorne gerichtetem Blick, wo die Spannung der Vernunft sich auflöst in der Kontemplation, und er sieht *alles*. Er erfaßt die Geheimnisse Gottes und seine verborgenen Antlitze – zumindest kann er einen »vergöttlichten« Menschen sehen. Es macht nichts, daß er auf die Erde zurückgekehrt, am Schreibpult und Schreibtisch mit Feder und Tinte nicht mehr als einen geringen Schatten dessen, was er gesehen hat, wiedergeben kann. Vielleicht hat kein Mensch je so viel gesehen. Für viele Mystiker war Gott wie die Sonne, die blendet und den Blick senken läßt. Wie wir auf dem höchsten Gipfel des Paradieses erfahren, verstärkt das Licht Gottes den Blick, verlängert die Schau, und der Pilger darf die Augen nicht – besiegt, seufzend wie Augustinus – abwenden.

> Ich glaube, der lebendige Lichtstrahl, dem ich ausgesetzt war,
> hätte mich mit seiner Schärfe zerstört,
> wenn ich meine Augen von ihm abgewandt hätte …
>
> … So war mein Geist, ganz ausgespannt,
> fest, unbeweglich und aufmerksam in seiner Schau,
> und mit dem Schauen immer mehr entbrennend.

Verglichen mit den Zeiten des Augustinus hat sich alles gewandelt. Die Welt der Liebe ist zur Welt der absoluten Schau geworden.

Als Dante an einem Tag im Frühling des Jahres 1300 in das Paradies aufstieg, hätte er das Reich der Himmel so sehen können, wie es *in diesem Augenblick* war. Sein Aufstieg erfolgte vor dem Jüngsten Gericht. Die Seelen der Seligen waren noch nicht mit den verherrlichten Leibern verbunden, die sie am Ende der Zeiten von neuem bekleiden würden. Es wäre also ein beschränktes, halbiertes Paradies gewesen. Denn in der Welt Dantes, in der die Inkarnation der zentrale Wert ist, findet die Seele ihre Vollendung erst, wenn sie mit dem Leib vereint ist. Aber da geschah etwas Unbegreifliches, wie Dante es sich in einem jener Augenblicke des Wahnsinns, die ihn zu einem solchen Genius machen, zuweilen vorstellen konnte. Aus Gnade ließ Gott an jenem Tag im Frühling des Jahres 1300 Dante die Rose der Seligen nicht so schauen, wie sie in jenem Augenblick war, sondern wie sie nach dem Weltgericht sein würde, wenn die Seligen ihre verherrlichten Leiber angezogen haben würden. Dante sah also nicht nur *alles* – er sah es zudem so, wie es am Ende der Zeiten sein würde. Welcher Blick hätte vollkommener sein können? Alles, und alles hier und jetzt in Vollendung. Alle Träume und Hoffnungen, die die Christen in die Zukunft gelegt hatten, die Bilder, die sie sehnsüchtig zu sehen hofften, waren schon in der absoluten Schau verwirklicht, bevor Dante die letzte Zeile des *Paradieses* geschrieben hatte. Die Zukunft war aufgehoben, verbrannt; sie mußte zwar auf der Erde noch stattfinden; aber das letzte Wort der gesamten Geschichte war schon gesprochen. Es gibt keine Geschichte mehr. Wir haben bereits das Reich der Ewigkeit betreten.

Daß Dante den Gedanken der letzten Schau ersinnen konnte, ist außergewöhnlich; aber noch außergewöhnlicher ist, daß er das *Paradies* geschrieben hat – und jedesmal, wenn wir es lesen, um es dann erneut zu lesen und darüber nachzudenken, scheint es uns unmöglich, daß jemand es geschrieben hat. Dante besaß die Gabe einer großartigen Vorstellungskraft, eines äußerst klaren Verstandes, einer wunderbaren geordneten Struktur des Geistes. Er war der Meister der Metamorphosen, ein neuer Ovid, und er wußte dies sehr gut:

> ... der ich aus meiner Natur heraus
> verwandelbar bin auf alle Weise!

Mit der gleichen Natürlichkeit, mit der wir uns im Spiegel betrachten, verwandelte er sich alle Dinge und Empfindungen und Eindrücke und Träume an: das, was menschlich war, und das, was tierisch und pflanzlich war. Er wurde Schlange, Baum, Teufel, Feuer, Wind, Leuchtkäfer, Stechmücke, Schneefall, Blitz, Vollmond. Aber jetzt – und zu Beginn des *Paradiso* bemerken wir eine Art Ängstlichkeit hinter den feierlichen Erklärungen – steht er vor der größten Herausforderung. Er muß *trasumanare*, muß die Grenzen der menschlichen Natur überschreiten, alle Grenzen überschreiten, er muß wagen, was niemand vor ihm gewagt hatte zu schreiben, er muß die Geschicke eines »vergöttlichten« Menschen erzählen, und damit verändern sich Empfindungen und Eindrücke, verwandelt sich die Natur seiner Dichtung.

Gleich in den ersten Versen des *Paradiso*, in der Anrufung Apolls, erklärt Dante, warum die Herausforderung extrem ist:

> Erfülle meine Brust, und laß wehen den Hauch
> wie damals, da du den Marsyas gezogen hast
> aus der Hülle seiner Glieder.

Gott, der Inspirator der heiligen Dichtung, wird mit Apollon verglichen, der dem Marsyas, der es gewagt hatte, ihn herauszufordern, bei lebendigem Leib die Haut abzog – die Hülle, die »vagina« seiner Glieder. Die heilige Dichtung, die Dante in Angriff nimmt, steht also im Schatten eines mythologischen Vergehens, ja sie ist selbst ein Vergehen. Sie zerstört uns, vernichtet, tötet uns, und sei es nur dadurch, daß sie uns aus uns heraustreten und die Offenbarung erkennen läßt. Dante zeigt an: Sein heiliges Buch wird schrecklich sein, schrecklicher als das *Inferno*, und wer wagt, es zu lesen, muß über einen intellektuellen Mut verfügen, der nicht einen Augenblick lang innehalten oder nachlassen darf. All das Licht soll uns nicht täuschen. All die Liebe soll uns nicht verzaubern. Wenn das Buch Dantes schrecklich ist, wenn der christliche Apollon ohne Ende vor unseren Augen dem Marsyas bei lebendigem Leib die Haut abzieht, so hat das einen evidenten Grund. Gott ist schrecklich. Wie die wahren Gläubigen wissen, hat Gott nichts Gemäßigtes oder Ruhiges oder Vernünftiges oder Gelassenes; er ist »unendlicher Überschwang«, tödliches Übermaß im Vergleich mit allen Menschen und allen Geschöpfen.

Wie konnte Dante auf die Herausforderung Apollons antworten und dem »unendlichen Überschwang« des Göttlichen entgegentreten? Er hätte die Sprache vernichten und durch das Erzeugen von Leere in der Vorstellung und im Ausdruck sie in ein Delirium der Ohnmacht stürzen können. Dante wählte den entgegengesetzten Weg. Um auf diesen Überschwang zu antworten, wurde er im Vergleich mit jeglicher Dichtung, auch der eigenen, selbst zu einem »unendlichen Überschwang«. Er wußte, daß das, was er schrieb, nicht von ihm war. Er war nicht mehr Dante Alighieri, der in Florenz gelebt, sich politisch engagiert und mit Philosophie beschäftigt hatte, der Verfasser des *Inferno* und des *Purgatorio*; wer jetzt aus ihm sprach, war der christliche Apollon: der Strom der heiligen Dichtung, der sich in ihn ergoß und über alle Ufer trat.

Es gibt vielleicht keinen Text der Weltliteratur, in dem eine so große Kraft der Ausweitung festzustellen ist wie im *Paradiso*: eine Euphorie, eine Freude, eine Art unbeschreiblicher und lichtvollster Trunkenheit, die alle Empfindung übersteigt, wie die den Bienen gleichenden Engel im Empyreum, die »von den Düften trunken« sind. Dante setzt alle Ausdrucksweisen ein, er entfaltet im Raum der Sprache, wie Mandelstam sagte, »eine Orgel grenzenloser Kraft, er hat Gefallen an allen vorstellbaren Registern, er bläst die Schöpfbälge voll auf und läßt das gesamte Pfeifenwerk erklingen«. Er zieht das Latein heran, die philosophische Terminologie, die verschlüsselte Sprache der Rätsel. Er entfaltet ungeheuerliche geographische Beschreibungen, er führt die Rhetorik über die ihr bisher gesetzten Grenzen hinaus. Er akkumuliert in denselben Versen eine Fülle von metaphorischem Material, das von der ganzen Windrose der Bilder kommt. Er entfernt aus ihnen die Vergleichspartikel, so daß die verglichenen Sachen fremd erscheinen; und mit einem Schlag der nervösen Hand führt er sie zusammen, als wären sie eine einzige. Was macht es schon, daß seine Sprache nicht von Dauer ist, da menschliche Worte eben nie dauerhaft sind. Er macht sich die Sprachen, die sterben und verwelken, zunutze, verflicht sie, er überschreitet alle existierenden Sprachen, seine Sprache und die Sprache schlechthin.

Aber besser als jeder andere wußte Dante auch um die Gefahr des Übermaßes. Er wußte, daß in der Beziehung zu Gott die Überlegenheit Gott und nicht dem Menschen zukommt; und daß angesichts des Überflusses des himmlischen Reichtums der Mensch sich als das offenbart, was er ist: Elend, Scheitern, Versagen, Fiasko. Was das *Paradiso* so dramatisch erscheinen läßt, ist die Serie von Mißerfolgen, die es durchziehen. An erster Stelle ist zu nennen, daß die menschlichen Fähigkeiten Dantes das, was er sieht, nicht wiedergeben können: das Lächeln und das Licht Beatrices, das Licht und den Gesang der Seligen, den Glanz Christi. Aber Dante würde auch dann scheitern, wenn er alles sehen und hören würde und sein Geist eine treue Schiefertafel wäre, in die sich die Schau präzise einritzte. Denn während er aus sich herausgeht und sich in den Abgrund Gottes stürzt, verliert er das Gedächtnis dessen, was er gesehen und verstanden hat. Und es geschieht noch etwas Schrecklicheres. Soweit das Gedächtnis erhalten bleibt, verbrennt und zerstört der Geist, was es enthält. Und dann all die anderen Fehlschläge: die zu heftige oder zu schwache Phantasie, der Verstand, der nichts begreift, die allzu menschliche Feder, die den unendlich kleinen, süßen Tropfen der Glückseligkeit auf dem Grunde des Herzens nicht zu fassen und wiederzugeben weiß.

Stellen wir uns vor, wie ein moderner Schriftsteller dies alles dargestellt hätte: die Erfahrungen, die kommen und gehen, das unstete Gedächtnis, die Schreibfehler, den dramatischen, ständig zwischen Niederlage und Sieg pendelnden Versuch der Erinnerung. Das Buch würde sich wohl in ein Frösteln von dunklem und hellem Schimmern auflösen. Bei Dante jedoch gewinnt die mystische Erfahrung das Maximum ihrer Kraft. Abwesenheit, Verzicht, die Löcher auf der großen Leinwand sind die schmerzvollen Höhepunkte der Glückseligkeit. Wie nie sonst erkennt Dante dann, völlig erschöpft, sich verlierend, fast schon zerstört, das, was er aus eigener Kraft nie erkannt hätte. Das Göttliche verhüllt und offenbart sich in seinem Entschwinden, in seiner plötzlichen Abwesenheit, die eine Rückkehr nicht ausschließt. Alles, was Dante sieht – und er sieht unendlich viel, Lichtschimmer, Sturzbäche, süße Gesänge –, erfaßt er gerade deshalb, weil die Kraft des Versagens ihm dazu verhilft. Während bei vielen Mystikern das mystische Scheitern sich in das selige und schreckliche Ertrinken im Nichts und in der Nacht auflöst, verwandelt sich das Scheitern hier in einen glänzenden Sieg.

So kommen wir zum letzten Gesang mit der endgültigen Schau Gottes. Wir erfahren, daß Dante *sieht*: all das, was ein vergöttlichter Mensch sehen kann. Seine Schau ist die absolute Schau, auf die die Welt seit Jahrhunderten gewartet hat. Nichts entgeht diesem sehnsuchtsvollen Auge, das das Licht und die Geheimnisse erforscht. Aber viele Leser erklären, daß sie enttäuscht seien. »Ist das alles?« sagen sie. Nur dieser »Band von der Liebe gebunden«? Nur diese »drei Kreise, mit einem Umfang, drei verschiedenen Farben«? Die Wahrheiten, die wir alle schon aus den theologischen Büchern kennen, sollen der Höhepunkt der *Komödie* sein?

Zweifellos gibt es Visionen, die offensichtlich viel kühner sind. Manche mittelalterlichen Mystiker, und vor allem manche großen persischen Dichter, haben die aus Büchern gelernten Wahrheiten hinter sich gelassen und ganz kurz den Himmel gesehen, voll Licht und Finsternis – und dann jenseits, immer weiter, jenseits aller möglichen Himmel, einen Wirbel, Wiegen voll Rosen, Schleier aus Rosen, eine ganze Welt von roten und weißen Rosen, eine karminrote Rose, und siebzigtausend Ebenen, blutrote Bäche, die Stadt des Seins, und alle Geheimnisse des Seins, einen großen Adlerschnabel und einen Spiegel …

Wir wissen nicht, was Dante persönlich gesehen hat; und wir könnten ohne Ende (und nutzlos) über die Geheimnisse phantasieren, die er im göttlichen »unendlichen Überschwang« geschaut haben mag. Aber er erinnert sich nicht; oder er erinnert nur ganz wenig:

> Wie einer, der im Traume etwas sieht,
> und nach dem Traum bleibt nur die Erregung,
> und das andere ist aus dem Geist verschwunden:
> So bin ich jetzt, es entschwindet gänzlich
> meine Schau, aber noch immer tropft
> die Süßigkeit, die sie brachte, in das Herz.

In der Erinnerung ist nur ein Tropfen dieses Meeres, ein Funke dieses Feuers übriggeblieben. Diese Tropfen und Funken sind drei theologische Wahrheiten: die Einheit der Welt in Gott, die Einheit und Dreieinigkeit Gottes, die Menschwerdung Christi, die der göttliche Blitz ihm offenbart, während er ihn auslöscht; und er drückt das alles mit seiner außergewöhnlichen mathematischen Präzision aus. Sonst gibt es nichts. Es gibt sonst überhaupt nichts. Aber es hat keinerlei Bedeutung, daß diese theologischen Wahrheiten aus Büchern entnommen wurden. Auf ihnen lastet, mit großartiger Resonanz, der unendliche Reichtum des Verschwiegenen.

Wir vergessen fast alle, daß die Himmel – ausgenommen an jenem wunderbaren Tag im Frühjahr des Jahres 1300 – leer sind. Es gibt dort die Planeten, aber weder Selige noch Engel. Die Seligen und die Engel, denen Dante begegnet, die mit ihm sprechen, für ihn singen und tanzen, in seinem Namen Invektiven ausstoßen, wohnen im Empyreum, in der mystischen Rose, die den leuchtenden Fluß oder See umgibt; und sie steigen in die verschiedenen Himmel nur herab, um Dante zu belehren und ihn zu erfreuen. Bis auf das Empyreum ist das Paradies also, worauf Franco Ferruci hinweist, eine illusionistische Inszenierung, ein großartiges, für Dante inszeniertes Schauspiel. Gott hat viele

Gesichter. Wir wissen, daß er schreckenerregend ist; aber jetzt lernen wir auch seine erhabene Frivolität kennen, die er uns Zuschauern bietet. Selbstverständlich kennt er sich in allem aus. Ob Schriftsteller, Kalligraph, Regisseur, Dirigent, Miniaturenmaler, Goldschmied, Chorleiter, Bühnenbildner: Er macht alles mit ganz außergewöhnlichem und überlegenem Talent.

Die Schauspiele des Kreuzes bezaubern uns: ein strahlend weißes Kreuz in der feuerroten Sphäre des Mars, übersät von Glanz. Aber den Höhepunkt erreicht unsere Freude im Himmel des Jupiter, wo Gott ein bewegliches Buch inszeniert, eine Figur, blendend von Licht, und das großartigste aller Orchester dirigiert. Wir sehen da die Seelen zunächst ein D, ein I und ein L in die Himmel schreiben, dann einen ganzen Satz: *Diligite iustitiam, qui iudicatis terram.* Dann versammeln sie sich um das M, bilden dort ein Wappen, sie zeichnen das Haupt und den Hals des Adlers und vervollständigen die Figur mit Edelsteinen; und die Tausende der Stimmen des Adlers sprechen mit einer einzigen Stimme, und sie singen, und sie schweigen, und schließlich steigt ein Rauschen von Wassern durch den Hals des Adlers auf, und die lichtvollen Stimmen kommen hervor aus dem Schnabel »in der Gestalt von Worten« ... Alles ist in Bewegung, schillert und funkelt, ist zugleich tönend, sichtbar und brausend, als ob das Licht, das Wasser, der Ton von derselben Quelle stammten. Wer könnte leugnen, daß alles sich nach außen hin entfaltet? Und daß Gott sich als der großartigste und verschwenderischste Theatermann zeigt? Aber auch die *Offenbarung* wendet sich nach außen, auch sie ist ganz Stimme und Gestalt. Die verschlüsselte Dichtung und die mystische Dichtung brauchen Schauspiel und Dekoration, Kleinodien und Glanzlichter, die aus ihrer Tiefe quellen und sie zugleich verbergen.

Dieses Schauspiel des Paradieses – und auch das auf der Erde, das man ab und zu hier unten ahnt, mit seinen Meeren und seinen Buchten – ist wunderbar geordnet. Die Ordnung verzweigt sich von der Höhe herab über Abstufungen und aufeinanderfolgende Resonanzen. Gott und die Himmel geben der Erde Gestalt; alles, was hoch ist, wird tief und kommt zuunterst; und was zuunterst ist, strebt nach oben. Obwohl es seinen Unterschied bewahrt, entspricht jedes Ding einem anderen, jede Figur einer anderen. Es gibt keine geschlossenere Welt als die Dantes. Nicht ein Glied in der Kette fehlt oder geht in der großen Kette des Seins auf. So ist das Schauspiel des Paradieses, wo man die Übereinstimmungen besser feststellen kann, nichts anderes als ein unaufhörliches Spiel von Spiegeln, die auf vielfache Weise wechselseitig einander widerspiegeln. Dante sieht den Glanz der Sonne gespiegelt im Spiegel Beatrices. Die Seligen sehen die Gedanken Dantes gespiegelt im Spiegel Gottes. Die Tänze und Gesänge einer Schar von Seligen spiegeln sich im Tanz einer anderen Schar oder im Gesang der Engel; der Vater spiegelt sich im Sohn, Gott bricht sich in allen Gestalten der Schöpfung und bleibt doch ein einziger. Und diese Spiegelungen scheinen nie aufzuhören. Ist also alles ein Spiegel? Ist alles eine Spiegelung? Es gibt allerdings eine tiefgreifende Unterbrechung. Wenn Gott der erste und der Schöpfer aller Spiegel ist, kann der Blick der Engel und der Menschen nicht vollkommen in ihn eindringen, um das letzte Licht und die letzten Schatten zu sehen. Der lichtvollste der Spiegel ist, zumindest für uns, auch der blindeste.

Wenn alles Spiegel ist, kann auch unsere kleine Erde zwischen diese Terzinen eindringen, die in ungegenständlichem Licht strahlen. Da gibt es das kleine Florenz des Cacciaguida, das zufrieden in seinen Mauern lebt; eine Universitätsaula, in der Magister und Baccalaureus disputieren; den kaiserlichen Hof; den Pilger, der nach Rom unterwegs ist, den Schneider, den Geometer; und wer weiß wie viele Orte und Personen. Wer hätte gedacht, im Paradies »die tolle Liebe« der Erde zu finden, die brennenden und tödlichen erotischen Leidenschaften, die Francesca die Verdammung gebracht haben? Das Purgatorium hätte zwischen die Leidenschaften und das Paradies einen Vorhang ziehen und sie in der Schwermut des Exils reinigen und auflösen müssen. Doch Cunizza, Rahab und Folquet von Marseille, die Dirnen und Ehebrecher gewesen sind und mehr an der Liebe gesündigt haben als Dido und Herkules, bereuen nicht und sind hier. Ihre »tolle Liebe« ist verbrannt, aber sie hat ihre Hitze bewahrt und die Macht des Eros in eine heilige Leidenschaft verwandelt.

Kein anderer Dichter hat je ein so komplexes und grenzenloses System von Metaphern des Lichtes erfunden. Alles ist Licht: Licht im Licht, Funke in der Flamme, Aufleuchten im Lichtglanz; Licht, das die Seligen wie ein Nest oder ein Kokon zugleich verbirgt und zeigt; Licht, das zurückgeworfen wird, das sich spiegelt, immer neue Echos, Variationen, Modulationen und Nachklänge findet. Nach und nach durchdringt es jede Gestalt des Seins: Es wird Freude, Lächeln, Liebe, Leidenschaft, Tanz, Gesang; es verwandelt sich in Juwelen und in Blumen, als könnte ein einziges Wort das ganze *Paradiso* in sich aufnehmen und mit sich selbst durchtränken. Es gibt nichts anderes als Licht – die höchste Form der Spiegelung und des Spiegels. Es wächst von Gesang zu Gesang, von Himmel zu Himmel; es übertrifft den Glanz der Sonne; es verwandelt die Antlitze der Seligen, es wächst und wächst, bis es uns zum Glanz Gottes führt, der erhöht und vernichtet; aber Dante variiert diese erhabene Monotonie mit subtilster Kunst. Mit theologischer Präzision offenbart er uns, daß das Licht, über tausend Brechungen und Stufungen, vom Geist Gottes herabsteigt: »Geisteslicht, ganz erfüllt mit Liebe«, *lumen gloriae*. Es hat keine Begrenzungen: Es ist metaphysisch und physisch; es scheut nicht die Körper, es wird von den Körpern nicht verdunkelt, vielmehr gelangt es erst zur Fülle, wenn es aus den verherrlichten Körpern hervorströmt.

Wie viele Wasser fallen, brausen, tropfen neben diesen Lichtströmen. Beginnend beim Himmel der Piccarda Donati:

> Wie durch glatte und durchsichtige Gläser
> oder durch reines stehendes Gewässer,
> nicht so tief, daß man den Grund verliert …
> … und im Singen schwand sie
> wie ein schwerer Gegenstand im tiefen Wasser.

Dieses Wasser, das uns ins Paradies führt, steigt von Gott herab. Denn er ist ein Meer, in das der Blick nicht dringt, ein »tiefer Quell«, von dem kein Sterblicher je »die erste Welle« gesehen hat; und die Reise Dantes auf dem Kahn der Dichtung, auf dem »Boot, das hinzieht im Gesange«, überquert dieses unbekannte himmlische Meer. Im Fortgang des *Paradiso* werden Licht und Wasser immer mehr eins. Es gibt einen leuchtenden »Regen oder Fluß«; Beatrice ist sowohl Quelle, die benetzt, als auch Sonne, die erwärmt; die Hoffnung ist Erleuchtung und Stillung des Durstes. Die Identität der beiden Bilder erklärt sich aus ihrem Ursprung. Die »Güte Gottes« erglüht in sich, sie »funkelt«, dann »fließt« sie, und es »regnet« aus ihr; die Gnade ist Licht und Regen; bis sich die beiden Elemente für immer im Empyreum verbinden, wo Dante die göttliche Emanation folgendermaßen sieht:

> ... Licht in der Form eines Stromes
> von rötlichem Schimmer, zwischen zwei Ufern,
> Bemalt mit wunderschönen Frühlingsfarben.

Über den höchsten Himmel hinaus aufsteigend haben wir den Punkt berührt, wo das Wasser und das Licht, die beiden auf der Erde entgegengesetzten Elemente, in den Tiefen der Gottheit sich auflösen und für immer vereinen.

Wie Jacqueline Risset bemerkt hat, wird das Schauspiel der Himmel in schwindelerregender Schnelligkeit durchlaufen. Hier auf Erden ist alles langsam, zäh, trüb; aber kaum daß Dante das Irdische Paradies verläßt, springt er in die Höhe, wie ein Blitz aus der Wolke fährt; oder wie ein Pfeil, der ins Ziel trifft, bevor die Sehne ausgeschwungen hat. Auch die Geister steigen schneller als die schnellsten Winde vom Empyreum herab; und diese Geschwindigkeit ist ein Merkmal der Seligkeit wie das Licht, das Lächeln, der Tanz. Dante unterstreicht den paradoxalen Charakter dieses Rhythmus, der die Möglichkeiten der menschlichen Bewegung übersteigt. Wie in den geistigen Prozessen geschieht alles augenblicklich oder fast augenblicklich. Die Geschwindigkeit ist derart schwindelerregend, überschreitet derart die Grenzen des menschlichen Denkens, daß nur ein weniges genügen würde – der Finger, der Hauch Gottes –, daß sie den Punkt überschreitet, der die Zeit von der Ewigkeit trennt. Die Zeit setzt der Ewigkeit nach und ist immer gerade dabei, sie zu erreichen.

Gegen Ende der Reise erwarten wir, daß dieser Anlauf zu einem Ende kommt: daß die Bewegung vor unseren Augen zum Stehen kommt und daß die Zeit unversehens in die Ewigkeit umspringt und sich in ihr auflöst. Wir warten darauf, Gott zu sehen: unbewegt, der Eine, außerhalb von Raum und Zeit. Aber wie lange müssen wir darauf warten! Das erste Mal, als er erscheint, ist Gott ein nahezu unsichtbarer Punkt, in scharfem Licht erstrahlend, umgeben von neun Feuerkreisen, die um so schneller und reiner sind, je näher sie ihm sind. Dort sammelt er die ganze Hast der Bewegung um sich, die sich in die neun himmlischen Kreise ausgebreitet hat. Im letzten der Himmel, im *Primum mobile*, bietet sich den Blicken Dantes nicht der unbewegte Gott dar, den wir so sehr erwartet hatten, sondern der Gott des Raumes und der Zeit.

Schließlich überschreiten wir die letzte Schwelle. Der Gott-Punkt, umgeben von den neun Feuerkreisen, verschwindet. Dante tritt in das Empyreum ein. Das ist der Ort, wo sich der reine Geist Gottes spiegelt, der Lichtsee, wo jede Spur von Raum und Zeit verloren ist. Sicher, die Rose der Seligen in Form eines Amphitheaters ist stabil; sicher nimmt sie den letzten Moment der Schöpfung vorweg, wenn die Seligen ihre verherrlichten Leiber überstreifen. Niemand dürfte unbewegter sein als das Licht Gottes, die Gnade, die nicht blendet, sondern dazu einlädt, immer tiefer zu blicken – und als der Geist Dantes, der »fest und ausgespannt« diese geheimnisvollen Abgründe erforscht. Hier müßte schließlich alles still und ruhig sein: keine Unruhe und keine Bewegung mehr. Wir warten darauf, den übernatürlichen Atem der mit sich selbst identischen Einheit zu hören, das unbewegte göttliche Meer, das kein Windhauch je kräuseln kann. Doch nicht einmal jetzt ist es so. Die erste Vision, die Dante von der Rose der Seligen hat, ist eine Aufführung, eine »Maske«; über der Rose sieht er den beweglichen leuchtenden Fluß und den Bienenschwarm der Engel, die unaufhörlich aus dem Fluß aufsteigen, sich auf den Blumen niederlassen und »wie trunken von den Düften«, von den Blumen ablassen und sich in das lichtvolle Wasser stürzen, immerfort, ohne Ende. Als Dante dann den Blick in die Höhe richtet, in das Herz Gottes, ist das

Bild nicht beständig und mit sich selbst gleich, sondern es verwandelt sich und wächst und setzt sich fest im Geist des Pilgers.

Die erste Erklärung liegt auf der Hand: Es ist nicht die Rose der Seligen und der Engel, die hin und her wogt, duftet und aus sich herausgeht, es ist nicht der dreieinige Gott, der sich vor uns verwandelt, sondern nur der menschliche Geist Dantes, der bis zum Ende in dem, was unbewegt ist, Bewegung sieht und Zeit in dem, was ewig ist. Der irdische Pilger kann, auch wenn er auf den Gipfel des Reiches der Himmel gelangt ist, nicht anders, als sein eigenes Unvermögen zu bestätigen. Aber es ist auch noch eine andere Erklärung möglich: Dante ist nicht – wie andere Philosophen und Dichter, die das Sein geschaut haben – ein Seher des unbewegten Einen, der die Sprache zurechtbiegt, um das, was über dem Bogen der Himmel, jenseits von Raum und Zeit steht, darzustellen. Vielmehr ist die Mystik Dantes eine großartige Mystik der göttlichen Bewegung, und nicht eine Mystik des Einen, der Stille und der Ruhe. Seine Leidenschaft – eine Leidenschaft, die er in der ganzen *Komödie* nicht einen Augenblick vergißt – gilt, wie es der letzte Vers ausdrückt, der »Liebe, die die Sonne und die übrigen Sterne *bewegt*«, sie gilt dem Gott, der die Engel und die Himmel und die Erde und die Dinge und die Geschöpfe und die menschlichen Leidenschaften bewegt; und der auch sein Buch bewegt, das wir meinen in diesem Augenblick geschlossen zu haben, während es in uns und um uns zu wirken fortfährt, mit einer Schnelligkeit, welche diejenige der Zeit übertrifft.

DRITTER TEIL

Die Spiele des Dao

Die Spiele des Dao

Kein Buch möchte ich den Lesern aller Länder mehr empfehlen als *Das wahre Buch vom südlichen Blütenland* des Zhuangzi, das Meisterwerk der daoistischen Literatur. Ein einmaliges und wunderbares Buch, das man wieder und wieder liest, immer wieder zur Hand nimmt, das man neben dem Bett oder auf dem Schreibtisch liegen hat, monatelang. Stößt man auch nur auf ein Bild, schon tun sich Welten auf, eine Sentenz oder eine kleine Fabel genügt, um uns zu jahrelangem Nachdenken anzuregen, eine Seite, um unser Leben völlig umzukrempeln, ein Kapitel, um uns ins schwerelose Reich des Dao überwechseln zu lassen. Sehr oft verstehen wir nicht. Der Gedanke ist zu kühn, die Metapher zu gewagt. Wir verweilen einen Tag vor einem Satz, der Kommentator versteht noch viel weniger als wir. Und dann, plötzlich, ein heller Blitz, und durch tausend Schleier, tausend Öffnungen dringen wir beseligt ins Herz des Textes ein, wo uns der sanfte Atem des Dao empfängt.

Ich glaube, kein Buch versammelt und vereinigt besser als dieses die gegensätzlichsten Eigenschaften. Es ist feststehend, konzentriert, unbeweglich: ganz der Offenbarung und der Verehrung des Einen Unsagbaren gewidmet. Und während wir in der Lektüre fortschreiten, verändert es sich wie Wolken, wie der Regen oder der Regenbogen – ganz dem Nachgiebigen, der Vielfalt und den Widersprüchen hingegeben. Nur wenn wir es lesen, können wir begreifen, daß die zwei Blicke, die wir auf die Realität werfen, zu einem einzigen verschmelzen: Wir spüren das Eine im Veränderlichen, das Veränderliche im Einen. Wir erkennen die Wirklichkeit der Erde, eine Wirklichkeit, die bevölkert ist von Königen, Weisen, Banditen, Bauern, Idioten, Tieren, Bergen, Flüssen und Bäumen, und die ein haarfeiner Pinsel auf das Papier tuscht. Sobald diese Wirklichkeit in Erscheinung tritt, tut sich hinter ihr die geheimnisvolle Leere auf, die den Dingen alles Gewicht nimmt und sie mit Luft durchdringt, wie mit einer überirdischen Substanz getränkte Schwämme. So rät uns Zhuangzi im Grunde selbst, nicht hierzubleiben auf der Erde, aber auch nicht ins Jenseits zu gehen, sondern innezuhalten an der Schwelle, auf dem Grat, von wo aus uns alles doppelt und erhaben unwirklich erscheint.

Nirgends, außer vielleicht in Platons Dialogen, ist eine vergleichbare intellektuelle Spannung und Eleganz zu beobachten; ein völlig reiner Geist führt den Gedanken in aller Strenge bis in sein Extrem, bis zu dem Punkt, über den man nicht hinausgehen kann, an dem wir den Schauder des Nicht-Überschreitbaren verspüren. Aber genau dort wird der Gedanke verlacht: Zhuangzi macht Anspielungen, deutet an, ironisiert, beginnt zu spielen. Ein großer philosophischer Beweisgang wird zur Fabel oder zur kurzen Erzählung oder zur kleinen Komödie, an der ein Kind Gefallen finden würde. So hat der Gedanke nichts Abstraktes mehr und lächelt uns, derart köstlich ins Gewand des Konkreten gehüllt, freundlich zu. Manchmal ist Zhuangzi sehr klar, aber wenn wir dann über das nachdenken, was er sagt, scheint er uns nie rätselhafter. Manchmal geht er über die scheinbare Bedeutung der Worte, sogar über das Schweigen hinaus, er benennt Dinge, die nicht gesagt werden können und die dennoch wunderbarerweise gesagt werden, durch die Kunst des Enthüllens und Verbergens. Er besitzt das höchste Wissen, die raffinierteste Kunst: Aber Weisheit und Kunst verschmelzen in zauberhafter, weicher und nachgiebiger Natürlichkeit.

Was ist das Dao? Wenn es »seinen Ursprung in sich trägt und immer schon da war, lang vor der Erschaffung des Himmels und der

Erde« und sogar vor der Entstehung des Einen, wenn es dort wohnt, wo es keine Höhe gibt, keine Tiefe und keine Dauer – so kann es keinen Zweifel geben: Das Dao ist transzendent. Wir könnten es Gott nennen, vorausgesetzt, wir tilgen die christlichen Konnotationen aus diesem Wort. Das Dao ist ein unpersönlicher Gott: kalt, sehr fern, abwesend – wie der eisigste Planet am Himmel. Es besitzt die wesentliche Eigenschaft, die das abendländische Denken dem Sein zuerkennt, aber es ist so leer, rein und unendlich, so ohne jede Begrenzung und Bestimmung, daß wir es auch »Nichts« nennen könnten. »Es bleibt immer untätig, und es gibt nichts, was es nicht täte.« Es ist reglos, und die stille, fließende, harmonische Bewegung des Universums geht aus seiner Abwesenheit und Stille hervor. Aber gleich nachdem er gesagt hat, das Dao sei transzendent, schließt Zhuangzi: Es ist immanent. Wenn wir es sehen wollen, müssen wir mit dem geistigen Auge diese Ameise betrachten, diesen Grashalm, diesen Ziegel, diesen Misthaufen: Das Dao ist hier, vor unseren Augen, überall und allgegenwärtig, schweigendes Gesetz aller Dinge, fließender Rhythmus des Universums.

In unserer Welt sehen wir nichts als Gegensätze, wie *yin* und *yang*, Dunkelheit und Licht, Kälte und Wärme, weiblich und männlich, Passivität und Aktivität, gerade und ungerade, die krumme Linie und die Gerade. Oder von den menschlichen Ideen erzeugte Gegensätze. Manch einer fragt sich: Ist die Welt aus Etwas erschaffen oder aus Nichts? Existiert das Dao oder nicht? Konfrontiert man ihn mit Ideen, reagiert der daoistische Weise mit tiefem Widerwillen. Er haßt die Einseitigkeit, Starre, Voreingenommenheit und Bruchstückhaftigkeit aller intellektuellen Konstruktionen, an denen die Menschen so sehr hängen, und er weist beide Obersätze jedes Dilemmas zurück. Weder kann man sagen, es habe einen Schöpfer gegeben, noch es habe keinen Schöpfer gegeben, weder kann man sagen, das Dao existiere, noch es existiere nicht (oder wenn man will, kann man ironischerweise beides gleichzeitig behaupten). Aufgabe des Weisen ist es nicht, die reinlichen und handlichen Päckchen zu produzieren, welche die Ideen sind. Auf jede von ihnen, auf jedes Rezept, jede Absicht und Moral wirft er einen Blick, vergleichbar dem eines Romanautors, einen fernen, abwesenden und leeren, einen einmaligen und uranfänglichen Blick – den Blick des Dao, das alle Gegensätze der Welt erhellt.

So kehren wir zu unserem Ausgangspunkt zurück. Was können wir am Ende unseres Weges über das Dao aussagen? Wir können nichts mehr sagen; selbst die Worte müssen wir aus unserem Geist verbannen, mit denen wir es eben zu umschreiben versuchten. Wie Laozi sagt: Das Dao ist das, was man betrachtet, ohne es zu sehen, was man vernimmt, ohne es zu hören, was man berührt, ohne es zu fassen. Es geht auf und leuchtet nicht, es geht unter und wird nicht dunkel; wenn du auf es zugehst, siehst du seinen Anfang nicht, wenn du ihm folgst, siehst du sein Ende nicht. Wenn jemand Zhuangzi fragt, was das Dao ist, antwortet er nicht. »Wer weiß, der redet nicht, wer redet, der weiß nicht.« Jeder Versuch, die Einmaligkeit des Dao in Worte zu fassen, ist Verrat, weil es bedeutet, unter das Joch der Unterscheidungen zu geraten. Nur ein Daoist minderer Intelligenz würde zu antworten wagen: »Um das Dao zu erkennen, darf man weder denken noch reflektieren; um im Dao zu bleiben, darf man keine Position einnehmen noch sich mit irgend etwas befassen; um das Dao zu besitzen, darf man weder irgendwo anfangen noch irgendeinem Weg folgen.« Aber was taugen diese Worte? Jede menschliche Rede über das Dao bleibt auf fatale Weise hinter der Erfahrung zurück, die wir von ihm haben, jenseits von Worten und Stille.

Wenn man über das Dao nicht reden kann, so kann der Weise es doch der Form nach in seinem Leben nachahmen. Er weist alles Harte von sich: »Er schleift das Spitze ab.« Sein Geist wird weich und nachgiebig wie eine Qualle, biegsam und beweglich wie das Schilfrohr. Unter den vier Elementen wählt er sich das Wasser zum Vorbild: Das Wasser, das stehenbleibt, wenn es auf ein Hindernis trifft, und weiterläuft, wenn das Hindernis beseitigt ist; das rund oder viereckig ist, je nach dem Behältnis, in dem es sich befindet, und das gerade wegen dieser extremen Passivität und Nachgiebigkeit das stärkste unter den vier Elementen ist. Wie das Wasser läßt sich die Natur des Weisen nicht aufteilen: Es gibt allem nach und dringt in alles ein; es ist formlos, neutral, ohne Geschmack; es trübt sich nur, wenn es bewegt wird, und seine Bewegungen halten nicht lange an, denn sie sind nicht von ihm selbst verursacht, sondern vom Wind.

Wenn der Weise diesen Zustand erreicht hat, dann kennt er die Seligkeit der Leere – die eins ist mit dem Dao. Obwohl alle die Vollkommenheit der Fülle preisen, weiß er, daß das Geheimnis der Welt in der Leere zu suchen ist: Die Speichen sind unerläßlich, um ein Rad zu bauen, aber dessen Perfektion hängt an der leeren Nabe; der Ton ist unerläßlich, um Geschirr zu formen, aber die Schönheit eines Gefäßes hängt ab von der leeren Form, die es umfaßt; Ziegelsteine sind unerläßlich, um Türen und Fenster eines Hauses zu bauen, aber was zählt, ist die leere Form der Türen und Fenster. So schafft der Weise Leere in sich, er vernichtet das eigene Ich. Er vernichtet seine Wünsche, seine Regungen, Vorlieben und Abneigungen, Trauer, Lust, Freude und Wut. Er löscht die eigenen Erfahrungen aus und kapselt sich ein in der eigenen, angeborenen Natur. Er schaut nicht, hört und fühlt nicht, erkennt und weiß nicht. »Wache über dein Inneres, verschließe dich dem Außen.« Da wird er still wie das Dao: ruhig wie eine Bucht, still wie die Wüste, leise wie eine Melodie, flüchtig wie das Echo. Ohne Form, ohne Widerstand, ohne Wünsche, Willen oder Leidenschaften zieht er durch diese Welt wie ein unvertäutes Boot, das auf dem Wasser treibt; und im reinen Spiegel seines Intellekts reflektiert er die Gegensätze des Universums, sämtliche Kreaturen, die es gibt, alle Dinge, die geschehen und erscheinen – »sogar die Haare des Bartes und der Augenbrauen«. Wie Laozi und Zhuangzi empfehlen, handelt der Weise nicht: Passivität ist die einzig vollendete Tat; die Tat, die dem unbewegten Herzen des Lebens entspringt, teilt sämtlichen Formen ihre sanfte und ununterbrochene Bewegung mit.

Ist der Weise nur das? Ein Asket, der über sein eigenes Inneres wacht und sich vor der Außenwelt verschließt? Die daoistische Moral ist doppelt; kaum ist eines gesagt, ergänzt sie es durch sein Gegenteil. Zhuangzi mag die einseitigen, starren und unbeweglichen Charaktere nicht und stellt höchste Verhaltensregeln auf.

»Wenn es dem Schöpfer gefällt, meinen Arm in einen Hahn zu verwandeln, werde ich mit meinem Krähen den Tag ankündigen; wenn er meinen rechten Arm in eine Armbrust verwandelt, meine Hüften in einen Wagen und meinen Geist in ein Pferd, so werde ich ihn besteigen und bedarf keines anderen Gefährtes.« So überläßt sich der Weise den natürlichen Veränderungen: den Wandlungen des Dao. Da die Welt in ständigem Wandel begriffen ist, ein Spiel von Wachsen und Abnehmen, von Fülle und Leere, von Ende und Neubeginn, da die Umstände und Fälle des Lebens sich ständig verändern, fügt er sich und gibt nach wie Gras, das sich unter dem Wind beugt, und wie die Welle, die an den Strand rollt. Er wird zu allen Dingen, nimmt alle Farben an, mal ist er Schatten, mal Licht, mal Wolke, mal Stein, mal Fluß, mal Berg.

Nie hält er inne in seiner Bewegung, wie ein Meer, das sich andauernd von einem Ufer zum anderen wälzt, das sich von sich entfernt, das eigene Gegenteil erreicht, sich ihm anverwandelt und dann ans eigene Ufer zurückkehrt. Seine Existenz ist ein Leben in einem Pol, wobei er im Geist den Gegenpol schon vorwegnimmt. Wenn er ins Helle will, geht er durch die Dunkelheit; wenn er vorwärts gehen will, wendet er sich zurück; wenn er zum Glatten will, dann geht er übers Rauhe; wenn er den Gipfel erreichen will, durchschreitet er die Tiefen; wenn er das Makellose sehen will, geht er durchs Verdorbene; wenn er die Kraft besitzen will, erfährt er Schwäche und Kraftlosigkeit. Aber indem er sich verwandelt, erkennt der Daoist ein Geheimnis: Sein leeres und flexibles Ich ist eine poröse Substanz, und die Wirklichkeit ist für ihn ebenso leer und porös, so daß Ich und Wirklichkeit sich begegnen, ohne sich je zu berühren, eins zu werden oder sich zu durchdringen. So kann der Daoist von sich sagen: »Ruhig verändert er sich, aber ebenso ruhig verändert er sich nicht.« Seine totale Bereitschaft für das Universum fällt zusammen mit einer totalen Verweigerung, seine absolute Extroversion mit einer absoluten Konzentration. Er erfreut sich an den Wandlungen der Welt, und er ist gleichgültig. Er schwimmt und schießt zwischen den Dingen umher wie ein Fisch, und er ist sehr hoch oben, über die Dinge erhaben wie ein Falke.

Das Ziel, das Zhuangzi anstrebt, liegt noch höher. »Entkleidet euch eures Körpers«, ruft er, »laßt euer Gehör und euer Gesicht, vergeßt die Lebewesen und ihre Beziehungen, und alles wird zurückkehren in die uranfängliche Ununterschiedenheit. Öffnet euer Herz, vergeßt euren Geist, vernichtet eure Seele, und die unterschiedlichen Wesen der Welt werden ihre gemeinsame Wurzel wiederfinden.« Er lehrt, nicht nur mit den Lungen zu atmen, sondern mit dem ganzen Leib, angefangen von den Füßen, so daß sich die Lebenskräfte bündeln und vereinigen und spielerisch tanzen wie die Vögel. Atmend und tanzend lernt er, über der Materie zu schweben. Er spürt nicht mehr, daß sein Körper sich irgendwo abstützt, ebensowenig daß seine Füße auf etwas stehen. Ganz nach Belieben des Windes zieht er nach Osten, nach Westen, wie ein Blatt oder ein trockenes Reis, und er weiß nicht, ob der Wind ihn mit sich führt oder er den Wind. Bis er schießlich herumwirbelt, ohne daß ihn etwas ermüdet oder aufhält und auf dem Licht dahinfliegt in der Unermeßlichkeit der Leere. Fliegend wie der Geist der Leichtigkeit selbst, kehrt er so schließlich zu den Ursprüngen zurück, bevor die Unterscheidung in *yin* und *yang* entstand, oder er erlebt den Moment, in dem die beiden gegensätzlichen Prinzipien sich vereinigen. In diesem Moment der Ekstase sieht er nicht, hört nicht und kennt nichts Äußeres, sein Geist vereinigt sich mit dem Dao, das er so viele Male vergeblich versucht hat, in Worten auszudrücken.

Hätten wir Zhuangzi gefragt, was er am meisten haßte, so hätte er ohne Zögern geantwortet: »Die gerade Linie«, welche die Menschen schon damals mit ihren Händen über die Dinge zu legen begannen, um sie der Geometrie der Intelligenz zu unterwerfen. »Wer mit Haken und Richtschnur, mit Zirkel und Richtscheit die Leute recht machen will, der verkümmert ihre Natur; wer mit Stricken und Bändern, mit Leim und Kleister sie festigen will, der vergewaltigt ihr Wesen; wer Umgangsformen und Musik zurechtzimmert, um die Moral dadurch zu verzieren und so dem Herzen der Welt Trost zu spenden, der zerstört ihre ewigen Gesetze«, sagt er. Die perverseste Erscheinungsform der geraden Linie ist die Moral. Bevor irgend jemand sie erfand, wandelten die Menschen auf dem rechten Pfad, ohne Pflichtgefühl zu kennen: Sie liebten einander, ohne sich zum Ideal der Nächstenliebe zu bekennen; sie waren ehrlich, ohne zu wissen, was Aufrichtigkeit ist; sie hielten ihr Wort, ohne den Wert des Vertrauens zu kennen. Als ihnen die Moral auferlegt wurde, begannen sie, die tiefe Einsicht des Dao zu verlieren und die Spontaneität und Lockerheit einzubüßen, womit sie sich in den lebenspendenden Wassern der Welt bewegt hatten. Aber die »gerade Linie« hat noch viele andere Erscheinungsformen: die Idee, daß im Leben nur das Nützliche zählt; die Idee, daß es nichts Vollkommeneres gibt als den reifen Menschen und vollendete Dinge; die Idee, daß eine gute Tat von der Vernunft gewollt, vom Bewußtsein begleitet und vom Willen verwirklicht werdem muß.

Gegen die gerade Linie preist Zhuangzi leidenschaftlich den Reichtum, die Beweglichkeit, die Vielfalt, Spontaneität, Weichheit, Unendlichkeit, die lebendige Spannung zwischen den Gegensätzen, die die Natur auszeichnet – diesen Widerschein des Lichts des Dao. Niemand könnte weniger naiv sein als er, wenn er schreibt: »Der Naturzustand ist, was er ist: Die natürliche Krümmung kommt von keiner Schablone, die natürliche Gerade von keiner Schnur, der natürliche Kreis von keinem Zirkel, das natürliche Quadrat von keinem Winkeleisen.« Warum den reifen Menschen idealisieren? Wenn der Mensch auf die Welt kommt, ist er schwach und beweglich; wenn er stark und fest ist, stirbt er. Wenn die Bäume wachsen, sind sie zart und biegsam; wenn sie trocken und hart sind, sterben sie. Was im Leben zählt, ist das Unvollendete: Was keimt, ist noch nicht geformt, aber es trägt den Keim des Wachstums und damit den künftigen Reichtum in sich; die zarten Glieder des Säuglings, dessen Entwicklungs- und Entfaltungsmöglichkeiten unendlich sind.

Den ganzen Tag lang schaut das Kind, ohne die Augen zu bewegen, weil die äußere Welt für es nicht existiert; es geht, ohne zu wissen, wohin es geht, und es sitzt still, ohne zu wissen, was es tut. Wie das Kind ist der daoistische Weise von der Natürlichkeit und Dunkelheit des Unbewußten umfangen. Er denkt an nichts, wenn er zu Hause ist, er überlegt nicht, wenn er unterwegs ist; er versucht nie, sich zu vervollkommnen oder Fortschritte zu machen. »Tun, ohne zu wissen warum, das ist das Dao.« Die gute Tat kennt keinen Vorsatz und keine Berechnung, sie entspringt aus Unbewußtheit, wie die Frucht aus der Blüte. »Der Heilige, der die Menschen liebt, weiß nicht um seine Liebe: Es sind die anderen, die ihr diesen Namen geben. Und es scheint, daß er seine Liebe gewahr wird, als würde er sie nicht gewahr, daß er um sie weiß, als wüßte er nicht um sie.« Nichts ist verwegener und seltener als die daoistische Arglosigkeit und Unschuld: hervorgegangen aus umfassender, bitterer und ironischer Lebenserfahrung, dem Wissen um die Kontraste und das Spiel der Gegensätze, die das Leben durchziehen; ähnlich wie jene höchste Sanftmut, jene kindliche Anmut, jene unkörperliche Zärtlichkeit, wie nur die großen Alten sie besitzen.

Wenn Zhuangzi die Dinge betrachtet, verwandelt er vollkommen ihre Substanz. »Nun habt Ihr so einen großen Baum und bedauert, daß er zu nichts nütze ist. Warum pflanzt Ihr ihn nicht auf eine öde Heide oder ein weites leeres Feld? Da könntet Ihr untätig in seiner Nähe umherstreifen und in Muße unter seinen Zweigen schlafen«, schreibt er. Er gibt sich nicht damit zufrieden, die unnützen, überflüssigen und frivolen Dinge zu verteidigen und zu behaupten, der Weise sei zu nichts und für niemanden nütze – reine Essenz, zwecklose Geste. Wenn er das Leben betrachtet, weist Zhuangzi auf das Unwirkliche im Wirklichen hin, auf das Unendliche im Endlichen, das Formlose im Geformten, und er bildet eine Substanz dazwischen, wo »das, was ist« und »das, was nicht ist« sich harmonisch ausgleichen. So erblickt er schließlich im Leben einen Traum, der übergeht in einen anderen Traum, der wiederum in einem Traum enthalten ist, aus dem wir nie wieder aufwachen werden. Aber wer ist es, der da träumt, und wer wird geträumt? »Einst«, schreibt Zhuangzi mit der liebenswürdigsten Ironie über sich selbst, »träumte Zhuangzi, daß er ein Schmetterling sei, der sich wohl fühlte, glücklich war und nichts wußte von Zhuangzi. Plötzlich wachte er auf und stellte mit Erstaunen fest, daß er Zhuangzi war. Da wußte er nicht mehr, ob Zhuangzi geträumt hat, daß er ein

Schmetterling sei, oder ob der Schmetterling geträumt hat, daß er Zhuangzi sei, obwohl doch zwischen Zhuangzi und dem Schmetterling sicher ein Unterschied ist.«

Absolute Politik

Ich möchte nicht, daß man *Das Buch des Fürsten von Shang* als kulturelles Unikum, als archaischen chinesischen Text betrachtet, von dem man nicht weiß, wie er überhaupt auf unseren Lesetisch gekommen ist. Es macht nichts, daß seine Autoren zwischen dem 4. und dem 3. Jahrhundert v. Chr. gelebt haben, als China noch kein Kaiserreich war. In keinem anderen Text der politischen Theorie, von Machiavelli bis Lenin, spricht sich so unverstellt und grausam der Traum von einer absoluten Politik aus, die jeden anderen Gedanken, jede andere Regung und jeden menschlichen Wunsch unterdrückt und das furchteinflößende Gebäude von Gesetz und Macht errichtet. Seine Autoren besaßen alle erforderlichen Eigenschaften, um diesen Traum zu verwirklichen: erschreckende Logik, abstrakte Menschenverachtung, schneidende Grausamkeit, Haß auf jede Form des Kompromisses, Entschiedenheit, die vor nichts zurückschreckt, verzweifelte Einsamkeit und die Unfähigkeit, die Welt als bewegliches Spiel der Gegensätze zu betrachten und zu lieben. So verwundert es nicht, daß uns aus diesem fernen Buch gelegentlich der Geist des 17. Jahrhunderts entgegenschlägt. Wie bestimmte Verfechter der Staatsräson wollte auch der Fürst von Shang (um diesen mythischen Namen zu benutzen) die Politik in eine klare, geometrische Beweisführung verwandeln, einfacher als das einfachste aller Axiome.

Das Paradoxe an diesem, mit dem logischen und schnellebigen Europa so nah verwandten Buch ist, daß es in China entstand – einem Land, das weder Politik noch Rechtsprechung kannte, sondern nur eine überaus komplexe und elastische Weisheitskunst. Was da zählte, war nicht die öffentliche Norm, sondern die natürlichen und moralischen Prinzipien, die sich in der Kunst des Regierens widerspiegeln sollten; nicht die staatliche Vorschrift, sondern jenes komplexe Spiel aus Gesten und Riten, das die Etikette ausmacht; nicht die Tugend des Bürgers, sondern die des Sohnes und Bruders; nicht Rechtsurteile, sondern ihr symbolischer Wert. Und welches Gewicht konnte schon das flüchtige Eingreifen des Reformators haben angesichts der Tradition? »Man soll das Gesetz nicht reformieren, außer der Vorteil ist hundertfach; man soll eine Einrichtung nicht verändern, außer der Vorteil ist zehnfach.« Die chinesische Weisheit meinte, das politische Handeln müsse aufgehen im unendlichen Netz von Verbindungen, aus denen Familienleben, Religion, Kultur und alltägliches Brauchtum jedes Landes bestehen. Nichts Schlimmeres gab es als die reine politische Tugend, diesen Traum aller Revolutionäre und aller Terroristen. Der wahre Staatsmann wußte, daß seine Kunst keine Ausübung von Stärke war, sondern eine Kunst der Schwäche, keine Kunst der Einheit, sondern eine Art, die bunte Vielfalt des Universums zu versöhnen und mit sanfter Hand zu leiten und zu lenken.

Wie viele Theoretiker der Politik meinte auch der Fürst von Shang, in einer Epoche des Niedergangs voller Zuchtlosigkeit und Gemeinheit zu leben. Man konnte nichts anderes tun als umzukehren, zurückzukehren in ein Goldenes Zeitalter, das es nie gegeben hatte – als »die ersten Könige die Normgewichte auswogen und die Länge von Fuß und Elle festlegten«, in einer Zeit der Einheit und der Genauigkeit. Aber es gab nur einen Weg der Umkehr: die Traditionen zerstören. Der Fürst von Shang verabscheute alles Komplizierte, Vielfältige, Widersprüchliche. Er wollte eine geeinte, geschlossene, auf sich selbst bezogene Gesellschaft schaffen, »deren Geist auf ein einziges Ziel gerichtet« und so einfach war, wie er sich die Mentalität der Bauern vorstellte. Und diese Gesellschaft sollte in der Zeit festgehalten werden, sie sollte die Geschichte überwinden und die Statik der Anfänge wiederherstellen. Durchsetzen sollte diese Einfachheit das Gesetz, »schnurgerade« und »ohne Abweichung oder Bevorzugung«. Es würde die Vielfalt des chinesischen Volkes vernichten, vereinfachen, neu aufbauen und einen reinen Bauern- und Kriegerstaat daraus machen. Für andere war da kein Platz. Das eigentliche Ziel waren Krieg und Eroberung: »Das Reich umarmen und sich seiner bemächtigen und die vier Meere in einen Sack stecken.«

Mit seiner zwanghaft legalistischen Mentalität versuchte der Fürst von Shang, das familiäre Leben Chinas auszurotten. Als erstes mußte die Familie abgeschafft werden: Ein Erlaß verbot Vätern und Söhnen, älteren und jüngeren Brüdern, gemeinsam im selben Haus zu leben. Sämtliche Tugenden und die traditionellen Gaben wurden der Verachtung preisgegeben – Kindesliebe, Schönheit, Liebe, Geschwisterpflicht, Güte, Rituale, Intelligenz, Ehrlichkeit, Integrität, Glaube, Aufrichtigkeit – und durch Pflichten gegenüber dem Staat ersetzt. »Die Liebe der Eltern«, heißt es in einem Kommentar zum Text, »genügt nicht, um einem Kind Moral beizubringen, sondern die strengen Strafen der Funktionäre sind hier erforderlich. Die Leute sind von Natur aus durch Liebe verwöhnt, vor der Strenge aber lernen sie Gehorsam.« Der wahre Feind sind die Bücher, denn die Familie ist nichts anderes als ein lebendes Buch, in dem alle Worte, die Seiten und die weißen Zwischenräume zu Fleisch werden. Keine Literatur, keine Musik, keine Poesie und auch keine Geschichtsbücher also, weil Worte der eigentliche, wehrlose Feind einer absoluten Politik sind. »Wenn das Lesen im Volk Verbreitung findet, dann lassen die Leute die Landwirtschaft liegen und fangen an zu debattieren, werfen mit hochtrabenden Worten um sich und zetteln Diskussionen an, die auf falschen Voraussetzungen beruhen.« Der Fürst von Shang meinte, das Volk sei dumm, und dumm und arm soll es auch bleiben, damit die Dummheit die Macht erhielte. Keiner dürfe den Wohnort wechseln oder Handel und Handwerk treiben, damit nicht irgendwelche Bewegung die eherne Starre des Gesetzes störe.

Das Ziel des Fürsten von Shang war hoch, ja sehr hoch gesteckt: Er wollte die Tugend, die Tugend des Staates nämlich. Die aber war, wie auch die Französische Revolution schemenhaft begriff, nur durch Macht und Gewalt zu erreichen. »Die Strafe erzeugt Kraft, die Kraft erzeugt Macht, die Macht erzeugt Unterwerfung, die Unterwerfung erzeugt Tugend.« Also: »Der Ursprung der Tugend liegt in der Strafe.« »Ich will mittels der Todesstrafen zurückkehren zur Tugend und die Redlichkeit zu einem Korollarium der Gewalt machen.« Gemäß diesen Prinzipien errichtete der Fürst von Shang ein perfektes System, um Tugend und Glück auf dieser Welt zur Herrschaft zu verhelfen. Die Bauern sollten sich gegenseitig überwachen und bespitzeln, wer einen Schuldigen nicht anzeigte, dem wurde der Kopf gespalten, und wer ihn anzeigte, bekam die gleiche Belohnung wie siegreiche Krieger. Kleine Überschreitungen wurden bestraft wie große, »weil große Übertretungen bei den kleinen anfangen«. Wer einen Schritt länger als sechs Fuß tat oder Asche auf die Straße warf, wurde blutig geprügelt, wer zu kritisieren wagte, wurde gebrandmarkt oder die Nase wurde ihm abgeschnitten. Schwere Steuerlasten machten das Leben so unerträglich, daß die Bauern im Militärdienst eine Art von Glück und Erholung fanden. Die letzte Konsequenz des Systems von Fürst Shang war sehr symbolträchtig. Ein sanftmütiger Funktionär würde nämlich die Vergehen der Untertanen nie entdecken. Es blieb also nichts anderes übrig, als die Verteidigung des Staates in die Hände grausamer, boshafter Funktionäre zu legen: Nur wer böse ist, kennt wirklich die Bosheit, die sich im Herzen der anderen verbirgt. So war das grandiose Gebäude des Gesetzes, der Tugend und des perfekten Staats in die Hände der Bösen gelegt. Eine Konsequenz, die der Fürst von Shang in seinem entrückten chinesischen Mittelalter als erster entdeckte, die aber seither Millionen von Revolutionären eifrig und pflichtschuldigst immer wieder praktiziert haben.

Das Gebäude des Fürsten von Shang wurde in der Utopie vollendet. Nach langem und schwierigem Betrieb mußte dieses Räderwerk von Gesetzen und Verboten, von Gewalt und Schrecken, von Strafen und Belohnungen eine Art Maschinerie bilden, die von allein funktionierte: ein monströser und automatischer Leviathan, den nichts aufhalten konnte. Ohne befehligt zu werden, würde das Volk von sich aus das Gesetz anwenden und auf die Verwirklichung seiner individuellen Wünsche verzichten. So würden »die Gesetze durch das Gesetz abgeschafft«. Der Staat hob sich selbst auf, die Dinge regierten sich selbst. »Der Herrscher ruhte auf seinem Lager und lauschte dem Klang von Saiten- und Bambusinstrumenten, und dennoch erfreute sich das Reich der Ordnung.« Wie Duyvendak bemerkt, haben diese Ideen einen daoistischen Hintergrund. Auch wenn Shangs äußerst starre Konstruktion aus Blut und Eisen vom weiblichen Fließen des daoistischen Universums meilenweit entfernt ist.

Der eigentliche Schüler des Fürsten von Shang war der erste Kaiser von China, Qin Shi Huangdi, der 221 v. Chr. den Thron bestieg. Seine Zahl war die Sechs, seine Farbe Schwarz, seine Himmelsrichtung der Norden. Unter seiner Regierung waren sechs Fuß ein Schritt, und sechs Pferde bildeten das Gespann einer Kutsche. Er befahl, daß in der Politik »nach Gesetz und Gerechtigkeit entschieden würde, und nicht nach Güte und Anerkennung«. Er befahl, Bücher zu verbrennen, und ließ dreihundertsechzig Gelehrte ermorden, für jeden Tag im Jahr einen. Er wollte ein »Wahrer Mensch« werden, »imstande, ins Wasser zu gehen, ohne naß zu werden, ins Feuer zu gehen, ohne sich zu verbrennen, auf Wolken und Dampf zu gehen, ewig wie der Himmel und die Erde.«

Er wurde nicht unsterblich, es gelang ihm nicht, ins Wasser zu gehen, ohne naß zu werden, und ins Feuer, ohne sich zu verbrennen. Er mußte sich mit der Sechs und mit dem Norden begnügen, und damit, von siebenhunderttausend kastrierten Gefangenen in den Tiefen der Erde begraben zu werden. Die Götter liebten denjenigen nicht, der da ein »Reich der Härte und der Gewalt« errichten wollte. Als er den bewaldeten Berg Xiang bestieg, entfesselten sie über ihm einen Sturm mit Wind und Regen. Da ließ der Kaiser, um sich an den Göttern zu rächen, den Berg kahl schlagen und ganz rot anmalen, wie bei Verbrechern üblich.

China und das Christentum

Als der Jesuitenpater Matteo Ricci gegen Ende des 16. Jahrhunderts nach China kam, erblickten die Chinesen in ihm eine fast ideale Verkörperung des alten konfuzianischen Weisen. Er vereinte in sich geistige Raffinesse mit der Einfachheit der Sitten. In seinen Bewegungen und Worten, in seinem ganzen Wesen zeigte er eine glückliche Mischung aus einem Übermaß an Härte und einem Übermaß an Freundlichkeit und bewies so, daß er über jene souveräne Natürlichkeit verfügte, die Konfuzius bewunderte, da in ihr Spontaneität, Zurückhaltung, Selbstbeherrschung und Anmut ein Loblied auf das Leben anstimmen. Die Mandarine nahmen ihn mit maßvoller Begeisterung in ihre Akademien auf und gewährten ihm Zutritt zu ihren feierlichen und fast sakralen Versammlungen, wo Knabenchöre moralische Gesänge anstimmten. Zwischen ihnen und dem geheimnisvollen Gesandten aus dem Abendland gab es Punkte der Übereinstimmung. »Überwinde dich selbst«, »was du nicht willst, daß man dir tu, das füg auch keinem anderen zu«, solche Maximen fanden sich auch bei Konfuzius. Und die Ethik des Pater Ricci, der das Evangelium in die Sprache Senecas und Epiktets übersetzte, kam der neo-konfuzianischen Denkweise vertraut vor.

Unter der oberflächlichen Übereinstimmung verbarg sich jedoch ein sehr tiefer Abgrund, wie Jacques Gernet berichtet. Sobald er an sein Projekt der Evangelisierung dachte, mußte Pater Ricci einsehen, daß nie jemand etwas so Aussichtsloses in Angriff genommen hatte. Ein Christ, der versucht, einen Moslem zu bekehren, kann sich auf gleiche philosophische und religiöse Voraussetzungen beziehen; ein Missionar in Indien greift zurück auf gemeinsame sprachliche Wurzeln und philosophische Traditionen, die sich um dieselben Themen ranken. Aber was konnte er tun, allein auf dem weiten Meer China? Wohin er sich auch wandte, stieß er auf eine radikal andere Mentalität, eine andere Art, die fundamentalen Ideen des Lebens aufzufassen. Wenn er den Unterschied zwischen Abstrakt und Konkret begreiflich machen wollte, zwischen Sein und Erscheinung, dann bot ihm die chinesische Sprache dafür nicht die nötigen Mittel. So erfand er, halb aus Überzeugung, halb aus Notwendigkeit, einen historiographischen Mythos. Er behauptete, ein Teil der älteren religiösen Überlieferung Chinas sei in der Bücherverbrennung vernichtet worden, die der erste Qin-Kaiser im Jahre 213 v. Chr. angeordnet hatte. Und in diesem Teil sei die Idee von einem allmächtigen Schöpfergott niedergelegt gewesen, von der Unsterblichkeit der Seele und der Existenz von Hölle, Fegefeuer und Paradies, Dinge, die die Chinesen später dann vergessen hatten. Damals, in den Ursprüngen, bekannten sich die künftigen Christen und die künftigen Mandarine zum selben Glauben.

Wenn Pater Ricci seinen konfuzianischen Freunden von seinem Gott erzählte, war er beeindruckt von der Mischung aus Verehrung und Skepsis, die sie ihm entgegenbrachten. Bereitwillig ließen sie die Bilder Gottes und der christlichen Heiligen in ihre Häuser ein und stellten sie neben den konfuzianischen, buddhistischen und daoistischen Bildnissen auf, die ohnehin schon alle dastanden und ein unentwegtes Gespräch führten; sie verneigten sich tief vor ihnen, und doch verbarg sich hinter der Geste der Verehrung die tiefe Skepsis, an sämtliche Götter zu glauben. Vielleicht gibt es die Götter, vielleicht auch nicht, dachten sie; also kann man sich auch, um nichts falsch zu machen, vor den Götzen der Mehrheit verneigen. Der christliche Glaube hingegen duldete da keine Kompromisse: Er hatte ein Dogma, geoffenbarte Wahrheiten, eine unübersehbare Folge von Konsequenzen, die mit derselben Präzision aufgebaut waren wie die Kirchen und Paläste, die die Jesuiten im Abendland zurückgelassen hatten. Sobald sie jedoch mit einem Chinesen oder einem Konvertiten ins Gespräch kamen, schien diese eherne Logik zusammenzubrechen: Stets war der Chinese bereit, ein Bild auszutauschen oder zu deuten, eine Grundannahme zu umgehen, einen Schluß zu entschärfen, und so machte er aus dem soliden Gebäude aus Stein eine flüchtige Kathedrale aus Wasser. Als Pater Schall versuchte, den Kaiser Shunzi zu bekehren, antwortete dieser: »Ihr habt recht. Aber wie soll man denn eigentlich alle eure Maximen befolgen? Laßt zwei oder drei von den schwierigsten weg, über den Rest können wir uns dann vielleicht einigen.« Alle hielten es wie Kaiser Shunzi. Pater Ricci stellte Dogmen und Formeln auf: Die Wahrheit war eine einzige, nur ein Weg führte zu ihr, ein bestimmter Gedankengang vermochte sie zu erfassen. Und die Chinesen, ob Buddhisten, Konfuzianer oder Daoisten entgegneten ihm mit einer unmerklichen ironischen Spitze: »Eine Wahrheit, zu der man nicht auf tausend verschiedenen Wegen und über tausend ähnliche Gedankengänge gelangt, kann keine Wahrheit sein.«

In ihrem bedingungslosen Glauben an die *harmonia mundi* wußten die Jesuitenpatres wie wenige die Schönheiten der Erde zu schätzen: die wunderbare Kette der Analogien, die sich von der Sonne, den Sternen und den Planeten und durch den Leib des Menschen zieht, bis zur Vielfalt der Tiere, der Frische der Kräuter, den steinernen Symbolen in den Gebirgen. Den Chinesen reichte das alles nicht: Sie bemerkten, daß das Universum, das die Jesuitenpatres mit so viel Liebe erforschten und erkundeten, mit Fernrohren, geographischen Karten und Instrumenten aller Art, nur der Schatten jenes anderen, unsichtbaren Universums war, das sie nach ihrem Tod kennenlernen würden. Die Chinesen lebten im Hier und Jetzt, das Göttliche war die Natur selbst, ihre ganze religiöse Vorstellungswelt war gefiltert durch die unerschrockenen und überaus neugierigen Sinne. »Ist es möglich«, sagte eines Tages der große Kaiser Kangxi zu den Jesuitenpatres, »daß ihr euch unentwegt um eine Welt kümmert, in der ihr noch nicht seid, und daß ihr die, in der ihr jetzt seid, für nichtig haltet? Glaubt mir, jedes Ding hat seine Zeit: Nützt besser, was ihr in Händen habt, und verschiebt alle Sorge, die nur den Toten dient, auf später. Was mich betrifft«, sagte er scherzend, »ich mache mir überhaupt keine Sorgen über diese Sache mit dem Jenseits, und ich will auch nicht über die Angelegenheiten der Geisterwelt entscheiden.«

Je mehr die Missionare von der chinesischen Kultur kennenlernten und je tiefer die Konfuzianer in die Geheimnisse der christlichen Religion eindrangen, um so unüberbrückbarer drohte der Abgrund zwischen den beiden Kulturen zu werden, wo es anfänglich doch geschienen hatte, als könnte er im Zeichen des Himmels verschwinden. Während die Christen an einen transzendenten Gott glaubten, machten die Chinesen keinen wesensmäßigen Unterschied zwischen dem Herrscher in der Höhe, dem Himmel, der Erde und den »zehntausend Geschöpfen«; die einen betonten die Gespaltenheit, die anderen die Einheit der Welt. Während der christliche Gott persönlich ist, bewußt und einmalig, ein allmächtiger Schöpfergott, ist der chinesische Gott eine anonyme Ordnungsmacht, die die Schöpfung beseelt, eine Form von Energie, *qi*, die sich von den beiden Urenergien *yin* und *yang* ableitet. Während der christliche Gott sich über den Bergen und Wolken offenbart und dem Menschen in leiblicher Gestalt erscheint, »spricht der chinesische Himmel nicht«, wie Konfuzius sagt, und ist nur in indirekter Form erfahrbar. Scharfsinnig und mit unerbittlicher Logik begründeten die Buddhisten ihre Kritik am Glauben der Missionare. Gott, sagten sie, ist ohne Anfang, ohne Persönlichkeit, ohne Eigenschaften, ohne Leidenschaften und ohne Ende. Im Gegensatz dazu besitzt der christliche Gott eine Persönlichkeit, bestimmte Eigenschaften (Allmacht, Allwissenheit, Erbarmen), Leidenschaften, also kann er nicht das Absolute sein.

Alle Bemühungen der Jesuiten, die Werte der platonisch-christlichen Tradition durchzusetzen, scheiterten an den jahrtausendealten Überzeugungen der Chinesen. Die Missionare sahen einen Gegensatz zwischen dem Reich der ewigen Wahrheiten und dem der Phänomene und Erscheinungen; der rege Geist der Chinesen löste das eine im anderen auf. Die Missionare unterschieden Seele und Körper, rational und sinnlich, Gefühl und Verstand; die Chinesen überführten all diese abendländischen Antithesen in die ununterscheidbare Einheit der Natur, wo die Gegensätze, die ewig in Bewegung sind, einander ablösen, zusammentreten und sich ergänzen. Mencius sagte: »Wer seinen Körper zu gebrauchen versteht, gelangt zum wahren Prinzip: Er vereinigt sich mit der Natur des Himmels, um mit ihm eins zu werden. Das Sinnliche und das Geistige sind nicht zwei verschiedene Dinge, Körper und Geist sind durch keine Schranke getrennt.« Die Polemik verschärfte sich: Pater Langobardi zieh die Konfuzianer des Materialismus. Da entgegneten die Chinesen, die wahren Materialisten seien die Christen, weil sie das Universum seiner unsichtbaren göttlichen Kräfte entkleiden und es in eine dumpfe Tatsachenwelt verwandeln wollten, ohne natürliche Intelligenz aller Wesen. »Ist es vernünftig«, fragte Huang Wendao, »unter dem Vorwand, den Herrn im Himmel Ehre zu erweisen, Himmel und Erde für geistlos zu erklären, zu behaupten, Sonne, Mond und Sterne seien bloße Dinge, die Götter der Berge und der Blumen, die Götter der Erde und der Ernte seien Teufel und es sei nicht nötig, den Ahnen Opfer zu bringen?«

Das eigentliche Skandalon für die konfuzianischen Mandarine war aber die Menschwerdung und der Kreuzestod Christi. Pater Matteo Ricci hatte es vermieden, davon zu sprechen, er hatte aus der Theologie des Kreuzes eine stoisch-christliche Philosophie gemacht und das historische Schicksal Christi stillschweigend übergangen. Er hatte verstanden, daß die Menschwerdung eine zentrale Vorstellung für das Abendland ist, das darin die Vermittlung zwischen dem transzendental Ewigen und dem vergänglichen Irdischen erblickte. Einen solchen Gegensatz kannten die Chinesen nicht, sie verspürten daher auch nicht das Bedürfnis nach einer solchen Vermittlung. Als die Missionare von der skandalösen Tatsache des Kreuzes predigten, protestierten die Chinesen. Ein Gott, der leidet, ein Gott, der stirbt, war das nicht eine unerhörte Verrücktheit, würdig dieser »Barbaren« aus dem Abendland? Und warum hatte denn auch dieser Gott-Mensch, dieser Sohn einer Mutter mit den tiefliegenden Augen und dem langen Bart das Volk mit seinen seltsamen Reden verstört und gegen seine rechtmäßigen Herrscher aufgehetzt? Wenn die Menschen wirklich gerettet werden sollten, warum hatte der Herr des Himmels dann nicht einen Heiligen gesandt, der das himmlische Dao verbreitete? Ich weiß nicht, wie die Missionare versuchten, das Paradoxon begreiflich zu machen, auf dem das Leben des Abendländers beruht: ein Paradoxon, das nicht erklärt werden kann, sondern das zu den unverrückbaren ersten Wahrheiten gehört. Wie die Gnostiker vermuteten auch die Buddhisten, daß der wahre Christus im Himmel geblieben sei, während das Drama, das sich auf der Erde abspielte, nur eine Theatervorstellung war, ein schimärischer Gespensterreigen, eine phantastische Maskerade des Göttlichen.

Ausgestattet mit dem ehrfurchtgebietenden Apparat ihrer Fernrohre, Astrolabien und ihrer euklidischen Geometrie, waren die jesuitischen Missionare nach China gekommen, und sie glaubten an die ptolemäische Astronomie. Dort oben am Himmel gab es einen göttlichen Baumeister, der einst eine Welt erschaffen hatte und heute über sie herrschte; diese Welt war ewig und feststehend, eingeteilt in Bezirke, und mit ihren siebentausend Jahren und ihren sieben Kristallsphären war sie begrenzt in Zeit und Raum. Die Chinesen hingegen stellten sich den Himmel wie einen grenzenlosen Raum vor, in dem die himmlischen Körper schwebten und in dem im Laufe sehr langer Entwicklungsphasen durch Kondensation und Zerstreuung einer allgegenwärtigen Energie Universen entstanden und wieder vergingen. Das war einer der Punkte, an dem der Gegensatz am deutlichsten wurde. Gebildete Konfuzianer und kultivierte Bonzen mußten mit einem Hauch von Ironie auf ihre Brüder aus dem Abendland blicken, die an ein so einfaches und geordnetes Universum glaubten, das dem Werk eines tüchtigen und verläßlichen Uhrmachers glich.

Die Kaiserstadt

Als die jesuitischen Missionare ihren Fuß nach China setzten, gewannen sie von dem Land den Eindruck, es sei leichter als unseres. In Europa herrschte der Stein, triumphal im Gebirge, in den riesigen Palästen der Könige und Herrscher, in den Ansiedlungen rings um die Paläste, in den Kirchen, die die jesuitischen Architekten und Maler zur Ehre des Herrn über Himmel und Erde erbauten. China, dieses »fortgesetzte Venedig«, war ein Reich des Wassers, bekanntlich das ambivalenteste unter den Elementen. Flüsse durchzogen das Land bis zur Großen Mauer, eine Vielzahl von Kanälen verband sie untereinander, und sie flossen durch die sanften, grünen Hügellandschaften, wo Reis angebaut wurde, durch die Städte und bis ins Innere des Kaiserpalasts, wo sie zu Teichen und kleinen Seen aufgestaut wurden.

Schiffe und Häuser auf dem Wasser waren aus duftenden Hölzern gemacht, die Fenster mit feinsten Seidenstoffen verhängt oder mit goldverzierten, fein durchbrochenen Gittern gesichert, in denen Perlmuttaugen blinkten. Und tausenderlei Arabesken, Bäume und Vögel schmückten die Wände. Alle Farben – Rot,

Gelb, Grün und das leuchtendste Blau, das man sich nur denken kann – wurden mit einer klebrigen Paste vermischt, die eine Art Lack bildete, glatt und durchscheinend wie eine Haut. Wenn das Sonnenlicht auf diese bunte und duftende Haut fiel, dann strahlte sie wie ein Spiegel, die Hölzer wirkten blank und materielos, und wie das eigentliche Venedig wurde das Land des Wassers zum Reich der schimmernden Reflexe und Echos. Je tiefer sie ins flüssige Innere Chinas eindrangen, desto mehr ließen sich die Jesuiten von dieser zauberhaften Leichtigkeit der Dinge betören. Jemand erzählte, in einer Provinz gäbe es einen Vogel, der aus der Blüte einer Blume geboren war, und Steine wie Schwalben. In den kaiserlichen Palästen widmete ein Handwerker sein Leben dem Versuch, dem Dampf Gestalt zu geben: Unter die Kräuter, die er in der Glutpfanne verbrannte, mischte er Seerosenpulver, und der Rauch erhob sich »zu einer hübschen Figur«, zu einer Säule oder einer Kugel oder den Buchstaben einer fremden Schrift. Vielleicht wollten die Chinesen das Feste und das Flüssige hinter sich lassen und vordringen ins Durchsichtige und Unfaßliche, ins Luftige, und wollten dem, was sich scheinbar jeder Gestaltung entzieht, mal eine geometrische, mal eine bizarre Form geben.

Wie sehr das die Phantasie der jesuitischen Missionare beschäftigte und faszinierte, diese unbeirrbare Angewohnheit, allen Dingen eine Form zu geben! Matteo Ricci, Daniello Bartoli und die eleganten französischen Priester, die ein Jahrhundert später ihre *Lettres édifiantes et curieuses* nach Europa sandten, bewunderten Tag für Tag die Wunder der chinesischen Etikette und berichteten den Priestern und Damen in Europa davon. In diesem grenzenlosen Land war alles von Ordnung und Symmetrie beherrscht: Jede Geste des Lebens war eine Inszenierung, ein kleines Zeremoniell, ein Ritual, ein hurtiges geometrisches Ballett. Wenn sich zwei Personen trafen, legten sie die Hände und Ärmel zusammen, hoben und senkten sie, verneigten sich bis zum Boden oder knieten nieder, die Stirn auf dem Boden, nach Norden gewandt; wenn ein Besucher kam, stellte der Hausherr die Stühle ordentlich an der höchsten Stelle des Hauses auf und wischte sie mit dem Ärmel ab; bevor er den Gast hereinbat, ging er in den Hof, verneigte sich gegen Mittag und brachte dem

Himmel eine Tasse Wein dar. Vollends triumphierte die Etikette im Todesfall. Drei Jahre lang blieb der Leichnam im Haus, im blank polierten und gut verschlossenen Sarg und unter Rauchopfern, die die Kinder spendeten. Dann, am Tag des Begräbnisses: Figuren von Elefanten, Tigern, berühmten Männern; Triumphkarren, Schlösser, Fahnen, geheimnisvolle Pyramiden, Tafeln mit Weihrauchfässern und Lebensmitteln, psalmodierende Priester, die Kinder in Tränen, Angehörige und Freunde »in einer künstlich erzeugten Trauerhaltung« – die vom Verlust verwundete menschliche Gemeinschaft tröstete sich mit den Gesten des Scheins und hüllte sich ins Ritual, als ob nur das Ritual uns bei dem Schritt über den Tod hinaus schützen könnte.

Unter den Lesern der *Lettres édifiantes et curieuses* gab es solche, die China verabscheuten, wie Jean-Jacques Rousseau: »Dieses gebildete, feige, verlogene Volk, marktschreierisch, höflich und zeremoniös, schlau, hinterlistig und gerissen, das aus jeder Pflicht eine Etikette macht, aus jeglicher Moral eine Grimasse, und dessen Menschlichkeit sich in Begrüßungen und Verneigungen erschöpft.« Die jesuitischen Missionare aber waren viel zu gebildet, zivilisiert und wohlerzogen, als daß sie den täglichen Sieg der Symmetrie und des Rituals nicht zu schätzen gewußt hätten. In der formvollendeten zeremoniellen Geste sahen sie die irdische Verkörperung der wunderbaren kosmischen Ordnung, jenes perfekten Spiels der Übereinstimmungen, das Gott zwischen Planeten, Himmelskonstellationen und Erde wirken ließ, und in der Höflichkeit erblickten sie die Kunst, die impulsive Heftigkeit und den Egoismus der Leidenschaften zu zügeln und zu mäßigen. Wer die Form kultivierte, ehrte das Gute: Ohne Form konnte es weder spirituelle Schönheit noch tugendhaftes Handeln geben. Gewiß, ihre europäischen Meister hatten sie gelehrt, von innen nach außen zu gehen, vom Herzen zu den Gesten. Aber wer konnte sagen, ob nicht vielleicht die chinesische Lebenskunst die richtigere war? Vielleicht war es zweckmäßig und gut, den Geist an der Schönheit und Präzision einiger vollendeter Gesten zu schulen – eine Verneigung bis zum Boden, eine Hand, die einen Sessel abwischt, ein vom Schmerz gezeichnetes Gesicht –, und vor diesem leuchtend klaren, unbestechlichen Spiegel würde der Geist nach und nach eine ebenso exakte und harmonische Geometrie erlernen.

Während sich das intellektuelle Klima in Europa veränderte, entdeckten die Jesuiten im Inneren des chinesischen Rituals den spielerischen Ausdruck einer Mentalität, die die Vielfalt liebt, die Unterschiede, die schöne Unordnung, die liebenswürdigste Laune. Nichts war vergnüglicher als in den Kaiserpalast vorzudringen, wo ein großer Architekt mit Sinn für Theatralik und Künstlichkeit eine Natur erschaffen hatte, die wesentlich subtiler war als die reale Natur. Nirgends stieß hier Pater Attiret, der Hofmaler von Kaiser Qianlong, auf die Monotonie der verhaßten geraden Linie, die ihn in Versailles gequält haben mußte, sondern überall nur auf eine wohlberechnete »Antisymmetrie«. Alles schlängelte, wand und bog sich, zeigte mal dieses Gesicht, mal das entgegengesetzte. Es gab Wege, die im Zickzack verliefen, am Rand gesäumt von Pavillons und kleinen Grotten, Kanäle, mal breit, mal schmal, die gerade dahinflossen, dann plötzlich eine Biegung machten, Wege mit Wasser auf der einen und Wandelgängen auf der anderen Seite; da ein Hain aus Obstbäumen, dort ein Nadelbaumwäldchen, gewundene steinerne Brücken, eine unzugängliche Insel, auf der sich ein Palast mit hundert Zimmern erhob; und überall vereinte sich das Wasser auf die wundersamste Weise mit dem Stein. Die Behausungen schienen, als »wäre alles völlig willkürlich zusammengesetzt, als wäre kein Teil für das andere bestimmt«. Türen und Fenster wiesen alle Maße und Größen auf – rund, oval, quadratisch, in Form von Fächern, Blumen, Vasen, Vögeln oder Fischen –, und die Wege, die zwei Orte miteinander verbanden, machten hundert Windungen, mal führten sie auf ein Wäldchen zu, mal auf einen Felsen, dann wieder rings um einen Teich. Aber Pater Attiret hatte nie den Eindruck, sich im Reich des Zufalls zu bewegen. Der Geist des Architekten, unbekannt und entrückt wie der des Kaisers, gefiel sich im Spiel mit sich selbst, versuchte die eigenen Regeln zu brechen, wagte sich vor ins Unbekannte und kehrte dann bereichert, vergnügt und seiner selbst sicherer zurück in die Konventionen der menschlichen Lebenswelt. Vielleicht, dachte Pater Attiret, verbargen sich ja hinter den immer gleichen Gesten der Etikette die launenhaftesten, unterschiedlichsten und unergründlichsten Gefühle, die ihr geradezu zuwiderliefen.

Diese Reise der jesuitischen Missionare ins Land der Symmetrie und der Launen endete schließlich im Palast des Kaisers – dem verborgenen Zentrum, von dem die sichtbare Welt abhing. Der Kaiser trug ein gelbes Gewand, mit fünfkralligen Drachen bestickt; und seine Figur war so heilig, daß die Mandarine vor seinem Kleid und seinem Gürtel, vor dem leeren Thron auf die Knie fielen. Wie das Auge Gottes umfaßte sein weiter und toleranter, tiefgründiger und aufmerksamer Blick sämtliche Orte des riesigen Reiches; wie ein Vater wachte er über das Wohl seines Volkes, hob Zölle auf und sandte Reis dorthin, wo Dürre oder Überschwemmungen gewütet hatten; und wie ein Priester in alter Zeit schloß er sich in seinem Palast ein, fastete, betete und flehte den Himmel um das Wunder des Regens an. Um ihn herum eine erwählte Aristokratie von Mandarinen, in der die Missionare das Bild der Philosophen-Gesetzgeber Platons erblickten und die ihm die Worte suggerierten oder sie verbreiteten. So wurde der chinesische Staat zum tugendhaften Staat, von dem die Menschen seit Jahrtausenden vergeblich geträumt hatten und von dem sie am Vorabend der Revolution wieder zu träumen begannen. Der Kaiser lehrte, den Boden zu bestellen, die Kaiserin lehrte das Spinnen, und die Bewohner übten sich in jeder Tugend: die Eltern zu ehren, dem Ehegatten die Treue zu halten, die Keuschheit hochzuhalten, das Feld zu bestellen, genügsam zu sein, mit Nachbarn wie Fernstehenden in Frieden zu leben. Sämtliche Probleme des politischen und zivilen Lebens schienen gelöst. Mit immer wieder erneutem Staunen beobachteten die Missionare, daß sich in China die Feder über das Schwert erhoben hatte: Wer über das geschriebene Wort verfügte, stand über der brutalen Gewalt; die Mandarine befehligten die Krieger und züchtigten sie öffentlich, »wie bei uns in der Schule die Lehrer die Kleinen schlagen«.

Wenn die Jesuiten ins Innere des Palasts gelangt waren, bemerkten sie, daß der Kaiser mit Spielen beschäftigt war, als ob die Macht, um wirklich souverän zu sein, sich in einer gefälligen

Nichtigkeit ausdrücken müsse. Nie war er beschäftigt oder angespannt wie die von Machthunger verzehrten europäischen Politiker. Nie schien er zu »handeln«. Dort in seinen Räumen widmete er sich der Musik, Astronomie oder Mathematik, Malerei, Wasserspielen oder den entzückenden Automaten, die die Missionare für ihn bauten. Nahe bei der künstlichen Insel, auf der er lebte, gab es eine Miniaturstadt: vier Tore zu den vier Himmelsrichtungen, mit Türmen, Mauern, Zinnen, Plätzen, Straßen, Tempeln, Geschäften, Märkten, Gerichten, Palästen und dem Hafen. Mehrmals im Jahr veranstalteten die Hofeunuchen dort den Lärm, das Durcheinander und das Gezeter einer großen Stadt. In diesen Tagen übernahm jeder Eunuch die Rolle des Berufsstandes, der ihm zugewiesen worden war: Einer war Händler, der andere Handwerker, der eine Soldat, der andere Offizier. Schiffe liefen in den Hafen ein, die Geschäfte wurden geöffnet, in einem Viertel wurde Seide verkauft, in einem anderen Tuche, eine Straße war für Porzellan, eine für Lacke. Im einen Geschäft gab es Möbel, im anderen Kleidung und Schmuck für die Damen, in wieder einem anderen Bücher für Neugierige und Weise. Es gab Tavernen, in denen Tee ausgeschenkt wurde, und solche für Wein, Gasthöfe für jede Art von Gästen. Bei Ankunft des Kaisers und der Kaiserin, umgeben von ihrem fürstlichen Hofstaat, kam plötzlich Leben in die Miniaturstadt, in der es monatelang still gewesen war. Händler boten auf den Straßen Obst und Erfrischungen feil, die Verkäufer zupften die Passanten am Ärmel, um ihre Ware anzubringen. Alles war erlaubt. Da wurde geschrien, gestritten, einige prügelten sich, andere stahlen geschickt. Und es kamen falsche Bewaffnete und brachten die falschen Streithähne und die falschen Diebe vor den falschen Richter, wo sie unter dem Gelächter des Kaisers falsche Stockhiebe bekamen.

Der Sinn dieses reizenden Lehrstücks war Pater Attiret klar, und er berichtete seinen europäischen Freunden davon. Eingesperrt auf seiner künstlichen Insel, hatte der Kaiser sein Reich nie zu Gesicht bekommen. Jedesmal, wenn er durch die Stadt ging, wurden Häuser und Geschäfte geschlossen und die Straßenhändler entfernt; wenn er über Land fuhr, versperrten ihm zwei Reihen Soldaten zu beiden Seiten der Straße den Blick. Er seinerseits war für seine Untertanen so gut wie unsichtbar. So konnte er nur die verkleinerte, falsche, simulierte und inszenierte Wirklichkeit kennen, die die Eunuchen in seiner Miniaturstadt für ihn aufführten. Er sah nichts als diese feinen und possenhaften Schatten. War das Strafe oder Privileg? Erlitt er wie alle Mächtigen die Strafe, von der Wirklichkeit ausgeschlossen zu sein, die er doch beherrschen sollte? Oder genoß er das Privileg, nur etwas Subtiles und Geläutertes zu betrachten, den theatralischen Widerschein der Realität? Wie jeder Jesuitenpater war Pater Attiret ebensosehr ins Alltagsleben vernarrt wie in die Illusion, und auch er hätte auf diese Frage keine Antwort gewußt.

1693 schenkte Kaiser Kangxi den Missionaren ein Grundstück außerhalb der Stadt, wo sie eine Kirche mit kühnen Bühneneffekten erbauen ließen, mit Säulen, Mauerbögen, Balustraden, gemalten Himmeln an den Decken, wie in Tausenden jesuitischer Kirchen, die zur Ehre Gottes und seines Ordens errichtet worden waren. Die Briefe, die die Patres von da an nach Frankreich sandten, waren im Ton von Gelehrten, Reisenden, Weltmännern verfaßt, von *amateurs*, aber nicht von strengen Missionaren. Wißbegierig und lebhaft betrachteten sie mit offenen Augen die Vielfalt des Universums: Kein irdisches Vorurteil konnte ihre intellektuelle Neugier dämpfen; und ihr Stil war klar, scharfsinnig, heiter, behende, witzig und nahm den ihres Schülers Voltaire vorweg. Dem Kaiser und den Mandarinen gegenüber zeigten sie hingegen ein anderes Gesicht. Sie hatten verstanden, daß das grenzenlose Land aus Wasser und Luft, das sie aufgenommen hatte, die merkwürdigsten Dinge zu assimilieren bereit war, vorausgesetzt, sie präsentierten sich in chinesischer Gestalt. Also verwandelten sie sich mit chamäleonartiger Geschicklichkeit, mit jener außergewöhnlichen Beweglichkeit, die ihr Orden immer bewiesen hatte. Geboren in Dôle, Issoudun oder Avignon, in der tiefsten französischen Provinz, nahmen sie chinesische Namen an und legten die Kleidung der Mandarine an, das blaue Seidengewand und den Fächer; sie aßen chinesische Speisen, malten wie Chinesen, hielten chinesische Begräbnisse, paßten die christlichen Rituale den chinesischen an. Mit einer Art wütendem Eifer versuchten sie, die Spuren des Abendlands an sich zu tilgen, jene »gewisse ruhelose Aktivität, die alles auf einmal tun und erreichen will«; und nach und nach erlangten sie die Umsicht und Ruhe, die gravitätische Mäßigung, die majestätische und passive Gemessenheit, die sie an ihren chinesischen Schülern bewunderten.

Schon Pater Ricci hatte geahnt, daß ein Vordringen in China notwendigerweise über die Kultur führen müsse. So zeigten die Missionare bei Hof die gebundenen Bücher, die Astrolabien, Uhren, Glasprismen, geographischen Karten und Atlanten, die sie aus Europa mitgebracht hatten. Und als die Mandarine endlich die ganze Ausdehnung der Welt sahen, mit Amerika und Afrika, diesen Ländern, die sie nicht einmal in der Vorstellung gekannt hatten, waren sie erstaunt, daß ihr eigenes riesiges Land »nur so wenig Platz« einnahm. Die Missionare studierten die Geographie der Mandschurei und der Mongolei; sie vermaßen die Große Mauer; sie bereiteten eine Landkarte von ganz China vor. Über sämtliche astronomischen Entdeckungen seit Kepler und Galilei informiert, richteten sie ihre Fernrohre auf den Himmel und verbesserten die astronomischen Instrumente der Sternwarte von Peking. Sie berechneten Sonnenfinsternisse voraus und wurden mit der Reform des chinesischen Kalenders beauftragt. Einer von ihnen behandelte das Tertianafieber von Kaiser Kangxi mit Chinin. Ein anderer malte mit einer Geschwindigkeit, um die Pater Pozzo ihn beneidet hätte, das Porträt von Kaiser Qianlong in Überlebensgröße, ein tatarischer Fürst zu Pferd, der gegen einen Tiger die Peitsche schwingt, mit großem zermoniellem Prunk. Oder er gebrauchte seinen Pinsel in chinesischer Manier und malte ohne Schattierungen in klaren Farben und sehr feinen Linien Bäume, Früchte, Vögel, Fische und Tiere auf Seide. Wieder ein anderer schließlich verfertigte Wasserspiele, einen Löwen und einen Tiger, die von selbst liefen, und zwei Automaten in Menschengestalt, die eine Blumenvase trugen.

Die merkwürdigste Geschichte aber ereignete sich, als Kangxi auf dem Höhepunkt seiner Macht und längst über jede Macht weit erhaben, die europäische Wissenschaft erlernen wollte. Jeden Morgen um vier Uhr ließen sich Pater Thomas, Pater Gerbillon und Pater Bouvet in der Sänfte durch die noch schlafende Stadt und über das Land voller Kanäle tragen; sie führten ihre Bücher über Arithmetik, Geometrie und Euklid mit sich. Der Kaiser erwartete sie in seinem Sommerpalast. Jeden Morgen und jeden Nachmittag verbrachten sie jeweils zwei Stunden zusammen, nebeneinander auf dem kaiserlichen Podest sitzend, als ob es keinen Abstand gäbe zwischen dem Sohn des Himmels und den obskuren Abgesandten aus Europa, während chinesische Worte die Geheimnisse der Theoreme, Durchmesser, Winkelgrade, Würfel, Sphären und Parallelen erklärten, die den geometrischen Raum des Geistes bevölkern. Abends kehrten die drei Jesuiten wieder nach Peking zurück, verbrachten einen Teil der Nacht mit der Vorbereitung der Stunden des nächsten Tages, und ihr Zögling wiederholte mit dem Eifer des wißbegierigen Schülers noch einmal das, was er gelernt hatte, und erklärte es seinen Kindern. Das war der Weg Christi. Die Jesuiten hatten begiffen, daß sie in dieses streng behütete, so sehr in die Symmetrie vernarrte Land nur eindringen konnten, wenn sie die Tugend der Genauigkeit praktizierten. Sie mußten die Räume des Himmels vermessen, die Räume der Erde und des Geistes, die Umlaufbahn der Planeten aufzeichnen, die Umrisse der Gebirge, den Verlauf der Flüsse und der Küsten, Sphären und Zylinder, und sie mußten die Zeiten des Himmels und der Menschen berechnen. Und wenn sie dabei nur recht genau und präzise vorgingen, wie Gott es in höchstem Maße getan hatte, als er die Sterne, Planeten und Kometen erschuf, dann würde es ihnen womöglich gelingen, diese kleinen, förmlichen Menschen zu bekehren.

Obwohl sie dem spirituellen Leben Chinas gegenüber aufgeschlossen waren, begriffen Pater Ricci und die französischen Missionare dessen religiösen Reichtum doch nicht. Mit der Einseitigkeit und Sturheit der Aufklärer sahen sie in vielen seiner Traditionen nur »Extravaganz« und »Aberglauben«. Die buddhistischen Bonzen erschienen ihnen »ein feiges Pack«: Wilde und grausame mittelalterliche Asketen, die unter einem gravitätischen Äußeren jede Art von Laster verbargen und in den unterirdischen Gängen von Klöstern entführte Mädchen gefangenhielten, wie die Dominikanerpater, die ein paar Jahrzehnte später de Sades Phantasie entspringen sollten. Und mit ihren knöchellangen Gewändern und den langen Ärmeln sahen sie in ihnen die dämonische Karikatur der christlichen Priester. Vom Daoismus wußten sie fast nichts; und sie verachteten die wunderbare chinesische Alchemie.

Die chinesische Religion war für sie die des Kaisers und der konfuzianischen Mandarine, die den Himmel anbeteten. Dieser Himmel erschien ihnen dem eigenen so nah, wie auch dem Gott, den sie in ihren Kirchen und Büchern verherrlicht hatten: der Schöpfergott, der sich nicht aus der Welt zurückzieht, sich nicht in einem für das menschliche Auge unerreichbaren Nichts verschließt, sondern sich in den mannigfachen Wundern der Schöpfung zu erkennen gibt. Mit großartigen Worten hatte Kaiser Yong Zhong gesagt: »Zwischen dem Himmel und dem Menschen gibt es eine Beziehung, eine verläßliche Entsprechung, unfehlbar, was Belohnungen und Strafen angeht. Wenn unsere Felder durch Überschwemmungen oder Trockenheit oder durch Insekten verwüstet werden, was ist der Grund für dieses Unheil? Es kommt vielleicht vom Kaiser, der sich von der zum Regieren erforderlichen Tugend abkehrt und den Himmel zwingt, diese Plagen einzusetzen, um ihn zu seiner Pflicht zurückzurufen. Sobald man mir sagt, daß eine Provinz Schaden leidet, gehe ich sofort in mich. Ich prüfe sorgfältig mein Betragen; ich will die Unregelmäßigkeiten ausmerzen, die sich in meinem Palast eingeschlichen haben könnten. Morgens und abends, den ganzen Tag lebe ich in Furcht und Achtung.« Dieses Vertrauen darauf, daß die Erde Spiegel des Himmels ist, daß alles, was unter uns geschieht, einer vorherbestimmten Ordnung gehorcht, daß alle geschichtlichen Ereignisse den Willen Gottes bekunden, daß die Guten belohnt und die Schlechten bestraft werden auf Erden, daß die Menschen, wären sie nur tugendhaft, auch glücklich wären – all das mußte die jesuitischen Missionare rühren und verwirren. Nichts war ihrem eigenen Glauben an die Weltenharmonie näher. Aber vielleicht waren sie zu alt (oder zu jung), um zu glauben, daß unser Leben ein so durchsichtiger Schleier ist, daß sich in ihm niemals etwas Zufälliges, Absurdes oder Dämonisches ereignen könnte.

Mit Billigung des Kaisers und von einem klaren und vereinfachten Glauben beseelt, gingen die Jesuiten an die Evangelisierung Chinas. Gerne würden wir mehr wissen über die Schwierigkeiten, auf die sie stießen. Wie es ihnen zum Beispiel gelang, das Paradoxon des christlichen Glaubens verständlich zu machen: den Sündenfall, die Menschwerdung Gottes und die Erlösung Christi. Ihr Traum war immens. Während Europa sich von Christus abwandte, bereiteten sie ihm eine neue Heimat in diesem Land, in dem Er nicht gepredigt hatte und das ihnen *naturaliter christiana*, also von Natur aus christlich erschien. Wenn sie die religiösen Wahrheiten des Evangeliums mit den moralischen Maximen des Konfuzius in Verbindung gebracht hätten; wenn sie den tugendhaften Kaiser und die friedliebende Aristokratie philosophisch gebildeter Mandarine den Glauben gelehrt hätten; wenn sie die chinesische Symmetrie mit ihrer religiösen Leidenschaft in Verbindung gebracht hätten; wenn sie Raum, Zeit, Rituale, Gesten, Farben, Töne und Kleidung des Abendlands und Asiens vereint hätten – die Erde wäre, wie Yong Zhong meinte, der schimmernde Spiegel des Himmels geworden. Die ersten Ergebnisse gaben Anlaß zu Hoffnung: Dreihunderttausend Chinesen konvertierten, und in den Provinzen mehrten sich die Kirchen. Als Pater Parennin die Kapelle betrat, die ein mandschurischer Fürst in seinem Palast hatte errichten lassen, erschien ihm alles glänzender, lebendiger, strahlender und leichter als in einer europäischen Kirche. Die Fürsten fasteten, empfingen die Sakramente, lasen Erbauungsbücher, knieten bescheiden gemeinsam mit dem Volk, »gesehen nur von Gott allein«. »Gewöhnt wie sie es sind, in tiefstem Respekt vor ihrem Kaiser zu verharren, würden sie sich unendlich schuldig fühlen, wenn sie das erhabene Opfer, das König und Kaiser dem Höchsten Herrn darbringen, gering achten würden.« Nie wurde der katholische Ritus wohl mit harmonischerem Rhythmus und klangvollerer Musik ausgeführt als hier bei diesen in die Etikette vernarrten Menschen.

Der große Traum währte nicht lange. 1724 erklärte Kaiser Yong

Zhong – ausgerechnet er, den die jesuitischen Missonare den europäischen Fürsten als Vorbild hinstellten: »China wird nichts fehlen, wenn Ihr nicht mehr da seid, und Eure Abwesenheit wird keinen Verlust bedeuten. Wir werden niemanden dulden, der das Gesetz bricht oder versucht, die Sitten zu zerstören. Was würdet Ihr denn sagen, wenn ich eine Gruppe von Bonzen oder Dalai-Lamas in Euer Land schicken würde, damit sie dort ihr Gesetz predigen? Wie würdet Ihr die empfangen?« Das Christentum wurde verboten, die Kirchen konfisziert, die Gläubigen im Adel wie im Volk verfolgt. Und in der zweiten Hälfte des Jahrhunderts kehrten die Missionare, nach Peking verbannt, betrübt zu ihren Beschäftigungen von einst zurück: Uhren reparieren, Automaten basteln, Porträts von Fürsten und Landschaften auf Seide malen. 1773 hob Papst Klemens XIV. den Jesuitenorden auf. Die letzte große europäische Utopie war untergegangen: Nie mehr würde man das Evangelium mit Konfuzius vergleichen, nie mehr würde sich der Himmel in der Erde spiegeln; und ein paar Jahre später würde Europa, von weniger eleganten Träumen und Phantasien heimgesucht, von der Revolution umgewälzt werden.

»Der Traum der roten Kammer«

Im *Traum der roten Kammer* ist der Kaiserhof weit entfernt, nur ganz selten tritt jemand über seine Schwelle, an das chinesische Landleben erinnert kaum etwas, die Provinzen des Nordens und des Südens – wo Schlachten stattfinden, Banditen ihr Unwesen treiben und Geschäfte gemacht werden – tauchen nur so flüchtig auf, daß wir sie auch gleich wieder vergessen. Ganz China ist auf den Raum innerhalb der Mauern der Familie Jia konzentriert. Darin sieht man Paläste, hohe Empfangsräume und Festsäle, Pavillons mit mehreren Stockwerken und Balkonen, verbunden durch schwebende Galerien, während im Hintergrund ein Park die schwül-feuchte Frische der Natur bewahrt, mit majestätischen Baumwipfeln, Hügeln und Giebeln aus Edelsteinen. In erster Linie ist dieses Abenteuer eine Reise im Raum. Wie die geladenen Gäste, gehen auch wir durch die Paläste und durch den Park und fürchten, uns zu verirren. Wir durchstreifen ein Labyrinth aus Sälen, Höfen, Innenhöfen, Korridoren; alles strahlt im Feuerschein, strahlt von Luxus und Anmut. Und von allen Seiten tritt uns eine riesige Familie entgegen, mit der überaus vitalen Ahnin an ihrer Spitze. Herren und Damen, Konkubinen, Mädchen, Kinder, nahe und ferne Verwandte, eine Schar von Lakaien, Kammerdiener, Zofen, Köchinnen, Mägde, zwischen denen sich ein unendliches Netz von Beziehungen entspinnt, die der uferlose Roman mit feinster Kunst zu rekonstruieren unternimmt.

Der erste Eindruck ist, daß in dieser abgesonderten Welt die Männer fehlen. Sie sind fern: Der eine jagt der Unsterblichkeit nach, der andere verwaltet den Staat, einer treibt Handel, der andere frönt seinen sexuellen Gelüsten. Sämtliche Paläste, Pavillons und der Park der Jia sind von Schminke und weiblicher Psychologie durchtränkt, jeder Winkel ist von der Vitalität, Leidenschaft, Hysterie und Schönheit, vom Glauben, von der Eleganz und Genauigkeit der Frauen erfüllt wie von einem feinen und alles durchdringenden Duft. Die Frauen plaudern, wie nur sie es verstehen: über die Qualitäten eines Tees aus Siam, über Vorzüge und Schwächen von Romanen, über verschiedene Arten von Vorhängen an den Fenstern – himmelblau nach dem Regen, braun im Herbst, eierschalenfarben oder karmesinrot – und über die zahllosen Anlässe ihres eingeschlossenen Lebens. Sie plappern munter daher wie in *Anna Karenina*; und das vorherrschende Gespräch der Damen findet seinen Widerpart im Geplapper und Gezänk der lebhaften, faulen und schwatzhaften Dienerinnen, die vor den Türen sitzen, auf Steinen oder am Flußufer. Wie zauberhaft ist doch diese ausschließlich weibliche Welt, mit dem Widerhall weiblicher Schritte in den Zimmern und im Park, dem Klang des Gelächters, dem Rascheln der ständig wechselnden Kleider, mit ihren Edelsteinen, Perlen, Broschen und Goldkolliers, die die Schönheit betonen. Das Leben, das sich um die Frauen herum abspielt, hat kein Geheimnis für uns. Wir wissen, wie dick die Teppiche sind und wieviel Gold in die Brokatstoffe verwebt ist, welches die Zutaten einer Arznei und welches die Züge einer Schachpartie sind, wie man Tee trinkt oder Reis ißt, wer Fisch und wer ein Omelett bevorzugt, wer Sojabohnenquark ißt, wer gebratene marinierte Frösche und wer Beifuß mit Schweinefleisch.

An diesem ohnehin schon abgeschiedenen Ort hat Cao Xueqins architektonische Phantasie einen noch entrückteren Ort entworfen, den »Park der Augenweide«, wo Bao Yu mit seinen Kusinen und Dienerinnen lebt, die seiner Sehnsucht nach einem rein weiblichen Leben entsprechen. Der Garten ist angelegt wie ein Kunstwerk, Maße, Proportionen und Distanzen sind sorgfältig berechnet. Die Kunst ahmt den Kosmos in seiner Gesamtheit nach, indem sie das Paradies auf Erden erschafft, das seinerseits die himmlische Welt nachahmt, die Bao Yu einst im Traum erblickt hat. Der Garten ist voller Trauerweiden, die das lange Goldhaar ihrer Äste ausbreiten und die Sonne verbergen, da sind Pfirsichbäume in ihrer Zinnoberwolke, Aprikosenbäume, die bohnengroße Früchte tragen, schirmförmige Apfelbäume, Ulmen, Bananenbäume, Hibiskus, Granatapfelbäume, Pergolen aus Heckenrosen, Päonien wachsen baumhoch und bilden eine Klause, Glyzinien und seltene Pflanzen ranken sich über Dächer hinauf oder hängen von ihnen herab oder kriechen über Stufen. Überall ist Wasser: Ein munterer Bach, der sich bald in sanftem Lauf durch ebenes Gelände hinschlängelt, bald in Sprüngen talwärts hüpft, ein Teich mit einer weißen Marmorbalustrade, beleuchtet von befiederten Lampions aus Perlmutt. Zwischen dem Grün und dem Wasser erheben sich künstliche Landhäuser, ein buddhistisches und ein daoistisches Nonnenkloster, Pavillons und Gartenhäuschen, Zimmer voller Spiegel, Nischen, *Trompe l'œils* und Theaterillusionen. Dort also führen Bao Yu und die Mädchen ihr Traumleben.

Was sich im Park zuträgt, könnte auch auf einem chinesischen Gemälde geschehen. Ein Mädchen schläft betrunken auf einer Steinbank; rings um sie verlieren Päonien ihre Blätter, so daß ihr Haar, ihr Gesicht, ihr Kleid und ihr Fächer von duftenden roten Blütenblättern bedeckt sind. Jede Menge Bienen und Schmetterlinge umschwirren sie und hüllen ihren Schlaf in eine feine Frühlingsmusik. Es ist heiß. Im großen Haus der Jia dösen

Herren und Diener in der drückenden Hitze des Julitages vor sich hin. Die Zofen schlafen, Nadel und Faden noch in der Hand, die Vögel schweigen im Geäst; Goldreif sitzt mit halb geschlossenen Augen und schwankendem Kopf da, während Bao Yu sich, die Arme auf dem Rücken verschränkt, verstohlen nähert, sie anschaut, an einem Ohrring berührt und von Verlangen gepackt wird: »Bist du sehr müde?« flüstert er ihr zu, und würde sie gerne bei sich behalten. Dann setzt er seinen Spaziergang fort. Bei der Rosenpergola hört er leises, unterdrücktes Schluchzen. Er bleibt stehen, schaut durch die Rosenblätter und sieht ein Mädchen am Boden hocken, das mit einer Spange den Boden aufkratzt, dabei immer denselben Buchstaben einritzt und weint. Er erkennt sie: Sie ist eine kleine Schauspielerin, die im Palast auftritt, ihre leicht gewölbten Augenbrauen erinnern an die Wölbung der Hügel im Frühling, während sich eine Welle herbstlicher Fluten in ihren Augen zu ergießen scheint. Die Zeit vergeht, der sommerliche Himmel kühlt sich ab und wird dunkler, ein Regenschauer benetzt die Rosenpergola. Bao Yu bleibt reglos stehen und betrachtet das Mädchen, das vielleicht den Namen des fernen Geliebten schreibt, und er würde ihren Liebeskummer gern mit ihr teilen.

Der Winter bricht an. Als Bao Yu erwacht, flutet durch die verhängten Fenster eine betörende Helligkeit herein: Im Lauf der Nacht hat Schnee den Boden bedeckt. Überall dasselbe Weiß, von dem sich in der Ferne das Dunkelgrün der Tannen und das zarte Blau des Bambus abheben. Es ist, als lebte man in einer gläsernen Schachtel. Sobald Bao Yu um den Vorsprung des Hügels biegt, hüllt ihn eine Duftwolke ein: Im Klosterhof sieht er Winterpflaumen, deren Blüten fleischig rot sind wie Lippen und hell leuchten. Alle Mädchen kommen aus ihren Pavillons, in Lederschuhen aus Rußland, Kappen, Zobel- und Murmelpelzen, und vor dem Weiß des Schnees tragen sie scharlachrote Filz- und Alpakaumhänge. Da sind wir dem Geheimnis der weiblichen Welt schon ganz nah: Kalt und weiß wie das *yin*, rot und glühend wie Schminke und die sinnlichen Phantasien, die in Frauengemächern blühen.

Zwischen Wasser und Grün, zwischen dem Weiß des Schnees

und dem Rot der Blüten und Umhänge spielt sich etwas ab, was das Schicksal der chinesischen Zivilisation insgesamt angeht. China hatte den Kosmos immer als Spiel entgegengesetzter Kräfte betrachtet: *yin* und *yang*, weiblich und männlich, Mond und Sonne, Schatten und Licht, kalt und heiß, Winter und Sommer, Wasser und Feuer, Erde und Himmel, Weiß und Rot, Traum und Wirklichkeit. *Yin* und *yang* zogen sich gegenseitig an, eins setzte das andere voraus, und aus der unablässigen Bewegung der Gegensätze entsprang die Harmonie des Universums. Zum Teil behält Cao Xueqin diese traditionelle Antithese bei. So sieht er zum Beispiel im weiblichen *yin* den Triumph des beweglichen und passiven wäßrigen Prinzips und die Verkörperung des kalten, melancholischen Mondprinzips, dem einige Kapitel des Romans gewidmet sind. Aber zum Teil verschiebt er dieses Gleichgewicht auch. Alles Licht kommt von der kristallinen weiblichen Welt, während die männliche Welt, die ganz auf Aktivität und konfuzianische Rituale gerichtet ist, nichts als Dunkelheit und ein bleiches, düstres Licht ausstrahlt. Die existentiellen Werte des Leichten, Hellen und Klaren werden *yin* zugeordnet, während das Gewicht der Welt, das immer zur Frau gehörte, dem *yang* zugeschrieben wird.

Der notwendige zweite Pol in diesem beweglichen Gegensatz, die männliche Welt, erscheint so rein negativ: Nichts als Schlamm, Langeweile, Allgemeinplätze, buschige Augenbrauen, dichte Männerbärte, wie Bao Yu sagt. Bestimmte Hinweise des *Dao-te-ching* weiterentwickelnd, entwirft Cao Xueqin die Utopie eines ausschließlich vom *yin* bestimmten Lebens: die Mädchen im Gynäzeum, bevor sie von der Wirklichkeit und von der Ehe verdorben sind, die Träume und Illusionen der roten Kammern. »Ein Mädchen vor der Ehe«, sagte Bao Yu, »ist eine wunderbare Perle und von unschätzbarem Wert; ist sie erst einmal verheiratet, ist sie immer noch eine Perle, aber ihres kostbarsten Werts entkleidet, eine tote Perle; und wenn sie alt wird, ist sie überhaupt keine Perle mehr, sondern das Auge eines toten Fisches.« Nie hat sich die weibliche Seele Chinas, eingeschlossen in ihren utopischen Garten, subtiler ausgesprochen: Auch die Götter im Himmel haben nur weibliche Gestalt. Wäre Cao Xueqin ein weniger großer Künstler gewesen, hätten diese Metamorphosen zur Idylle geraten können, während die Sache für ihn eine schreckliche Tragödie ist. Er hat begriffen, daß es nicht mehr möglich ist, nach dem männlichen Prinzip zu leben, sondern nur nach dem weiblichen, nicht mehr in der Sonne, sondern unter dem Mond, nicht mehr in der Wirklichkeit, sondern im Traum. Trotzdem weiß er auch, daß die Bevorzugung des *yin* zuungunsten des *yang* die symbolische Harmonie des Lebens stört und die unausgesetzte Bewegung des Universums unterbricht. So kann China, im Herzen verwundet, nur noch untergehen, langsam, sehr langsam, mit allem Glanz und im zärtlichen Verdämmern eines sehr sanften Untergangs, aber untergehen für immer.

Die irdischen Geschicke des Bao Yu beginnen mit einem doppelten »Prolog im Himmel«, der den alltäglichen Ereignissen einen übernatürlichen Hintergrund gibt und sie symbolisch orchestriert. Aber es wäre verfehlt zu glauben, der Himmel sei etwas anderes als die Erde. Der Himmel ist lediglich eine leuchtendere und prachtvollere Erde, wo sich die Düfte mit dem Harz der perlentragenden Bäume und der Zauberwälder mischen, wo der Tee in nächtlichem Blumentau gelöst wird, wo auf den Roben Schminkeflecken haften und die Göttinnen der Liebe und der Enttäuschung entzückende Doppelgängerinnen der irdischen Frauen sind.

Wie in einem buddhistischen oder gnostischen Mythos ist die Geschichte des Bao Yu die Geschichte einer Erbsünde und eines Falls. Den Lesern, und vielleicht auch Cao Xueqin selbst, bleibt die Schuld verborgen. In den Anfängen der Welt ist Bao Yu ein buntschillernder Stein, den die Göttin Nügua beim Reparieren der Himmelspfeiler ausscheidet. Der Fall besteht darin, unter uns Gestalt annehmen zu wollen, wo Freude und Schmerz, Gut und Böse das selige Gleichgewicht der Gegensätze stören. So gelangt er zu den Jia, in Form eines Jadesteins, buntschillernd und kristallhell zwischen den Lippen des neugeborenen Bao Yu, für den er zugleich Archetyp und Talisman ist. Trotz Schuld und Fall bleibt er ein erwähltes Geschöpf. Unter den sehr vielen Gestalten des Romans kennen wir nur von ihm (und von Daiyu) die himmlische Vorgeschichte: Nur er wird im Traum von Visionen heimgesucht und von den Offenbarungen des Jenseits; und alle Personen sind begeistert von der Grazie, fast luftigen Leichtigkeit und vom strahlenden Glanz dieser Figur.

Ganz dem *yin* ergeben, verabscheut Bao Yu die Werte der konfuzianischen Ethik, als da sind: Achtung vor der Wirklichkeit, Selbstdisziplin, praktische Anwendung der Literatur, Respekt vor Autoritäten und Bürokratie, das offizielle Leben. Sein Lieblingsautor ist Zhuangzi, mit seiner Verwerfung von Gesetz, Moral und Vernunft; und an diesem erhabenen Vorbild versucht er die eigene jugendliche Leichtigkeit auszurichten. Schon mit einem Jahr läßt er seine Neigungen klar erkennen: Sobald sein Vater ihm Gegenstände vorhält, streckt er die Hand aus und greift nach den Schmink- oder Puderdosen, nach Armreifen und Haarspangen, mit denen er dann spielt. Als junger Mann ist es für ihn die höchste Lust, den Duft zu atmen, der aus den Frauengemächern dringt. Er leckt gern die rote Schminke von den Lippen, liebt es, seine Zofen zu kämmen; er wäscht sich vorzugsweise in dem Wasser, in dem die Mädchen gebadet haben, und er besitzt im Umgang mit Schminke und Puder die gleiche Fertigkeit wie in Literatur und Kunst. Aber er ist kein Lüstling, denn sein Verlangen ist nicht auf sexuellen Besitz gerichtet, sein ausschweifendes Verlangen gilt der Welt des Weiblichen insgesamt, die von einem tiefen erotischen Duft durchdrungen ist, ohne in einzelne Körper unterschieden zu sein.

Im Park der Augenweide lernt Bao Yu die weibliche Natur in ihrem ganzen Umfang kennen. Er liebt zwei Kusinen, die zusammen die vollkommene Frau bilden: Daiyu symbolisiert Geburt und Tod im Pflanzenreich und Baochai den kalten Glanz des Goldes. Daiyu steht für leidenschaftliches nächtliches Delirium, Baochai für rationale und mütterliche Zärtlichkeit; die eine liebt die Poesie und das Unwirkliche, die andere akzeptiert die Wirklichkeit. Sie sind Ausdruck des ewigen Gegensatzes zwischen Empfindsamkeit und Gesundheit, Todessehnsucht und Lebenstrieb, leidenschaftlicher und ehelicher Liebe, maßlosem Stolz und Selbstbewußtsein. Derselbe Gegensatz herrscht zwischen den beiden Lieblingszofen, Duftbetörend und Hellwolke. Am liebsten würde Bao Yu ausschließlich im *yin* des Parks leben, umgeben von den Mädchen, die Zeit anhalten, die verhaßte Reife und das schreckliche Alter von sich fernhalten bis zum Tod. Und dann sollten alle Mädchen um ihn sein, und aus »den Tränen, die ihr um mich weint, sollte ein großer Strom entstehen, und der sollte auf seinen Fluten meinen Leichnam davontragen und ihn an einem geheimen und einsamen Ort ablegen«. Das ist für ihn das einzig glückliche Leben, das ihn an die himmlische Welt erinnert; obwohl vollkommene Glückseligkeit nicht möglich ist, weil jeder im Park verlebte Augenblick vom schmerzlichen Gefühl der Vergänglichkeit durchdrungen ist. Ohne es sich einzugestehen, weiß er, daß dieses Leben nicht währen kann. Er wird aus den Frauengemächern vertrieben werden, und draußen, im wirklichen Leben, wird er ohne die Totalität des Weiblichen auskommen müssen.

Mit seinem ausschließlichen *Yin*-Bewußtsein ist Bao Yu eine zerrissene Figur, folglich kennt er Empfindungen, die ausgewogenen und harmonischen Gemütern vorenthalten sind. Er liebt das Spiel. Wie ein launischer und exzentrischer Kobold, wie ein liebenswürdiger Narziß gibt er sich allen künstlichen Genüssen des Gartens hin: Er liest poetische Texte, übt sich in Kalligraphie, spielt die Leier, malt, dichtet Verse, stickt wunderbar, nimmt an Tänzen auf der Wiese teil, schmückt sich mit Blumen, deklamiert und singt; und wenn er die leicht rosa und weiß gepuderten Gesichter der Schauspieler sieht, die Lippen, die im reinsten Karmesinrot bemalt scheinen, die samtige Frische der Lotosblüten, glaubt er, die vollendetste Anmut der Welt zu erblicken. Zu handeln ist ihm verhaßt: Sein höchstes Vergnügen besteht darin, müßig im Park herumzuschlendern, denn so überläßt er sich nachgiebig und weich den Dingen. Niemand besitzt eine solche Feinheit der Empfindungen wie er: Seine Seele ist ein Resonanzraum, wo sämtliche Gefühle und Leidenschaften ihren Widerhall finden. Er möchte glücklich leben, auf dem Gipfel der Lust, und die Idee des Untergangs aus seinem Geist verbannen. Aber unablässig kehrt der Gedanke wieder, daß die Dinge vergehen, daß die Blumen welken, daß das schwarze Haar der Mädchen ergraut, daß die Menschen sterben, und dieser Gedanke bestürzt ihn. Und da leidet er und weint und teilt alle Schmerzen der anderen, mit so rührendem Mitleid und Erbarmen, daß sich schon einige an Fürst Myškin aus Dostojewskijs *Idiot* erinnert gefühlt haben. Er lebt im Traum und von Träumen: Die jenseitige Welt sendet ihm unentwegt ihre Offenbarungen, die so viel strahlender sind als die in unserer Welt.

Bao Yus harmonisches Leben im »Park der Augenweide« währt eine Weile; angesichts des klaren, ungetrübten Himmels, der über Bäumen und rotbemalten Pavillons strahlt, möchte man meinen, daß nichts diesen Garten Eden zerstören kann. Aber die Jugend läßt sich nicht unendlich verlängern, man kann nicht immer von Spielen leben, von Herumstreunen, Zärtlichkeit und Mitleiden. Von Abscheu vor dem Sexuellem gepackt, möchte die Mutter den Sohn aus dem Park vertreiben, weil sie einen Ort der Verderbnis darin sieht. Sie jagt die Zofen davon. Daiyu geht langsam elendiglich an Schwindsucht zugrunde. Die Mädchen heiraten nach und nach. Bao Yu schaut auf die Veranden und die Fenster der verlassenen Pavillons hinaus, die Paravents und Vorhänge der Gesinderäume, wo sich nur noch ein paar alte Dienerinnen aufhalten – während in den Höfen die ganze Vegetation der Grünpflanzen, vom Wind gebeugt und niedergedrückt, die Abwesenheit des Herrn zu beweinen scheint. Dann überstürzt sich alles. Die unnatürliche Blüte eines verdorrten Begonienstrauchs verkündet Unheil: Bao Yu verliert seinen Wunderstein und wird stumpfsinnig und blöde. Daiyu will sterben und sucht zum letzten Mal den Geliebten auf. Die zwei sagen kein Wort, machen keine Geste aufeinander zu, sitzen sich nur gegenüber und lachen ein kleines, dümmliches Lachen. Dann kehrt das Mädchen in seinen Pavillon zurück, von allen grausam verlassen, verbrennt ihre Gedichte und stirbt in dem Moment, als Bao Yu die mit ihren Gewändern verkleidete Baochai heiratet. Die beiden leidenschaftlichen und nächtlichen Frauen haben diese Welt also verlassen. Der große *Yin*-Traum, weiß wie Schnee und rot wie die Lippen der Mädchen, ist von der Zeit und den Menschen zerstört worden. Im verlassenen Park weht der eisige Winterwind, treiben die Diebe und Gespenster ihren Spuk. Eine düstere Atmosphäre bringt bedrohliche Geister hervor, und die hochgelegenen Aussichtspunkte, hohen Gebäude, luftigen Wandelgänge, die Pavillons aus Porphyr mit Terrassen aus Achat sind nun den Vögeln und den wilden Tieren überlassen.

Ein buddhistischer Mönch und ein Jünger des Dao steigen am Anfang des Buches vom Himmel auf die Erde herab, tauchen später immer wieder auf und vermitteln zwischen uns und dem Himmel. Auf den ersten Blick wirken die beiden grotesk, wie Figuren aus einer Farce. Aber kaum setzen sie ihren Fuß hierher und stimmen ihr Hohngelächter an, weht uns ein Hauch der großen Leere an, überläuft uns ein Schauer von Unwirklichkeit und fordert uns auf, unsere Bindungen an die Erde zu lösen. Am Ende seiner Jugend verspürt auch Bao Yu diesen eisigen Schauer. Sein geliebter Zhuangzi erinnert ihn daran, daß wir uns aus dem Sumpf, von den Leidenschaften und den Verstrickungen dieser staubigen Welt befreien müssen, um das völlig nackte Herz des Neugeborenen, den Zustand des großen ursprünglichen Anfangs wiederzuentdecken. Daher verschwindet er eines Tages, kurz nachdem er die verhaßten konfuzianischen großen Prüfungen abgelegt hat. Alle Suche nach ihm ist vergebens: Wir wissen nicht einmal, ob er sich einfach von der Welt zurückgezogen hat oder sogar hinübergegangen ist ins Reich der großen Leere. Jetzt hegt er jedoch nicht mehr das Verlangen nach den roten Kammern und erleidet nicht mehr die Schmerzen der anderen. Und doch ist er nicht radikal verändert, denn die unwirkliche Passivität seines Lebens im Park war schon die Vorwegnahme seiner gegenwärtigen mystischen Passivität: Auch über das Spielerische gelangt man zum Dao. Am Ende wird der Geisterstein an seinen Ursprung zurückgebracht, auf die Grüne Schroffe, wo die Göttin Nügua die Himmelspfosten reparierte; und nach tausend Seiten Illusion und Wirklichkeit schließt der Roman sich wie eine Kugel in sich selbst.

Während wir in dem riesigen Roman voranschreiten, immer wieder von neuem bezaubert, fragen wir uns, von welchem Gesichtspunkt aus Cao Xueqin sein Buch geschrieben hat und von welchem Blickwinkel aus er die Welt betrachtet. Der erste Blick

Caos ist der der beiden Mönche, die vom Himmel auf die Erde kommen. Unser ganzes Leben – unsere Wirklichkeit, unsere Träume, Lieben, Leidenschaften, Hoffnungen, Wünsche – ist eitel und bloße Illusion, hat soviel Bestand wie eine Wolke, mit der der Wind am Himmel sein Spiel treibt. Er erzählt die Geschichte eines Untergangs: Rosenblätter, die fallen, eine große Familie, die untergeht, der Park, der geschlossen wird, China, das zu Ende geht und sich zärtlich und tragisch von sich selbst verabschiedet. Die Figuren sterben mit extremer Leichtigkeit. Das Dasein ist eine so vergängliche Sache, daß aus ihm herauszutreten und einen Schritt ins Reich der großen Leere zu tun, nichts anderes ist, als morgens zwischen neun und zehn im Park der Jia herumzuschlendern. Aber Cao Xueqin hat auch den Blick des heranwachsenden Bao Yu: Unser vergängliches Leben ist nämlich auch betörend schön, so schön und strahlend, daß selbst die Götter in ihrem Raum es nachahmen. Bao Yu ist vernarrt in die Oberfläche der Dinge: Er betrachtet sie und stellt sie dar, als ob es nichts anderes gäbe; er verzeichnet die kleinsten Ereignisse, dokumentiert jede Stunde und jede Minute, schaut gebannt auf das Vergängliche, erzählt von allen Gebräuchen, Moden und Gewohnheiten Chinas, in einer phantastischen, von lebenden Figuren gebildeten Enzyklopädie.

So ist *Der Traum der roten Kammer* inspiriert vom Geist der traditionellen daoistischen Texte, die dem abendländischen Denken so ferne stehen. Cao Xueqin kennt das völlige Aufgehen in den Dingen und zugleich die extreme Distanz von ihnen, er ist fasziniert von der Wirklichkeit, und bleibt doch souverän über sie erhaben. Mit welcher Genauigkeit ist die Oberfläche der Dinge dargestellt: Sämtliche Momente der Handlung sind präsent, kein Detail wird ausgelassen. Und doch ist diese Darstellung leicht wie Seidenpapier oder wie welke Rosenblätter, die Daiyu im Garten vergräbt. Da gibt es nicht die gefräßige Gier, mit der ein abendländischer Roman sich auf die Wirklichkeit stürzt, um ihr Abbild wiederzugeben. Es gibt keine Perspektive oder Synthese oder Tiefe der Darstellung, sondern nur einen zeitlosen Vordergrund, auf dem Haupt- wie Nebenfiguren gleichermaßen auftreten. Manchmal haben wir den Eindruck, wenn wir die Augen schlössen, würde sich dieses ganze Universum in das Nichts auflösen, aus dem es gekommen ist.

Den Sinn des Buches drückt vielleicht eine Stelle im letzen Kapitel aus, an der es heißt, es sei geschrieben worden, »damit die Menschen lernen, daß das Wunderbare nicht wunderbar ist, das Banale nicht banal, das Wahre nicht wahr, das Falsche nicht falsch«. Wie das Dao strebt Cao Xueqin eine höchste Form an, die das Wunderbare im Banalen auffindet, das Wahre im Falschen, das Irreale im Realen, das Mystische im Illusorischen, die Leere in der Fülle, das Unendliche im Endlichen; und jedes Element des Gegensatzes nimmt die Stelle des anderen ein, in einem Spiel der Spiegelungen, das ohne Ende ist. Jedes Thema spiegelt sich wider, wie Bao Yu selbst, der seinen Doppelgänger, den »wirklichen« Bao Yu, träumt: Er träumt, daß er einen solchen Park hat wie er, Zofen wie er, einen Pavillon wie er, eine kranke Kusine wie er. Während sein Doppelgänger dasselbe träumt wie er und erzählt, er sei in den Pavillon des »illusorischen« Bao Yu eingedrungen und habe ihn dort schlafen sehen.

Vielleicht gibt es keinen abendländischen Autor, der eine ähnliche Objektivität besitzt wie Cao Xueqin. Das klare und verständige Auge, das Strenge und Güte zur Genauigkeit der Gerechtigkeit verschmilzt; die Intelligenz, die die Unerbittlichkeit des Schicksals durch Freundlichkeit und Feinheit der Sitten mildert. Er ergreift nicht Partei und urteilt nicht, er nimmt die Wirklichkeit hin, weil er ein großer Künstler ist und nicht anders kann. Nie gibt er Kommentare ab, nie greift seine Stimme ein, er versucht als Erzähler zu verschwinden, weil er weiß, daß seine einzige Aufgabe die ist, ein bunter und symbolischer Spiegel zu sein, der durch die Häuser und Gärten des Universums getragen wird. Mit seinem langsamen, gemessenen und gleichbleibenden Schritt erzählt er die Geschichten der Jia, des *yin* und *yang*. Nie etwas Schnelles oder Dramatisches, sogar die vielen tragischen Ereignisse lösen sich im gleichmäßigen Fluß der Erzählung. Die atmosphärischen Bedingungen sind mit extremer Genauigkeit verzeichnet, wir erleiden die Kälte der Winter und die Hitze der Sommer, und doch ist es so, als würde die Zeit nie vergehen, als würde Bao Yu nie erwachsen werden und als wäre das Leben im Park unwandelbar und ewig, das einzig mögliche auf Erden. Obwohl die Handlung mit seltener Meisterschaft aufgebaut ist, geschieht im riesigen Mittelteil des Buches so gut wie nichts: Alle realen Ereignisse sind ferngehalten, die Geschichte hinterläßt keine Spuren. Es gibt nichts als die reine, makellose Existenz, diese minimalen Ereignisse, die in einer großen melodischen Textur gelöst sind, die unentwegt Caos geistigen Feinsinn bezeugt. So löst dieser Roman, diese unvollendete Kathedrale, die höchsten Ambitionen der modernen Literatur nach Čechow ein, von Hand eines großen Künstlers, der behauptet, er habe ihn zum Spaß geschrieben, um die Langeweile der verregneten Abende zu vertreiben, an einem Tisch unter der Lampe vor einem Fenster sitzend, in Gesellschaft von zwei oder drei Freunden, die in ähnlicher Stimmung waren wie er, nach reichlichem Genuß von Schnaps und Reis.

VIERTER TEIL

Im Islam

Allah, der Barmherzige

Die Menschen sind wie Kinder, die eine Aufführung im Marionettentheater sehen. Der geheimnisvolle Vorhang geht auf: Die Stoffpuppen erscheinen auf den Holzbrettern, sie tanzen, sprechen, kreischen, stehen auf und setzen sich nieder, während sie zur Freude ihrer kleinen Zuschauer die Geschichte von *Aladin* oder von *Ali Baba und die vierzig Räuber* spielen. Die Kinder, die im Saal sitzen, staunen die Stoffpuppen an und glauben, sie würden sprechen und tanzen, Haß und Liebe kennen. Aber der kindliche Blick ist blind. Im abendlichen Dunkel erkennt er keinen der haarfeinen Fäden, die der Puppenspieler in seinen geschickten Händen hält. Unter den Kindern sitzt nur da und dort eines, das Bescheid weiß. Seine Augen sehen die spinnwebzarten Fäden, die auf der einen Seite an den Puppen festgemacht sind – an uns selbst, Geschöpfen aus Fleisch und Blut –, und sich auf der anderen im Himmel verlieren. Dort oben halten die Engel die unsichtbaren Fäden in Händen; und sie blicken in die Höhe und warten auf die Befehle, die ihnen der launische und allmächtige Puppenspieler erteilen mag.

Einst gab es die Welt nicht: Allah war ein »verborgener Schatz«, verborgen in den Tiefen seines Geheimnisses, sogar sich selbst unbekannt, eingehüllt von der Finsternis der Ununterscheidbarkeit. Als er sich erkennen wollte, erschuf er die Welt. Gott trat aus den Regionen des Geheimnisses hervor und glänzte über dem Horizont, vergleichbar einer erlesenen Idee, die einen Schriftsteller in Beschlag nimmt und unbedingt durch das Spiel der Worte zum Ausdruck kommen will. Und so ist alles, was wir sehen, ein Bild von ihm. Der grenzenlose Bereich der Körper, die Bäume, die Menschen, Licht und Schatten sind Erscheinungsformen seines einmaligen Antlitzes. Gott ist der Kreuzgang, in den der christliche Mönch sich zurückzieht, der Tempel, in dem die Götterbilder angebetet werden, die Wiese, auf der die Gazellen weiden, die Kaaba, wo der Pilger sich zu Boden wirft, die Tafeln, auf die das Gesetz des Mose geschrieben ist, der *Koran*, der Mohammed eingegeben wurde. Wir glauben, auf der irdischen Bühne zu agieren, aber der alleinige Akteur ist *er*, er ist die geheime Seele der Puppen, die sprechen und sich auf den Holzbrettern bewegen. Wir glauben zu sehen, zu sprechen und zu hören, aber in Wahrheit ist er das sehende Auge und das gesehene Ding, das hörende Ohr und das ausgesprochene Wort.

Anders als der christliche Gott ist Allah nicht Mensch geworden. Er ist nur in die Formen des Erschaffenen »eingegangen«, wie ein Bild in einen Spiegel »eingeht« und zurückgeworfen wird. Wer die Dinge betrachtet, erkennt das göttliche Licht nicht. Er erblickt es nur verzerrt und verwandelt, wie das Licht, das durch gefärbtes Glas fällt, sich gelb oder rot färbt. Unsere Welt ist der Schatten – und nicht die Person; die Gestalt im Spiegel – und nicht das wahre Bild; die Frucht – und nicht der Baum. Der Himmel ist nur ein von der Vollkommenheit Gottes gesetzter Federstrich, die Erde ist eine Knospe aus dem Garten seiner Schönheit, die Sonne ein Schimmer seiner Weisheit, das Himmelsgewölbe ein Kräuseln auf dem Meer seiner Allmacht. So erlebt der Gläubige, der nach den Formen des Erschaffenen strebt, um Gott zu erkennen, die fürchterlichste Enttäuschung, denn die Welt ist ein Schleier, der das göttliche Antlitz verbirgt. Wir wissen nicht, ob er es vor uns verbirgt, weil der Schleier zu dicht ist oder weil die Offenbarung Gottes von solch überwältigender Helligkeit ist, daß sie unsere Augen blenden würde, so wie die Fledermäuse bei Tag nicht sehen, weil ihre Augen zu schwach sind. Obwohl Gott sich in allem offenbart, bleibt er verborgen und ist abwesend, und wir träumen vergeblich von seiner vollen Offenbarung. Obwohl alle Lebewesen von seinem Mal gezeichnet sind, können wir keine Spur erblicken, die uns zu ihm führt. Er wohnt in unendlicher Ferne.

Niemand kennt ihn, nicht einmal das Himmelsgewölbe. Wie sollte es auch wissen, was sich hinter dem Schleier befindet, wenn es sich seit Millionen Jahren ohnmächtig vor seiner Schwelle dreht? Und wenn ihn schon der Himmel nicht kennt, können wir ihn um so weniger erkennen. Unsere Sinne nehmen ihn nicht wahr, unser Verstand kann ihn weder definieren noch mit etwas vergleichen; kein Substantiv und kein Adjektiv der menschlichen Sprachen ist imstande, auch nur den entferntesten Schatten seines Wesens auszudrücken. Die Vernunft wird durch ihre leidenschaftliche Liebe zu ihm entmündigt, der Geist verwirrt, das Herz von seinem eigenen Blut mit Blut befleckt. Die einzige Kenntnis, die wir von Gott haben können, ist die Erkenntnis, daß wir ihn nicht zu erkennen vermögen. Das einzige, was wir von Gott wissen können, ist, daß wir nichts von ihm wissen können. »Weißt du nicht«, sagte er einmal, »daß die Unfähigkeit zu verstehen schon Verständnis ist? Es möge dir also von unserer Gegenwart das Glück genügen, zu wissen, daß sie dir verwehrt ist, denn du bist unfähig, unsere Majestät und unsere Schönheit zu schauen.« Wer Gott erkennen will, muß auf ihn verzichten, muß ohne Gedanken und Worte auswandern in den fernen und trauervollen Schatten des Untergangs. Dieser Verzicht ist unser Heil. Sobald wir darauf verzichten, uns auszudrücken, bemächtigt Gott sich unserer Worte, löscht sie aus, löscht uns selbst aus und läßt über der melancholischen Leere unseres Untergangs das Licht seines eigenen Aufgangs erstrahlen.

Wer das Verhalten Allahs mit menschlichen Maßen mißt, findet es unberechenbar und absurd. Er schickt ein Kind mit einer Lampe in die rabenschwarze Nacht hinaus. Dann weckt er einen raschen Wind und sagt zu ihm: »Erhebe dich und lösche die

Lampe dort aus.« Schließlich ruft er das Kind auf dem Weg und fragt es, warum es seine Lampe gelöscht habe. Oder er wirft einen Mann ins Meer, dem die Hände auf den Rücken gebunden sind, und ruft: »Gib acht! Sieh zu, daß dich das Wasser nicht naß macht!« Er legt uns Verhaltensregeln auf und achtet selbst nicht auf die Regeln, die er uns auferlegt hat. Er hat keinerlei Verpflichtung uns gegenüber, nicht einmal die der Gerechtigkeit. Wenn er uns seine Gnade und sein Wohlwollen schenkt, dann nicht, weil er müßte. Wenn er uns für unsere Taten belohnt, dann nicht, weil er durch eine Pflicht an uns gebunden wäre, sondern nur, weil es ihm beliebt, großzügig zu sein. Manchmal schenkt er einem Menschen hundert Liebkosungen, einen anderen streckt er mit hundert Peitschenhieben nieder, ohne daß der erste eine einzige gottgefällige Handlung vollbracht und der zweite gesündigt hätte. Manchmal läßt er einen Unschuldigen leiden, quält und zerstört ihn, nur um uns zu beweisen, daß er der einzige Herr in seinem Reich ist.

Wenn wir ihn wahrhaft kennen würden, hätten wir Angst vor ihm, und nicht vor unseren Sünden. Eines Tages sagte er zu David: »Fürchte dich vor mir, wie du dich vor einem wilden Löwen fürchtest.« Allah gleicht einem Löwen in seiner Gewalttätigkeit, seinem Elan und seiner Kraft und durch den Schrecken, den er verbreitet, und weil er bedenkenlos handelt, wie er handelt. Wenn er uns tötet, tut seinem Herzen unser Tod nicht weh; wenn er uns verschont, tut er es nicht aus Mitleid mit uns; wir sind zu wenig wert, um eines seiner Gedanken würdig zu sein. Wer gegen ihn lebt, kennt das Feuer der brennenden Kohlen auf seiner gemarterten Brust. Wer mit ihm lebt, dem widerfährt soviel Unglück, wie es Sandkörner in der Wüste, Tropfen in den Wirbeln des Regens, Blätter an den Bäumen gibt. Er hört nicht auf, uns zu überraschen. Nachdem er uns mit der Kraft eines Löwen angefallen hat, täuscht er uns mit der Schlauheit einer Schlange. Als Satan verdammt wurde, weinten Gabriel und Michael. Gott sagte zu ihnen: »Warum weint ihr?« Die Erzengel erwiderten: »Herr, wir fürchten deine Fallen.« Und Gott sagte: »Ihr habt recht. Glaubt niemals, ihr wäret vor meinen Täuschungen in Sicherheit.«

Wie der Gott der Bibel ist auch Allah eifersüchtig. Wenn er sieht, wie die Zypresse in stolzer Anmut in den Himmel ragt, läßt er sie umfallen. Kaum steht die Sonne im Zenit, da läßt er sie schon in die Niederung ihres Untergangs stürzen; und wenn der Mond in seinem vollen Rund leuchtet, befiehlt er ihm abzunehmen. Er duldet es nicht, daß wir anderen – Vätern, Söhnen, Ehefrauen, Ehemännern – einen Teil unserer Liebe zuwenden. Als Jakob und Joseph einander wiederfanden, sagte der Vater zu seinem Sohn: »Du Licht meiner Augen, du, der mein Gesicht mit so vielen Tränen benetzt, du, der mich in das Haus des Schmerzes gestürzt, du, der in meiner Seele ein Kohlenbecken entzündet hat, du hast so lange Zeit gelebt, ohne dich um mich zu kümmern, als hättest du mich nie gekannt. Warum hast du mir nicht einen einzigen Brief geschrieben? Wie konntest du mich in meinem Schmerz ohne eine Nachricht lassen?« Joseph wandte sich zu einem Diener und sagte: »Geh und hole die Briefe!« Der Diener gehorchte und brachte Tausende von Blättern, auf denen ganz oben geschrieben stand: »Im Namen des Herrn«, sonst waren sie weiß wie Schnee. Joseph sagte zu seinem Vater: »Die Briefe, die du hier siehst, waren an dich gerichtet. Aber jedesmal, wenn ich einen zu Ende geschrieben hatte, löschte ein Wind vom Himmel alle Wörter aus, die ich geschrieben hatte, außer dem Namen des Herrn. Das Papier wurde wieder weiß wie zuvor, die Schrift verschwand, ohne eine Spur zu hinterlassen. Eines Tages erschien mir Gabriel und sagte: »Schreib kein Wort mehr an den Alten. Wenn du es doch tust, wird die pechschwarze Schrift verschwinden, und das Blatt wird wieder weiß werden.«

Und dieser ferne Gott, dieser verborgene Gott, dieser unerkennbare Gott, dieser absurde Gott, dieser Gott der Gewalt und des Schreckens ist dennoch in unserer Nähe und liebt uns. Wir halten ihn für verloren in den Fernen der Himmel, durch siebzigtausend Vorhänge aus Licht und Finsternis geschützt; und er ist uns näher als unsere Halsschlagader, als unser Atem, als unser Bild im Spiegel oder als die Geliebte, an deren Seite wir schlafen. Er weiß einen geheimen Weg, um zum Herzen eines jeden zu gelangen. Seine Barmherzigkeit gleicht einem Meer ohne Grenzen. Wenn wir in diesem Meer alle Sünder reinwaschen würden, bliebe das Wasser so klar wie Quellwasser, und wenn wir jedem Geschöpf auf Erden ein Glas von diesem Wasser reichen würden, dann würde sich seine Oberfläche nicht um einen Millimeter senken. Er hat gesagt: »Wenn ihr zu mir gegangen kommt, dann werde ich zu euch gelaufen kommen.« Er gibt sich seinen Gläubigen zu erkennen, er treibt sie dazu an, ihm zu gehorchen, und legt den Samen der Liebe zu ihm in ihre Herzen, ohne daß es ihr Verdienst ist. Sobald wir uns eine gute Tat vornehmen, verzeichnet sie der Engel auf seinem Pergament, noch bevor wir sie getan haben, und wenn wir sie vollbringen, verzeichnet er deren zehn. Dann vervielfacht Gott sie siebenhundertmal und läßt sie in das große Buch des Schicksals eintragen.

Allah nimmt auch die Sünder in sein Paradies auf, als hätten sie ihn immer geliebt und verehrt. Ein Mann ging auf der Straße, die zur Hölle führt. Die Schutzengel, die in seinem Leben unsichtbar vor ihm und hinter ihm zu gehen pflegten, waren nun sichtbar wie Polizisten und schrien: »Du Hund, nun geh in deinen Hundezwinger!« Der Mann blickte hinter sich, zur heiligen Gegenwart Gottes, und seine Tränen flossen wie ein Herbstregen. In seinem Herzen hatte er nichts als eine reine Hoffnung. Gott sagte zu ihm: »O Mensch ohne Verdienste, hast du nicht das schwarze Pergament deiner Sünden gesehen? Was erwartest du? Warum zögerst du?« Und er antwortete: »Herr, du weißt, ich bin tausendmal schlechter, als du gesagt hast, aber hinter meinen Anstrengungen und meinen Taten, hinter dem Guten und dem Bösen, hinter der Treue und der Treulosigkeit, hinter dem rechtschaffenen Leben oder dem ungehorsamen Handeln hatte ich immer eine große Hoffnung auf deine Liebe. Ich hoffte auf deine reine Gnade und schaute nicht auf meine Werke.« Da sagte Gott zu den Engeln: »Bringt ihn zurück, denn er hat nie die Hoffnung auf mich verloren. Ich werde seine Schuld tilgen. Ich werde ihn anzünden wie einen Scheiterhaufen, und ich werde seine Sünden, die Notwendigkeit und den freien Willen verzehren.« Dieselbe Sanftmut und dasselbe Wohlwollen läßt Allah den Ungläubigen gegenüber walten. Als ein Feueranbeter Hirsekörner über die verschneite Ebene warf, damit sich die Vögel davon nähren könnten, gefiel Gott seine Tat, und er machte ihm den Glauben zum Geschenk. Und so gingen die Hirsekörner, die im Schnee lagen, in seinem Herzen auf.

Wenn jemand fragt, warum Allahs Barmherzigkeit uns zu sündigen erlaubt, antwortet Er uns mit folgendem Gleichnis: »In einer regnerischen und mondlosen Nacht, in der jede Spur Gottes aus der Welt verschwunden zu sein schien, strich ein Asket um die Kaaba. Er blieb an der Tür des Heiligtums stehen und sagte: Mein Herr, bewahre mich vor der Sünde, auf daß ich mich nie deinem Willen widersetzen möge. Da flüsterte ihm eine Stimme zu, die aus dem Innersten der Kaaba kam: »O Ibrahim, du bittest mich, dich vor der Sünde zu bewahren, und alle meine Diener bitten mich darum. Aber wenn ich euch vor der Sünde bewahren würde, bliebet ihr ohne meine Barmherzigkeit. Wenn alle Menschen unschuldig wären, wem sollte ich dann meine Gnade gewähren?«

Die Bibel in der Sicht des Islam

Abu Dschafar Muhammad at-Tabari wurde um 839 im nördlichen Persien geboren; sein uferloses geschichtliches und theologisches Werk wäre längst vergessen oder nur einigen Fachleuten bekannt, hätte nicht ein Traum seinen Geist wie ein Blitz erhellt. Er wollte nicht nur die Geschichte seiner Zeit oder einer begrenzten Epoche erzählen, sondern die Geschichte der ganzen Welt, beginnend mit der Schöpfung bis hin zu den Kriegen, die zu seiner Zeit die arabische Welt in Blut tauchten. Und er wollte nicht nur eine Version der Ereignisse erzählen, sondern alle Versionen, die die Menschen von jedem Ereignis erzählten, so daß sein Buch zu dem Geflecht aus Wirklichkeit und Eventualität, aus Möglichkeit und Unmöglichkeit oder aus entgegengesetzten Möglichkeiten würde, denn all dies macht ja das Universum aus. So verbrachte er seine Jugend mit Reisen: nach Ägypten, nach Syrien, nach Persien, in den Irak, um die arabischen, iranischen, jüdischen und christlichen Überlieferungen zu sammeln, sowohl die, welche in der Bibel, im *Koran* und im *Buch der Könige* aufgezeichnet waren, als auch lokale und weniger altehrwürdige Überlieferungen. Später ließ er sich in Bagdad nieder, wo er eine Schule gründete, einen Korankommentar schrieb und mit der Abfassung der *Nachrichten über Propheten und Könige* (bzw. *Geschichten der Gottgesandten und der Könige*) begann.

Die Anregung dazu erhielt er von Mohammed, aber auf eine so paradoxe Weise, daß ein christliches Bewußtsein, das auf eine gesicherte Kette von Überlieferungen zurückblickt, sich nur wundern kann. Als der Prophet in Mekka war, kam eine Gruppe von Juden zu ihm und stellte ihm achtundzwanzig Fragen aus dem Pentateuch. Mohammed wußte die Antworten nicht, aber er sagte: »Ich werde eure Fragen beantworten.« Er hoffte, der Erzengel Gabriel würde kommen und ihn belehren. Aber Gabriel kam nicht. Es vergingen zehn Tage, und Mohammed war betrübt und erschüttert, während die Juden und die Bewohner von Mekka behaupteten, Mohammed wisse nichts und der *Koran* sei das peinliche Delirium eines Schwachkopfs. Am Ende des fünfzehnten Tages kam Gabriel, nachdem er Mohammed so lange hatte leiden und an sich selbst zweifeln lassen, vom Himmel herab und brachte die Antworten auf die achtundzwanzig Fragen. Mohammed verfügte also über keinen Schatz von Inspirationen wie Paulus oder Jesus: kein zusammenhängendes, in sich geschlossenes Wissen, das er den Menschen zu offenbaren hatte; er war arm, ratlos und unwissend wie jeder von uns. Die Weisheit war in der Höhe, im kristallenen Geist Allahs: ein weit entferntes Wissen, aus dem man nicht schöpfen konnte. Mohammed war nur eine Stimme: eine zu einer bestimmten Zeit ertönende und immer wieder verstummende Stimme. Jedesmal, wenn er um Hilfe bat, ihm die Engel Allahs Wissen offenbarten, teilte er es den Menschen mit, etwa die Erschaffung Adams oder den Jüngsten Tag.

Unter den Eingebungen dieser unregelmäßig ertönenden Stimme schrieb Tabari seine *Nachrichten über Propheten und Könige*. »In diesem Werk werde ich von der Erschaffung des Weltalls berichten, davon, was Gott als erstes auf dieser Welt schuf und welches das erste Geschöpf war. Ich werde alles berichten, was von Adam bis auf den heutigen Tag geschehen ist; ich werde von diesen Geschehnissen berichten Prophet für Prophet, Volk für Volk, König für König«, als wäre die Geschichte eine Pergamentrolle, die sich langsam vor unseren Blicken entrollt. So erzählte Tabari die Geschichte Israels und die Geschichte Jesu; die Geschichte der iranischen Herrscher, des Sassanidenreichs und der vorislamischen arabischen Stämme; das Leben Mohammeds, der vier ersten Kalifen, der Omayyaden und der Abbasiden. Als er bis zum Jahr 915 gekommen war, hatte er hundertzwanzig Bände geschrieben. Er war beinahe achtzig Jahre alt, und er konnte nun sterben.

Dieses gigantische Werk ist verlorengegangen. Jemand hat eine Sammlung in zwölf Bänden erstellt, in der viele Geschehnisse und Fassungen fehlen, die Tabari in seinem Vollständigkeitswahn aufgenommen hatte. Vierzig Jahre nach Tabaris Tod befahl der Herrscher von Khorassan und Transoxianien seinem Wesir Bal'ami, die *Nachrichten* ins Persische zu übersetzen. Bal'ami beschränkte sich nicht aufs Übersetzen. Er griff auf andere Quellen zurück, insbesondere für die älteren Zeiten; er verwendete für jedes Geschehnis nur eine einzige Fassung, kürzte, zog zusammen, polemisierte bisweilen auch gegen seinen großen Meister. Der schönste Teil dieser Übersetzung ist wohl der Anfang, der die Erzählung der biblischen Geschichte enthält.

Ich wünsche diesem Buch viele passionierte Leser, denn es ist so ehrwürdig wie eine heilige Schrift und so bezaubernd wie *Tausendundeine Nacht*. Niemand anderer als der fromme sunnitische Muslim Tabari kann uns besser zeigen, wie die zwei Religionen und ihre jeweilige Kultur, die sich heute gegenseitig auf elende Weise bekämpfen, eines aus dem anderen entsprungen sind und sich aneinander emporranken wie zwei Bäume, deren Wurzeln zusammengewachsen sind. Liebevoll hat der Islam die großen Gestalten des Alten Testaments in seine Tradition aufgenommen: Adam, Abraham, Joseph, Mose, Salomo wurden, leicht verändert und umgestaltet, auch zu seinen Gestalten; und auf einmal haben wir das Gefühl, die Menschen hätten zweimal die gleiche Musik gehört – die gleiche Musik, aber das zweite Mal in so andersartiger Orchestrierung, daß uns die strahlenden und farbigen Klänge bezaubern.

Der erste Eindruck, den die islamische Welt hinterläßt, ist der einer viel größeren Weite, als wir sie von der jüdisch-christlichen Weltsicht kennen. In der *Genesis* begnügt Gott sich mit einer einzigen Schöpfung. Anstatt sich auf die wüste und leere Erde, auf die Finsternis und die Wasseroberfläche zu konzentrieren, hätte er sein Spiel der Schöpfung auf anderen Sternen wiederholen können; er hätte auch dort Knospen, grünes Gras, Obstbäume und jenes Gewimmel von Wasserschlangen, Vögeln, Haustieren und Gewürm hervorbringen können, das ihm soviel Freude machte; oder er hätte eine große Anzahl nie gesehener Geschöpfe und schließlich auf einer anderen Erde noch einen dem unseren durchaus unähnlichen Adam erschaffen können. Aber er tat nichts von alledem, denn Adam mußte zu Abraham und Israel, dem Ziel der Schöpfung, führen.

Wenn wir in der islamischen Welt, so erzählt Tabari, die Grenzen der Erde während unserer Lebenszeit verlassen, müssen wir vier Monate in Finsternis wandeln; und wenn unsere Kräfte erschlafft sind und uns keine Hoffnung auf Rettung mehr Trost spendet, gelangen wir zum Berg Qaf. Er umschließt die ganze Erde, wie ein Ring den Finger einer Frauenhand umschließt. Er ist die Mutter und die Wurzel und die Grundfeste aller Berge; und würde es ihn nicht geben, so würde die Erde immerfort beben, denn sie hätte ihr Fundament verloren, und die Geschöpfe könnten nicht leben. Wie im Himmlischen Jerusalem der *Offenbarung* des Johannes gibt es auf dem Berg Qaf weder Sonne noch Mond, noch Sterne – denn Sonne, Mond und Sterne gehören einer weniger reinen Schöpfung an. Aber es gibt auch keine Finsternis. Der Smaragd und das Blau, aus dem der Berg zusammengesetzt ist, strahlen ein so intensives blaugrünes Licht aus, daß es alle Felsen, Schluchten und Abgründe erleuchtet und selbst unseren Himmel erglänzen läßt.

Am Fuß des Berges Qaf erstrecken sich zwei große Städte aus Smaragd, Jabalqa und Jabarsa. Noch einmal werden wir an das Himmlische Jerusalem erinnert, denn sie haben die gleichen Maße: ein Quadrat mit einer Seitenlänge von zwölftausend Stadien, Zeichen der Ganzheit und der Vollkommenheit. Die Bevölkerung ist unzählbar. »Jede Stadt hat tausend Festungen, und in jeder dieser Festungen ist eine Garnison von tausend Soldaten, die dort jede Nacht Wache halten. Ein Mann, der dort Wache hält, kommt erst nach einem Jahr wieder an die Reihe.« Auch hier gibt es weder Sonne noch Mond: Das zarte Blaugrün des Qaf beleuchtet jeden Wachturm und jede Zinne der Festung und jeden Soldaten, der Nachtwache hält; und auch vom Boden kommt Licht, denn die Mauern und das Gestein und sogar der Staub strahlen einen smaragdenen Glanz aus.

Allah hat hier eine andere Geschichte als die menschliche entworfen: Die Bewohner von Jabalqa und Jabarsa stammen nicht von Adam ab, und sie haben nie etwas von ihm oder vom Satan gehört. Wir wissen weder wann noch wie es zu dieser Schöpfung gekommen ist. Wir wissen nur, daß die Menschenrasse von Jabalqa und Jabarsa in einem paradiesischen Zustand lebt. Wir Adamskinder nähren uns von Fleisch, tragen Kleider, die unsere einst unschuldige Nacktheit bedecken, wir kennen die Geschlechter und unterliegen der Verwesung und der Zeugung. Die Bewohner der beiden vollkommen quadratischen Städte dort oben ernähren sich von Kräutern, tragen keine Kleider, haben alle dasselbe Geschlecht und zeugen keine Kinder. Mohammed hat sie in der Nacht seiner himmlischen Reise zum Islam bekehrt, nun sind sie Allah gegenüber vollkommen gehorsam wie Engel.

Auch bezogen auf die Zeit ist die islamische Welt viel weiter ausgedehnt. Der Geburt Adams, die im Alten Testament den Abschluß der sechs Schöpfungstage bildet, geht bei Tabari-Bal'ami die Schöpfung der Engel voraus, ihre Rebellion, die Herrschaft Satans und sein Aufstand, und dies alles umfaßt Tausende von Jahren am Anfang der Zeiten. Dann erst kommt Adam zur Welt. Aber auch hier formt die islamische Überlieferung die jüdische um. In der *Genesis* ist die Erschaffung Adams eine erhaben einsame Tat Gottes: In der gerade erschaffenen Welt, die erst seit kurzem das Licht der Sonne und des Mondes kennt und in der noch keine Engelsstimme zu vernehmen ist, formt Gott den Menschen aus dem Staub der Erde »nach seinem Bild und Gleichnis«; es gibt nichts anderes als diese handwerkliche Gebärde, dieses Stirn an Stirn zwischen Gott und dem Menschen, diese auf das einzige Geschöpf gerichteten schöpferischen Augen. Die islamische Welt hingegen ist von den Ursprüngen an überreich bevölkert. Sie ist eine große Theaterbühne, ein lauter, bunter Chor, wo Allah, die Engel, der Satan, die Erde und Adam nacheinander das Wort ergreifen.

Von Anfang an ist es kein gehorsamer Chor. Allah, der als ein weitaus absolutistischerer Herrscher erscheint als Gott, stößt mit seinem Werk auf Widerstände, die auf den ersten Blick unfaßbar scheinen. Als er den Engeln seinen Plan enthüllt, geben sie ihm zur Antwort: »Du willst jemanden auf der Erde ansiedeln, der dort Verderbnis verursachen und Blut vergießen wird, während wir dein Lob singen und deine Heiligkeit preisen?« Als Gabriel das Vorhaben der Erde mitteilt, antwortet diese: »Was würde geschehen, wenn Allah aus meiner Materie Geschöpfe formen würde und diese Geschöpfe dann das Böse auf mir heimisch machten und unrecht Blut vergießen würden?« So verweigern sowohl Gabriel wie Michael die Mitwirkung, und nur der Todesengel, der sich nicht um den Protest der Erde kümmert, begibt sich nach Mekka hinunter, wo später die Kaaba errichtet werden soll, und sammelt Lehm aller Arten: schwarzen, weißen, roten, gelben und blauen Lehm, und reicht ihn Gott. Adams Schicksal ist schon vorgezeichnet. Noch ist er nicht geformt, seine Hand hat noch nicht leichtfertig die Frucht vom Lebensbaum gepflückt, wodurch er in das Reich des Todes gerät, und doch hat der Todesengel schon sein Geschick als beschränktes Geschöpf festgesetzt.

In der Bibel geschieht die Erschaffung Adams offenbar in einem Augenblick: Gott nimmt den Staub der Erde, haucht ihm Leben ein, und schon ist der Mensch ein lebendes Wesen, das im Garten Eden spazierengeht. Bei Tabari-Bal'ami geht alles sehr langsam vor sich. Gott formt Adam mit dem bunten, vom Todesengel gereichten Lehm und läßt ihn allein. Niemand, weder die Engel noch die Dämonen, hatte je eine so gigantische Gestalt gesehen. Vierzig Jahre lang liegt sein unermeßlich großer Körper leer ausgestreckt auf dem Boden: Der Lehm wird so trocken wie ein abgefallener Palmwedel, der in der Wüste liegt, und er gibt einen düsteren Klang von sich; der Engel des Bösen tritt durch den Mund in den leeren Körper und durchforscht ihn. Zuletzt befiehlt Gott der Seele, in die ausgestreckten Glieder zu fahren. Die Seele dringt über die Kehle in den Körper ein, und überall, wo sie hinkommt, werden aus dem Lehm, dem Staub, der Erde Knochen, Nerven, Adern, Fleisch, Haut. Als sie den Kopf erreicht, niest Adam und sagt: »Gelobt sei Gott!« Dann lehrt ihn Gott eine geheime Wissenschaft, die er die Engel nicht gelehrt hatte. Er sagt dem Riesen aus Lehm den Namen der Dämonen und der Feen, die auf der Erde hausen, den Namen der Vierfüßler, die im Meer und außerhalb des Meeres leben, den Namen der Tiere, die weiden und äsen, gehen oder fliegen; den Namen der trockenen und der feuchten, der leichten und der schweren Dinge, den Namen des Winters, des Sommers, des Himmels, der Erde, des Berges, der Ebene und der Wüste. Vielleicht sagt er ihm auch (aber weder Tabari noch Bal'ami teilen darüber etwas mit) den Namen jener anderen, beinahe engelhaften Geschöpfe, die damals schon in den großen viereckigen, vom himmlischen Licht des Berges Qaf beleuchteten Städten wohnten.

Als der Engel des Bösen Adam und Eva in Versuchung führt, essen sie die Frucht vom Baum des Lebens und der Ewigkeit. In dem Augenblick, sagt Tabari, »löste sich die Haut von ihren Körpern, und das Fleisch lag offen da wie das unsere heute. Die Haut, die Adam im Paradies hatte, war unseren Fingernägeln ähnlich. Als sie sich vom Körper loslöste, blieb nur der Rest an den Fingerspitzen zurück, wie wir ihn heute noch haben. So erinnerten sich Adam und Eva jedesmal, wenn sie auf ihre Fingernägel schauten, an das Paradies und alle seine Wonnen.« Adam wird nach Hindustan verwiesen, Eva in die Nähe von Mekka und die Schlange nach Isfahan. Adam erkennt seine Schuld und begreift, daß er sich gegen Allah versündigt hat; er wirft sich in Anbetung mit dem Gesicht auf die Erde und weint. Die Tränen stürzen wie Bäche aus seinen Augen, fließen ins Tal und lassen alle heilsamen Kräuter und Sträucher wachsen, welche die indischen Händler zur Zeit Tabaris an den Hängen der Berge Indiens sammelten. In der *Genesis* findet die Tragödie seltsamerweise keinen Ausdruck; eine knappe Geste deutet auf die

Schuld hin, keine Träne wird vergossen, das Antlitz von Adam und Eva bleibt unbewegt wie bei einer romanischen Skulptur.

Nach hundert Jahren verzeiht Allah, der Gütige und Barmherzige, dem Adam; und diesmal lassen die Freudentränen die Narzisse, den Amarant und alle Blumen der Ebene wachsen. Dann beginnt sein Leben voll Arbeit und Mühe. In der *Genesis* macht Adam, aus dem Paradies vertrieben und auf die Erde geworfen, alles aus eigener Kraft: »Im Schweiße seines Angesichts« bestellt er seinen Acker voll Dornen und Disteln, sucht das Kraut auf dem Felde, sät das Korn und bäckt das Brot, bis er »wieder zum Ackerboden zurückkehrt«. In der islamischen Erzählung ist Adam nie allein: Allahs hilfreiche Hände schicken ihm die Engel, die ihm helfen und ihn erziehen sollen. Gabriel steigt vom Himmel herab und zeigt Adam, wie man aus dem Stein das Eisen gewinnt, wie man Gerät für den Ackerbau herstellt, wie man sät, das Korn in Mehl verwandelt, einen Ofen aus Eisen baut und das Brot bäckt. Schließlich bringt er ihm als letztes Geschenk den Ochsen für die Feldarbeit vom Himmel.

Trotz des unausgesetzten Geflatters von Engelsflügeln ist das Ende tragisch wie in der jüdischen Überlieferung. An die Pforten des Paradieses stellt Gott die Cherubim mit dem »lodernden Flammenschwert«, das die Menschen für immer vom Baum des Lebens fernhält, bis andere Engel das Himmlische Jerusalem und neue Bäume des Lebens ankündigen. Allah braucht das lodernde Flammenschwert der Cherubim nicht. Bis zum Sündenfall reichte Adam mit seinem Kopf bis zum ersten Himmel, und er konnte mit den Engeln Zwiesprache halten. Allah schickt Gabriel, der mit seinem Flügel leicht über Adams Kopf streift und seine Statur auf neunzig Meter schrumpfen läßt. Adam weint, weil er nun die Stimme Engel nicht mehr hören kann. Gabriel spricht zu ihm: »Gott läßt dich grüßen und dir sagen: Ich habe aus dieser Welt einen Kerker für dich gemacht, und ich habe dich schrumpfen lassen, damit du in einem Kerker lebst.« Bei aller Verschiedenheit der kulturellen Überlieferungen gibt es ein einmütiges jüdisch-christlich-islamisches Erbe: Diese Erde ist ein Kerker, und wenn wir andere Stimmen und Gesichte kennenlernen wollen, müssen wir der himmlischen Musik lauschen oder die leuchtenden überirdischen Offenbarungen betrachten, die von Zeit zu Zeit die dichte Finsternis unseres Kerkers durchbrechen.

Der Gott der Bibel ist ein erhabener und gebieterischer Gott der Schöpfung. Wie liebt er das Werk, das er in sechs Tagen geschaffen hat, das ihm so wohl gelungen, das so schön und so vollkommen geworden ist: vom Festland zum Wasser, vom Gras zu den Bäumen bis zur ungeheuren Vielfalt und Fruchtbarkeit der lebenden Wesen! Allah erschuf die Erde mit einer keineswegs geringeren Phantasie: Er hat seine ganze Farbenkunst an sie verschwendet, doch empfindet er seinem Werk gegenüber eine stolze Gleichgültigkeit. »Wenn ich die Geschöpfe nicht erschaffen hätte«, sagt er, »hätte ich davon keinerlei Schaden: Wenn sie nun, da ich sie erschaffen habe, nicht tun, was ich ihnen geboten habe, und wenn sie meine Befehle nicht ausführen, entsteht mir dadurch keinerlei Nachteil, aber wenn sie meinen Befehlen gehorchen, gereicht es mir auch nicht zum Nutzen.« Die Welt wurde für den Menschen gemacht: Sie ist sein »Teppich«, sein »Bett«, seine »Wiege«; und wenn der Regen fällt und wenn das Angesicht des Mondes umflort ist, wenn die Kräuter und Bäume wachsen, dann ist das Ziel von alledem der Nutzen und die Freude des Menschen. Allah ist jedem von uns nahe: in liebevoller Zuneigung, von unendlicher Geduld mit unseren Verrücktheiten und unseren Sünden. Oft ist er so »vertraulich«, wie sich Mose seinen Gott nie vorzustellen gewagt hätte; und was macht es schon aus, daß wir ihn nicht sehen, wenn eine Unmenge großer, strahlender Engel mit großen bunten Flügeln zu uns herabsteigt, um uns die Ruhe, die Schönheit und die Unbeschwertheit zu bringen, die wir brauchen?

Wenn wir die Bücher *Genesis* und *Exodus* lesen und danach Tabari, dann bemerken wir, daß hier ein völlig anderer Ton herrscht. Das *tremendum* des Heiligen, seine Raserei, seine Schrecklichkeit und seine Rätselhaftigkeit gibt kein anderer Text so wieder wie die Bibel. Bei Tabari geht es vertrauter zu. Sicher enthalten die *Nachrichten über Propheten und Könige* auch eine Heilige Geschichte, die sich eng an die Stellen im *Koran* hält, aber sie ist in eine Phantasiewelt eingetaucht, die nach Märchen und Legende klingt. Dabei kommt dem Märchen größte Wertschätzung zu, weil es zum Reich des Königs Salomo gehört, das im Islam eine ebenso große Bedeutung hat wie das Reich Abrahams. Alle Aspekte des Märchenhaften sind vorhanden: das Wunderbare, das noch vervielfacht wird (die zwölf Straßen durch die Wasser des Roten Meeres), die kleine Geschichte aus dem Alltag (das Messerchen und die Zitrone Suleikas und ihrer Freundinnen), das Exzentrisch-Komische, das ans Absurde grenzende Groteske (Nimrods Ansturm gegen den Himmel), bis zu den feinsten Tupfern arabischer Anmut wie die Fingernägel von Adam und Eva. Die machtvolle Knappheit, die barbarischen perspektivischen Verkürzungen der Bibel sind hier abgemildert. Alle Einzelheiten, die kleinsten wie die größten, stehen im Vordergrund, als hätten sie alle dieselbe perspektivische Würde. Es gibt keine dramatische Spannung, es gibt weder Höhen noch Tiefen, es ist immer der gleiche Ton, der gleiche Klang. Was auch geschehen mag, wir hören das Fließen des Erzählstroms, das jeglichen Unterschied im Stoff auflöst, jegliches Hindernis beiseite schafft und über alle Inhalte die reine Stimme, die ununterbrochene Stimme, die gleichmäßige Stimme des Erzählens stellt.

Auf Tabaris Seiten riecht es wie in der Bibel nach Wüsten und großen Weideplätzen, nach Viehherden, Pferden und Kamelen, nach Karawanen, nach Rast an den Brunnen, nach Leuchtfeuern, die mit einem Schlag die Nacht flammend erhellen. Die Patriarchen der *Genesis* und des *Exodus*, die durch einen Pakt und einen Bund an Gott gebunden sind, führen die Israeliten ins Gelobte Land. Bei Tabari ist das Thema des Strebens nach Kanaan und der damit verbundenen Tragödie beinahe verschwunden. Obwohl die Propheten immer noch den Aufruf Allahs verkörpern, der von Adam bis zur Offenbarung Mohammeds führt, besitzen sie noch eine geheimnisvollere Gabe: ein geheimes Wissen oder eine höhere Magie, die Allah seinen Lieblingskindern gewährt hat. Weder Tabari noch Bal'ami lassen esoterische oder mystische Bestrebungen erkennen. Aber Adam besitzt das Wissen um die Namen, Joseph ist der Deuter und der Herr der Träume, Mose hat die göttliche Gabe der Zauberei und erweckt die Toten zum Leben, und al-Khidr, eine geheimnisvolle Gestalt, besitzt esoterische Kenntnisse, die selbst den Patriarchen versagt blieben.

Das Thema des Geheimwissens gipfelt in der Gestalt Salomos, der das Herz der *Nachrichten über Propheten und Könige* ist. Salomo hat die oberste Herrschaft über das Weltall inne, die ihm der Besitz eines Ringes gewährleistet, in den der verborgene Name Allahs eingeritzt ist. Welches Reich der Welt könnte ihm Widerstand leisten? Allah hat ihm die Pforten des Reichs der Natur geöffnet: Die Winde gehorchen seinem Befehl, und sie tragen alle Worte an sein Ohr, die auf der Welt laut oder leise ausgesprochen werden, von den Feen und Menschen oder den Dämonen, von den Vögeln und den Fischen. Er kennt die Geheimsprache der Vögel und vertraut ihnen seine Botschaften an. Aber die subtilste (und gefährlichste) Fähigkeit ist wohl etwas anderes. Salomo weiß, daß die Dämonen übernatürliche Kräfte haben, die den Menschen unbekannt sind: Sie finden Perlen und Schätze auf dem Meeresgrund, sie stellen Maschinenmenschen her, erbauen Tempel und Städte. Dank Allah gewinnt Salomo die beinahe absolute Herrschaft über sie. So befiehlt er ihnen, den Tempel von Jerusalem zu erbauen; und wir haben den Eindruck, daß die Weltherrschaft nur dann vollkommen ist, wenn das Himmlische und das Irdische, das Heilige und das Dämonische, der Luftraum und der Abgrund gefügig demselben Wink gehorchen.

Mit diesem Herrscher über Feen und Winde verlassen wir den festen Boden, wo die Menschen leben und leiden, und betreten das Reich der *féerie*, wo es weder Hindernisse noch Grenzen gibt. Die Bücher *Genesis*, *Exodus* oder das *Buch der Könige* mit ihren blutigen Kriegen, dem Götzendienst und den langen Aufenthalten in der Wüste gibt es hier nicht. Es herrschen Reichtum, Glanz und Pracht. Tabari erzählt, daß Salomo einen Teppich hatte, der fünfhundert Stadien lang war. Wenn der Teppich ganz ausgerollt war, ließ er dreihundert goldene und silberne Throne darauf stellen: seinen Hofstaat und sein Heer mit Kamelen und Posaunen. Dann befahl er den Vögeln, ihre Flügel aneinanderzulegen, damit er, sein Hofstaat und sein Heer vor der Sonne geschützt waren; und er befahl dem Wind, den Teppich mit allen Menschen und Schätzen eine Meile hochzuheben. Der Teppich verbarg die Sonne, und unten auf der Erde erblickten die Menschen nur den Herrscher der Winde. So reiste Salomo durch die Welt und herrschte über das ganze weite Weltall, die Himmel, die Erde, das feste Land und die Abgründe, während alle Wörter und Klänge in seinem wissenden Ohr widerhallten.

Diese religiöse Welt zeigt keine Risse. Auch Tabari spricht zwar von Hiob und dem Leid des Gerechten. Aber alles, was Hiobs Geschichte für uns so unvergeßlich macht – sein Zweifel an Gott, an der Gerechtigkeit Gottes und an der *harmonia mundi* –, hinterläßt in seinem Buch nicht die geringste Spur. Zumindest bei ihm duldet Allahs Antlitz keinen Schatten. Sicher, es gibt Satan, der den Menschen verführt und die Mächtigen der Erde dazu verleitet, sich mit Allah messen zu wollen. Aber bald wird die mystische Betrachtung auch den Fürsten des Bösen von der Schmach erlösen und ihn zum vollkommensten und verzweifeltsten aller »Monotheisten« machen.

Viele Leser werden, glaube ich, von diesem großen Wandteppich vor allem einen Satz lieben: »Das Erste, was Allah erschuf, war die Schreibfeder, und alles, was er erschaffen wollte, hieß er diese Feder schreiben. Darauf, als sie zu schreiben begonnen hatte, schuf Allah den Himmel, die Erde, die Sonne, den Mond und die Sterne, und dann begann sich die Erdkugel zu drehen.« Also existiert alles, um erzählt zu werden: Die Schöpfung ist nicht notwendig, aber notwendig ist die Bewegung der Feder, die die geschehenen Dinge aufschreibt. Die Feder hält nie inne; und während aus Abraham Mose wird und aus Mose Jesus und aus Jesus Mohammed und aus Mohammed die letzten Sassaniden und die Omayyaden und die Abbasiden werden, erzählt die Feder Allahs, jene Feder, zu der, wie der fromme Tabari wußte, er selbst geworden war, die Geschichte der Menschen. Bis eines Tages, wir wissen nicht wann, das Gericht und das Ende der Welt kommen werden. Bal'ami zufolge sagte David einst: »Gott hat eine

Stadt erschaffen, die zwölftausend Stadien breit und ebenso lang ist. In dieser Stadt stehen zwölftausend Paläste und in jedem Palast sind zwölftausend Wohnungen, und alle sind voll mit Senfkörnern. In einem dieser Paläste gibt es ein Zimmer mit einem Vogel, der jeden Tag ein Senfkorn aufpickt. Wenn alle diese Körner aufgepickt sein werden, dann kommt das Gericht.« In dem Moment wird die letzte Feder aufhören, Zeichen auf das Papier zu schreiben.

»Tausendundeine Nacht«

Tausendundeine Nacht ist ein Buch, das es eigentlich nicht gibt. Oder es ist ein Buch, das unaufhörlich Wiedergeburten und Verwandlungen erfahren hat wie eine Wolke am Himmel oder wie seine *Dschinn*, seine Dämonen, die bald klein, bald riesengroß sind, bald frei, bald in ein Kupfergefäß eingesperrt. In jedem der Codices, in denen es aufgezeichnet ist (aber wir kennen nur wenige im Vergleich zu denen, die in den Bibliotheken der Welt versteckt sind), nimmt es eine andere Form an. Manche Manuskripte enthalten an die zwei Dutzend Geschichten, andere Hunderte; ein und dieselbe Erzählung kann lang oder kurz sein, kann vielfach variiert oder vereinfacht sein, rasch auf das Ende zustreben oder sich unterwegs verlieren, wobei die wesentlichen Knoten der Handlung sich immer wieder ändern können. Es ist unmöglich, eine kritische Edition zu erstellen. So bleibt uns nichts anderes übrig, als uns dem Vergnügen der Vielfalt zu überlassen und alle Manuskripte zu lesen, die in den Bibliotheken der Welt vorhanden sind.

Bei den zahllosen Liebhabern von *Tausendundeine Nacht* hat die Ausgabe von René R. Khawam großen Anklang gefunden; sie geht zurück auf einen Codex des 13. Jahrhunderts, der aus Syrien oder Ägypten stammt und die älteste und wohl auch beste Handschrift darstellt. Wir sind also nicht allzuweit entfernt von den Ursprüngen des Buchs, die im 9. oder 10. Jahrhundert liegen, und wir können *Tausendundeine Nacht* lesen, wie die Kalifen, die Wesire, die Kaufleute und die Krämer (und wer weiß wie viele listige, leidenschaftliche und neugierige Frauen) die Geschichten zur Zeit der Mongoleninvasion gelesen haben. Aber in diesem alten Manuskript fehlen einige wunderbare Geschichten: die *Geschichte von Harun al-Raschid und dem Juwelier*, die *Geschichte vom Ebenholzpferd*, die *Geschichte von Hasib Karim al-Din*, von *Sindbad, dem Seefahrer*, die *Geschichte von der Messingstadt*, die *Geschichte des Juweliers Hasan von Basra*, von *Aladin und der Wunderlampe*. Sie alle sind in der ägyptischen Rezension von Bulaq (1835) enthalten, auf die beispielsweise die italienische, bei Einaudi erschienene Ausgabe zurückgreift. Aber das ist nicht alles. Wenn wir zum dritten Band der entzückenden Ausgabe von Antoine Galland greifen, die Anfang des 18. Jahrhunderts erschienen ist, so stoßen wir auf Erzählungen, die in allen anderen Ausgaben fehlen. Und beim Durchblättern des umfänglichen Textes von Joseph Charles Mardrus (1899–1904) – eines vergessenen Meisterwerks der französischen Literatur, zur Hälfte eine Fälschung voller Düfte, Gewürze und Wollüstigkeiten des Fin de siècle –, entdecken wir ein weiteres Dutzend Erzählungen, die wer weiß woher kommen, vielleicht aus der Phantasie des großen Fälschers. So wird es uns vermutlich auch gehen, wenn wir die englischen Übersetzungen von Lane, Payne und Burton oder die deutschen von Zinserling, Habicht und Littmann zur Hand nehmen, und noch mehr, wenn wir in den Codices von Paris, Kairo und Teheran schmökern.

Kein anderes Buch der Welt ist so unerschöpflich wie *Tausendundeine Nacht*. Und nachdem ich einen Sommer und einen Herbst in Gesellschaft von Schehrezad und Harun al-Raschid verbracht habe, kommt es mir vor, als wäre die ganze Welt nichts anderes als *Tausendundeine Nacht*. Wenn ich auf dem Dachboden meines Hauses herumstöbere oder im Garten auf die Bäume steige, finde ich gewiß in den alten Überseekoffern oder zwischen den Ästen der Pinien noch andere Märchen aus *Tausendundeiner Nacht*: Geschichten indischer, griechischer, iranischer, türkischer, abbasidischer oder ägyptischer Herkunft; oder Geschichten aus dem Mund einer alten toskanischen Märchenerzählerin, die, ohne es zu wissen, den Faden aufgenommen hat, den vor zwölf Jahrhunderten ein schwarzhaariges Mädchen fallen ließ, das die Heldentaten der alten Könige, die Chroniken untergegangener Völker, Gedichte, Erzählungen, Sprichwörter und Sinnsprüche gelesen hatte und dem Tod zu entkommen suchte.

Der Rahmen von *Tausendundeine Nacht* ist die schönste Fabel über die Kunst des Erzählens, die ich kenne. Am Ursprung der Erzählung steht ein Liebesverrat. Der weibliche *eros* – der machtvolle, listenreiche und dämonische weibliche *eros*, dem Negersklaven und Küchenjungen lieber sind als hohe strahlende Herrscher – treibt sein Spiel mit der Macht. Die Macht rächt sich, indem sie die Frauen umbringt. Aber an dieser Stelle, als das Universum zu zerreißen und eine Hälfte seiner selbst zu verlieren droht, greift die geschmeidige weibliche List ein. Schehrezad heiratet den Herrscher. Wie die anderen Frauen ist sie dazu verurteilt, bei Tagesanbruch zu sterben; und jede Nacht erzählt sie ihrer Schwester eine Geschichte, der auch der Sultan zuhört. Sie hat es nicht darauf abgesehen, moralische Geschichten zu erzählen oder die Frauen in ein besseres Licht zu rücken und damit die Geschehnisse der Rahmenerzählung zu verwischen. Mit der Freiheit der großen Erzähler und ohne jegliche moralische Absicht stellt sie mitunter auch verräterische und tückische Frauen dar. Die Rettung vor Verrat und Tod besteht einzig und allein im Erzählen.

So wissen wir alles über die Geschichten aus *Tausendundeine Nacht* und auch über die anderen, die seitdem Tausende von Frauen und Männern in den arabischen Cafés und in den Häusern Europas erzählen und niederschreiben. Erzählen ist – im Ursprung – eine weibliche Gabe, ein Wort, mit dem sich eine Frau einer anderen Frau zuwendet und dem der Mann zuhört. Schehrezad beginnt mit ihren Geschichten, wenn die Dämmerung von ferne schon den Tag ankündigt: An den *eros*, die Dämonen, die Gespenster und die Geheimsprachen gebunden, entsteht die Erzählung aus der Nacht und lebt von der Nacht, aber sie besiegt die Finsternis und läßt für uns alle, die wir sprechen und zuhören, wieder den Tag aufgehen. Auch Odysseus erzählt am Hof des Alkinoos in der Finsternis, und alle seine Zuhörer hätten jede Nacht seinen wunderbaren Abenteuern lauschen mögen, als hätte Hermes mit seinem Stab den Schlaf von ihren Lidern weggezaubert. Aber die Herausforderung des Odysseus ist bei weitem nicht so verzweifelt wie die der Schehrezad. Odysseus will nicht den Tod besiegen, während Schehrezades Erzählung jede Nacht, bevor der Tag anbricht, den Tod, der uns jeden Augenblick erwartet, verschieben, hinauszögern, vertreiben muß. Mit diesen Listen, mit ihren erotischen Geschichten, Erzählungen von Seeabenteuern, von Leidenschaften, von Rätseln, geheimen Wissenschaften umschmeichelt und vernichtet das weibliche Wort die Gewalt der männlichen Macht.

Oft erzählen Schehrezad und ihre Nachfolger Geschichten des Schicksals, die zu den schönsten Geschichten über das Schicksal gehören, die je erzählt wurden, wie die *Geschichte des Lastträgers und der drei Damen* und die *Geschichte von den Zwillingsherzen (Der Wesir Nur al-Din und sein Bruder Shams al-Din)*. Es ist ein Schicksal, das ich nicht genau definieren könnte: bald göttlich, bald astrologisch, bald einfaches Erzählprinzip. Es setzt den Zufall als den treusten aller Diener ein, es stellt wunderbare Entsprechungen zwischen den Begebenheiten und den Gestalten her, es läßt die Linien der Geschehnisse zusammenlaufen oder auseinanderstreben; es versteckt sich in den winzigsten Gegenständen oder Einzelheiten, wie etwa in der Herstellung einer Granatapfelmarmelade, wodurch eine hinreißende Mischung aus Feierlichem und Frivolem entsteht; es ist possenhaft und unheilschwanger, spielt mit den Täuschungen und dem vielfältigen Aussehen der Dinge, als wäre das Doppelspiel sein Reich. Der Mensch nimmt sich vor dem Schicksal in acht, so gut er kann. Bald ist er zerstreut, vergeßlich, neugierig; bald versucht er mit der größten Aufmerksamkeit den Verboten des Schicksals aus dem Weg zu gehen. Alles vergeblich. Mit der grausamsten Ironie, mit leichter, geometrischer Eleganz beweisen uns die Erzählungen immer wieder, daß die Menschen dem Schicksal nicht entfliehen können.

Schehrezades Kunst liebt die Präzision und Exaktheit des Geistes. Besonders in den ältesten Texten bedient sie sich der Rahmenerzählung: Eine Geschichte enthält eine andere Geschichte, die ihrerseits eine Geschichte enthält, die wiederum eine Geschichte enthält, und alle spiegeln sich ineinander, während sich die Gestalten von einer Geschichte in die andere bewegen, als hätte der Erzählraum keinerlei Grenzen. Jede Begebenheit und jede Gestalt kommt mehrmals vor: Schehrezad sucht Wiederholungen, Widerspiegelungen, Spiegelbilder, Widerhall, Entsprechungen und Ähnlichkeiten zu schaffen. Schon fast beim Epilog angelangt, bemüht die Geschichte sich um einen Aufschub oder eigentlich um eine Reihe von Aufschüben hintereinander, um nicht zu Ende zu kommen, wodurch sie Schehrezades verzweifelten Aufschub angesichts des Todes wiederholt. Der Ton wechselt mit schwindelerregender Geschwindigkeit, die Rätsel sind gelöst, alles wird umgestülpt, bis sich die Knoten der Handlung in der (scheinbaren) Einfachheit des glücklichen Ausgangs lösen.

Im großartigen Gebäude von *Tausendundeine Nacht* hören Schehrezad nicht nur ihre Schwester und ihr Gemahl zu, sondern auch Harun al-Raschid, der große abbasidische Kalif, der ihr exaktes Double ist. Von Schehrezad wissen wir nichts, sie ist für uns eine Stimme ohne Timbre, während wir von Harun al-Raschid alles wissen. Er ist allmächtig, gelassen und ironisch wie Gott. Aber Harun kann seine eigene absolute Macht nicht ertragen. Ständig wird er von Schlaflosigkeit gequält und von Schwermut niedergedrückt. Da verkleidet er sich, denn die Verkleidung ist die wahre Berufung der absoluten Macht. Er verkleidet sich als Kaufmann, als Derwisch, als Fischer, und er agiert wie ein Spaßvogel oder ein Zauberkünstler. Nachts streift er durch Bagdad, seine Stadt, die er nicht kennt, während in einem anderen Königspalast Schehrezades Erzählungen erklingen. Er schaut, späht, horcht, nimmt in Augenschein, bespitzelt wie ein Hellseher, denn er möchte seine Macht bis zum letzten ausüben, und sie ist vollständig nur durch die Kraft des Sehens und des Hörens. Was Wunder also, wenn alle Erzählungen Schehrezades und ihrer Nachfolger in seinem Ohr widerhallen? Wenn nur Harun al-Raschid, der überall gleichzeitig gegenwärtig ist und alles sieht, die Rätsel enthüllen kann?

Wir können nichts von *Tausendundeine Nacht* und von der islamischen Kultur verstehen, wenn wir nicht daran denken, daß es dort eine doppelte Schöpfung gibt. Die eine ist die Schöpfung, in der Adam erschaffen wird, von dem wir alle abstammen. Aber dann gibt es noch eine andere Schöpfung von viel größerem Reichtum und Geheimnis, die das gesamte Wunderbare, das Dämonische und das Feenhafte umfaßt, und das ist das Reich Salomos. Dieses Reich liegt neben unserer Welt, es führt ein paralleles Leben, hat seine eigenen Gesetze, und manchmal schleicht es sich in unser Dasein ein; es wird vom Islam anerkannt und gepriesen (Mohammed verkündet seine Offenbarung auch den *Dschinn*), während das christliche Bewußtsein dieses Reich lieber als Teufelswerk und bösen Zauber betrachtet.

Salomo ist sein Herrscher, der Magierkönig, der esoterische Weise. Er regiert über das Sichtbare und das Unsichtbare, er hört alle Wörter, die auf der Erde und in den Himmeln ausgesprochen werden, er kennt die geheimnisvolle Sprache der Vögel und trägt an seinem Finger einen Ring, in den der verborgene Name Gottes eingeritzt ist und der ihm die Herrschaft über das All sichert. Er ist schon tot und sitzt, den leuchtenden Ring am Finger, auf seinem goldenen Thron, auf der fernen smaragdenen Insel. Aber zumindest in *Tausendundeine Nacht* gehorchen seine Geschöpfe noch seinen Gesetzen, denn im Raum der Erzählung ist er unsterblich. Salomos Geschöpfe sind ohne Zahl: die guten und die bösen *Dschinn*, bald von großer Schönheit, bald von monströser Häßlichkeit, mit einem Körper aus Luft und Feuer; die halbmenschlichen Völker der Luft und des Meeres; die Tiere, vor allem die Schlangen; die Zauberdinge (das Pferd aus Ebenholz, das durch die Himmel fliegt, der goldene Pfau, der die Stunden anzeigt, das Fernrohr, mit dem man Hunderte von Meilen weit sehen kann); die Edelsteine der Erde und des Meeres, diese erstarrten Lichter; der Orient, die Geschichten- und Märchenerzähler, und wir, die ihnen zuhören und unter die zweideutige Gunst Salomos geraten.

Das Reich Salomos ist luftig und leicht, kennt weder Raum noch Zeit oder überwindet jegliche Grenze, die Raum oder Zeit vorgeben, mit seinen Flügeln, seinen Wunderteppichen und seinen Palästen, die im Nu aus dem Boden wachsen. Seine liebste Zauberei ist die Metamorphose. Beinahe immer auf das Zeichen einer weiblichen Hand hin beginnen sich die Formen zu verwandeln: Im Handumdrehen wird aus einem *Dschinn* ein Löwe, dann ein Geier, dann ein Skorpion, dann eine Katze, dann eine Schlange, dann ein Wolf, dann ein Wurm, dann ein Hahn, dann ein Granatapfel, dann eine brennende Fackel; und die Metamorphose – bald göttlich, bald niederträchtig – kann eine Freude sein (was ist schöner als die Gestalt zu wechseln?) oder eine dämonische Gefahr, der man nur durch den Tod wieder entkommt. Was die Söhne Adams betrifft, so ist ihre Beziehung zu Salomos Reich recht kompliziert. Sie müssen es lieben und fürchten, es umwerben und vor seinen Tücken auf der Hut sein. In vielen großen Geschichten bekennt manch ein Mann, daß er mit absoluter Liebe nur die Töchter der *Dschinn* lieben kann: die Fischfrauen, die Vogelfrauen, die dem menschlichen Zugriff zu entfliehen und wieder in ihre leichte Welt zurückzukehren versuchen. Am Ende gelingt es den Männern, mit den Töchtern der *Dschinn* zusammenzuleben; denn es ist der große Traum der Erzähler von *Tausendundeine Nacht*, das Reich Adams und das Reich Salomos, Menschen und Dämonen, Tiere und Pflanzen einander immer näher zu bringen und in einem einzigen strahlenden Universum zu vereinen.

In der Nachbarschaft von Salomos Reich gibt es unsere Welt: das Alltagsleben, das *Hier*, wird in der ganzen Vielfalt seiner Formen geliebt. Alle Gestalten denken, daß »das Leben das kostbarste Gut ist«; alle glauben, daß man »den Augenblick genießen« muß; und diese Menge kleiner, gieriger, sinnlicher, draufgängerischer, listen- und ränkereicher Ameisen, wie kriechen sie alle herum auf der äußerst vergnüglichen Oberfläche der Erde! In *Tausendundeine Nacht* wimmelt es von den verschiedensten irdischen Empfindungen, die vom Verstand gefiltert werden: der Duft der Blumen und der Gewürze, der Geschmack der frischen und der gedörrten Früchte, der Speisen und Süßigkeiten, die alle genauestens aufgezählt werden; das Bad, der Geruch der weiblichen Körper, des verbrannten Holzes, von Moschus und Amber, *eros*, die Plauderei, die Musik, das Schachspiel, der Wein, der Schlaf. Die großen Salons in den Häusern mit ihren Teppichen, Vorhängen, Sofas, bestickten Stoffen, damastenen Kissen; die grünen Gärten, Abbilder des

Paradieses, wo das Wasser fließt und die Vögel singen; die Mägde, die schwatzen, singen, Instrumente spielen, Ränke schmieden, lieben. Wir sind im irrealen Raum der Erzählung; und wundern wir uns nicht, wenn die sozialen Klassen solidarisch nebeneinander stehen, und wenn von heute auf morgen aus den Krämern, Schneidern, Barbieren, Kameltreibern, Straßenkehrern, Roßknechten prächtige Wesire werden.

Im Reich Adams ist die Schönheit ein wesentlicher Wert: Sie ist die Offenbarung Gottes auf der Erde – noch mehr vielleicht des Glaubens an Allah. Wenn ein schöner Mann oder eine schöne Frau durch die Straßen Bagdads oder Basras oder Kairos gehen, dann strahlen ihre Gesichter; und die Passanten werden verzaubert und verlieren ihr Gedächtnis wie Suleikas Freundinnen vor der Erscheinung Jussufs. *Tausendundeine Nacht* ist insgesamt ein Denkmal des Ewig-Weiblichen. Ob sie von Adam oder von Salomo abstammen, die Frauen sind vital, gebieterisch, gewalttätig, männlich; die Männer dagegen beinahe androgyn, »mit anmutigem, geschmeidigem Schritt, schwankend wie die Zweige der Weide und das Bambusrohr«, zärtlich und sanft, und sie lassen alles mit sich geschehen, geben widerstandslos dem rasenden erotischen Zauber der Frauen nach. Die Liebe bricht plötzlich aus wie ein Blitz. Es ist nicht nötig, das geliebte Gesicht zu sehen (oft ein Widerschein unseres eigenen), es genügt der Name oder ein auf Papier gemaltes Bild. Wie in den hellenistischen Romanen und in den Texten der Sufi-Mystiker gibt es nur Liebe als Leidenschaft, das umwerfende Verlangen, die schicksalhafte Liebe, die Erkrankung der Sinne, den Schmerz, der sich in alle Lebensfasern wühlt und manchmal zum Wahnsinn oder zum Tod führt.

Wie viele Schiffe, wie viele Karawanen, wie viele Häfen und Märkte in *Tausendundeine Nacht*! Es spielt keine Rolle, daß die Mongolen wahrscheinlich schon das große Netz des arabischen Handels zerstört hatten, während die Schreiber Schehrezades Geschichten abschrieben, die in unserem Codex versammelt sind. Die wahre Leidenschaft ist das Reisen: rastlos und labyrinthisch wie die Erzählung. Jeden Tag verkaufen die Händler ihre Güter, wickeln ihre Geschäfte ab, kaufen die gewünschten Waren in fernen Ländern, machen sich auf den Weg, durcheilen meilenweit die Lande, als wäre der Erdboden ein Stück feines Tuch, das sich um einen Stock wickelt. Die Tage folgen auf die Nächte und die Nächte auf die Tage, und sie wandern immer weiter. Sie sehen viele Reiche, gehen über viele Straßen unter den sieben Himmeln, tun viele Schritte, sie kaufen, verkaufen und tauschen viele Waren ... Das Meer erwartet sie: mit seiner Ruhe, wenn sich die Wellen sacht auffächern wie die Seiten eines Buches, mit der gellenden Raserei des Sturmes und mit seiner endlosen Weite, wenn am Horizont kein fernes Land zu sehen ist.

Die Reise findet kein Ende, sie geht von Meer zu Meer, von Kontinent zu Kontinent, von Insel zu Insel, von Hafen zu Hafen. Die Kaufleute reisen durch fremde Länder, durch Ägypten, Arabien, den Irak, Iran, durch Turkestan, Indien und China. Und plötzlich – ohne daß wir den Moment des Grenzübergangs bemerken – bewegen sie sich in der Geographie des Phantastischen: in dem unendlichen Land, das sich hinter unserem oder neben unserem oder über unserem ausdehnt, im Reich Salomos, das viel weiter, mannigfaltiger und volkreicher ist als die phantastischen Länder, denen wir in den mittelalterlichen Texten des Abendlands begegnen. Hier ist der Schwarze Berg, der Kräuterberg, das Smaragdgebirge, die Korallenstadt, das Vogelreich, das Edelsteinschloß; hier sind die Inseln, die zahllosen bald paradiesischen, bald grauenvoll gefährlichen Inseln, wo sich das Wunderbare des Universums zusammenballt.

Dann führt uns die Reise in die verlassenen Städte, zu den Säulen von Iram oder in die Messingstadt oder in die Weiße Stadt, wo einst die Anhänger Zarathustras wohnten, oder in Städte, die von frevlerischen Königen erbaut wurden, die das Irdische Paradies nachahmen wollten. Die Tore sind unermeßlich groß und mit Edelsteinen besetzt, die Schlösser dehnen sich so weit aus wie eine Stadt, die Pavillons sind aus Gold und Silber, und der Kies besteht aus Goldkörnern, Perlen und Hyazinth. Hinter dem Mauerwall ist alles öd und leer: Man hört keine menschlichen Stimmen, die Eule ruft, die Raben krächzen in den Häusern und auf den Straßen und trauern denen nach, die einst hier gelebt haben. Die Aufseher, Diener, Soldaten und Fürsten sind zu Stein geworden oder sie schlafen in ihren seidenen Betten, und ihre Haut sieht aus, als wären sie noch lebendig. Das Obst, das Gemüse und die Lederwaren auf dem Markt sehen unversehrt aus, aber sie zerfallen und werden zu Staub, wenn man sie anfaßt. Ein prunkvoller Grabstein (»Wo sind diejenigen, die über die Länder geherrscht, die Menschen unterworfen, die Heere angeführt haben? Wo sind die Herren über die vielen Schlösser? Sie haben die Erde verlassen, als hätte es sie nie gegeben.«) erinnert uns daran, daß wir das Reich des Todes betreten haben. Der Tod herrscht über das Reich Adams und über das Reich Salomos, niemand entgeht ihm, nicht einmal Schehrezad, die ihn mit der einschmeichelnden Kraft des Erzählens eine Zeitlang hinhalten konnte.

Aber auch hier hört die Reise nicht auf. Einer ist, vor langer Zeit, auf der Suche nach Mohammed, aber vergeblich, denn Mohammed ist noch nicht geboren, und die Zeit läßt sich nicht überwinden. Ein anderer sucht eine unbekannte Frau – eine Vogelfrau oder eine Fischfrau, die in einem unbekannten phantastischen Land wohnt. Was auch immer der Grund sein mag, die Reise geht weiter. Sie geht über alle Inseln, über alle Meere, durch alle Kontinente, durch alle Reiche; denn diese Suche ist ihrem Wesen nach grenzenlos, sie strebt über den Berg Qaf hinaus, bei dem unsere Welt zu Ende ist, und sie will weiter vordringen in die vierzig farbigen Welten, von denen jede eine andere Farbe hat und wo niemand Adam und Eva, den Tag und die Nacht kennt.

Als Goethe den *Faust II* schrieb, hatten es ihm die geheimen Orte aus *Tausendundeine Nacht* angetan: die Gräber, die Brunnen, die Treppen, die endlos nach unten führen, die Hohlräume, die bewohnten Kavernen, die verborgenen Zimmer, die unterirdischen Paläste, in denen die *Dschinn*-Prinzessinnen regieren. Dort, in der Tiefe, wo auch die Mütter wohnen, liegen die Schätze und Geheimnisse. Die esoterischen Fortsetzer von

Schehrezad sagen uns immer wieder, daß der Erzähler eine doppelte Aufgabe hat. Einerseits weiß er genau, daß es unermeßlich schwierig ist, in die Kavernen hinabzusteigen, wo die Geheimnisse wohnen. Es gibt keine Wege, keine Führer, keine Meister. Nichts ist gefährlicher, als die Geheimnisse erfahren zu wollen. Ein Gesetz, dessen Übertretung er mit dem Leben bezahlt, verwehrt es ihm. Aber andererseits muß der esoterische Erzähler dieses Risiko eingehen. Mit seiner ganzen Schlauheit und Kraft muß er in die Gräber, Brunnen, Kavernen und unterirdischen Paläste hinabsteigen, den Rätseln nachspüren, sie ans Licht bringen und seinen Lesern erzählen, sie mit seinen spielerischen und verschleiernden Worten gleichzeitig verhüllen und enthüllen. Vielleicht entgeht er der Strafe des Gesetzes, weil er mit einem Teil seiner selbst nicht mehr dem menschlichen Geschlecht angehört und somit vom Tod erlöst ist.

Niemand sagt uns, auf welchem Weg wir ins geheime Herz der Erde gelangen können. In *Tausendundeine Nacht* treffen wir viele Weise – sogar unter den Lastträgern, den Barbieren und den Mägden –, die von der Menge verehrt werden und im Überfluß das universale Wissen besitzen, das man aus den Büchern lernt. Diese Weisen möchten dem Erzähler beibringen, daß das Wissen in den Büchern verborgen liegt. Aber er ist von anderer Art. Er hört nicht auf ihre allzu menschlichen Worte. Obwohl er alle Bücher besitzt, sie gelesen und konsultiert hat, um sie sich anzueignen, weiß er, daß die Weisheit nicht in ihnen wohnt.

Wo muß man sie also suchen? In einer höchst denkwürdigen Erzählung lernt Hasib Karim al-Din die Weisheit erst kennen, als sich die Schlangenkönigin für ihn aufopfert, stirbt und ihm den Saft ihres Körpers spendet. In dem Augenblick wird Hasibs Herz der »Sitz der Weisheit«. Hasib ist niemand anderer als das Porträt des esoterischen Erzählers von *Tausendundeine Nacht*. Die Schlangenkönigin, Salomos Freundin, enthüllt auch ihm alle Geheimnisse der lebendigen Natur, der verborgenen Erde, der irdischen und der himmlischen Tiere, jenes Wissen eben, das nicht in den Büchern der Menschen steht. Aber die Schlangenkönigin braucht sich nicht für ihn aufzuopfern. Der Erzähler selbst opfert sich oder möchte sich für uns aufopfern, und zwar immer dann, wenn er ein Märchen zu erzählen beginnt, während die Nacht allmählich dem Morgengrauen weicht. Seine Phantasie ist der Saft, der unser Herz in den »Sitz der Weisheit« verwandelt. So wird der esoterische Erzähler, der dem Tod entgangen ist und alle Gaben der unterirdischen Natur besitzt, zum neuen Salomo: zum lebendigen Salomo, der auf der fernen Smaragdinsel auf seinem Thron sitzt.

Als Galland 1704 den ersten Band seiner *Contes arabes, chez la veuve de Claude Barbin, au Palais, sur le second Perron de la Sainte-Chapelle* veröffentlichte, hatte Europa den Eindruck, eine neue Musik zu hören. Eine solche Leichtigkeit des Anschlags, die schier unaufhörliche Lust am Erzählen, das Verschmelzen der *féerie* mit der Opera buffa, der Abenteuererzählung, dem Reisen und der esoterischen Sinnsuche; die Frivolität im Bündnis mit der Tragödie, die Geometrie mit dem Unwahrscheinlichen; die überlegene Natürlichkeit, mit der sich das Wirkliche im Phantastischen und das Phantastische im Wirklichen auflöste; der Eindruck, daß das Übernatürliche bei uns, mitten unter uns wohne, ohne daß wir es je bemerkt hätten …

Ganz Europa schnappte über. Zuerst die schnell empfänglichen Geister des 18. Jahrhunderts wie Montesquieu, dann die romantischen Hitzköpfe, die in *Tausendundeine Nacht* unter den Gespenstern des salomonischen Reichs Anregung für jeglichen Wahn fanden. Man versteht weder die *Zauberflöte* noch den zweiten Teil des *Faust* ohne *Tausendundeine Nacht*; und ebensowenig Coleridge, E. T. A. Hoffmann, De Quincey, Balzac, Nerval, Dickens, Stevenson, Hofmannsthal, Blixen, vielleicht nicht einmal Proust. Heute möchte mancher Schehrezad sein, die reine Stimme, mancher Harun al-Raschid, der zuhörende Geist, der verwandelt und sich verwandelt. Wenn die kleine Königin zu erzählen anfängt, wie sollte man da ihrer milden und ruhigen, unerschütterlichen Stimme widerstehen, die über den Tatsachen steht und erzählt und erzählt bis zum Ende der Welt, bis der letzte Vogel das letzte Senfkorn aufgepickt haben wird?

Die Sprache der Vögel

Eines Tages traten alle Vögel der Welt zusammen, um Rat zu halten. Da war der Wiedehopf: Krank vor Liebe zu seinem Herrn, war er jahrelang über Land und Meer, Berge und Täler und Wüsten geflogen, hatte unermeßliche Räume überwunden und Gewitter und Sturm getrotzt. Da war die Nachtigall: Sie lebte im Garten der Liebe und ließ die süße Klage über ihre schmerzliche Leidenschaft zu der purpurnen Rose erklingen; sie hatte das Schluchzen der Flöte und die Klage der Laute angeregt. Der Papagei prunkte mit seinem grünen Gewand und dem feuerfarbenen Halsband, und der Pfau zeigte sein in hunderttausend Farben schillerndes Gefieder und verlangte nach dem Garten Eden. Das Steinhuhn mit seinem roten Schnabel liebte nur den künstlichen Schimmer der Edelsteine. Die Taube stimmte eine Melodie an, die sieben Teller voller Perlen um sie herum verstreute. Der Reiher war gerade vom Gestade des Ozeans herangestelzt. Sein Herz jagte das Blut durch den Körper, so sehr sehnte er sich nach dem Wasser des Meeres, das ihm verweigert wurde.

»Kein Land dieser Welt ist ohne König«, sagten die Vögel, »wie kommt es, daß das Reich der Vögel keinen Herrscher hat? Dieser Zustand ist unhaltbar. Wir müssen uns zusammenschließen und uns auf die Suche nach einem König begeben.« In diesem Augenblick sprang der Wiedehopf, der auf seiner Brust das Zeichen dessen trug, der den Weg kennt, freudig erregt und zugleich bange in die Mitte der Versammlung. »Liebe Vögel«, begann er, »ich bin der Abgesandte des Unsichtbaren. Ich bekam Kunde von der Schöpfung und kenne ihre Geheimnisse. Wir haben einen König ohnegleichen, der jenseits des Gebirges Qaf, des letzten Berges, des letzten gestirnten Himmels lebt. Er heißt Simurgh. Er ist uns sehr nahe, aber wir sind unendlich weit von ihm entfernt. Seine Wohnstätte steht unter dem Schutz einer unversehrten Glorie, sein Name ist für irdische Zungen unaussprechlich. Mehr als siebzigtausend Schleier verhüllen den Simurgh, der sich jenseits von Licht und Finsternis befindet. Wie sollte unser Verstand dorthin fliegen können, wo er seinen Wohnsitz hat? Wann könnte die Wissenschaft oder die Vernunft je seine Wohnstätte erreichen? Niemand kennt die Wege, die zu ihm führen, und doch ist es unmöglich, ohne ihn zu leben.« Als der Wiedehopf seine Rede beendet hatte, begannen die hunderttausend Vögel sich den Simurgh auszumalen. Ein brennendes Verlangen nach ihm erfaßte ihre Herzen und machte sie über alle Maßen ungeduldig.

Mit dieser außergewöhnlichen Szene beginnt das größte mystische Gedicht aller Zeiten, *Die Vogelgespräche* von Farid ad-Din Attar. Attar lebte im 12. und 13. Jahrhundert in Persien. Unserer Neugierde zum Trotz beschreibt Attar den Simurgh nicht: Der große Vogel, der jenseits des letzten Himmels, jenseits von Licht und Finsternis lebt, ist Gott; und Gott kann nicht dargestellt werden. Wir müssen uns damit zufriedengeben, auf sassanidischen Geweben und auf safawidischen Miniaturen die Züge eines riesengroßen Vogels mit funkelnden Flügeln und einem bunten Schweif zu finden, der die Eigenschaften aller bekannten Tiere in sich vereint: von Greif und Nachtigall, Adler und Löwe, Tiger und Antilope; wir können seine Majestät bewundern, in der sich die Sanftmut mit der Strenge verbindet, die Grausamkeit hinter der Güte verbirgt.

Eine andere Unterlassung erscheint uns schmerzlicher. Die lange Reise der Vögel zum Simurgh wird nicht beschrieben, im Gegensatz zu anderen persischen Texten, wo sie geschildert wird. Attar stellt davon nur die Schlußphase dar. Diese Lücke zwischen dem ersten und dem letzten Wort wird gefüllt durch die Lehren, die der Wiedehopf den zu seinen Füßen versammelten Vögeln erteilt, und von Gleichnissen, Fabeln und kleinen Geschichten – leicht an der Oberfläche, aber schwer an symbolischem Gehalt –, die indirekt, wie im Widerschein oder als Spiegelbild, den Sinn der frommen Reise ausdrücken. *Die Vogelgespräche* gehören nicht zu den Texten, die eine mystische Erfahrung direkt zum Ausdruck bringen, indem sie wiedergeben, wie sie sich vollzieht und wie die schmerzlichen und ekstatischen Berührungen Gottes ihre Spuren im Lichtraum oder in der Höhle des Herzens hinterlassen. Sie haben nichts gemeinsam mit den Schriften von Halladsch oder des hl. Johannes vom Kreuz. Sie versammeln in sich einen wunderbaren Reichtum an mystischen Erfahrungen, eine ungeheure intellektuelle Kühnheit, eine hinreißende Genialität für das Zusammenspiel der Metaphern, eine prunkende Phantasie. Jede Eingebung wird sofort in eine Form gefaßt, die zugleich die Schlüssigkeit eines Traktats und die Freiheit der Erzählung besitzt.

Während sich der Aufbruch der hunderttausend Vögel hinauszögert, spricht der Wiedehopf von den Geheimnissen der Schöpfung. »Wisset: Als der Simurgh, strahlend wie die Sonne, hinter einem Schleier sein Antlitz zeigte, warf er zahllose Schatten auf die Erde, die er dann mit seinem reinen Blick betrachtete. Er machte der Welt seinen eigenen Schatten zum Geschenk, aus dem unaufhörlich unzählige Vögel hervorgingen. Die verschiedenen Vogelarten auf der Welt sind nichts anderes als das Antlitz des Simurgh ...«

Die Worte des Wiedehopfs sind unmißverständlich: Die hunderttausend wartenden Vögel und die Milliarden, die seitdem auf der Erdboberfläche geboren sind, wir alle und alles, was noch kommen wird, sind aus der Substanz Gottes geformt. Wir sind identisch mit dem Simurgh. Um sich zu erkennen und sich erkennen zu lassen, spiegelt Gott sich im Universum und im Menschen. Diese einzige Substanz, rein wie das Licht der Sonne, verbreitet und vervielfacht sich in den unzähligen Schatten – den Erscheinungsformen des Universums. Aber diese Manifestation Gottes ist nicht absolut: Seine Offenbarung ist abgeschwächt, gemildert, von siebzigtausend Schleiern verdunkelt. Wer die Dinge und die Menschen betrachtet, lernt nicht das göttliche Licht kennen; er nimmt es verformt und umgeformt wahr. Bezogen auf den Glanz Gottes ist unsere Welt der Schatten: die im Spiegel gespiegelte Gestalt. So drückt Attar das Paradoxon aus, das es einem Christen so schwer macht, die polare Einheit der islamischen Welt zu erfassen. Wie Gott dem Universum immanent ist und es zugleich transzendiert, sind die Menschen dem Simurgh gleich und entgegengesetzt: eine Feder, die aus seinem funkelnden Schweif gefallen ist, und die Finsternis, die sich ihr widersetzt. Es ist für einen Christen nicht leicht, diese paradoxe

Identität zu leben. Es ist nicht leicht, sich dem Herzen Gottes so nahe zu fühlen, zu begreifen, daß man aus derselben Substanz gemacht ist wie er, zu spüren, daß in allen Adern des Universums sein Blut fließt, und zugleich die unüberwindliche Trennung von ihm zu erkennen.

Der Simurgh ist wie ein König, so fährt der Wiedehopf fort, ein wunderschöner König, mit einem Blick, der der strahlenden Morgenröte gleicht und in den sich alle seine Untertanen verliebt hatten. »Wer es wagte, den Blick zu diesem Antlitz zu erheben, der wurde auf der Stelle enthauptet, und wer so verwegen war, seinen Namen auszusprechen, dem wurde augenblicklich die Zunge abgeschnitten, wer auch nur wünschte, sich mit ihm zu vereinigen, der verlor für alle Zeiten Verstand und Gefühl. Immer wieder gingen Untertanen an ihrer verzweifelten Suche zugrunde, denn sie konnten weder mit ihm noch ohne ihn leben.« So beschloß der König eines Tages in seiner grausamen Güte, einen Palast bauen zu lassen. An seiner höchsten Stelle wurde ein Spiegel angebracht; der König stieg jeden Tag auf den Turm, blickte in den Spiegel, und sein gespiegeltes Antlitz konnte von jedermann bewundert werden. Dieser Spiegel – erläutert Attar – ist das Menschenherz. In ihm können wir die erhabenen Geheimnisse Gottes erblicken und ebenso die Weinberge, die Obst- und Gemüsegärten des Universums, die Gott erschaffen hat; wir müssen das Herz polieren und glätten, um ohne Makel die Blicke, den Schweif und die bunten Federn des Simurgh betrachten zu können. Aber wir können, im Herzen lebend, nur im göttlichen Widerschein weiterleben. »Wenn du dich in einen Schatten verstrickst, wie willst du dann das Wesen des Simurgh erfassen können? Wenn du aber einen Schlüssel zu finden vermagst, der die Türen öffnet, wirst du die Sonne im Schatten sehen und dann, wie der Schatten in der Sonne verschwindet, und so möge es sein.« Diese Worte drücken den spirituellen Weg aus, der in den *Vogelgesprächen* zurückgelegt wird. Der Mystiker geht aus vom Widerschein, von der indirekten Erkenntnis Gottes, und schreitet voran zur Sonne und zur unmittelbaren Erfahrung Gottes. Er vernichtet den göttlichen Schatten, der ihn beherrscht, und läßt den Simurgh mit seinem Glanz in sich triumphieren.

Die Suche nach dem Simurgh ist langwierig und hoffnungslos. Auf diesem Weg, so fährt der Wiedehopf fort, nützt der menschliche Verstand nichts. »Die Liebe ist das Feuer, der Verstand der Rauch.« Der Mystiker ist ein brennendes Herz, das aus Feuer besteht, mit einem entflammten und rebellischen Antlitz: ein verwegener Narr, der verbrennen möchte wie ein Falter, der sich in den Schein der Kerze stürzt; ein Schlafloser, der seufzend und stöhnend bis zum Morgengrauen wacht, während die anderen Geschöpfe in tiefem Schlaf liegen. Was ihm mehr als der Preis und das Ziel, die jenseits jedes Himmels sind, am Herzen liegt, ist die unmögliche Suche, der unerfüllte Wunsch, die angstvolle Unruhe. Während er auf alles Irdische verzichtet, wird das Verlangen nach dem Simurgh in ihm immer stärker, als ob sich alle Bilder des Unendlichen, die den menschlichen Geist bewegen, in sein Herz ergossen hätten.

Welch seltsame Suche. Wir würden erwarten, daß der mystische Vogel vom ersten Moment an alle irdischen Dinge hinter sich läßt. Aber statt dessen überkommen ihn in einer Art Raserei alle Formen der weltlichen Liebesleidenschaft. An vorderster Stelle steht die dämonische Leidenschaft, die Herz und Leib in Besitz nimmt: jene Leidenschaft, die Pein, Schmerz, Qual, Trostlosigkeit (und niemals Freude) ist; die Leidenschaft, die Verworfenheit, Schande, Schmach, Zerrissenheit, Wunden, Zerstörung sucht und sich in berauschter Ekstase im Reich des Todes bewegt. In dieser Liebe liegt etwas ungeheuer Kostbares. »Was du in unserer Welt an Wunderbarem findest, ist aus Blut und Tränen gemacht.« Das Leid ist das Menschlichste am Menschen. Die Tiere empfinden kein Leid, die Engel empfinden kein Leid; aber das Leid übersteigt jegliche menschliche Grenze, geht über die Erde hinaus, bringt uns in das Reich Gottes, höher als die Engel. Die Angst ist die Kraft, die uns dem Simurgh entgegentreibt. Unsere Suche nach ihm ist nichts als Angst; an den Hof des großen Vogels brauchen wir keine Wissenschaft, kein Geheimnis, keine Frömmigkeit mitbringen – das alles ist dort im Überfluß vorhanden –, sondern »das Feuer deiner Seele und die Betrübnis deines Herzens, denn«, so sagt der Wiedehopf, »über solche Güter verfügt niemand in jenem Königspalast.«

So überschreiten die mystischen Vögel, indem sie die tiefsten menschlichen Kräfte nützen, die menschlichen Grenzen. Sie verbrennen alles, was sie kennen und besitzen. »Ziehe deine Hände zurück von jedem Ding, und bete den Herrn an! Wirf alles weg, was nicht Er ist, und wenn du es weggeworfen hast, zerstöre es; und wenn du es zerstört hast, zünde es an! Und sammle zuletzt die Asche und zerstreue sie, damit der Wind Seiner Herrlichkeit jegliche Spur davon tilge.« Die Vögel weisen alle einstmals geliebten Dinge zurück, auch geistigen Stolz, religiöse Ekstase und Erleuchtung, irdische Macht, jeden Gedanken an Gut und Böse, an Paradies und Hölle – über die der Simurgh hochmütig lacht. Als Pilger verlassen sie die irdische Welt. Unterwegs auf der Suche lernen sie die Wüste der Einsamkeit, den Schrecken vor der Leere, den Schauder vor dem Grenzenlosen kennen. Der Wind der Trennung weht so heftig, daß er das Himmelsgewölbe zerstückelt. Das Universum verschwindet im Nichts – aber wenn Himmel und Erde in Stücke gehen, dann stellen sich die Vögel vor, es sei nur ein Blatt von einem Ast gefallen; wenn jegliches Ding zu existieren aufhört, dann denken sie, das Beinchen einer Ameise sei in einen Brunnen gefallen. In diesem zu Nichts gewordenen Universum weiterzugehen, erfüllt mit Staunen, Angst und Schrecken. Jeder Vogel wird wie ein Eisklumpen oder ein ausgedörrter Kadaver oder der Phönix. Der spielt im heimatlichen Hindustan mit seinem langen Schnabel eine schwermütige und geheimnisvolle Melodie: die Melodie deines Todes, meines Todes, des Todes aller Farben und aller Erscheinungsformen der Welt.

Endlich nahm die so lange vom Wiedehopf angekündigte Reise zum Simurgh ihren Anfang. Hunderttausend Vögel flogen jahrelang über Täler und Berge, durchquerten die Sternenräume und verbrauchten einen großen Teil ihres Daseins mit dieser endlosen Suche. Viele von ihnen ertranken im Meer, viele wurden vom Schrecken getötet, viele gingen auf den Gipfeln der hohen Berge zugrunde, vielen verbrannte die Sonnenhitze die Flügel und trocknete ihnen das Herz aus wie Fleisch auf einem

Rost. Andere wurden von den Löwen und Panthern aufgefressen, die ihnen unterwegs auflauerten; manche starben in den Wüsten vor Durst mit ausgedörrter Kehle, manche wurden verrückt und töteten einander im sinnlosen Streit um den Besitz eines Hirsekorns; wieder andere erkrankten und wurden unterwegs im Stich gelassen; andere hielten inne, um die Wunderdinge der Welt zu betrachten. Als die Vögel die Reise angetreten hatten, erfüllten sie mit dem bunten Rauschen ihrer Flügel die Welt; und nun waren von der großen Menge nur noch dreißig Vögel übrig: gealtert, erschöpft und niedergeschlagen, mit gebrochenem Herzen, erschlafftem Mut, federlos, flügellos, beinahe körperlos.

Diese dreißig Vögel kamen eines Tages am Hof des Simurgh an. Ein Herold empfing sie und öffnete ihnen die Tore des Palastes. Dann hob er siebzigtausend Schleier auf, und in diesem Augenblick leuchtete das Licht der Sonne über ihnen auf. Die Vögel entäußerten sich alles Irdischen: Ihre Seelen wurden zu völligem Nichts, und ihre Körper brannten nieder, bis nur noch einige Häufchen Asche übrig waren. Ihr Geist wurde von einem unbekannten Staunen entführt, und alles, was sie in der Vergangenheit erlebt oder nicht erlebt hatten, wurde aus ihrem Herzen entfernt. Schließlich wurden die Strahlen der Sonne Gottes »vom Spiegel ihrer Seelen zurückgeworfen. Im Bild des Antlitzes des Simurgh betrachteten sie die Welt, und aus der Welt sahen sie das Antlitz des Simurgh hervorgehen. Als sie genauer hinblickten, sahen sie, daß die dreißig Vögel nichts anderes waren als der Simurgh und daß der Simurgh die dreißig Vögel war. Denn als sie ihren Blick aufs neue auf den Simurgh richteten, sahen sie die dreißig Vögel, und als sie noch einmal ihre Blicke auf sich selbst richteten, sahen sie wieder Ihn. O Wunder, dieses war jenes und jenes war dieses!« Was war geschehen? War auf dem Thron jenes Hofes der Phantasie der große Traum jedes Mystikers in Erfüllung gegangen? Hatte sich in jenem Spiegel das Widergespiegelte, der göttliche Schatten – der wir sind –, in göttliches Licht verwandelt? War der Mensch mit Gott eins geworden und Gott mit dem Menschen? Hatte die Vereinigung endlich über die Trennung gesiegt? Offenbarte das Universum, das uns immer vorgekommen ist, als wäre es vom Spiel der Erscheinungen beherrscht, nun an allen Orten das Irisieren des Simurgh?

Solche oder ähnliche Gedanken mußten den dreißig Vögeln durch den Kopf gehen. Entsetzen und Verwirrrung begleiteten ihr Denken. Sie dachten ohne Gedanken. Dann wandten sie sich an den Simurgh, ohne Worte zu gebrauchen, und baten um eine Erklärung dieses absoluten Geheimnisses, in dem das »Wir« und das »Du« vereint zu sein schienen. Ebenfalls ohne Worte erwiderte ihnen nicht der Herold oder der Bote, sondern das Wesen des Gottes selbst, sein letztes Antlitz aus Licht und Finsternis, das hinter dem letzten Schleier verborgen war. Attar hat diese Antwort für uns aufgezeichnet: die grausame und zugleich gütige, ironische und zugleich milde Antwort, die Gott jedem Menschen gibt, der sich seinem Geheimnis zu nähern versucht. Die ganze Reise, die die hunderttausend Vögel unternommen hatten, die Täler oder Stationen, über die sie vorgerückt waren, die Berge, Wüsten, Ozeane und Gestirne, die sie überflogen hatten, die Toten, die unterwegs liegengeblieben waren, die dreißig flügellosen Körper: das alles war nur eine Täuschung gewesen. Sie waren nie aus dem Herzen – dem Spiegel, in dem Gott sich widerspiegelt – herausgetreten; und in jenem unermeßlich größeren Spiegel, der sich nun am Hof der Himmel aufgetan hatte, hatten sie nichts anderes gesehen als das reine göttliche Bild ihrer selbst. Sie hatten nicht den Simurgh gesehen. Ihn können wir nicht erkennen: »Wer wird je mit seinem Blick bis zu Uns gelangen? Wann wird je eine Ameise das Siebengestirn betrachten oder einen Amboß hochheben können?« »Weißt du nicht«, so hatte Er ein andermal gesagt, »daß die Unfähigkeit zu verstehen schon Verständnis ist? Es möge dir also von unserer Gegenwart das Glück genügen, zu wissen, daß sie dir verwehrt ist, denn du bist unfähig, unsere Majestät und unsere Schönheit zu schauen.« So wurde der Traum, im Menschen dieselbe Substanz zu finden wie in Gott, von der Höhe des höchsten Thrones mit Gelächter beantwortet; und die mystische Suche Attars scheint mit einem großartigen Scheitern zu enden.

Aber das Wort des Simurgh ist von ebenso souveräner Vieldeutigkeit wie sein Schweif, der in tausend Farben schillert. Und am Ende, als das Buch gerade mit dieser endgültigen Verzweiflung schließen will, verkündet Er eine Hoffnung, die allen Vögeln offensteht.

»Werdet zu Nichts in Uns, in der ewigen Herrlichkeit, und ihr werdet in Uns die Tür zu euch selbst finden.« Die Vögel hörten auf dieses Wort. Es blieb nicht einmal ein Häufchen Asche von ihnen zurück; nicht einmal ein Gedanke oder ein Gefühl oder eine Empfindung. Sie lösten sich auf für immer: Sie verloren sich im Simurgh, wobei sie sogar vergaßen, daß sie sich verloren hatten; und ihr Schatten verlor sich in der Sonne. Die große Metapher, die am Anfang des Versepos stand, entfaltete sich so vollständig in der ganzen Vielschichtigkeit ihrer Bedeutungen. In der Preisgabe jeder menschlichen Eigenschaft hatte das Licht endgültig über den Schatten triumphiert. Nun war alles Licht. Die Vögel waren aus dem Widerschein, dem Spiegel, dem Herzen, in dem sie für immer gefangen zu sein scheinen, herausgetreten. Sie hatten die Schwelle der Täuschung überschritten. Ohne selbst Gott zu werden oder sein Geheimnis zu erkennen, hatten sie die ersehnte Vereinigung erreicht. Die Dualität war aus dem Universum verschwunden. Es gab keine Teilung oder Trennung mehr. Es gab nur noch das Eine und Einzige.

Was dort oben im Tal des Zum-Nichts-Werdens geschah, kann nicht erzählt werden. Wie dreißig Tropfen waren die Vögel im Meer des Geheimnisses zerflossen; und wir können die Tropfen nicht mehr wiedererkennen – den Wiedehopf, das Steinhuhn, die Nachtigall, den Reiher, die einst am Gestade unseres Ozeans gewohnt hatten. Vielleicht hätte einer von ihnen sagen können: »In Wahrheit weiß ich nichts, ich weiß weder dies noch jenes. Ich habe mich verliebt, aber ich weiß nicht in wen. Die Liebe, die mich lenkt, ist mir nicht einmal bewußt, mein Herz fließt über von Leidenschaft und ist leer.«

Wie die persische Miniaturmalerei, so ist auch die persische Literatur bei uns nahezu unbekannt, nur der Name Omar Khayyam scheint – über Abschriften, die ihn verdrehen – zu uns durchgedrungen zu sein. Der Leser hat hier einen noch unerforschten Schatz vor sich; und wenn es ihm nicht an Geduld und Ausdauer fehlt und er den Mut hat, sich auf ein Gefüge von Metaphern einzulassen, das von dem unseren grundverschieden ist, wird er dieselbe Erfahrung machen wie Goethe vor hundertachtzig Jahren, der erschüttert und verwandelt daraus hervorging. Es wird sich ein Land auftun, das ihm ein nie gesehenes Antlitz der Dichtung zeigen wird, und Dichter, die er voll Verehrung den größten Künstlern an die Seite stellen wird. Vielleicht entsteht aus dieser Begegnung, anders als damals, kein neuer *West-östlicher Divan*. Aber Nizamis Schilderungen von Morgenrot und Nacht werden uns von nun an immer begleiten wie der »neue Pilger« Dantes, die klaren Wasser Petrarcas, die Albatrosse, Leuchttürme und Weihrauchfässer Baudelaires, das untergehende Schiff und die Vögel von Hopkins.

Von den ersten Zeilen an definiert Nizami *Leila und Madschnun* (1188) als das Buch einer Abwesenheit; es fehlen die »Anmut«, die »Freude«, der »Garten und das Fest«, die gesamte Erfahrung der Herrschaft, des Krieges, der Jagd, des Abenteuers, die allein der Dichtung die volle Sinnenfreude geben und ohne die sie, wie es in *Die sieben Prinzessinnen* heißt, nicht auskommen kann. Die beiden Epen stehen einander gegenüber wie Schatten und Licht. *Leila und Madschnun* vermittelt die Erfahrung einer absoluten Konzentration, *Die sieben Prinzessinnen* die eines unbestimmten Überschwangs. Das erste Buch ist von großartiger Monochromie, das zweite unendlich polychrom; das erste ist von großer Traurigkeit, das zweite von höchstem Jubel. Aber Nizami wußte, daß die bis zum Wahnsinn in sich selbst verliebte, die nackte Seele, die die andere in sich selbst und Gott in der anderen liebt, das Orchester nicht braucht, das die Farben im Universum erklingen läßt. Ihr genügen das Grau des Gesteins, das Gelb des Wüstensands, das Blau oder Schwarz des Himmelsgewölbes.

Manchmal beneidet Madschnun, der »Liebesnarr«, die anderen Liebenden. Die anderen haben die Frau gewählt, die sie selbst wollten. Er dagegen liebt diejenige, die das Schicksal über ihn hinweg ausgewählt hat, wobei es (und wer kann sagen, ob ihm freundlich oder feindlich gesonnen) eiserne Fesseln schmiedete, die er nicht sprengen kann. Die anderen küssen, umarmen und besitzen die geliebte Frau, während seine Liebe (auch wenn kein feindlich gesinnter Vater ihn zurückhalten würde) den Besitz nicht duldet, Ferne vorschreibt, Abstand und ewige Trennung verlangt. Aber eben wegen der Trennung lebt er nur der Liebe. Die Liebe durchdringt und besitzt ihn und zerstört jegliche andere Wirklichkeit, die in sein Gemüt dringt; alle anderen menschlichen Wesen, alle anderen Gegenstände sind ihm unbekannt oder gleichgültig, und sein Ich zerschmilzt wie das Wachs einer Kerze mit allzu starker Flamme. Eine Flamme hat sein Herz zu Asche gemacht; jede Erinnerung ist aus seinem Geist ausgelöscht; er weiß seinen eigenen Namen nicht mehr, er weiß nicht einmal mehr, wen er liebt und von wem er geliebt wird. Eines Tages findet er ein Blatt Papier, auf dem der Name Leilas und sein eigener stehen; er tilgt Leilas Namen. »Warum bewahrst du nur einen Namen?« wird er gefragt. »Es ist besser«, sagt er, »wenn von uns beiden nur ein Name bleibt: Wer die Liebe kennt, weiß genau, daß hinter dem Liebenden sofort die Geliebte durchscheint.« »Aber warum«, fragen sie aufs neue, „tilgst du ihren Namen?« »Es ist besser«, sagt Madschnun, »daß ich selbst sichtbar bin, und nicht das, was kostbar ist: Es ist besser, daß das Wesen verhüllt bleibt und nur die Hülle sichtbar ist, daß ich der Schleier für die Geliebte bin, die Muschel für die Perle!« Wie al-Halladsch hätte er sagen können: »Du glaubst zu sehen, daß ich bin, aber du täuschst dich, nicht ich bin das, was da ist, es ist die Geliebte.«

Diese Liebe kennt keine Rast und kein Zaudern; die Lust und die Verzauberung, die sich in der abendländischen Kultur um die Erinnerung und die Trennung der Liebenden rankt, ist ihr fremd. Trotz der Trennung besteht keine Entfernung: Nie ist Madschnun Leila so nah wie in der Zeit der Trennung, als er sie nicht sehen darf. Denn diese Liebe ist ein Feuer, ein Feuer, das sich immer wieder entzündet, ein Feuer, das Leib und Seele verbrennt, ein unauslöschliches Feuer, ein Feuer, das ewig den Schmerz, die Zerrissenheit, die Tränen und die Ekstase des Todes begehrt und das ohne den Schmerz und ohne den Tod sich selbst verliert. »O ihr, die ihr nicht wißt, was der Schmerz ist, weg von mir, geht weg von mir! Ich bin verloren, sucht nicht nach mir … Laßt mich endlich allein mit meinem Schmerz!« So kommt der »Liebesnarr« dem höchsten Wesen der Liebe viel näher als die glücklich Liebenden, die – wie in *Die sieben Prinzessinnen* – einander in den Gärten wollüstig besitzen, umgeben von den Düften und den Farben der Welt. Nizami weiß sehr gut, daß diese Passion zumindest einen dämonischen Schatten hat, denn das Feuer ist ein höllischer Stoff, und Madschnun begehrt in der Absolutheit seiner Leidenschaft gegen den Glauben des Korans auf. Und doch ist Madschnuns Liebe zu Leila – in der totalen Identifikation mit dem anderen, mit dieser Trostlosigkeit der Leere, mit dem Aufschwung zum Unerreichbaren – eine Metapher, vielleicht die einzige, die wir besitzen, für die trostlose und unmögliche Liebe, die die menschliche Seele auf Gott hin ausspannt.

Diese einzige Leidenschaft im Herzen, das Hemd und die Kleider zerrissen, in Schmach und Schande gestürzt, verläßt Madschnun die Stadt und die Zelte; er begibt sich jenseits von Gut und Böse, und als der letzte Fremde und Vagabund erreicht er die Verlassenheit der Wüste, einen Spiegel für sein Ich. »Nun hatte er nichts mehr gemeinsam mit den anderen Menschen, es war, als hätte er seinen Namen aus dem Buch der Welt getilgt, er war nicht tot und gehörte nicht mehr zu den Lebenden.« Dort in der Wüste entstehen aus dem tiefsten Schmerz, aus der tiefsten Einsamkeit und Trennung seine Verse, die bald in der ganzen arabischen und persischen Welt berühmt werden sollten. Im Herzen der Wüste erschafft der Liebesnarr ein neues Eden um sich, demjenigen gleich, das Herzen ohne seine Flamme Tausende von Jahren vor ihm zerstört hatten. Er lebt friedlich unter den Tieren wie Salomo, der Gebieter der Tiere. »Löwe und Hirsch beschützten ihn wie Wachposten, und alle Tiere der Wüste eilten herbei, um ihm zu dienen … Wenn er schlafen wollte, fegte der Fuchs mit seinem Schwanz den Erdboden sauber, die Gazelle kam gelaufen und leckte ihm die Füße, der Wildesel bot ihm seinen Rücken als Stütze, und die Flanke des Rehs war sein Kissen.«

Durch die Liebe erkennt er, wie eitel und hinfällig das Dasein ist: »Sieh nur, was ist schon ein Blatt, was ein Zweig in der Weite eines Gartens?« Er lebt nur von seinem Feuer. Er hört auf zu essen und zu trinken, er verläßt die menschliche Bedingtheit, springt mit einem Satz aus der Welt, steigt hinab zum Tod, während er noch im Leben verweilt. Leila und Madschnun begegnen einander nur ein einziges Mal, in einem Palmenhain, in dem die Stämme so dicht wie ein Wald stehen, und als sie miteinander sprechen, verwandelt sich die Wüste der ewigen Trennung in einen Garten. »Jetzt werfe ich dir den Zopf zurück auf deine Schulter, jetzt streiche ich dir die Locken aus dem Gesicht, jetzt befeuchte ich das Linnen deines Gewandes mit Tränen, jetzt denke ich mir Verse aus für dich, jetzt umkränze ich deine Rosenwangen mit Veilchen, jetzt hebe ich dein Rosenantlitz hoch und befreie es von dem veilchenfarbenen Haarschmuck, jetzt schließe ich dich in meine Arme, jetzt reiche ich dir das Buch des Schmerzes.« Kurz darauf stirbt Leila – die Essenz, die Perle – und der Fasan ihrer Seele fliegt aus dem Nest. Madschnun beweint sie. Seine Tränen lassen eine Quelle hervorsprudeln, und die ganze Wüste beweint Leila mit ihm. Aus den stöhnenden Dornen des Gestrüpps sprühen Funken, die Steine färben sich rot von Blut. Auch die Muschel der Perle, auch der Schleier der Essenz muß sterben: Madschnun legt sein Haupt auf Leilas Grabhügel, er ruft zu Gott, er möge ihm das Wasser des Lebens gewähren, und er verläßt die Erde, die nur seinen Schmerz erfahren hatte.

Die sieben Prinzessinnen, neun Jahre später geschrieben, ist ein Schöpfungsepos. Gott ist der unumschränkte Herr und Schöpfer. »O du, der die Welt aus dem Nichts erschaffen hat, Dein Name, der der Anfang jedes Namens ist, ist der erste Anfang und das letzte Ende: Erster der Ersten am Anfang, Letzter der Letzten am Ende von allem.« Die Gaben Gottes sind als ein überfließender Gnadenstrom auf die Erde herabgekommen: Sie haben die

Erde beherrscht, getränkt, befeuchtet, erhellt, durchdrungen; kein einziger Buchstabe der Kalligraphie der Himmel ist schief geraten, und es gibt keinen Punkt, der nicht richtig gesetzt wäre. Obwohl Nizami die Schatten kennt, die Verhängnisse und das Unglück auf Erden, beteuert er, daß die Schöpfung ein vollkommener, von der Vorsehung bestimmter Bereich ist. Er will das Vorgehen Gottes erfassen: Er hat ein unergründliches und unerreichbares Leben im Nicht-Raum, in den einzig Mohammed einmal einen Blick tun konnte, als er auf seiner atemberaubenden Reise, nachdem er tausend Lichtschleier zerrissen hatte, plötzlich vor dem schleierlosen Licht stand. Aber Nizami weiß, daß sich Mohammeds Abenteuer nie mehr wiederholen wird. Ein Dichter wie er, ein bescheidener und stolzer »Schatzmeister des Wortes«, hat die Aufgabe, das Antlitz Gottes (und sei es das letzte und oberflächlichste) in der Schöpfung der Natur und des Menschen zu erfassen. Es ist eine ungeheure Aufgabe, und er mußte sich fragen, ob seine Kräfte dazu ausreichen würden. Er hatte dargestellt, wie eine trostlose und von der Liebe getrennte Seele Gott sucht. Wie sollte es ihm nun gelingen, dessen ganze kosmische Ausdehnung darzustellen? Wie sollte er beschreiben können, mit welch triumphaler Pracht, mit welch königlichem Überfluß und mit welchem Reichtum an Wohlgerüchen, Farben, Klängen, mit welcher Verschwendung von Juwelen, Morgenröte und Nachtdunkel, von Frühling und Winter sich Gott – der vortrefflichste aller Künstler – an seinem Hof gezeigt hatte, zu dem auch wir, obschon als letzte, gehören?

Als Nizami *Die sieben Prinzessinnen* schrieb, nahm er sich also vor, ein theologisches und zugleich ein astrologisches Epos zu schreiben, ein Heldenepos und ein Ritterepos, und dabei Märchen und Geschichten der Liebe, Gespenstergeschichten und die Juwelen seiner Lyrik zusammenzuschmelzen, als wollte er mit diesem verschwenderischen Gott wetteifern. Die Hauptfigur ist ein König aus der sassanidischen Zeit, Bahram Gur, der schon durch Ferdousis *Königsbuch* zur Legende geworden war. Er verkörpert viele Muster des Königtums: den heiligen König der iranischen Tradition, der die Fruchtbarkeit der Natur erneuert und die Gerechtigkeit auf die Erde bringt; den königlichen Jäger und den königlichen Athleten der voriranischen Tradition; aber auch den dionysischen Halbwüchsigen, der, abgeschlossen in seinem Palast oder seinem Garten, das Leben bei den Freuden des Weins und der Liebe verbringt. Er verlebt seine Jugend im Zauberschloß von Khavarnaq, einem »silbernen Schloß, dessen Türme in den Mond ragen«; es ist ein Palast, der die Bilder des Himmels widerspiegelt, bei Tagesanbruch in hellem Himmelblau, weil er das Blau des Himmels zurückwirft, dann gelb, wenn die Sonne am Horizont aufgeht, und weiß, wenn die Wolken das Tagesgestirn verschleiern. Dort erfuhr Bahram Gur eines Nachmittags seine künftige Bestimmung. Er drang in ein Zimmer ein, das noch nie jemand geöffnet hatte, und er entdeckte, daß ein unbekannter Maler sein Abbild an die Wand gemalt hatte, »einen heranwachsenden Knaben mit Perlen am Gürtel und mit einem zarten wohlriechenden Flaum auf dem mondenen Antlitz, ganz silbern von der Krone bis zum Gürtel«. Um ihn herum standen sieben wunderschöne Prinzessinnen aus den sieben Kontinenten, und jede blickte ihn mit verliebten Augen an. Jede Nacht betrat Bahram Gur, berauscht und voll Verlangen, das Zimmer und träumte davon, den Mädchen zu begegnen, die der geheimnisvolle Maler für ihn ausersehen hatte.

Um diese knappe Fabel als Ausgangspunkt baut Nizami sein großartiges Buch, in dem die verschiedenen Naturen der Planeten und ihr Einfluß auf die Erde wiedergegeben werden. Tausende von lebhaften, ununterbrochenen, unruhigen Beziehungen und Entsprechungen verbinden das Leben der Gestirne und das Leben auf der Welt: Was dort oben geschieht, findet einen Widerhall bei den Bäumen auf unseren Wiesen und in den vier Wänden unserer Behausungen; zu jedem Planeten gehört ein Kontinent der Erde, eine Farbe, ein Wochentag. Von einem Baumeister und Astrologen angeleitet, nahm Bahram Gur sich vor, ein rein astrales Dasein zu führen, denn er wußte, welche Farben, Düfte, Weine, Lüste und Geschichten von hier unten mit der Natur der Himmel übereinstimmen. Der Baumeister errichtete einen Palast mit sieben Kuppeln, jede mit einem anderen Farbton, dem Wesen der sieben Planeten entsprechend. Die Kuppel Saturns verschwand in der Schwärze wie Moschus; die

Kuppel Jupiters war sandelholzfarben; die dem Mars zugeordnete war rot; die Kuppel, die der Sonne entsprach, war gelb wie ein goldenes Halsband; die von der Venus beschützte Kuppel hatte ein weißes Aussehen; die dem Merkur geweihte prangte in siegreichem Türkis; die vom Mond gesegnete Kuppel schimmerte in Freude ausstrahlendem Grün. Die Mauern, Betten, Zelte, Vorhänge, Teppiche, Kissen, Vasen, die auf dem Wasser verstreuten Blumen hatten unter jeder Kuppel nur eine einzige Farbe. Bahram Gur heiratete die sieben Prinzessinnen, deren Abbilder an die Wände gemalt waren: Indien, Byzanz, Kharezm, Rußland, das Abendland, China und Persien brachten ihm ihre Schätze; und als die sieben Mädchen in den Palast kamen, trug jede das Gewand ihres Planeten.

So führte Bahram eine Zeitlang ein Leben, das von den Gestirnen bestimmt wurde. Er kümmerte sich nicht mehr um die Angelegenheiten des Staatswesens und stieg jeden Abend zu einer der Prinzessinnen hinauf. Samstags kleidete er sich schwarz und begab sich in die schwarze Saturnkuppel, wo ihn die schwarze indische Prinzessin erwartete; sonntags erreichte er gelb gekleidet die Sonnenkuppel und die byzantinische Prinzessin; montags zog er mit einem grünen Sonnenschirm in den Mondpavillon, wo ihn die Prinzessin aus Kharezm erwartete; dienstags begab er sich ganz in Rot gekleidet zur Marskuppel, wo die rothaarige slawische Prinzessin wohnte; mittwochs kam er mit seinem türkisfarbenen Anzug, dem Symbol des Sieges, in den türkisfarbenen Merkurpavillon zur abendländischen Prinzessin; donnerstags betrat er mit sandelholzfarbenem Gewand und Hut die bräunliche Jupiterkuppel, wo die schmaläugige chinesische Prinzessin Sandelholz verbrannte; freitags trat er weiß geschmückt in den weißen Pavillon, wo die persische Prinzessin war, während Venus zu seiner Begrüßung eine königliche Hymne anstimmte.

Was erfuhr Bahram Gur von den Planeten, als er im Widerschein der Gestirne lebte? Während das Feuer brannte, die Finsternis vom Kerzenschein durchbrochen wurde, das Zimmer mit seinen Zypressenschatten ihn einschloß und er Wein trank, der röter war als das Blut des Fasans, da entdeckte der König, daß die Essenz der Planeten in den Geschichten lag, die ihm jeden

Abend eine andere Schehrezad am Feuer erzählte, mit wahrscheinlichen und unwahrscheinlichen, sinnvollen und widersinnigen Sätzen immer tiefer eindringend in den mit Edelsteinen besetzten Teppich der Nacht. Jede Geschichte hatte eine andere Farbe. Abend für Abend lernte Bahram etwas Neues kennen: eine chinesische Stadt, deren Bewohner alle schwarz gekleidet waren, Bäume und Wiesen so grün wie grüne Seide, das Blut von hundert abgeschnittenen Köpfen, den Sandelbaum, die sandelholzfarbene Wüste, weiße Mädchen mit silbernen Beinen ... Die Planeten waren nichts anderes als dies: Widerschein von Farben, weitergegeben durch einen menschlichen Mund. Die Prinzessinnen erzählten Märchen, Fabeln, Geschichten, die Nizami zum Teil aus dem indischen und persischen Erzählgut schöpfte und die später in *Tausendundeine Nacht* wieder auftauchen sollten. Es war eine weiche, wollüstige Welt, wo die Lüste und Freuden der Sinne herrschten oder auch dämonische Erscheinungen und Obsessionen, als wäre das Leben nichts anderes als dieses Spiel von Lüsten und Gespenstern in funkelnder Verwandlung.

In *Leila und Madschnun* hatte Nizami mahnend gesagt: »Den Frieden wird genießen, wer in diesem Leben nie in Frieden war, wer nicht im Leben dieser Welt verwurzelt ist, wer es wie ein Blitz von der Geburt bis zum Tod durchlaufen hat. Bleibe nicht stehen in der Welt des Vergänglichen, wenn du ihren Schmerz vermeiden willst. Wer in dieser Welt Wurzeln schlägt, dem wird der Seelenfrieden für immer versagt bleiben! Nur wer in diesem Leben stirbt, wird im anderen leben!« Während Bahram unter den Kuppeln lebte, unterdrückte ein böser Minister seine Untertanen und verschwendete seine Schätze, und die chinesischen Heere überschritten die persische Grenze. Mit einem Mal, wie von einem Blitz getroffen, begriff der König, daß das Leben mit den Gestirnen, unter den weiblichen Bildern, Farben und Wohlgerüchen, Teil der Schöpfung Gottes ist. Es gehört zu den Blumen der göttlichen Schöpfung – und ist doch gleichzeitig der Sitz der Eitelkeit und der Hinfälligkeit, und wir müssen es mit einer großmütigen Geste hinter uns lassen. In kurzer Zeit stellte Bahram die Gerechtigkeit in Persien wieder her; dann verschwand er in einer

Höhle – im Eremitenleben, im Tod, in dem Nicht-Raum, wo Mohammed dem unverschleierten Licht Gottes begegnet war.

Beim Bau des Universums hatte Nizami, so glaube ich, für sich selbst die Rolle Salomos gewählt, des großen Königs des Orients, des Herrn über die Natur, des Herrschers über das Sichtbare und Unsichtbare. Als neuer Salomo hatte er eine doppelte Aufgabe. Er mußte den feurigen Glanz der Farben, das üppige erotische Leben, den wild wuchernden blühenden Wald darstellen, was alles zur Natur gehört, aber auch die Geheimnisse, die unsichtbaren Rätsel der Schöpfung – Rätsel, die er mit seinem frommen Glauben, seinem astrologischen Wissen und seiner dichterischen Intuition aufdeckte. Er wußte, daß die Perle die ursprüngliche kosmische Substanz war; und so sollte sein ganzes Wissen vom Sichtbaren und Unsichtbaren, alles, was offenbar und alles, was geheimnisvoll war, alles, was konkret und alles, was abstrakt war, zu einer Sammlung von Perlen, Gold, Saphiren, Diamanten, Türkisen werden, die heller leuchteten als die wirklichen, denn kein Edelstein glänzt so wie die Metapher eines großen Künstlers. Der Dichter ist nichts anderes als der »Juwelier des Verborgenen Schatzes«, »der Goldschmied, der diese Perlen auffädelt, und der das Ohr der Welt mit Edelsteinen bestückt hat«. Seine Edelsteine waren Sätze: Sie mußten hart und glänzend sein wie Stein, funkelnd die Blicke erobern, aber auch nach Papier, Tinte und Feder schmecken und alle Wörter in sich versammeln, die andere Goldschmied-Schreiber auf ihre Blätter verstreut hatten und die von ihm gierig gelesen worden waren. Er würde diese alten Wörter als Stickmuster einweben wie der vortrefflichste Weber oder arbeiten wie ein alter Alchemist, der Messing in Silber und Silber in erlesenstes Gold zu verwandeln versteht.

Als Goldschmied und Alchemist von Metaphern nimmt Nizami in der Dichtung einen ganz hohen Rang ein, und angesichts der Wunder seiner Kunst werden dem europäischen Leser die außergewöhnlichen Werke von Shakespeare und Gongora, Donne und Basile einfallen. Sowie wir *Leila und Madschnun* und *Die sieben Prinzessinnen* aufschlagen, treten wir in eine Metaphernwelt ein, die keine Grenzen zu kennen scheint: Kaskaden von Bildern aus Wasserperlen, Füllhörner voller Blumenbilder, Strahlenwunder am Himmel, Regenbögen mit sieben Farben und deren zahllosen Abtönungen. Ein kleiner Teil dieser Metaphern gehorcht einer Regel von Äquivalenzen und Konventionen, aber die Äquivalenzen sind so zahlreich, daß sie allein schon einen Teppich mit einem komplizierten, kostbaren und kaum noch nachvollziehbaren Muster bilden. Jede Situation wird nicht von einem, sondern von einer ganzen Reihe von Bildern begleitet, die aufeinanderfolgen, einander ablösen und, uns beständig überraschend, sich anhäufen, bis sie schließlich eine Darstellung auf verschiedenen Ebenen bieten. Derselbe Vergleich kann doppelt begründet sein oder auf vollkommen andere Inhalte angewendet werden. Parallele Metaphern laufen oft auseinander, sind manchmal meilenweit voneinander entfernt und so widersprüchlich, daß ein Schimmer des Absurden aufblinkt, während der Exzeß und die Übertreibung gewollt oder ungewollt das Groteske und das Unwahrscheinliche erzeugen. Künstliches und Natürliches ziehen einander an, und die Wirklichkeit wird zum Anthropomorphismus. Beinahe ständig wird das erste Glied des Vergleichs ausgelassen, und es entsteht damit eine reine Sammlung metaphorischer Edelsteine, deren Bedeutung zu unserem Vergnügen oft abhanden kommt. Würde die gesamte Wirklichkeit auf einem ungeheuren Scheiterhaufen verbrannt, so bliebe der ungeheure Metaphernteppich Nizamis, der Garten, in den uns die Gestirne zu den Wohlgerüchen und Farben eingeladen haben, hoch oben einsam, triumphierend und unerreichbar in der Leere schwebend bestehen.

Der Spiegel der Farben und der Wohlgerüche

Als Rumi im Sterben lag, sagte ein Scheich zu ihm: »Gott möge dich schnell genesen lassen!« Rumi antwortete: »Eure Genesungswünsche mögen von nun an euch selbst zugute kommen! Zwischen dem Liebenden und dem Geliebten steht nur noch ein Hemd aus Roßhaar. Wollt ihr nicht, daß es weggenommen werde und Licht sich mit Licht vereinige?« Dann versprach er, wie Christus, seinen Jüngern: »In welcher Lage ihr euch auch befinden mögt, bleibt bei mir und denkt an mich, damit ich mich euch zeigen kann: In welches Gewand ich auch gekleidet sein mag, ich werde immer bei euch sein, und ich werde über euch die Münze der Gedanken ausstreuen.«

Schließlich deklamierte er ein kleines Gedicht:

> Der König des Denkens ohne Schatten
> ist im Tanz von uns gegangen
> in ein anderes Land,
> in das Land des Lichtes.

Am 17. Dezember 1273 verließ er die Erde. Am Tag seiner Bestattung lasen die Vorleser die schönsten Verse des *Koran* in sanftem Tonfall, die Muezzin riefen zum Gebet der Auferstehung; zwanzig Gruppen hervorragender Sänger rezitierten die Totengesänge, die Rumi selbst verfaßt hatte, während Hörner und Trompeten ihren Klang mischten, um die gute Nachricht zu verkünden. Alle weinten, schrien, klagten. Die Mitglieder der verschiedensten Gemeinschaften und Nationen waren anwesend: Christen, Juden, Griechen, Araber, Türken; alle hielten ihre heiligen Bücher in die Höhe. Ihren Bräuchen folgend lasen Christen und Juden die Verse der Psalmen, des Pentateuchs und des Evangeliums. Sie hatten verstanden, daß Rumi der letzte Prophet war. Während die Muslime in ihm den Mohammed ihrer Zeit erkannten, erblickten die anderen in seinem Licht das Licht, das von den Worten Moses und Christi ausgestrahlt hatte.

Wenn wir fragen, wer der berühmteste Dichter der persischen Welt war, dann zeichnen uns die hagiographischen Texte die legendäre Gestalt des islamischen Heiligen. Nach Aflaki war er ein Thaumaturg und Illusionskünstler: Er erweckte Tote, wirkte Wunder, sah die Zukunft voraus, verkehrte mit Engeln und Dämonen, deutete Träume, besaß einen doppelten und durchsichtigen Körper, der es ihm ermöglichte, durch die Luft zu reisen und an zwei Orten gleichzeitig anwesend zu sein. Aber es gibt auch Züge, die individuellerer Natur zu sein scheinen. Er war immerwährend beseelt von einem Feuer, einer unaufhörlichen Hitze, einem unerschöpflichen Rausch: Die himmlische und irdische Liebe erfuhr er als Glut und Verwandlung; er trieb alle Empfindungen und Gedanken bis zur höchsten Spannung, über die Bruchstelle hinaus, wo alles menschlich Materielle Funken schlug und zu einer himmlischen Flamme wurde. Trotzdem war er mild, zart und fein; die Neinsager gefielen ihm nicht; er lächelte sanft, gleichsam distanziert gegen sich selbst, und auf dem Gipfel seiner Ekstase fand er zu äußerster intellektueller Genauigkeit. Er liebte den Tanz. Mit seinen wirbelnden Bewegungen enthüllt er den kreisförmigen, raschen Wirbel Gottes: den Tanz der Planeten, der Wasser, der Bäume, der Blätter; die Trennung, die uns unglücklich macht; die metaphysischen Geheimnisse und die Musik, welche die Seele im Paradies vernommen hat.

Eva de Vitray-Meyerovitch haben wir es zu danken, daß wir Rumis Prosatexte lesen können: *Le livre du dedans* und *Maître et disciple*, die sein Sohn, Sultan Valad, gesammelt hat: Dialoge des Dichters mit seinen Jüngern, Monologe, die er vielleicht vor der Mauer der Trennung deklamierte und in denen er mit überlegener Natürlichkeit von einem Thema zum anderen springt. Wie jeder Mystiker hegt auch Rumi der Sprache gegenüber ein tiefes Mißtrauen und ordnet sie der Kraft der Vision unter. Das Wort ruft die Widersprüche hervor, die unser Leben in Angst und Zwiespalt stürzen, zwischen Ja und Nein, zwischen Gut und Böse, zwischen Islam und Nicht-Islam; es übergibt uns nie die Dinge, die wir suchen, es ist nur ein knappes Zeichen, eine Andeutung, eine Bewegung, die uns auffordert, einer anderen rätselhaften Bewegung zu folgen, die sich in der Ferne verliert. Wie wir die leuchtenden und luftigen Sonnenstrahlen nur unterscheiden, wenn sie von einer Mauer zurückgeworfen werden, so ist das Wort Gottes eine feine leuchtende Sonne, die wir nur bewundern, wenn sie von einer anderen Mauer, von einem ebenso dichten Mittler zurückgeworfen wird – nämlich von den Geboten und Verboten.

Rumi hätte das Wort gerne ohne diese fatale Undurchsichtigkeit betrachtet und es in seinen vibrierenden und unendlich feinen Farben erfaßt. Wie sollte das gehen? Wie könnte ein inneres Wort aus dem äußeren Wort ausgegraben werden? Wie sich jenseits der Sprache ausdrücken? Einerseits übersetzte Rumi den unendlichen Reichtum an verständlichen und unverständlichen Gedanken und Empfindungen, die seinen Geist bevölkerten, mit einem Schatz von Bildern, die jede Nuance des Rätsels ausdrücken und es zugleich dunkel und ungelöst lassen. Andererseits griff er auf die einfachen, beinahe kindlichen Anekdoten der Sufi-Tradition zurück. Nichts scheint die mystische Wahrheit simpler wiederzugeben. Trotzdem verbirgt sich in der Anekdote ein Abgrund zwischen dem tiefen mystischen Inhalt und der einfachen irdischen Form; und aus diesem Widerspruch entstehen die Blitze, das Leuchten, die taghellen Zauberformeln, die den Geist seiner Zuhörer und Leser erleuchten.

Allah ist für Rumi schwindelerregende Einzigkeit, die das muslimische Denken bezaubert und blendet. Er ist einzig, wie Ibn Arabi sagt, ohne Zweiten, ohne Genossen, ohne seinesgleichen und ohne Kinder: Eigentümer ohne Teilhaber, König ohne Minister; er ist Urheber der Schöpfung, ohne daß irgendein anderer mit ihm zusammen verfügt hätte. Er hat die Welt aus dem Nichts erschaffen, nicht um ein Übel zu vermeiden, noch um einen Nutzen daraus zu ziehen, auch nicht, weil ihm ein Gedanke gekommen war, noch weil er irgendeinen Grund dafür hatte, sondern aus seinem reinen Willen, der durch nichts beeinflußt war. Er steht über den Gegensätzen: dem Ja und dem Nein, dem Weiß und dem Schwarz, dem Guten und dem Bösen, dem Glauben und dem Unglauben. Aber wenn er über den Gegensätzen steht, wie sollen wir ihn dann begreifen, die wir alles nur durch sein Gegenteil begreifen? Sein Wesen ist für uns unfaßbar. Er ist in seiner Einzigkeit verschleiert. Welche Vorstellung wir uns auch von Gott machen mögen, Er ist immer anders. Seine Wege sind grenzenlos. Was grenzenlos ist, läßt sich nicht erklären, weil der Kommentar und die Erklärung begrenzte Verfahren sind. Das Unendliche kann nicht im Endlichen enthalten sein.

Rumi weiß, daß er Gott mit keinem einzigen menschlichen Bild vergleichen kann: Gott ist unvergleichlich; aber durch ein Paradoxon, das Rumis religiöse Einstellung kennzeichnet, entwirft er in seinem Kopf immer wieder neue Vergleiche, Bilder und Analogien, um den Einzigen zu umschreiben. Der liebste unter diesen Vergleichen ist ihm der Ozean, das Symbol des Unendlichen: unbewegt in seinen Tiefen und höchst beweglich an der Oberfläche, sich immer bewegend, sich immer verwandelnd, wie Gott – ausgerechnet er, der ewig Gleiche – der Herr der Verwandlungen und Metamorphosen ist. Wir müssen sein wie die Fische, die gänzlich dem Ozean zugewandt sind und deren Seele der Ozean ist: Ihre Nahrung, ihre Kleidung, ihre Wohnung, ihr Bett, ihr Schlaf und ihr Erwachen, das alles ist der Ozean. »Im Sitzen, im Stehen, im Liegen erinnern sie sich an Gott und denken nach über die Erschaffung des Himmels und der Erde.«

Trotz des Verbots wendet sich der Analogien suchende Geist des Menschen Gott zu und umschreibt ihn mit einer Vielfalt von Gegensätzen. Gott ist der ganz Nahe und der ganz Ferne: so nahe, daß er jeden unserer Gedanken und jede unserer Vorstellungen kennt, und wegen seiner unmittelbaren Nähe können wir ihn nicht sehen; er ist so weit entfernt, so unbeschreibbar, so widersinnig, daß wir gerade noch die Spur seines Duftes auf der Erde ahnen können. Niemand hat eine solch schreckliche und willkürliche Macht wie er. Wenn sich sein Licht ohne Schleier zeigt, versinken Himmel und Erde, Sonne und Mond ins Nichts. Und doch: Wer ist großmütiger, zärtlicher, milder, barmherziger als er? Ist er nicht der Verzeihende, der Freund?

Dieser verborgene Gott wird von einer unbegreiflichen Kraft getrieben, sich zu offenbaren. Wie es in einem berühmten Hadith heißt: »Ich war ein verborgener Schatz und wollte erkannt werden.« Um sich zu erkennen und zu erkennen zu geben, spiegelt sich Gott im Weltall und im Menschen, die ein einziger Spiegel von ihm sind. Die einzige Substanz, so klar wie Wasser, verbreitet, vermehrt, vervielfacht sich wie die Schatten in einer Zitadelle: Die unbefleckte Jungfräulichkeit des Weißen läßt die Welt »der Farben und Wohlgerüche« entstehen, in der wir wohnen. Aber diese Erscheinung Gottes ist nicht absolut: Ihre Offenbarung ist abgeschwächt, abgemildert, verschattet, verhüllt von siebzigtausend Schleiern aus Licht und Finsternis. Wenn sich die göttliche Schönheit ohne Schleier gezeigt hätte, dann hätte das menschliche Auge ihren Anblick nicht ertragen können. Handelt es sich somit um ein unseliges Scheitern? Um eine Niederlage unserer allzu schwachen Pupille und unseres mittelmäßigen Geistes? Rumis Frömmigkeit fordert uns auf, Gott in seinen Werken zu betrachten statt in seinem Wesen; und mit einer weiteren paradoxen Umkehrung gelangt er dahin, daß er diese verschleierte Erkenntnis der absoluten Erkenntnis vorzieht.

So ist alles, was wir in dem bunten Spiegel des Universums erblicken, ein Widerschein Gottes. Wie eine schöne Frau Erde und Steine von einer Terrasse wirft, um beachtet zu werden, so sind der Himmel, die Erde, die Sonne und die Sterne nichts anderes als Erde und Steine, die der Geliebte aus der feinstofflichen Welt auf diese unbedeutende Welt wirft, damit wir ihn sehen. Also erblicken wir ihn: oben und unten, rechts und links, vorne und hinten, im Guten und im Bösen, am Tag und in der Nacht, in den Schiffen, die über die Meere fahren, im Regen, der lebenspendend vom Himmel auf die Erde fällt, im Wechsel der Winde, in den Wolken, die uns zu dienen gezwungen sind; in der dürren Erde und im See, im Vogel und im Fisch; in Weisen, in Unwissenden, in Gerechten, in Tyrannen; im Aufscheinen der Morgendämmerung, im Hauch des Abends, im Rauschen des Waldes, im Funkeln des Steins, im goldenen Auge des Metalls ... Der »verborgene Schatz« Gottes ist überall kund geworden, er hat die Erde leuchtender gemacht als die Himmel, und mit trunkener Liebe lesen Rumis Augen alle seine Zeichen. Der Mensch braucht nicht in die Ferne zu schauen, sondern nur prüfend in sich selbst hineinzublicken, um dort Gott und das Universum zu entdecken. Ein Sufi war in Meditation versunken. Ein frecher Mensch fragte ihn: »Schläfst du denn? Schau die Weinberge an, betrachte die Bäume, die grünen Pflanzen, die Spuren der göttlichen Barmherzigkeit. Gehorche dem Gebot Gottes, denn Er hat gesagt: Schau. Wende dein Gesicht diesen Zeichen seiner Barmherzigkeit zu.« Der Sufi antwortete: »Oh, eitler Mensch, seine Spuren sind im Herzen: Was draußen ist, sind nur die Zeichen der Zeichen. Die wahren Obstgärten und das wahre frische Grün sind im Herzen, der Widerschein auf allem, was draußen ist, ist wie der Widerschein in einem fließenden Wasser.«

Wenn Gott sich so im Universum widerspiegelt, kann das Universum nur gut sein. Niemand ist einer manichäischen Einstellung ferner als Rumi. Niemand verkündet mit begeisterten Worten die providentielle Harmonie in der Geschichte der Menschheit. Gott zeigt sich uns bald hinter dem Guten, bald hinter dem Bösen. »Wenn er einen Propheten zugrunde gehen läßt oder ins Unglück stürzt und einem Gottlosen und einem Tyrannen Leben, Gesundheit, Freuden, Reich und Herrschaft schenkt, dann muß man diese beiden Zustände gutheißen, denn sie sind von Gott gewollt.« Vor der alles durchdringenden Gegenwart Gottes im Universum ist jeglicher Unterschied zwischen den Religionen, den Glaubensbekenntnissen, den menschlichen Einrichtungen ein blasser Schatten, der sich im Aufschwung des Herzens zerstreuen wird. Wenn Rumi zu den Ungläubigen sprach, weinten sie. »Es ist nicht notwendig«, erklärte er, »daß sie diese Worte verstehen. Sie verstehen, wo ihr Ursprung liegt. Sie bekennen alle die Einheit Gottes, daß Gott der Schöpfer ist, daß er das tägliche Brot gibt, daß er alles durchdringt. Wenn sie diese Worte hören, die von Gott handeln, entsteht in ihnen Unruhe, Verlangen und Sehnsucht. In diesen Worten spüren sie den Wohlgeruch ihres Geliebten und dessen, nach dem sie verlangen. Wenn auch die Wege verschieden sind, das Ziel ist ein einziges. Weißt du denn nicht, daß viele Wege zur Kaaba führen?« So lehrte Rumi die Liebe zu allen begrenzten Dingen, lehrte im Endlichen den Schatten des Unendlichen zu lieben; und er folgte seinen Erscheinungen unter uns in der Seligkeit des Leibes und des Geistes, des Herzens und der Worte. »Laßt die Verzweiflung nicht an euch herankommen«, sagte er, »es gibt die Hoffnung. Geht nicht in das Dunkel, es gibt die Sonne.«

Der außerordentliche Reichtum von Rumis geistiger Einstellung kommt daher, daß in ihm zwei einander entgegengesetzte geistige Haltungen – die neuplatonische und die gnostische – auf dramatische Weise zusammentreffen. Diese Erde ist für ihn zugleich das Haus der Seele und das Haus des Exils, die beste aller möglichen Welten und der dunkle Kerker, der unseren Geist und unseren

Körper gefangenhält. So erzählt uns Rumi nun das Gegenteil von dem, was er uns zuvor erzählt hat. Wer die Dinge der Welt betrachtet, erkennt das göttliche Licht nicht. Die Welt – die uns zuvor das Antlitz Gottes enthüllte – ist nun der Schleier, der es vor uns verbirgt. Wir leben ein Traumdasein. In dem großem Spiegel, der uns alle göttlichen Farben und Wohlgerüche geoffenbart hat, erscheinen jetzt nur noch die blassen Täuschungen der Sinne. Und sie erzählen uns nicht einmal eine fortlaufende Geschichte! Denn die Zeit besteht aus Punkten, aus Augenblicken, aus blitzartigen und flüchtigen Ausbrüchen, hervorgerufen von der Schnelligkeit des göttlichen Handelns: Zwischen den einzelnen Augenblicken liegen Abgründe, die nicht von unserem Denken überbrückt werden können; zwischen den einzelnen Ausbrüchen ist die Schöpfung zunichte gemacht.

So müssen wir die Schleier und die Spiegelungen, die Wohlgerüche und die Farben hinter uns lassen und aus dem Kerker und dem Schrecken der Trennung heraustreten.

Auf, auf, ihr Freunde, laßt uns gehen. Es ist Zeit, diese Welt zu verlassen.
Die Trommel erschallt vom Himmel und ruft uns.
Schon ist der Kameltreiber aufgestanden, hat die Karawane bereit gemacht
und möchte aufbrechen. Ihr Reisenden, warum schlaft ihr noch?
Vor uns und hinter uns ertönen das Gebimmel der Glöckchen und der Lärm der Abreise.
Jeden Augenblick entfliegt eine Seele, ein Geist dorthin, wo kein Ort mehr ist.

Gott läßt sich unvermittelt finden, ohne daß wir ihn gesucht haben; und von dem Augenblick an suchen wir ihn unersättlich. Wir hatten uns getäuscht. Einst wurden wir gepeinigt vom Verlangen, von der Unruhe und der Liebe zu dem, was wir nicht sahen, nicht hörten und nicht verstanden. Nun merken wir, daß diese Unruhe nichts anderes ist als die Suche nach Gott, der immer wieder anders, immer wieder verschieden ist und sich in hunderttausend Gestalten und Farben zeigt. Wir blicken hinter uns, nicht auf das Ende zu wie die Apokalyptiker, sondern zum Anfang des Menschen und unser selbst. »Warum soll man auf das Ende blicken? Wenn man am Anfang Weizen gesät hat, wird keine Gerste wachsen; und wenn man Gerste gesät hat, wird am Ende kein Weizen wachsen.« Wenn wir hinter uns schauen, steigen wir die Stufen der Schöpfung hinauf. Wir waren Gestein, dann Pflanze, dann Tier, schließlich wurden wir Menschen, wir werden Engel werden und für immer die Erde verlassen.

> Überwinde auch den Zustand des Engels, dringe ein
> in diesen Ozean, damit dein Wassertropfen ein Meer werden
> kann.

Einst sagten die Chinesen: »Wir sind die besten Künstler«, und die Byzantiner erwiderten: »Unser ist die Vollkommenheit und die Macht.« »Ich werde euch auf die Probe stellen«, sagte der König, »und man wird sehen, wer von euch mit seinen Behauptungen recht hat.« Da sagten die Chinesen: »Gebt uns einen Saal, und auch den Byzantinern möge einer gegeben werden.« Da waren zwei Zimmer, durch Türen miteinander verbunden; das eine nahmen die Chinesen, das andere die Byzantiner. Die Chinesen baten den König, er möge ihnen hundert Farben geben. Der König öffnete seine Schatzkammer, denn sie sollten bekommen, was sie wollten. Die Byzantiner sagten: »Für unsere Arbeit taugt kein Anstrich und keine Farbe. Es genügt, wenn wir den Rost entfernen.« Sie schlossen die Tür und machten sich daran, die Wände zu säubern, die so hell und rein wurden wie der Himmel. Als die Chinesen mit ihrem Werk fertig waren, ging der König hinein und besah ihre Malereien: Was er erblickte, begeisterte ihn. Dann ging er zu den Byzantinern, die die Tür öffneten. Der Widerschein der chinesischen Malereien traf auf die Wände, die von jedem Schatten gereinigt worden waren. Alles, was der König im Saal der Chinesen gesehen hatte, erstrahlte hier in noch größerem Glanz: Wer es ansah, geriet in Verzückung. Dies ist das Ideal Rumis und der Sufis. Keine Wünsche mehr, keine Empfindungen, keine Gedanken, keine Gefühle.

Kein Ich mehr: »Dein Dasein ist eine Sünde, die nicht ihresgleichen hat.« Also kein psychologisches Mäntelchen, keine von den Künsten und Gaben, auf die die Menschen soviel Wert legen. Das gereinigte Ich muß ein Kristall werden, ein klarer, fleckenloser und passiver Spiegel, der die Farben und die Wohlgerüche der irdischen Welt und die Feinheiten des nahenden Himmels zurückwirft.

Der Himmel ist nichts anderes als das Ende der Dualität. »Gott ist so voll der Gnade, daß er, wenn er sterben könnte, für dich stürbe, damit die Dualität abgeschafft wäre. Da aber sein Tod unmöglich ist, stirbst du selbst, damit er sich in dir zeige und die Dualität ausgelöscht werde.« Der gläubige Sufi löscht sich aus: Er tilgt seine Gestalt, wie die Byzantiner jegliche Spur Farbe von der Oberfläche der Wände getilgt hatten. Er wird wie der Falter, der sich seine Flügel und seinen Leib in der Flamme der Kerze verbrennt; er wird wie der Schwimmer, der in den Ozean eintaucht, wobei er sein Ich, die Anstrengung, seine Tat und seine Bewegung vergißt, er ertrinkt im Wasser, wobei er jeden Impuls des Wassers teilt; er wird wie das Pferd, das in ein Salzbergwerk gefallen ist, Jahre dort bleibt und sich schließlich in eine Salzstatue verwandelt. Gott ist das Ohr, mit dem der Mensch hört, das Auge, mit dem er sieht, die Zunge, mit der er spricht, die Hand, mit der er greift. In dem Moment sagt der Mensch nicht: »Du bist Gott, und ich bin dein Diener«; das wäre Anmaßung und Hochmut, weil er damit seine eigene Existenz betonen und die Dualität einführen würde. Er sagt auch nicht »Er ist Gott«, denn auch damit würde er ein Dualitätsprinzip ins Leben rufen. Wie Halladsch sagt er: »Ich bin Gott« – ich bin ausgelöscht, Gott allein bleibt; damit verkündet er die alleinige Anwesenheit Gottes in der totalen Auflösung der Welt.

Da bilden sich die vergöttlichten Sinne um. Der gläubige Sufi spricht mit dem Auge, blickt mit der Zunge, sieht und spricht mit dem Ohr, hört mit der Hand. Alles kehrt zurück zu dem Einen. Die tausend Farben, die uns so lange bezaubert und umschmeichelt haben, finden den blendenden Glanz des Weißen wieder; die mannigfachen Formen lösen sich auf in der einzigen Form; Gott zeigt sich ohne Schleier im Weiß seiner Einzigkeit.

FÜNFTER TEIL

Der Tod der Götter

Der Untergang Mexikos

I

In einer Nacht des Jahres 1506, also während der Regierungszeit Montezumas II., erwarteten die Azteken das Ende des zweiundfünfzigjährigen Zyklus, der ihre Zeitrechnung bestimmte, und den Anbruch eines neuen Zyklus. Alles hing von den Vorgängen am Himmel ab. Wenn der Stern Aldebaran den Zenit des Firmaments ungestört durchlief, würde die Welt sich weiterdrehen. Sollte Aldebaran aber nicht erscheinen oder sollte dieser winzige Punkt plötzlich am leuchtenden Himmelszelt stehenbleiben, würde über den See und die Berge von Mexiko das Ende hereinbrechen. Ein Erdbeben würde die Sonne zerstören, Sterne und Planeten würden auf die Erde herabsteigen und sich in wilde menschenfressende Tiere verwandeln, Tempel, Paläste, Gebirge, Wolken, alles, was während der vorangegangenen Zyklen aufgebaut und erdacht worden war, würde in Gestaltlosigkeit versinken und untergehen.

Zwölf Tage vor diesem Zeitpunkt löschten die Azteken ihre Feuer und begannen zu fasten. Sie warfen Stein- und Holzblöcke in den See, Symbole der Hausgottheiten, die Steine des Herds und Mühlsteine. Sie zerrissen die alten Umhänge, zerstörten die feinen, Zeremonialgebilde aus Federn, die Ornamente, die kostbaren Keramiken, all die kleinen Dinge des täglichen Lebens, die sich in zweiundfünfzig Jahren unmerklich angesammelt hatten. Schwangere trugen eine grüne Maske. Die ebenfalls maskierten Kinder wurden mit Gewalt am Schlafen gehindert. Die Männer hielten Wache und schützten die Häuser vor dem Eindringen der Nachtgeister. Am Vorabend legten die Priester die Gewänder ihrer Götter an. Einer nach dem anderen traten sie auf die Straße hinaus, langsam und schweigend gingen sie dahin, in Richtung auf einen Hügel in der Nähe von Mexiko. In der Nacht beobachteten Millionen Augen voller Angst und Schrecken den Himmel – eine so unsichere, so ungewisse Sache, der Himmel, so gefährdet –, und endlich zeigte sich dort der kleine, bewegliche Lichtpunkt: Aldebaran. Ein Priester schlachtete ein Opfertier und entzündete ein Feuer in dem Herz des Tiers. Während die Menge sang und Trompeten und Trommeln erklangen, wuchs diese Flamme zu einem großen Feuer an, das weithin leuchtete. Mit raschen Schritten wurden brennende Fackeln in die Tempel der Götter getragen, in die Paläste und Hütten, um jedem den Feuersegen zu bringen und die Gewißheit, daß die Sterne und die Rituale die Welt noch einmal gerettet hatten.

Dann kamen die Vorzeichen. 1508 wurde am Himmel etwas gesehen, »wie eine Flamme, wie ein Feuerschwert, wie eine Morgenröte. Es schien in kleinen Tropfen Feuer zu regnen, als ob der Himmel durchlöchert wäre: nach unten hin wurde es breiter, zur Spitze hin schmäler. Bis zur Mitte des Himmels, bis zum Herzen des Himmels brannte es, bis ins tiefste Herz des Himmels reichte es. So sah man es, dort im Osten: Es zeigte sich, es quoll hervor aus der Mitte der Nacht, es schien den Tag zu bringen, es war Tag, und als die Sonne später aufging, löschte sie es aus.« Andere Wunder folgten auf das gespenstische nächtliche Licht. Feuer im Tempel von Huitzilopochtli, ein dreigeteilter Komet erschien, im See von Mexiko kochte das Wasser und begann Wirbel zu bilden. In der Nacht weinte und stöhnte eine Frau und schrie: »Meine geliebten Kinder, da müßt ihr schon gehen! Meine geliebten Kinder, wo bringe ich euch hin?« Schließlich fingen die Fischer auf dem See in ihren Netzen einen großen, grauen Vogel, der wie ein Kranich aussah – das Symboltier des aztekischen Volkes. Sie brachten ihn zu Montezuma. Der Vogel trug einen kugelförmigen Spiegel auf dem Kopf, in der Mitte rauchig und durchlöchert: den Spiegel des großen Gottes Tezcatlipoca. Darin erschienen eine tiefdunkle Nacht, Ausschnitte des Sternenhimmels und die Konstellation der Zwillinge. Der Himmel war so finster, daß Montezuma die Augen zur Sonne wandte, weil er nicht glauben konnte, daß es Tag war. Als er wieder in den Spiegel blickte, war der Nachthimmel verschwunden, von Osten her strömten Männer zusammen, die sich auf eine Schlacht vorbereiteten, Rehe trugen sie. Sofort rief er seine Priester-Propheten herbei und sagte zu ihnen: »Wißt ihr, was ich gesehen habe? Als ob Männer von allen Seiten dahergelaufen kämen …« Aber als die Priester hineinschauten, war das Schauspiel erloschen, und der rauchige Spiegel gab das Geheimnis ihrer Zukunft nicht preis.

Einige Zeit später gingen die Männer aus dem Spiegel an den Küsten Mexikos an Land: 1518 Juan de Grijalva; Hernán Cortés landete am 21. April 1519 mit elf Schiffen und fünfhundert Soldaten an der Küste von Vera Cruz. Die Spanier wußten nicht, daß sie in jedem Moment von den Kundschaftern des allgegenwärtigen Montezuma beobachtet wurden, daß sie die Schiffe mit den geblähten Segeln sahen, die Pferde, die Windhunde, die Rüstungen wie aus Stein, die blonden oder feuerroten Bärte, die Kolubrinen und Bombarden. Als die Kundschafter nach Mexiko zurückkehrten, befahl der beunruhigte Montezuma seinen Hofmalern, sie sollten die Szene malen, die die Stille des Golfs gestört hatte. Die Maler lauschten den Berichten und stellten das Gehörte mit ihren Pinseln dar. Noch nie hatte jemand etwas Derartiges gesehen. Montezuma befahl allen zu schweigen: »Niemand wird auch nur das Geringste sagen, niemandem wird auch nur ein Wort über die Lippen kommen, keiner wird es wagen, ein Wort über diese Sache zu verlieren, niemand wird sich unwillkürlich auch nur ein Wort entschlüpfen lassen.«

Mit Hilfe dieser Darstellungen und der alten mexikanischen Bilder und Legenden glaubte Montezuma zu verstehen, wer dieser schwarzgekleidete Mann und sein Gefolge waren: Quetzalcoatl, die »Gefiederte Schlange«, einer der großen Götter seines

Volkes. Er hatte den Mais entdeckt, er hatte die Kunst gelehrt, Jade und andere Edelsteine zu polieren, bunte Stoffe zu weben, aus den Federn von tropischen Vögeln Mosaiken zu fertigen, die doppelte Wissenschaft vom Zeitmaß und von der Umlaufbahn der Sterne, vom Kalender und den Festen. Alles, was rein und reumütig war, alles, was auf den Übergang vom Leben in den Tod und vom Tod ins Leben hindeutete, stand unter seinem Zeichen.

Zwei Legenden rankten sich um sein Verschwinden. Eine göttliche Zauberin hatte ihn gezwungen, einen halluzinogenen Pilz zu essen und sich mit ihr zu vereinigen. Beim Erwachen weinte der Gott über diesen unwiderruflichen Sturz in die Welt der Schwere: Er verließ Mexiko und kehrte an die Ufer der »himmlischen Wasser« zurück. Er legte den Federschmuck und die Maske an, bereitete einen Scheiterhaufen und verbrannte sich, wie es viele Götter am Anfang der Zeiten getan hatten, um die Existenz des Universums zu ermöglichen. Leicht flog die Asche vom Scheiterhaufen in die Höhe, und alle kostbaren Vögel des Südens kamen und sahen zu, während sein Herz sich in den Morgenstern verwandelte und strahlend zur Sonne emporstieg. Andere behaupteten, Quetzalcoatl sei an die Küsten des Atlantischen Ozeans geflohen und im Osten auf einem Floß aus Schlangen erschienen und habe die Wiederherstellung seines Reichs und die Wiederkehr des Goldenen Zeitalters verkündet. Montezuma, dieser Priester-König, der mütterlicherseits von Quetzalcoatl abstammte, hatte keine Zweifel mehr: Die Gestalt, die er flüchtig im rauchigen Spiegel erblickt hatte, die Gestalt, die seine Maler für ihn dargestellt hatten, war der Gott des Windes und der Zeit, der Kunst und des Gebets, der zu den Seinen zurückkehrte.

Im Leben hatte Quetzalcoatl die Maske, dieses herrliche und flüchtige Gebilde, leidenschaftlich geliebt, verbirgt sie doch das Dunkel des menschlichen Leibes und verheißt im Spiel der Farben und Federn eine vollständige geistige Wandlung. Nun befahl Montezuma seinen Priestern, den Tempelschatz zu öffnen, wo die Gewänder der Götter aufbewahrt wurden. Er holte das Gewand des Quetzalcoatl hervor: eine Schlangenmaske aus Türkis, eine Paraderüstung aus Quetzalfedern, eine Jadekette mit einer Goldscheibe, einen goldenen, mit Quetzal-Federn verzierten Schild, einen wie ein Panzer gearbeiteten Spiegel, mit Türkisen besetzt; Obsidiansandalen, Türkisohrringe mit Gehängen aus goldenen Muscheln, einen rotgesäumten Mantel, den an der Spitze gekrümmten Stab des Windes mit Jadesteinen, gleißend weiß wie Sterne. Montezumas Gesandte kamen zu Cortés und sagten zu ihm: »Der Gott hat viele Mühen erlitten und ist müde, der Gott muß ruhen.« Und sie legten ihm das göttliche Gewand an. Wir wissen nicht, was Cortés empfand, als er sich derart in einen symbolträchtigen bunten tropischen Vogel verwandelt sah, ob er die sakrale Bedeutung dieses Aufzugs verstand. Vermutlich empfand er es als lächerliche Gabe eines barbarischen Volkes. Die spanischen Texte sagen nichts darüber. Sie erzählen lediglich von zwei großen dünnen Scheiben – eine aus Gold für die Sonne, die andere aus Silber für den Mond – mit darin eingeritzten, ganz filigranen Figuren, mit denen Montezuma dem wiedergekehrten Gott den Himmel zu Füßen legte.

Als die Kundschafter zu Montezuma zurückkehrten, waren sie verstört: Cortés hatte ihnen seine Schiffe gezeigt und sein Heer aus Männern in voller Rüstung, er hatte die Kolubrinen und Bombarden feuern und seine Kavallerie am Strand eine Attacke reiten lassen. »Wir müssen ihm sagen, was wir gesehen haben, und das ist furchtbar, nichts dergleichen wurde je gesehen.« Sie erwarteten die Götter, deren Bild sie so oft betrachtet hatten, doch das hier war ihnen völlig unverständlich und absolut mysteriös vorgekommen. Was war aus Quetzalcoatl geworden? Sie waren gewöhnt, ihre Götter in den seltsamsten Tiergestalten erscheinen zu sehen, aber bei diesen Pferde-Männern, diesen Hunde-Männern, diesen Männern-aus-Metall in Begleitung von monströsen menschenähnlichen Tieren schien jenes Heilige, das sie aus tiefster Seele verehrten, verschwunden. Ein epischer *Nahuatl*-Gesang gibt den ganzen Schrecken der ersten Begegnung wieder: »Sie kamen in der Gruppe, sie kamen zusammen, sie kamen und wirbelten Staub auf. Ihre Lanzen aus Metall, ihre Fledermauslanzen, das war, als schleuderten sie Blitze. Und ihre Schwerter aus Metall wogten wie Wasser. Es war, als ob ihre Körper und ihre Helme aus Metall klingen würden. Und andere kommen in Metall, sind ganz aus Metall gemacht, sie kommen und schleudern Blitze. Sie sind hier und verbreiten großen Schrecken, sie sind gekommen und säen Angst. Und ihre Hunde führen sie, sie gehen vor ihnen her, sie halten sich vorne, sie stellen sich vorne hin und hecheln. Ihr Geifer fällt in kleinen Tropfen. Sofort stellen sich ihre Pferde in Reih und Glied, sie beziehen Stellung, eine Reihe hinter der anderen. Und vier Pferde kommen nach vorn, kommen vor die anderen in die erste Reihe: sie treten an die Spitze der anderen und führen sie. Dauernd drehen sie sich, unentwegt drehen sie sich um sich selbst. Sie kommen bis dicht vor die Leute. Sie kommen vor und schauen nach allen Seiten, sie spähen nach allen Seiten. Überall schauen sie zwischen den Häusern nach, alles untersuchen sie, sie schauen auch nach oben auf die Terrassen. Die Pferde wiehern laut; sie schwitzen viel, wie Wasser läuft es an ihnen hinunter und fällt in großen Schaumtropfen zu Boden, als wäre es Seife. Und wenn sie vorrücken, trappeln sie laut, knallen mit der Peitsche, hämmern, als würden sie mit Steinen werfen. Sofort tut sich ein Loch im Boden auf, wo sie ihre Hufe hinsetzen ...«

Im Krieg vergaßen die Azteken nie, daß sie der Religion und dem Theater verpflichtet waren. Ihre Schlachten waren ausgeklügelte Rituale wie Theaterzeremonielle, es fehlte ihnen alles Unvorhergesehene, jede Finte oder Überraschung; sie waren Auftakt zum großen Drama von Anbetung und Opferung, das jeden Tag zur Ehre der Götter aufgeführt wurde. Sobald sie auf die Spanier trafen, ahnten sie dunkel, was wirkliche Macht war: die bewaffnete Macht der Vernunft, Macht, die sich im Griff hat, sich Ziele setzt und sie allmählich erreicht, Macht, die sich jeder religiösen Bindung entledigt hat und sich ganz und ausschließlich auf die Zerstörung des Gegners konzentriert. »Sie kamen, um Krieg zu führen, sie kamen in Waffen, sie kamen gerüstet für den Krieg, mit ihren Schilden, Schwertern und den scharf geschliffenen Klingen, mit ihren spitzen Knüppeln, die sie auf den Schultern trugen. Sie kamen und wirbelten Staub auf ...«

Die Stadt Mexiko hoch oben schien verlassen. Niemand ging mehr aus, niemand kam mehr herein. Die Mütter ließen ihre Kinder nicht allein. Die Straßen, in denen einst dichtes Gedränge geherrscht hatte, lagen verlassen und leer. Die Männer fanden sich in Gruppen zusammen und weinten. »Es gab nur welke Hälse, gebeugte Nacken. Man begrüßte sich unter Tränen, man weinte gemeinsam zum Gruß.« Die Männer aus dem Volk sagten: »Was können wir noch tun? Denn nun sterben wir bald, nun gehen wir bald unter, wir halten uns schon nicht mehr auf den Beinen, wir warten auf unseren Tod.« Montezuma, der durch sein Handeln die Harmonie des Kosmos und des Reichs hätte retten müssen, Montezuma war traurig. Weder Schlaf noch Speise kannte er mehr, er sprach mit niemandem, er seufzte und hätte sich vor den aus dem Osten heimgekehrten Göttern verstecken mögen. »Als er begriffen hatte, senkte er einfach den Kopf, er blieb mit gebeugtem Nacken sitzen. Er redete nicht mehr. – So blieb er lange sitzen wie ein Kranker, niedergeschlagen, wie vernichtet. Zur Antwort sagte er nur: ›Was tun? Wohin sollen wir fliehen? Werden wirklich Plagen über das Volk der Mexikaner hereinbrechen? Wohin werden wir geführt? Was tun? Wohin gehen, für nichts? Was können wir? Wohin gehen in Wahrheit?‹«

Bis dahin hatte er, wie ein Grieche oder Römer, im Zeichen vieler Götter gelebt und seinen Glauben an Quetzalcoatl – den Gott seiner Familie mütterlicherseits und der Priester – mit dem Glauben an all die anderen mexikanischen Götter vereinbaren können; in seinem Geist bildeten sie womöglich nur eine einzige Figur. Jetzt sah er sich plötzlich vor eine schreckliche Wahl gestellt. Was sollte er tun? Sich auf die Seite seines wiedergekehrten Gottes stellen, der kam, um den empfindlichen Himmel das empfindliche Gleichgewicht der aztekischen Welt zu zerstören? Oder Mexiko das nächste Goldene Zeitalter verwehren? Er begriff, daß er zu niemandem gehörte oder zu allen, zu den alten Göttern wie zum Morgenstern, und weder konnte er Quetzalcoatl bekämpfen noch Huitzilopochtli oder Tezcatlipoca aufgeben. So war sein Verhalten ein einziges Lavieren zwischen Ambivalenz, Widersprüchen, Unsicherheit, Zögern und Aufschub. Er schickte seine Zauberer, um Cortés und sein Heer zu verzaubern, wir wissen nicht, ob das geschah, um den Zauber zu erneuern, der Quetzalcoatl vertrieben hatte oder um ihn auf die Probe zu stellen. Der Zauber schlug fehl. Es blieb Montezuma nichts anderes übrig, als die Wiederkehr des Gottes hinauszuzögern, aufzuschieben, Cortés unterdessen mit Geschenken zu überhäufen und ihn zu bitten, nicht nach Mexiko hinaufzuziehen: Die Straßen waren schlecht, das Land war unfruchtbar, es gab keine Nahrung, die Stadt war von Wasser umgeben und man kam nur mit dem Kanu hinein. Aber im Grunde seines Herzens wußte er, daß alles, was er tat, vergeblich war. Was die Sterne beschlossen hatten, was das himmlische Feuerschwert verkündet und was der rauchige Spiegel geweissagt hatten, würde geschehen. Er konnte nichts weiter tun als passiv den Ratschluß des Himmels abwarten.

II

Inmitten der unbekannten Küsten und Gebirge Mexikos stand vor Montezuma Hernán Cortés, ein elegant in Schwarz gekleideter, ironischer Edelmann, Sohn des uralten und doch ganz jungen Europa. Obwohl er arm war, hatte er sofort die Rolle des großen Kriegers übernommen. Er hatte sich viertausend Pesos geliehen, um eine Kapitänsuniform zu kaufen – mit Federbusch, einer Goldkette mit seiner Medaille um den Hals und goldbestickem Samtumhang – sowie Standarten und Fahnen, zusammen mit den königlichen Waffen und einem Kreuz.

Keiner verfügte wie er über die Gaben des Odysseus. Er besaß ein rasches Auge, einen geschmeidigen Geist, die Fähigkeit, sich an jede Situation anzupassen, die Gabe, sich in einer völlig fremden Welt heimisch zu fühlen. Jedesmal gelang es ihm, eine klare Entscheidung zu improvisieren, während die Azteken in ihren Entscheidungen von dem Bewußtsein blockiert waren, daß sie mit den Göttern kämpften. Als versierter Gesprächspartner und Diplomat beherrschte er die Kunst der Lüge, der maskierten Rede, vieldeutig und ausweichend, und hauptsächlich mit Worten besiegte er jenen Herrn der Worte, der der aztekische Herrscher hätte sein sollen. Aus dem Evangelium bezog er die Maximen seiner machiavellistischen Politik: *Omne regnum in se ipsum divisum desolabitur*, hatte er da gelesen. Alle politischen Unterscheidungen, die er in Mexiko vorfand, die Gräben und Risse, die er in diesem nicht fertig erbauten Gebäude entdeckte, wußte er für sich zu nutzen. Er richtete es so ein, daß man ihn für stark hielt, wenn er schwach war; er setzte Gesten ein, Gerüchte, den äußeren Schein. Ironisch nutzte er die Legende seiner Göttlichkeit, behauptete, unsterblich zu sein und eine wunderbare Kunst zu beherrschen: in die Zukunft zu schauen und die Gedanken der anderen zu lesen. Eine solche Verbindung von Gaben hatten die Azteken noch nie gesehen. Was sie vor allem verwundern mußte, war die Hartnäckigkeit, die unnachgiebige Einseitigkeit, die grausame und erbarmungslose Willenskraft, diese Fähigkeit zu extremen und heroischen Entscheidungen, die er bewies, als er die Schiffe hinter sich verbrennen ließ und die Belagerung von Mexiko bis zuletzt durchhielt. In einer Welt der Sterne, wo die höchste Kunst in der Deutung von Zeichen bestand, wer hätte es da verstanden, mit derart dämonischer Macht etwas zu *wollen*?

Die Reise nach Mexiko war lang und beschwerlich und führte durch die tausend Unsicherheiten, die Montezumas Unsicherheit am Weg anhäufte. Cortés und Bernal Díaz de Castillo verbargen ihre Begeisterung nicht. Die Dörfer mit ihren Terrassen und Häusern, die Tempel und Heiligtümer, alle ganz weiß getüncht, erinnerten an das blendende Weiß der Dörfer in Spanien. In Tlaxcala, das mit der Stadt Mexiko um die Vorherrschaft rivalisierte, sahen sie im Gedränge auf dem Marktplatz Stoffe, Gold- und Silberschmuck, Arbeiten aus Federn, Keramiken in allen Formen sowie eine perfekte Ordnung der Menge, und durch all dies wurde jede Erinnerung an die Heimat in den Schatten gestellt. Wohin sie auch kamen, fragten sie nach Mexiko und Montezuma. Die aztekischen Würdenträger sprachen von der auf dem Wasser erbauten Stadt, von den großen Dämmen, Brücken, Befestigungsanlagen und Tempeln, vom enormen Reichtum und von den Heeren des Kaisers. Während Montezuma ihnen Steine in den Weg zu legen versuchte, wuchs in allen der Wunsch, diese Stadt zu sehen, wie bei den fahrenden Rittern im *Amadis*, die Luftschlössern nachjagen. Cortés äußerte seinen Wunsch zurückhaltender und strenger, Díaz de Castillo war ein einfacher Mensch. Klaren Auges sahen sie sich um. Sie wollten dies immense Land kennenlernen, verstehen, wollten dort eindringen, wo alle Dinge versammelt waren, die ihnen immer entgangen waren. Wenn sie weitergemacht hätten, wären sie vielleicht wirklich unversehens im *Amadis* gelandet. Sie wollten verstehen – aber sie wußten nicht, daß sie nur verstehen würden, indem sie Stein für Stein die Wunderwerke zerstörten, die aus den grünen Wassern des Sees emporgetaucht waren.

Auf ihrem Weg zum Ziel kamen sie von einem Wunder zum nächsten und sahen viele Orte, einige auf dem Wasser errichtet, andere auf dem festen Land, und den großen Damm, der ganz breit und geradlinig nach Mexiko führte. Weitläufige Städte, Gebäude und enorm große Tempel erhoben sich auf dem Wasser. Die Soldaten verstummten vor Staunen und fragten sich, ob das nicht alles nur ein Traum war. Am Abend ruhten sie in den Gartenpalästen voller Bäume, Vögel und Springbrunnen mit Süßwasser, zu deren Rand Stufen hinaufführten. Sie wurden nicht müde, die verschiedenen Bäume zu bewundern, ihren Duft zu atmen, auf den blumenüberwucherten Wegen dahinzuschreiten. Wer Andalusien kannte, hätte meinen können, hier sein Grün und seine Wasserspiele wiederzufinden, den ganzen Zauber des maurischen Spaniens. Am 9. November 1519 erreichten sie die Stadt Mexiko. Ein großer Festzug von Adeligen in bunten Ponchos und im Glanz von Federn und Goldschmuck kam ihnen entgegen. Sie trugen kleine Blumensträuße in Händen, fegten den Boden dort, wo der Herrscher vorbeikommen würde, und breiteten Teppiche aus, damit sein Fuß den Boden nicht zu berühren brauchte. Zum Zeichen der Ehrerbietung gingen sie mit gesenktem Kopf. Eine Musik aus Trommeln und Trompeten, Schellen und Muscheln, Schalmeien und Okarinen begleitete sie. Vor Cortés angekommen, legte jeder von ihnen die Hand auf den Boden und küßte ihn dann.

Endlich trugen vier Männer von Rang eine goldverzierte Sänfte herbei; die Sänfte war sorgfältig verhängt, und die vier Träger waren in blaue Mäntel gehüllt. Montezuma stieg aus, auf zwei Männer gestützt. Auch er strahlte in Blau und Gold, den Farben des Himmels und der Sonne. Auf der Stirn trug er ein dreieckiges Diadem aus Gold und Türkisen: Der blaugrüne Mantel und die Schärpe um die Hüfte waren mit Türkisen besetzt, die Armreife, Ohrringe und Sandalen waren aus Gold, während die Unterlippe von einer Kristallnadel durchstochen war, an der eine Kolibrifeder steckte. Cortés nahm seine bescheidene Kette aus gläsernen Diamanten ab und legte sie Montezuma um den Hals. Montezuma schenkte ihm zwei Halsketten, eine aus roten Muscheln, die andere aus großen Perlen. Endlich erblickte der Spanier den Herrscher, der über dieses Traumreich regierte, während der Mexikaner den Gott sah, der heimgekehrt war von der langen Reise in den Orient, ohne Maske, gefangen in seinem Leib, entwürdigt und siegreich.

Wir würden gerne wissen, was genau Montezuma und Cortés einander am Morgen dieses 9. November sagten, wie der König dem Gott huldigte, und mit welchen Worten sich der Gott-Mensch an einen Herrscher wandte, der größer war als er selbst. Wir besitzen nur zwei literarische Zeugnisse, eines in geziertem und gespreiztem Spanisch, das andere in stilisiertem Nahuatl. »Bist du es etwa nicht?« sagte Cortés zu Montezuma. »Du bist es also nicht? Also, du bist Montezuma?« Montezuma antwortete: »Ja, ich bin es.« Sofort erhob er sich wieder, um Cortés' Blick zu begegnen, verneigte sich vor ihm, dann zog er ihn an sich, richtete sich mit Entschiedenheit auf und sagte: »O unser Herr! Du hast viele Mühen erlitten, du bist müde. Nun bist du in dein Land gekommen, nun hast du dich deiner Stadt Mexiko genähert, nun bist du herabgestiegen auf deine Matte, auf deinen Stuhl, die ich für dich aufbewahrt habe. Ich träume nicht nur, ich bin nicht nur im Traum, ich sehe all dies nicht nur im Traum, ich träume nicht nur, dich zu sehen, denn ich sehe dich von Angesicht zu Angesicht. Schon seit fünf Jahren, schon seit zehn Jahren plagten mich düstere Vorahnungen. Ich sah hinauf zu dem unbekannten Ort, an dem du entsprungen bist, zwischen den Wolken, im Nebel. Das war es also, was die Herrscher meinten, als sie im Sterben sagten, du würdest kommen und dich deiner Stadt zu erkennen geben, du würdest hier herabkommen, auf deine Matte, auf deinen Stuhl. Und nun ist das geschehen. Du bist gekommen: Du hast viele Mühen erlitten und du bist müde. Komm herab auf die Erde, ruh dich aus. Geh und erkunde deinen Palast, ruhe deinen Körper aus ...«

Es folgten einige Tage der Rast, in denen Spanier und Mexikaner in der belebten Stadt friedlich miteinander verkehrten. Am 12. November nahm Montezuma Hernán Cortés bei der Hand und zeigte ihm von der Spitze einer Pyramide aus sein Reich. Während zur Ehre der Kriegs- und Sonnengötter Weihrauchschwaden aufstiegen, lag zu ihren Füßen der See, »das Wasser aus grünem Stein«, voll schwimmender Gemüsegärten und mit Kanus übersät, die Waren hierhin und dorthin brachten. Das waren also die riesige Hauptstadt und ihre Vorstädte: die kleinen, blank gefegten Straßen, die schnurgeraden Kanälc, dic gut gesicherten Dämme, die Brücken, großen Aquädukte, die Anlegestellen. Die Häuser ohne Fenster, ganz ähnlich wie die arabischen Häuser, mit ihren Terrassen und Höfen voller Gärten und Blumen, die Türme, Heiligtümer und die weiß schimmernden Festungen, die maßlos großen Tempel, »die sich ganz aus Stein aus dem Wasser erhoben, wie in den Zaubereien des *Amadis*«. Keiner von Cortés' Männern hatte je etwas Derartiges gesehen. Weder Granada noch Konstantinopel, noch Rom – keine der Hauptstädte, in die Not, Abenteuerlust und Kriegseifer sie getrieben hatten, war ihnen so großartig erschienen, so prächtig, so voll brodelnden Lebens.

Auf den Straßen und an den Kanälen Mexikos gingen die Entdeckungen weiter. Die Spanier besuchten den Marktplatz von Tlatelolco, wo täglich fünfzigtausend Menschen zusammenkamen, ein beständiges Kommen und Gehen wie in einem Bienenstock. Im eigenen Land hatten sie jede Art von Märkten und Messen gesehen: den von Salamanca oder von Medina del Campo, aber noch nie hatten sie ein so außergewöhnliches Zusammenwirken von allem gesehen. Das lebendige Universum der Tiere und Dinge war hier nämlich durch eine perfekte Ordnung geschieden und aufgeteilt, und jede Ware wurde in einer eigenen Straße feilgeboten. Auf der einen Seite waren die Gold- und Edelsteinhändler, es gab wunderbare Silber- und Goldschmiedearbeiten: ein achteckiger Teller aus einem goldenen und einem silbernen Stück, im Feuer zusammengeschmiedet; ein Fisch mit abwechselnd goldenen und silbernen Schuppen, ein Papagei mit Zunge, Kopf und Flügeln, die sich mechanisch bewegen ließen, ein Affe, der mit den Füßen und dem Kopf wackelte und eine

Spindel in der Hand hielt, als würde er spinnen, oder einen Apfel, als würde er essen. Da waren Terrakottagefäße in allen Formen und Größen: Urnen, Eimer, große und kleine Vasen, Ölkrüge, Wasserkrüge, Karaffen, bemalt oder glasiert. In der Straße daneben tat sich der künstliche Garten der Teppiche und Stoffe auf: Stränge von Baumwolle in allen Farben, die Cortés an das Seidenviertel in Granada erinnerten: Rehleder mit oder ohne Fell, weiß oder rot gefärbt, Felle vom Otter, vom Puma, vom Dachs oder der Wildkatze, gegerbt oder naturbelassen; und natürlich die reiche Palette der Farben für die Künstler.

Im Zentrum des Markts tat sich duftend die Pracht der Eßwaren auf. In den Straßen, die dem Wild vorbehalten waren, lagen alle Arten von Vögeln aus: Wachteln, Rebhühner, Wildenten, Falken, Schnäpper, Täubchen, Turteltauben, Papageien, Elstern, Krickenten und Gefieder und Schnäbel von Raubvögeln. Dann waren da Hirsche, Rehe, Truthähne, Hasen, Kaninchen, Murmeltiere, kleine eßbare Hunde, haarlos und stumm, die die Azteken besonders gern aßen. Dann ergoß sich da ein Meer von Obst und Gemüse: Zwiebeln und Knoblauch, Kresse und Artischocken, Kirschen und Pflaumen, ganz ähnlich wie in Europa; Bienenhonig, Wachswaben, Maisrohrhonig, Agavenhonig, Agavenwein. Daneben die Fische, Schaltiere und Frösche aus dem Mexiko-See, und ein merkwürdiger Kaviar aus Froschlaich, der an der Wasseroberfläche gesammelt wurde.

Wenn man müde war vom Schauen, dann gab es da zum Ausruhen die Läden der Kräuterhändler mit sämtlichen medizinischen Wurzeln und Heilpflanzen Amerikas, Barbierläden und kleine Gasthäuser, Restaurants im Freien, wo die Frauen Fleischpasteten und Honiggebäck feilboten, nach Vanille duftende heiße Schokolade und fermentierten Aloesaft. Etwas weiter vorn in der Straße der Federkünstler erwies sich Mexiko als eine Schöpfung der Leichtigkeit. Die Händler hatten aus dem Süden die goldgrünen Federn des Quetzal mitgebracht, die blau-türkisfarbenen des Xiuhtotol, die roten und gelben Federn der Papageien. Nun schufen sie, im geschlossenen Raum ihrer Werkstatt oder bei Licht und vor den Augen der erstaunten Spanier, aus Federn einen Schmetterling, ein Tier, eine Blume, Wiesen oder

Abhänge, oder gar ein großes Paradegewand, wie das, das Montezuma Cortés übergeben hatte. Sie faßten die Federn mit winzigen Pinzetten und hefteten sie mit Hilfe einer klebrigen Masse auf das Tuch. Oder sie legten alles auf einer Kupferplatte zusammen und strichen es so lange glatt, bis die Oberfläche des Bildes völlig gleichmäßig war und wie mit dem Pinsel gemalt wirkte. Eine ausgesprochen feine und sehr ermüdende Arbeit. Unter den bewundernden Augen von Bernal Díaz konnten die Handwerker einen ganzen Tag lang damit zubringen, eine Feder einzufügen, wegzunehmen oder zurechtzubiegen, das Ganze von der einen und von der anderen Seite zu betrachten, in die Sonne, in den Schatten und gegen das Licht zu halten, um die Farben aufeinander abzustimmen und sich der unerreichbaren Perfektion anzunähern.

Während dieser ersten sechs Tage in Mexiko besuchten die Spanier noch ein anderes Abbild des Ganzen. Der Palast des Montezuma war eine weiße, quadratische Stadt, in die man sowohl zu Fuß als auch per Boot gelangte. Es befanden sich darin Tribunale und Schatzkammern, Tanzsäle und Räume für die Handwerker, steinerne Säle und solche aus duftenden Hölzern, mit Skulpturen, Fresken und mit Federornamenten verziert, mit Stoffbahnen gegen die Sonne abgeschirmte Höfe. In der Mitte des Palasts öffneten sich die Gärten mit Bäumen und Blumen aller bekannten Arten. Kanäle durchzogen sie und stauten sich in Becken, beim Austreten aus den Becken zerstob das Wasser zu einem sehr feinen Regen, der die tropischen Blumen befeuchtete. Süß- und Salzwasserteiche boten See- und Meervögeln eine Zuflucht. Es gab zoologische Gärten mit wilden Tieren und Reptilien, große Volieren und den Pavillon mit den lebenden Wundern wie Liliputanern oder mißgestalteten Menschen. Aber diese Sammlung, die Cortés' beginnende Sammelleidenschaft anfachte, genügte den Wünschen Montezumas nicht. Wie für den Herrscher der Inkas sollte auch für ihn sich das Ganze sofort und leicht faßlich vor seinen Augen auftun. So hatte er in einem Saal des Palasts sämtliche lebenden Geschöpfe in Gold und Edelsteinen nachbilden lassen, alle Tiere der Erde und des Wassers, so daß sie mit den wirklichen Pumas, Papageien und Quetzals in seinem Garten wetteiferten.

Die Menge, die in den Kanus hin und her fuhr, kaufte und verkaufte oder am Ufer des Sees entlangspazierte, bot den Spaniern ein harmonischeres Schauspiel als das Leben in ihren Städten. Da waren die dem Strahlenglanz der Sonne geweihten Krieger mit ihren bunten Ponchos, deren Muster Muscheln, Schlangen und Dämonen nachbildeten, und mit ihrem Federschmuck. Da waren die der Nacht geweihten Märkte: Nachts gingen die Händler auf Fahrt, nach Sonnenuntergang kamen sie wieder und versteckten ihre Waren, verbargen den Reichtum unter ihren schäbigen, zerlumpten Kleidern, als wollten sie den Fluch des Gewinns von sich abwenden. Da waren die Priester, »die sehend sind, die sich den Vorgängen am Himmel widmen, die geräuschvoll die Blätter der Gesetzbücher umwenden, die über Weisheit und Malerei Gewalt haben, die den Ablauf des Jahres festlegen und die Folge der Schicksale, der Tage und Monate bestimmen«. Da waren die Handwerker, die Tolteken, die von einer mysteriösen und erhabenen Rasse abstammten, die seit Jahrhunderten schon Smaragde und Federn, Gold und Jade bearbeiteten; und die Schar der Bauern. Wenn man diese immense Menge betrachtete, die scheinbar ewig so fortleben würde – wer hätte da ahnen können, daß all dies schon in wenigen Jahren untergehen sollte?

Wir wissen nicht, was die Spanier sonst noch sahen in jenen Tagen der Rast und des Innehaltens – den einzigen, die vergingen ohne Erobern und Zerstören dessen, was mancher bloß wachen Auges erkennen wollte. Den ganzen Tag lang hörten sie von der Höhe der Tempel herab den Klang von Trompeten und Muscheln, die das Zeitmaß skandierten. Vielleicht sah jemand gegen Morgen einen Priester eine Wachtel opfern, ohne zu wissen, daß diese Vögel das Zeichen für die »vierhundert Sterne des Nordens und des Südens« waren, die bei Sonnenaufgang verschwinden. Sie wußten nicht, daß die Hebamme, wenn ein Kind geboren wurde, zu ihm sagte: »Da bist du auf diese Welt gekommen, wo deine Eltern unter Mühsal und Plagen leben, wo übergroße Hitze, Kälte und Wind herrschen. Wir wissen nicht, ob du lang unter uns leben wirst, wir wissen nicht, welches Schicksal dir beschieden ist. Das Haus, in dem du geboren wurdest, ist nichts als ein Nest. Dein Land, dein Erbe, dein Vater aber sind im Haus der Sonne, im Himmel.« Sie wußten nicht, daß die Hebamme die Brust des Kindes berührte und sprach: »Hier das himmlische Wasser, hier das völlig klare Wasser, das dein Herz reinwäscht und jeden Makel von ihm nimmt. Nimm es hin. Es möge dein Herz reinigen.« Sie benetzte seinen Kopf mit ein paar Tropfen Wasser und sprach: »Auf daß dieses Wasser in dein Herz eindringen und darin leben möge, dieses himmlische Wasser, dieses blaue Wasser!« Sie wußten nicht, daß sich die jungen Priester jede Nacht in ihren Kollegien schweigend erhoben, um den Göttern Weihrauch zu opfern. Sie wußten nicht, daß der Priester, wenn ein Mann beichtete, Weihrauch in die Flammen warf und den Himmel anrief: »Mutter der Götter, Vater der Götter, hier kommt ein geplagter Mensch. Er kommt weinend, traurig und in Nöten. Vielleicht hat er gesündigt. Vielleicht hat er gefehlt und in Unreinheit gelebt. Er kommt schweren Herzens, voller Schmerzen. Herr, Vater unser, der du nahe bist und fern (*Tu, altissimus et proximus*), mach seinem Leiden ein Ende, schenk seinem Herzen Frieden.«

III

Mit dem gewagten Schachzug eines Glücksspielers ließ Cortés Montezuma am 14. November völlig überraschend aus seinem Palast abholen und ihn als Gefangenen in den Palast führen, in dem er selbst residierte. Das ist eines der Rätsel der spanischen Eroberungen. Warum ließ Montezuma sich Gewalt antun und gefangennehmen? Warum rief er nicht sein Heer und sein Volk zum Aufstand gegen die Spanier auf? Damit wäre die Eroberung beendet gewesen, mit der Ermordung der falschen Götter, die gekommen waren, das Leben in Mexiko zu stören. Montezumas Kultur war eine Kultur des Opfers: Am Anfang der Zeiten hatten die Götter sich auf den Scheiterhaufen geworfen, um Sonne und Mond aufgehen zu lassen, und jeden Tag wurden in den Tempeln Krieger geopfert, damit die Sonne ihren Lauf am Himmel fortsetzte und das kosmische Gleichgewicht erhalten blieb. Jetzt war es an Montezuma, sich zu opfern wie seine gefiederten Krieger. Die Sterne hatten die Zeichen des Schicksals offenbart. Die Götter waren wiedergekehrt; und Montezuma mußte den Palast verlassen, die Krone ablegen, sein Haupt beugen, um den Willen der Götter zu tun und zu verhindern, daß sein unwissendes Volk sich gegen sie erhob. Es gab keine andere Rettung, andernfalls würde es erneut Demütigungen, erneut Niederlagen geben, an deren Ende, wer weiß wann, das Licht der Erlösung leuchten würde. Eine große Anzahl von Würdenträgern kam in Montezumas Palast. Sie legten ihre zeremoniellen Gewänder ab, barfuß und still weinend begleiteten sie ihren Herrn zu seinem neuen Aufenthaltsort. Montezuma sagte zu ihnen: »Ich bitte euch, diesem Herrn den Gehorsam zu leisten, den ihr auch mir entgegengebracht habt. Ihr werdet ihm alle Tribute und Dienste entrichten, die ihr bis zum heutigen Tag mir geleistet habt, so wie ich mich verpflichte, ihm in allem gehorsam zu sein, was er mir befiehlt.« Während er so sprach, weinte er bittere Tränen und zeigte den größten Schmerz.

So lebten Montezuma und die Eroberer einige Monate lang im selben Palast miteinander. Der große König nahm es hin, ein Werkzeug in den Händen der Spanier zu sein: Er empfing Botschaften, fällte Entscheidungen, sprach Recht, als ob er frei wäre – und er ließ diejenigen seiner Würdenträger einsperren, die die Fremdherrschaft nicht akzeptieren wollten. Außerdem mußte er die äußerste Demütigung ertragen: Cortés ließ seine Füße in Ketten legen, und wieder weinte er. Während die Hochrangigsten unter seinen Azteken sich nur barfuß, in Lumpen gehüllt und das Gesicht zur Erde geneigt an ihn wandten, war er nun gezwungen, die Gesellschaft von dreisten, hochmütigen und frechen Soldaten zu ertragen, die sämtliche Fehler besaßen, die seine Kultur verurteilte: Er mußte mit Cortés spielen, der schummelte, um ihm sein Geld abzunehmen, und gemeinsam mit einem einfachen Matrosen in einem Zimmer schlafen. Aber zwischen ihm und seinen merkwürdigen Göttern entstand bald so etwas wie Zuneigung oder Komplizität, wie sie aufkommen kann zwischen den wilden und unverständlichen Herrn des Himmels und den Menschen, die lächelnd und weinend ihr

Haupt vor ihnen neigen. Cortés behauptete, ihn zu lieben wie sich selbst. Zur Erwiderung gab Montezuma ihm eine seiner Töchter zur Frau. Er freundete sich mit einem spanischen Pagen an, der Nahuatl sprach. Und er beschenkte seine Gefängniswärter überreich mit Schmuck und Stoffen. Er erlebte ein paar leichtere Tage, etwa während der Überquerung des Mexiko-Sees auf einem Dreimaster, den Cortés hatte bauen lassen. Die intelligenteren unter den Spaniern begriffen, daß sie in Montezuma zum ersten Mal einem »Fürsten der Erde« begegnet waren. Er besaß alle Eigenschaften, die die aztekische Etikette von einem Herrscher verlangt: Höflichkeit, Klugheit, Bedachtsamkeit, Ernst und schlichte Majestät des Betragens sowie das selbstironische Lächeln, worin das Königtum sein im Grunde freundliches Wesen zu erkennen gibt, das es hinter Förmlichkeit verbirgt.

Eines bleibt jedoch dunkel. Glaubte Montezuma immer noch, daß die Spanier Götter waren? Bis wann glaubte er das? Und bis wann teilten die Azteken seine Illusion? Es gab viele Zeichen, die ihn hätten warnen müssen. Cortés ließ die mexikanischen Götterbildnisse die Stufen der Tempel hinabwerfen und setzte Bilder von Heiligen und der Muttergottes an ihre Stelle: Er verlangte, daß die aztekischen Priester sie anbeteten und mit Blumen schmückten, und er erzählte Montezuma die Schöpfungsgeschichte, von der Menschwerdung und vom Tod Christi. War es denn möglich, daß der wiedergekehrte Quetzalcoatl eine Theologie verkündete, die von der seinen so verschieden war? Montezuma beleidigte seine Götter nicht. Sanft sagte er zu Cortés, was die Erschaffung der Welt angehe, »wissen auch wir schon lange, wie die Dinge liegen. Im übrigen aber können wir euch nur entgegnen, daß wir unsere Götter lieben, weil wir sie für gut halten. Dasselbe wird für eure Götter gelten, wie hören also besser auf, darüber zu reden.« Dann drangen die Spanier in Montezumas Schatzkammmer ein, zerstörten die Gebilde und Bildwerke aus Federn, verbrannten die Stoffe, rissen die Edelsteine aus den Schmuckstücken heraus und schmolzen die Meisterwerke der aztekischen Handwerkskunst zu simplen Goldbarren ein. So bewiesen sie, daß sie nichts verstanden hatten: Sie wußten nicht, daß die Werke der Tolteken ein Loblied waren, das die geschickten Hände der Menschen dem Himmel darbrachten. Schließlich ließ Pedro de Alvarado während Cortés' Abwesenheit die aztekischen Krieger niedermetzeln, die zusammengekommen waren, um das Fest des Huitzilopochtli zu feiern, und schändete damit den sakralen Raum, der den Göttern auf der Erde vorbehalten war, den Raum des Festes und der heiligen Feier. Montezuma war im Innersten gekränkt. Aber vielleicht, sagte er sich, ist, was die Götter auszeichnet, eben ihre Unvorhersehbarkeit, die Absurdität und Willkürlichkeit ihrer Handlungen. Man kann den Göttern ihren Weg nicht vorschreiben, man kann ihren Willen nur hinnehmen. Er wagte nicht, sich einzugestehen, daß die Sterne ihn betrogen hatten, daß all seine Opfer an Quetzalcoatl, alles Ausharren und alle Demütigungen auf tragische Weise vergeblich gewesen waren.

Dann überstürzte sich alles. Die Mexikaner wählten einen neuen König und belagerten die Spanier in ihrem Palast. Das lange Erdulden schlug um in Wut. Cortés kam mit mehr Soldaten zurück und befahl Montezuma, die Aufhebung der Belagerung anzuordnen. Montezuma wußte, daß er keinerlei Macht mehr hatte: Aber die Götter des Orients hatten immer noch solche Macht über seinen Geist, daß er den letzten Kelch der Demütigung leerte, den mit Türkisen besetzten Mantel anlegte, das Diadem aufsetzte und auf einen Balkon hinaustrat. Einige Krieger kamen vor den Palast, und mit Tränen in den Augen sagten sie zu ihm: »O Herr, unser großer Herrscher, wie weh tut uns euer Schmerz und das große Weh eurer Kinder und Angehörigen! Wir haben den Göttern geschworen, daß keiner der Fremden lebend aus Mexiko herauskommt.« Da erhob sich ein Tumult, und ein Stein traf Montezuma am Kopf. Die Spanier umringten ihn und versuchten, ihn wiederzubeleben, er aber wollte keine Hilfe. Die lange Demütigung fand ein Ende, zusammen mit seinem Leben. Ein paar Tage später zogen die Spanier aus Mexiko ab. In der Nacht wurden sie überfallen und ermordet. Cortés konnte sich nur mit Mühe retten. Die Azteken dachten, er würde nie mehr wiederkommen, und richteten ihre Tempel wieder her, schmückten sie wieder wie früher mit Türkisen und Federn.

Im Jahr darauf tauchte Cortés aber doch wieder an den Ufern

des Sees auf, mit einer Menge von verbündeten Indios. Wieder stiegen sie aufs Dach der Tempel und betrachteten von oben »die große Stadt und den See, auf dem es von hin und her fahrenden Kanus wimmelt«, mit einer Begeisterung, die der Rachedurst noch steigerte. Ein Vernichtungskrieg begann, geführt mit einer Konsequenz, einer Grausamkeit und einem Vernichtungswillen, die die Spanier an die Belagerung von Jerusalem im ersten Jahrhundert n. Chr. erinnerten. Cortés umzingelte die Stadt und ließ den großen Aquädukt unterbrechen. Sie durchkämmten Viertel für Viertel, Haus für Haus, Barrikade für Barrikade, während dreizehn kleine Schoner die Stadt von der Seeseite aus belagerten. Aber in dieses Gewirr von Kanälen, Plätzen, Dämmen und Gäßchen einzudringen, war schwer. Jede Nacht eroberten die Mexikaner das am Tag verlorene Terrain wieder zurück und verstärkten ihre Verteidungsanlagen, vergrößerten die Breschen in den Dämmen, rammten Pfähle in den Grund des Sees, um die Schiffe an ihren Manövern zu hindern. Beim Platz des Tlatelolco entging Cortés mit knapper Not dem Tod. Die Azteken nahmen sechsundsechzig Spanier gefangen: Jede Nacht opferten sie einen von ihnen in den Tempeln, beim flackernden Licht der Scheiterhaufen, beim Klang von Trommeln, Hörnern und Posaunen.

Cortés beschloß, die Stadt, die er so sehr geliebt hatte, dem Erdboden gleich zu machen. Er befahl den Soldaten, sämtliche Häuser zu zerstören: sie abzureißen, die Kanäle zuzuschütten und in ein ödes Festland zu verwandeln. Der Vormarsch ging weiter, wie ein Alptraum, Tag und Nacht, begleitet von schrecklichem Trommelwirbel und vom Opferklang der aztekischen Hörner. In der Stadt war »alles aufgegessen, Eidechsen, Amseln, Maisstroh, Unkraut. Und sie haben das Holz des *tzompantli* gekaut, und Wasserlilien, Verputz, gegerbtes Leder, und Pferdefell, das sie rösteten und brieten, das sie kochten, um es zu essen, und *tetzmatl*, Ziegelpulver, das sie kauten.« Die Straßen waren voller Frauen und Kinder, die verhungerten: so mager, so ausgezehrt und jämmerlich, daß auch ihren Peinigern die Tränen kamen. Die Azteken wollten sich nicht ergeben. Sie verlangten Barrikaden von Cortés, damit er sie nicht in so kurzer Zeit tötete wie die Sonne benötigt, um an einem Tag und in einer Nacht einmal die Welt zu umkreisen.

Das Ende wurde, wie der Anfang, von einem Feuerzeichen begleitet. »Als es Nacht wurde, regnete es plötzlich, es regnete in kleinen Tropfen. Es wurde Nacht, als ein Feuer erschien. Man sah, es erschien, als käme es vom Himmel, wie ein Wirbelwind. Es kam und drehte sich wie eine Spindel, wirbelnd kam es heran. Es war, als würde eine Glut zerstieben und in Stücke fliegen, einige davon sehr groß, einige sehr klein, einige sogar nur winzig wie Funken. Wie ein Wind aus Metall erhob es sich, machte großen Lärm, prasselte und knisterte. Es fuhr um die Mauer beim Wasser. Sofort fiel es ins Wasser und war vernichtet.« Am nächsten Morgen ergaben sich die letzten Verteidiger kampflos, und die Schoner drangen in den kleinen Golf vor. Der letzte Herrscher wurde gefangengenommen. Vor Cortés gebracht, sagte er, er habe alles getan, was er konnte, um die Mexikaner zu verteidigen, die Stadt und sich selbst. Er legte die Hand an den Dolch und sagte weinend: »Töte mich.« Die Stadt war voller Leichen: Ertrunkene in der Lagune, Verblutete, Verhungerte, am Leichengestank Erstickte. Über dem See verstummte plötzlich jedes Geräusch: kein Trommelwirbel mehr, kein Klang von Hörnern und Posaunen, keine Gewehr- oder Kanonenschüsse mehr oder Geschrei und Kampfeslärm. Eine schreckliche Stille senkte sich über die toten Götter herab, über die Tempel, den einst so belebten Platz, die Paläste von Mexiko.

Sobald sich die Nachricht verbreitete, daß die Macht Mexikos zerstört war, kamen Würdenträger aus allen Ländern, um sich Cortés zu unterwerfen und Karl V. den Treueschwur zu leisten. Einige nahmen ihre Kinder mit, »und wie wir sagen: ›Das da war Troja!‹, sagten sie zu ihren Kindern: ›Das da war Mexiko.‹« Mexiko war lebendig nur noch im Wort der Sieger, die bedauerten, mit eigenen Händen die Wunderwerke zerstört zu haben, die hier aus dem Wasser emporgetaucht waren, und die nun die Besiegten bedauerten. Auch diese hauchfeine Schöpfung aus Sternen, Wasser und Federn war zu Ende, wie Troja, wie Jerusalem, wie Ktesiphon, wie Konstantinopel. Und auch das junge Reich Karls V. begann schon zu bröckeln.

Der Tod der Götter

I

1590 begann Garcilaso de la Vega mit der Niederschrift seiner *Kommentare zum Reich der Inka.* Mütterlicherseits war er ein Urenkel des Inka-Königs Túpac Yupanqui, der Ende des 15. Jahrhunderts in Peru herrschte, sein Vater hingegen war ein spanischer Eroberer gewesen. Er hatte seine Heimat vor ungefähr dreißig Jahren verlassen, hatte in den Kriegen von Granada gekämpft, die *Dialoge über die Liebe* von Leo Hebräus ins Spanische übersetzt und eine *Geschichte Floridas* verfaßt. Wenn er jetzt, da das Heimweh ihn schlimmer plagte denn je, an sein Land dachte, war es ihm, als hätte er einen Ort voller Kontraste und Extreme hinter sich gelassen – wo der Kondor seine fünf Meter weiten Schwingen ausbreitete und Kolibris, so klein, daß sie wirkten wie Schmetterlinge, so winzig, daß sie wie Bienen in Blütenkelche schlüpfen konnten, dem Himmel ihr kostbares Gefieder darboten, die goldblauen, feingoldenen oder leuchtendgrünen Federn, die auch in unbestimmten Tönen schillerten wie die irisierenden Farben des Regenbogens.

Sein ganzes Leben in Europa hinterließ ein Gefühl des Scheiterns, der Rastlosigkeit und Frustration in ihm. Er kam sich vor wie der Abkömmling einer niederen Rasse, unfähig, die Feder zu führen. »Ich besitze kaum die Kraft eines Indianers, der unter Indianern geboren und mit Waffen und Pferden aufgewachsen ist. Das bißchen Latein, das ich beherrsche, habe ich im großen Feuer der Kriege in meinem Land gelernt, inmitten von Schießpulver und Armbrüsten, von denen ich mehr verstehe als von Literatur.« Aber dieses Gefühl der Unterlegenheit, das ihn einerseits dazu trieb, sich selbstgefällig in den prunkvollen Mantel der spanischen Prosa zu hüllen, ließ ihn auf der anderen Seite seine europäische Vergangenheit verleugnen, als ob er nur ein Inka wäre, nichts als ein Inka, der letzte Sproß einer geschlagenen und unterdrückten Rasse. Da entstand der Wunsch in ihm, mit Worten, mit dem geschriebenen Wort, das seine Vorväter nie gekannt hatten, die Vergangenheit der eigenen Rasse festzuhalten, den Namen der Könige und Königinnen, die Folge der Eroberungen, die Beschreibung der Paläste und Tempel; wie der Boden bewässert und das Land regiert wurde, wer die geheimen Formeln der Macht und des Ritus beherrschte, wer den Göttern opferte, welches Geheimnis seine Vorfahren zu Ruhmestaten und in den Untergang getrieben hatte.

Was würde er seinen zahllosen spanischen Lesern erzählen, die er mit Worten der Liebe und des Leids zu erobern hoffte, und was den wenigen Inka-Lesern, die er vielleicht würde erreichen können? Nach dem Ende der Eroberungen hatten sehr viele spanische Soldaten und Missionare ihre Erinnerungen an diese plötzlich aus dem Dunkel aufgetauchte Kultur niedergeschrieben; einige dieser Texte, manche von Mestizen wie ihm selbst, hatte er in Händen, und er benutzte sie mit der Unbefangenheit und Selbstverständlichkeit, mit der humanistische Autoren ihre Vorbilder zu kopieren pflegten. Aber er hatte eine noch kostbarere Quelle. Wenn er sich an seine Kindheit erinnerte, die er mit seiner Mutter in Cuzco verbracht hatte, während der Vater Gott weiß wo unterwegs war, mit seinen blutigen Machtspielen beschäftigt, dann fiel ihm immer wieder dieselbe Szene ein. Er spielte, allein oder mit Gleichaltrigen, als einer seiner Onkel oder Großonkel oder einer seiner vielen königlichen Verwandten zu seiner Mutter auf Besuch kam. »Als Knabe bin ich so manches Mal dort, wo sie waren und diese Gespräche führten, eingetreten, und es machte mir Freude, sie zu hören, wie eben Knaben ihre Freude an Märchen haben.« Dann schwelgten die Onkel und Großonkel in Erinnerungen an die Größe des Inka-Reichs. Darauf kamen sie auf die Gegenwart zu sprechen, beweinten das Ende der Götter und des Reiches und sagten unter Schluchzen und Tränen, aus Herrschaft sei für sie Knechtschaft geworden. Seine Kindheit war von diesen Legenden der Größe beherrscht, von diesen Erinnerungen, den Seufzern und den Tränen der Verzweiflung.

Bis sich Garcilaso eines Tages an den ältesten seiner Verwandten wandte. »Oheim«, sagte er zu ihm, »was für eine Erinnerung habt ihr an unsere Vergangenheit? Wer war der erste unserer Inkas? Wie hieß er? Welchen Ursprung hatte unser Geschlecht? Wer waren unsere Götter – die Götter, die heute tot sind? Was waren unsere Riten und Feste, jene Riten und Feste, die ich nicht kennenzulernen wage?« – Der Alte begann, all sein Wissen vor dem Jungen auszubreiten, der, ausgerüstet mit einer neuen Sprache und in dem Bewußtsein der gewaltigen Verführungskraft des geschriebenen Wortes, ein spanischer Schriftsteller werden und in der Sprache der Sieger die Wahrheit der Besiegten aussagen und bewahren würde. So entstand aus den bangen Fragen, die ein junger Mestize im Jahre 1555 in einem Haus in Cuzco stellte, das große Buch des Ruhmes, des Schmerzes und der Niederlage. Ich kenne keine rührendere Konstellation: Ein melancholischer und unsicherer Alter und eine überwältigte und untergegangene Kultur vertrauen ihre Hoffnung aufs Überleben den Worten eines Jungen an, der allein aufbricht in eine unverständliche Zukunft.

II

Angestachelt von den Worten seines alten Oheims, kehrte Garcilasos Phantasie immer wieder zu den Orten seines Volkes zurück. Die Legende erzählte, daß nach der Sintflut die ersten zarten Sonnenstrahlen auf den Titicacasee und seine Insel fielen. Und in der Nähe des Sees schuf der höchste Gott Viracocha aus Steinen Menschengestalten, die ersten Menschen. Viele Jahrhunderte später lebte die menschliche Rasse immer noch in der Barbarei, als der andere höchste Gott, der Sonnengott, einen Sohn und eine Tochter in den Wassern des Sees absetzte. Er befahl ihnen, sich als Menschen auszugeben und den ihnen innewohnenden Sonnenfunken zu verbergen. An jedem Ort, wo sie sich schlafen legen wollten, sollten sie versuchen einen Stab aus Gold, eine Elle lang, in die Erde zu schlagen. Wo der Stab in die Erde eindrang, da sollten sie bleiben und sich ein Haus bauen. Die beiden Kinder des Sonnengottes traten aus dem See heraus und machten sich auf den Weg nach Norden. Sie versuchten den Stab aus Gold in den Boden der kleinen Ebenen zu stecken, die sich unversehens im Gebirge auftaten. Es gelang ihnen nie: Der Boden weigerte sich hartnäckig, diesen Stein gewordenen

Lichtschein, diese kostbare Quintessenz der Sonnensubstanz aufzunehmen. Als sie beinahe schon verzweifelten, kamen sie an eine kleine Herberge. Noch einmal steckten sie den Stab aus Gold in die Erde, und siehe da, mit großer Leichtigkeit drang er in den Boden ein und verschwand darin, als ob er vom Schoß der Erde verschluckt worden wäre.

Rund um diese Stelle erhob sich Cuzco, die Stadt, die einem Puma gleicht. Die enorme Festung Sacsahuaman auf ihrem sehr hohen Hügel – erbaut aus so riesigen Steinen, »daß man versucht war anzunehmen, das sei Ergebnis eines Zaubers, so unmöglich erschien es, daß diese Steine von Menschenhand hierhergeschafft worden waren« – stellte den angriffslustigen und wilden Kopf des Raubtiers dar, die Stadt war der Körper, und der Fluß Vilcamay der bewegliche und unfaßliche Schwanz des Pumas. Garcilasos alter Onkel hatte Cuzco gekannt, bevor die Spanier die Stadt schändeten und verwüsteten. Wenn er damals vom Land kam, dann erschien ihm Cuzco in seinem ganzen goldenen Glanz. Er ging durch die Vorstädte und neigte den Kopf vor ihren Bewohnern, die eine geheimnisvolle Sprache sprachen. Und er gelangte ans Ufer der beiden Gebirgsflüsse, die wie in einer holländischen Stadt in gekachelten Kanälen flossen. Ihr Wasser war sehr sauber und klar, wie Gebirgswasser. Die Inka-Frauen kamen sich hier waschen, und oft hatte er am Flußufer oder an schattigen Wasserstellen kleine Haarnadeln entdeckt, winzigen Goldschmuck, den die Frauen versehentlich hatten fallen lassen. Er hatte diesen Zierat aufgehoben, wie man alle kostbaren und feinen Dinge aufhebt, die das Leben zurückläßt, unverständliche Hüllen, in denen wir vielleicht sein Wesen erkennen sollen.

Er blieb lange so stehen, mit diesem Schmuck in Händen, und fragte sich, welche Frau ihn verloren hatte, wo sie jetzt war und welche Gedanken sie jetzt wohl bewegten. Aber nicht einmal dann, nicht einmal, wenn er sich solchen Träumereien hingab, vergaß er, daß er in einer sakralen Wirklichkeit beheimatet war, die ihn von allen Seiten umhüllte und einschloß. Dieses Cuzco, das ihm so einfach erschien, so alltäglich und vertraut – Frauen, die am Flußufer baden –, war der Nabel der Welt, das Herz des Kosmos, das Abbild der Vollkommenheit. Es hatte Verbindung zu den höchsten Dingen. Die Festung von Sacsahuaman näherte es dem Himmel, an dem die Sonnenscheibe leuchtete; und die Achse der Stadt war auf den Titicacasee hin ausgerichtet, wo die Sonne nach der Sintflut zum ersten Mal untergegangen war. Wenn er durch ihre vier Hauptstraßen ging, bemerkte Garcilasos Onkel, daß sie ein Kreuz bildeten, wie die Straßen in den heiligen Städten jenseits des Ozeans, an langsameren und ruhigeren Flüssen. Am Kreuzungspunkt der vier Straßen, genau dort, wo die Kinder des Gottes den goldenen Stab versenkt hatten, erhob sich der Sonnentempel. Und vom Sonnenzentrum auf Erden, das Cuzco war, erstreckte sich der sakrale Raum in alle Richtungen, nach Quito und an die menschenleeren Küsten Chiles, zum fischreichen Meer und zu den Wäldern Amazoniens, und überall blieb etwas von der wohltätigen himmlischen Kraft hängen.

Einmal feierte er in Cuzco das Fest des Intip Raimi, das im Juni gleich nach der Sommersonnenwende stattfand. Schon vor Sonnenaufgang war der große Platz im Zentrum der Stadt voller Menschen. Von den Adligen des Reiches kamen viele in ein Pumafell gehüllt, den Kopf im Schädel des wilden Tieres verborgen, oder sie hatten sich Kondorfedern an den Schultern befestigt, denn Puma und Kondor waren Symbole für die Sonne. Mit einem Mal verstummte jedes Geräusch: Der Inka kam, ihm voraus ging eine Schar Indios, die den Boden fegte und selbst das kleinste Strohhälmchen auflas. Der Herrscher wurde auf den Schultern getragen, in einer Sänfte, die mit Stoffen verhängt und mit Papageienfedern austapeziert war. Es wirkte, als schwebe er über die Erde; und dieses langsame, reglose Schweben auf den Schultern der Träger war ja auch schon die Vorwegnahme jenes letzten Flugs, der ihn in den Himmel tragen würde, zum Palast der Götter, an die Seite seines Vaters, des Sonnengottes.

Auf dem Platz angelangt, stieg der Inka aus. Ein vielfarbiger Zopf war sechsmal um seinen Kopf gewunden und bildete auf der Stirn Fransen aus scharlachroter Wolle. Zwei schwarz-weiße Federn schmückten seinen Kopf. Das waren Federn eines äußerst seltenen Vogels, den man in einer Wüste am Fuß des Gebirges fand. Die Legende erzählte, von diesen heiligen Vögeln gebe es gerade noch zwei: wie die beiden Kinder des Sonnengottes.

Wenn ein neuer Inka gewählt wurde, setzte der Jäger des Königs seinen Fuß in den Sand dieser Wüste und drang vor in diesen Schnee. Er fing die beiden Vögel im Netz, riß ihnen zwei Federn aus und ließ sie wieder frei, ließ sie weiter einsam und glücklich durch den Himmel schweifen. Während Garcilasos Onkel den Inka betrachtete, schien es ihm, als breite er über alle Inkas schützend die Flügel seines Herzens aus, als bedecke er sie mit dem feinen Wogen seiner Brust und streichle sie »mit seinen vielgestaltigen, mächtigen Händen«. Solange der Inka lebte, waren sie nicht allein auf der Welt. Mit sanften, weihevollen Gesten näherte er Himmel und Erde einander an, verband sie in einem Punkt. Und er sicherte das Leben der Tiere und der Pflanzen, das Leben der Vornehmen, die sich um ihn scharten, das Leben der Bauern, die vielleicht die unbekannten Landstriche des Ostens und des Westens bevölkerten.

Der Himmel war noch grau. Die Adeligen erwarteten den Aufgang der Sonne, die Augen nach Osten gerichtet. Sobald die Sonne erschien, hockten sie sich nieder, um sie anzubeten. Aber sie schauten nicht verwegen direkt in die Strahlen, das war verboten. Sie begnügten sich damit, mit gesenktem Kopf ihren Widerschein auf dem Felsen eines Bergs oder auf dem fein behauenen Stein eines Tempels zu betrachten. Die Ellbogen angehoben und die Hände zum Himmel hin geöffnet, schickten sie dem Sonnengott Küsse durch die Luft. Dann setzte sich der Inka an die Spitze der Prozession und begann zu singen. Die Adeligen folgten ihm. Sie sangen und stampften mit den Füßen. Und je höher die Sonne am Himmel hinaufstieg, auf der Bahn, die jemand oder der Sonnengott selbst festgelegt hatte, um so lauter stieg der Gesang – in jener geheimnisvollen Sprache, die nur in Cuzco gesprochen wurde – flehend in die Himmelsregionen auf. Bis Mittag schwollen die Stimmen immer mehr an, wurden melodischer und vielfältiger und erreichten eine fast unerträgliche Lautstärke, verzweifelt und siegreich zugleich, als wollten sie einen Ort jenseits der Töne erreichen. Einen Moment lang hielt alles inne, eingeschlossen in die Vollkommenheit des Augenblicks, der den gleichförmigen Zeitlauf sprengt. Sobald die Sonne sich zu neigen begann, wurden die Stimmen nach und nach leiser und verhaltener. Bei Sonnenuntergang wurden die Gesichter traurig, die Stimmen melancholisch und düster, dann senkten sie sich und verstummten plötzlich ganz. Der Himmel war fast grau. Als die Sonne erschöpft der Nacht in die Arme sank und in den Strudeln des Ozeans unterging, erhoben die Inkas noch einmal ihre Hände und verehrten ein letztes Mal das Gestirn, das sie vielleicht für immer verlassen hatten.

Während dieser Chorgesang durch die Puma-Stadt hallte, nahm der Inka zwei goldene Gefäße voller Maistrank. Er lud den Sonnengott ein, aus dem Gefäß zu trinken, das er in der rechten Hand hielt. Er goß den Inhalt in einen Krug, aus dem das Getränk durch eine Rinne im sehr fein behauenen Gestein ablief und bis zum Tempel floß. Der Inka nahm einen Schluck aus dem Gefäß, das er in der linken Hand hielt, und füllte wenige Tropfen davon in die Gefäße, die ihm die Adeligen hinhielten, »auf daß jene Flüssigkeit, geheiligt von der Sonne und vom Inka, ihre Kraft dem mitteilte, der davon trank«. Der Herrscher trat in den Tempel, auf dessen Außenmauer Garcilasos Onkel eine Goldzeichnung bemerkte, die an die Allgegenwart des Gottes gemahnte. An den Innenwänden sah er ähnliche Platten und Darstellungen. Dann aber, im Zentrum des Tempels, im Innersten des Nabels der Welt, im geheimen Mittelpunkt jedes sakralen Raums, erfuhr er die Offenbarung. Die Darstellung der Sonne war in eine massive Goldplatte eingeritzt: Ein Gesicht sah ihn aus der Mitte unzähliger Lichtstrahlen heraus an, umgeben von Medaillons, ebenfalls aus Gold. Er hatte keine Zeit sich zu fragen, ob dieses Gesicht ein menschliches oder tierisches war, einem sagenhaften Geschlecht entsprang, oder ob dieses Bildnis dem Inka gleiche wie die Substanz ihrem Schatten. In diesem Moment, während die Stimmen auf dem Platz anschwollen, fielen Sonnenstrahlen auf das Bild, wurden von den Medaillons reflektiert und vervielfacht, der Glanz blendete ihn, und der Anblick der Sonne wurde ihm genommen. Wie zuvor auf dem Platz hatte das »Göttliche« die Menschen angezogen und sich dann wieder zurückgezogen, sich in einen Glanz gehüllt, der ihre Augen ins Dunkel verbannte.

Die Reise im Tempel ging weiter. Ganz in der Nähe taten sich fünf große Hallen auf. Die erste war die Halle des Mondes. Ihre Tore waren gänzlich mit Silberplatten verkleidet, »damit man am Weiß erkannte, daß es das Gemach des Mondes war«; die Decke der zweiten Halle war ganz mit Sternen übersät und der Venus gewidmet, den Sternen und den Pleiaden; die dritte dem Blitz, dem Donner und dem Blitzschlag, während im vierten Saal ein Handwerker auf eine Platte die Farben des Regenbogens gemalt hatte, die ineinander verliefen, wie bei den Brustfedern des Kolibri. Der fünfte Raum war den Priestern vorbehalten. Im Garten hatte der Handwerker ebenfalls gewirkt und die ganze Natur in Gold und Silber verwandelt, mit derselben preziösen Kunst der Täuschung und Illusion, die auch seine Kollegen an den europäischen Höfen inspirierte.

Garcilasos Oheim war entzückt. Er sah Pflanzen, Kräuter und Blumen aller Art, Blumenbeete, Maispflanzen mit silbernem Stengel und dicken Maiskolben aus Gold und hochstämmige Bäume mit Blättern, Blüten und Früchten, von denen einige noch ganz klein und grün, andere schon reif waren, wieder andere, völlig ausgereifte, schienen nachgeben und dem Betrachter in die Hände fallen zu wollen. In einer Ecke lag ein Brennholzstapel bereit, um in den Kohlebecken des Hofes verbrannt zu werden. Verloren in diesem geruchlosen Elysium, in diesem goldenen und versteinerten Frühling, betrachtete der Alte die Kriechtiere – Schlangen, Eidechsen, Nattern und Schnecken –, wie sie zwischen den immergrünen Kräutern herumkrochen, während oben auf einem Felsen Wildkatzen, Vikunjas, Hirsche und Rehe, Guanakos und eine Herde Lamas mit ihrem Schäfer mitten in der Stadt daran erinnerten, daß die Gebirgshöhen nahe waren. Kein Laut drang in den Raum: Falken, Rebhühner, Turteltauben, Pelikane, die sich gerade auf ihre Beute stürzten, falsch singende Nachtigallen, gelbe und schwarze Distelfinken, Kolibris und Fliegenschnäpper, bunte Aras saßen auf den Zweigen, reglos oder bereit, im nächsten Moment aufzuflattern. Garcilasos Oheim war allein geblieben unter diesen Gestalten, die Leben vorgaukelten. Er wußte nicht, in welcher Welt er sich bewegte. Er wußte nicht, ob die Pflanzen und Tiere, die er gesehen hatte, diejenigen waren, die die Inkas ihren Göttern zur Verehrung in dem Material gefertigt hatten, das sie liebten, oder ob diese Maiskolben, diese Lamas, Eidechsen, Falken und Nachtigallen *wirkliche* Pflanzen und *wirkliche* Tiere waren, unmittelbar den Händen von Sonne und Mond entsprungen, während die Pflanzen und Tiere, die er in der Wirklichkeit kennengelernt hatte, nur ungeschickte Nachahmungen waren.

Er kehrte zurück auf den Platz, während die leiser werdenden Stimmen den Sonnenuntergang feierten. Jemand hatte die Mumien der Herrscher herbeigeschafft, die gewöhnlich auf Schemeln im Sonnentempel saßen. Es fehlte ihnen nicht ein Haar, keine Augenbraue und keine Wimper, ein feiner Goldfilm ersetzte die Augen, die nach unten blickten, weil nicht einmal sie das Gestirn direkt betrachten durften. Für jeden von ihnen wurde ein Pavillon errichtet, sie wurden der Reihe nach darin hingesetzt, auf Throne, umgeben von Pagen und Frauen, die ihnen Luft zufächelten, als ob die Könige lebendig wären. Neben jedem von ihnen stand ein kleiner Reliquienschrein, in dem die Haare, Nägel, Zähne und all das aufbewahrt wurde, was die Herrscher zu Lebzeiten verloren hatten. Ein Page bot ihnen eine Mahlzeit und eine Tasse Maisgetränk an, die in einem Eisenbecken verbrannt wurden. Als er das hörte, schauderte Garcilaso. Die Toten waren aus dem Schatten herausgetreten, in dem sie gewöhnlich wohnen – dem Schatten, in den die katholischen Geistlichen sie für immer verbannen wollten –, und hatten sich unter die Lebenden gemischt. Konnte das Leben einen solchen Übertritt verkraften? Wurden in dem Moment nicht auch seine Väter zu Gespenstern und damit toter als die Toten? Und dieser Schatten aus der Vergangenheit fiel der nicht auch auf sein Haupt? Garcilaso begriff nicht, daß seine Vorfahren auf dem Platz von Cuzco, im Innersten des Nabels der Welt, einen Tropfen geweihter Zeit kosteten. Alle Schranken waren gefallen: die Schranken, die im täglichen Leben Menschen und Götter trennen, Pflanzen und Tiere, Formen und Dinge, Sonnenauf- und -untergang, die Toten und die Lebenden, Vergangenheit und Gegenwart. Für den Zeitraum eines Tages lebten seine Vorfahren, ohne es zu wissen, dort, wo die Tage, der Rhythmus der Zeit, Antithesen und Unterscheidungen aufgehoben sind.

Der Abend war hereingebrochen. Auf dem großen Platz waren die Stimmen der Inkas seit kurzem verstummt. Während Garcilasos Onkel heimkehrte, dachte er an das, was er gesehen hatte. Zweimal auf dem Platz und im Tempel hatte er die Augen niederschlagen müssen vor dem Unfaßlichen. Und doch, diese strahlende Sonne war zu vertraut, zu nah und zu deutlich, um ihr das Übermaß an Liebe in seinem Herzen zu weihen. Da erinnerte er sich an etwas, das ihm jemand einmal erzählt hatte. Eines Tages während der Festlichkeiten des Intip Raimi brach der Inka Huaina Cápac das Tabu und schaute direkt in die Sonne. Der Hohepriester, der neben ihm stand, sagte: »Was tust du, Inka? Weißt du nicht, daß dies zu tun nicht erlaubt ist?« Der König schwieg und senkte den Blick, wenig später hob er ihn aber wieder und richtete ihn mit derselben Kühnheit direkt auf die Sonne. Der Priester wiederholte: »Bedenke, alleiniger Herrscher, was du tust, ist es uns doch nicht nur verboten, unseren Vater, die Sonne, frei anzuschauen, da dies Mißachtung bedeutet, du gibst auch ein schlechtes Beispiel deinem Hof und deinem ganzen Reich, das hier versammelt ist, um deinem Vater als alleinigem und oberstem Herrn die gebührende Verehrung und Achtung zu bezeugen.« Da antwortete Huaina Cápac: »Und ich sage dir, daß dieser unser Vater, die Sonne, einen anderen Herrn haben muß, größer und mächtiger denn er selber. Welcher ihn diese Bahn beschreiben heißt, die er täglich ohne Unterlaß wandelt ...«

Garcilasos Onkel kannte den Namen dieses »anderen Herrn«, auf den Huaina Cápac angespielt hatte. Es war Viracocha, der Gott der unteren Bezirke von Cuzco, er war verbunden mit dem Niedrigen, mit der Erde, mit dem Wasser und den Küsten, während die Sonne das Hohe, den Himmel, das Feuer und die Berge beschützte. Er selbst gehörte zum höheren Teil von Cuzco und hätte vor allem die Sonne verehren sollen, die ihm an jenem Morgen in ihrer ganzen Glorie erschienen war. Aber Viracocha war verborgen, unsichtbar, so unfaßbar wie die Sonne sichtbar und faßlich war, so dunkel wie jene hell, als ob jeder der beiden Götter von Cuzco eine bestimmte Hälfte der Welt verkörperte. Er konnte nicht zwischen beiden wählen: Er hätte einmal hoch, dann tief sein müssen, bald Feuer, bald Wasser, Küste und Gebirge, Licht und Schatten; und doch trieb ihn etwas dazu, die verborgene Gestalt des Schattens zu erkunden. So begann er bei sich die Worte eines Psalms aufzusagen:

O Viracocha, mächtig über alles was existiert,
Heilig, Herr, Schöpfer des entstehenden Lichts.
Wer bist du? Wo bist du? Werde ich dich nie sehen?
In der oberen Welt, in der unteren Welt,
nach welcher Seite der Welt befindet sich dein Thron?
Vom himmlischen Ozean oder von den irdischen Meeren,
welches bewohnst du?
Viracocha, Schöpfer des Menschen, Herr,
mit ihren befleckten Augen
begehren deine Diener dich zu sehen.
Kann ich dich betrachten und erkennen,
kann ich dich erwägen und begreifen?
O senke deinen Blick herab auf mich,
o erhöre und erwähle mich,
verhindere, daß ich kraftlos werde und sterbe!

Wenn er diese Worte unentwegt ganze Tage hindurch wiederholt hätte, wie die Sonnenpriester einen ganzen Tag lang Triumph und Untergang ihres Gottes besungen hatten, dann wäre er vielleicht nicht kraftlos geworden und wäre nie gestorben.

III

Hingerissen dieser fast verstummten Stimme lauschend, die über eine Distanz von dreißig Jahren zu ihm drang, verfaßte Garcilaso de la Vega Dutzende von Seiten. Dann unterbrach er sein Werk. Er brauchte Abstand. Wenn er die Kultur, die er darstellte, auch verstehen wollte, mußte er sich in einen neutralen Raum zurückziehen, in dem diese melancholische Stimme nicht mehr nachhallte. Im übrigen waren seine Inka-Ahnen wesentlich weniger pathetisch gewesen als ihr später spanischer Nachfahre. In ihren Taten und Bauwerken, in ihren Legenden und ihrer Gesellschaftsordung kam ein mathematischer Geist zum Ausdruck, der die Welt nach Ordnungsprinzipien einteilte. Wo sie auftraten, war das Chaos gebannt, die Unordnung erhellt von einem klaren Licht, wie das, das jeden Morgen über den goldenen Gerätschaften des Tempels aufging. Die ganze Wirklichkeit, in der sich die Europäer zur Zeit Garcilasos verloren wie in einem wirren, widersprüchlichen Wald, wurde auf wenige geistige Prinzipien und logische Grundsätze zurückgeführt. Die Zahl in ihrer Vollkommenheit beherrschte die Geschichte. Die Gesellschaft war in zwei, in drei, vier, fünf, in zehn, in immer größere Vielfache von zehn geteilt, so daß die Gesamtheit der Gesellschaft, wie die Stadt Cuzco kreisförmig angeordnet, von der Unterteilung der Zahl bestimmt war. Der Raum war von derselben perspektivischen Sicht auf die Dinge beherrscht, während die Geschichte – ausgerechnet sie, die sich doch beharrlich gegen jeden Versuch der Zählbarmachung sträubt – in Epochen, Zyklen und Reiche gegliedert wurde, deren jedes von derselben perfekten Zahl beherrscht war.

Wenn viele dieser Zahlen sich im Lauf einer Generation verloren hatten, kannte Garcilaso doch die Selbstdarstellung, die die Inka-Kultur von sich gab, das strahlende, trügerische Bild, das er den anderen bekanntmachen wollte, das Bild, das er, seine Erinnerungen und das geschriebene Wort befragend, den staunenden nachfolgenden Generationen überliefern würde. Er begriff, daß die spanische Macht keinen Sinn hatte außer dem Selbstzweck ihres verzweifelten Furors, während die Inka-Macht eine »Kunst der Verbindungen« war. Verbinden, zusammenführen, annähern, Beziehungen und Verknüpfungen herstellen zwischen Hoch und Tief, zwischen Göttern und Menschen, zwischen Toten und Lebenden, den verschiedenen Regionen des Reichs, den verschiedenen Völkerschaften, den verschiedenen Teilen der Stadt und den verschiedenen Zahlen ... Der ganze Sinn des Lebens bestand in diesem unablässigen Verknüpfen und Weben. So hatten die Inkas gewollt, daß ihre Wünsche und Vorstellungen an den bekanntesten Symbolen des Reiches ablesbar würden: an Brücken und Straßen.

Über Felsschluchten und über Flüsse, die reißend zu Tal stürzten, spannten sie ihre schmalen und widerstandsfähigen Weidenbrücken, die unter dem Schritt des Wanderers elastisch federten. Zwischen den Hochebenen und den Wüsten an der Küste bauten sie sechzehntausend Kilometer Straßen, breiter als die Straßen Roms. Bäume und duftende Sträucher säumten sie und spendeten dem müden Wanderer Schatten, Herbergen boten den Sänftenträgern Rast, und wegen ihrer Schnelligkeit und Ausdauer ausgewählte Boten überbrachten dem Inka Botschaften. Sie waren untergebracht in Hütten, die nicht weit voneinander entfernt standen. Um keine Minute zu verlieren, kündigte jeder von ihnen sein Kommen an, indem er sein Horn blies, und dann konnte der Läufer der folgenden Station ihm entgegenkommen, die Nachricht anhören und seinerseits gleich weiterlaufen. Aber Verbindungen herzustellen allein genügte nicht. Die wahre Kunst des Beziehungen-Knüpfens bestand darin, sie beständig und tragfähig zu machen und gleich darauf die Hand zu verbergen, die das zuwege gebracht hatte. So geschah es bei den Inka-Bauten: Die großen Steinquader, »wie durch ein Wunder« dorthin gelangt, waren staunenswert ineinandergefügt, so daß nicht einmal eine Messerklinge zwischen ihnen Platz fand. Manche gossen geschmolzenes Blei oder Gold in die Zwischenräume: Alle Steine wirkten dann wie ein einziger Block, ein einziges Gebirge, dem Schoß der Erde entsprungen. Und an den Verbindungsstellen leuchtete das Gold, erinnerte daran, daß diese Verbindung perfekt war, daß die zerstreuten Teile des Reichs, die vielen verschiedenen Steine des Tempels oder der Festung zu einem einzigen lebenden Bauwerk geworden waren.

Wenn Garcilaso den Erinnerungen seines Oheims glauben durfte, dann war innerhalb dieses Bauwerks alles bis ins Kleinste und fast zwanghaft geregelt. Es gab da keinen Platz für Abenteuer, auch nicht für einen wie ihn, der fünfzig Jahre seines Lebens mit Leiden, Kampf und Schreiben zugebracht hatte. Die Begriffe »Freiheit« und »Individuum«, die er in Europa kennengelernt hatte, bedeuteten nichts in einer Welt, in der eine chinesisch anmutende Bürokratie aus peniblen und unsichtbaren Kontrolleuren sich selbst in die geringfügigsten Angelegenheiten und in die intimsten Bereiche des häuslichen Lebens einmischte. In Cuzco wie in Quito, auf den Bergen wie in den Ebenen am Meer nahmen die Indios ihre Mahlzeiten bei offener Tür ein, mittags wie abends, damit die Abgesandten des Inka ungehinderten Zugang zu ihren Häusern hatten. Der Gesandte trat ein und trug das wohlwollende, abstrakte und unpersönliche Andenken des Herrschers in die kleinen runden strohgedeckten Hütten. Er prüfte Ordnung, Sauberkeit und Anstand der Behausung, Sorgfalt und Fleiß, die Mann und Frau walten ließen, Gehorsam und Tüchtigkeit der Kinder. Er ging hinaus und kehrte zurück in den Nabel der Welt; und von dort wurden die Bauern wenig später mit öffentlichem Lob bedacht oder öffentlich an Armen und Beinen ausgepeitscht. Keiner durfte ohne Arbeit sein, selbst die Kranken und Gebrechlichen nicht, sie waren gezwungen, sämtliche Körperteile nach Flöhen abzusuchen und sie in einem Strohhalm zu verschließen, den sie jede Woche bei einem gewissenhaften Funktionär des Herrschers abliefern mußten. Dann kamen andere Funktionäre – die Beamten des Quipu –, die an ihren bunten Schnüren den Besitz jedes einzelnen Einwohners, jedes Dorfes, der ganzen Provinz auflisteten. Sie knoteten hinein, wie viele Rohstoffe an die Arbeiter ausgegeben worden waren und wie viele Vorräte in die königlichen Vorratskammern gebracht worden waren, wie viele Geburten, Sterbefälle, Hochzeiten es in jedem Dorf und in jeder Provinz gegeben hatte. Die Schnüre wurden schießlich nach Cuzco geschickt, wo der große Archivar dem Herrscher, sobald der den Wunsch oder die Laune danach verspürte, auflistete, wie viele Weiden und Wälder, Felder und Äcker, Bergwerke und Quellen, Seen, Flüsse und Salinen, Obst- und Nadelbäume, großes und kleines Vieh die Lande seines Reiches füllten. Alles, so hatte Garcilaso den Eindruck, existierte nur, um aufgezählt und verrechnet zu werden, weil die Welt ein Archiv war, das die Sonne mit ihrem Licht jeden Morgen erneut sorgfältig ordnete.

Wie in allen vollkommenen Konstruktionen des menschlichen Geistes war das Gesetz, auf dem dieses leuchtende Gebäude ruhte, milde und schrecklich zugleich. Schrecklich war es, weil das begangene Verbrechen bedeutungslos war. Der Schuldige konnte etwas Guano gestohlen haben oder von einem Baum am Straßenrand eine Frucht gepflückt haben, vielleicht hatte er sogar nur in Gedanken oder durch Unterlassung gefehlt, er wurde dennoch getötet – weil die Natur des Verbrechens nicht ins Gewicht fiel, sondern lediglich die Tatsache, daß es einen Regelverstoß gegeben hatte: Das Gesetz war verletzt, der Inka-Gott war hintergangen worden. Alle Verbrechen waren ein und dasselbe Verbrechen, weil sie alle eine Mißachtung des Gesetzes bedeuteten. Aber dieses schreckliche Gesetz war auch überaus milde. Bevor er seine Herrschaft antrat, trug der künftige Souverän das ärmste und schäbigste Gewand und zeigte sich darin in der Öffentlichkeit: um sich einzuprägen, daß er die Armen nicht verachten sollte, wenn er erst einmal Herrscher geworden war, und um sich daran zu erinnern, daß er einer von ihnen gewesen war. Das Gesetz des Inka sicherte Alten und Kranken das Überleben; in Jahren der Hungersnot bekamen die Armen aus seinen Kornkammern Hilfe. Es erlegte allen genau definierte Pflichten auf, und wenn der Herrscher erfuhr, daß die Arbeit in den Quecksilberminen schädlich für die Gesundheit war, dann wurden auf seine Anordnung hin die Bergwerke geschlossen, und man tilgte das Wort Quecksilber aus der Sprache. So wurde das Gesetz verehrt, gefürchtet und geliebt, wie der Inka, von dem es ausging. Häufig brachten Kriminelle, deren Verbrechen niemand kannte, in ihrem Herzen verborgene Sünden vor Gericht. Sie fürchteten, wenn sie dies nicht täten, würden ihre Sünden Krankheit, Seuchen und Mißernten über das Reich bringen. Und sie versuchten, die Götter durch ihren eigenen Tod zu besänftigen.

Aber das Leben der Inkas glich nicht völlig dem Bild, das Garcilaso mit soviel Liebe von ihm zeichnete. Die Vollkommenheit der Zahl beherrschte die enormen Weiten des Raums nicht völlig. Wenn ihre Weidenbrücken sich kühn über reißende Flüsse spannten, ihre Straßen in die entlegensten Winkel des Gebirges führten und die Steine weiterhin ihre Fugen verbargen, so kannte die »Kunst der Verbindungen« doch einige Ungewißheiten. Nicht das gesamte tägliche Leben war von oben geregelt, die Bürokratie war nicht so allgegenwärtig und genau, die eine oder andere Person, dieser oder jener Gegenstand entgingen der Archivierung. So heilig und schrecklich war das Gesetz nicht. Wie in allen Gesellschaften spielten auch in Cuzco und Quito Zufall und Laune eine Rolle. Vielleicht war das besser so, denn wenn das Ideal der Inkas vollkommen verwirklicht worden wäre, dann hätte die absolute Utopie ihr schreckliches Haupt zwischen den Andengipfeln erhoben. Aber Garcilaso machte sich nicht viel aus dem Einspruch der Wirklichkeit. Vor dem Hintergrund seines Schmerzes entwarf er einen Traum: einen Traum, der vor ihm die Herrscher und Priester der Inkas beseelt hatte und den er nun der ungebärdigen, ruhelosen und begehrlichen Phantasie der Europäer aufzuzwingen trachtete. Man weiß, welche Ansteckungskraft Träume haben können: Zwei Jahrhunderte nach Garcilaso versuchten die Europäer sich auszumalen, wie schön es gewesen wäre, im Reich der Sonne zu leben.

IV

Garcilaso wußte nicht, daß das Inka-Reich eine relativ späte Schöpfung war, das über Reiche mit überaus hochstehender Kultur triumphiert hatte, von denen es Kunst, Zeremoniell, Verwaltungssystem und Bewässerungstechniken übernahm. Aber die Inka-Prieser verbargen den Ursprung ihrer Kultur und taten so, als hätte die »Geschichte« Südamerikas mit ihnen begonnen. In den ersten Kapiteln der *Kommentare*, die einen wunderbar Lukrezischen Ton anschlagen, werden die Vorläufer der Inkas als »Heiden« dargestellt. Sie verehrten Kräuter, Bäume, hohe Hügel, große Felsen und die Spalten darin, tiefe Grotten, Kieselsteine und bunte Steine, die sie in Flüssen fanden. Sie verehrten üppig sprudelnde Quellen und Flüsse, die Erde, die Luft, die sie atmeten, weil die menschlichen Wesen durch sie leben, das Feuer, weil es sie wärmt, die unzähligen Fische des Meeres – die Sardinen und Meeräschen, den Wal, die Goldbrasse und den Krebs. Als ob ihnen der Unterschied zwischen den Geschlechtern noch unbekannt wäre, umschlangen männliche Leiber den Leib von Männern, suchten Frauen Frauen, und in den Tempeln wurde sakrale Sodomie praktiziert. In diese wilde, formlose und chaotische Welt trugen die Inka-Krieger, so besagt die Legende, die Kenntnisse und Fertigkeiten der Zivilisation: Landwirtschaft, Webkunst, Kochkunst, das Pflügen und Säen, das Bauen von Kanälen, das Spinnen und das Nähen von Kleidern; und den Brauch, die Toten zu bestatten. Unerbittlich wie grausame Missionare verfolgten sie Homosexuelle, als müßten sie die Wurzel eines Übels ausrotten. Sie verbrannten sie bei lebendigem Leib auf den Plätzen, sie zündeten ihre Häuser an und machten sie dem Erdboden gleich, und sie setzten die Bäume auf ihren Gütern in Brand.

Kaum waren sie in die Geschichte eingetreten, gaben sich die Herrscher und Priester der Inkas alle erdenkliche Mühe, all das aus der Geschichte zu verbannen, was diese ausmacht: dauernde Bewegung, Zufall, Unruhe, Abweichung, Diskontinuität, Begehren und Gewalt. Sie lebten in der Geschichte, als wäre sie aus einem anderen Stoff gemacht – eine Nachahmung jener ätherischen Substanz, in die die Tage von Intip Raimi gehüllt gewesen waren, als sie auf dem Platz der Sonne einen Tropfen der sakralen Zeit gekostet hatten. Die Inka-Gesellschaft mußte statisch bleiben, identisch mit sich selbst, eingeschlossen in ihren Traum der Perfektion. Keiner durfte die Schranken seiner Klasse überschreiten, und die Kinder der einfachen Leute durften keine Wissenschaften erlernen, »damit sie sich nicht überhoben und dem Staat Schaden zufügten«. Keiner durfte den Schnitt seiner Kleider ändern, keiner durfte eine Frau aus einer anderen Provinz, einem anderen Dorf oder einer anderen sozialen Schicht heiraten. Keiner durfte in andere Viertel ziehen, weil er damit die Dezimalordnung der Gesellschaft gestört hätte. Wer seine Gruppe und sein Haus ohne Grund verließ, war nichts als ein eitler und neugieriger Mensch, der zu den schrecklichsten Untaten imstande war und daher bestraft werden mußte. All diese Gesetze wären jedoch nicht ausreichend gewesen, hätten die Inka-Priester nicht Münze und Schrift von ihrem Reich ferngehalten, diese mächtigsten Verbündeten der Geschichte. Gold und Silber waren der Sonne und dem Mond geweihte Edelmetalle, mit denen die Handwerker sorgfältig Tempelmauern verfugten und umkleideten. Keiner durfte sie begehren und entweihen, indem er etwas mit Münzen »kaufte«, wie es die Spanier dann tun sollten. Was das geschriebene Wort betrifft, so war es doppelt anstößig: weil es keinen Körper hat, nicht klingt, nicht im Raum und in der Luft widerhallt, wie der »Feuerklang« des lebendigen Wortes es tut; und weil es sofort allen und niemandem gehört, statt lange in einem verschwiegenen Geist beschlossen zu bleiben.

Ohne Münzen, ohne Schrift und ohne Zeit erzählten sich die Inkas mündlich (oder durch die unterschiedlich gefärbten Knoten der Quipus) die Ereignisse ihrer vergangenen Geschichte, die Garcilaso de la Vega seinerseits den toten und stummen Worten der Schrift und dem Papier anvertraute. Garcilaso wußte nicht, daß das keine »Geschichte« war. Die zehn Herrscher der legendären Inka-Vergangenheit, von denen jeder hundert Jahre lang geherrscht hatte, waren in Wirklichkeit die Oberhäupter der zehn Teile, in die die Gesellschaftsstruktur von Cuzco zerfiel, magisch in die Vergangenheit projiziert, wie ebenso viele Könige einer Dynastie. Noch einmal erlangte die Zahl die Oberhand über die Geschichte. Während das gleichzeitige europäische Denken – dem Pizarro und Almagro, ohne es zu wissen, verhaftet waren – sich vom dämonischen Aspekt und von der Vieldeutigkeit der Macht fasziniert zeigte, versuchten die Inka-Priester, jeden Schatten von Begehren oder Gewalt vom Thron ihrer Herrscher fernzuhalten. Die zehn Herrscher glichen einander wie die Schatten, die ein und dieselbe mythische Figur wirft. Dieser einzige König – ob er nun Manco Cápac hieß oder Sinchi Roca, Túpac Yupanqui oder Pachacutec – war wohlwollend, milde, freundlich, vorsichtig, großzügig, strahlend wie die Sonne, deren Sohn er war und von der er den Glanz und die regelmäßige Anordnung seiner Strahlen bezog.

So wurden die politischen Eroberungen jedes Inka innerhalb der von Garcilaso überlieferten Legende zu einer Art missionarischer Aktion, geführt von einem evangelischen Monarchen. Wenn sie an den Grenzen der Nachbarvölker auftauchten, so behaupteten die Gesandten des Königs, die Nachbarn »zur Kenntnis und Verehrung der Sonne« bekehren zu wollen. »Der Inka, Sohn der Sonne«, so beharrten die Gesandten, »hat nicht die Absicht, Länder zu erobern, um sie zu unterjochen, sondern nur, um ihren Bewohnern Gutes zu tun, gemäß des von seinem Vater erteilten Befehls.« Wenn sie sahen, wie freundlich und nützlich die Gesetze des Reichs waren, nahmen die »wilden« Völker sie gerne an. Und »Männer und Frauen, Alte und Kinder empfingen den Inka mit Festen und großer Freude, mit lautem Jubel und Gesang als ihren Herrn.« Wenn sie Widerstand leisteten, führte der Inka einen sanften Krieg gegen sie. Er umzingelte den Feind, ohne ihm eine Schlacht zu liefern. Er versuchte ihn auszuhungern, er versuchte, die zu Hause gebliebenen Frauen und Kinder so weit zu bringen, daß sie ihre Männer und Väter überzeugten. Nie, um keinen Preis, erlaubte er, daß seine Truppen das Eigentum und die Person des Gegners schädigten. »Wir müssen unsere Feinde schonen«, erklärte einer der Inkas, »sonst fügen wir uns selbst Schaden zu, da sie und alles, was ihnen gehört, ja bald unser sein werden.« So beugten schließlich die fremden Völker ihr Haupt und baten den König um Verzeihung, »sie trugen die schäbigsten Kleider und blieben mit nackten Füßen und bloßem Haupt stehen, legten die Mäntel ab und trugen nur ein Hemd«. Hinter einer Draperie verborgen, zeigte der König sich jedoch nicht. In sanften Worten erklärte ein Bote den Betroffenen, »er sei nicht auf die Erde gekommen, um sie ihrer Existenz oder ihres Besitzes zu berauben ...«.

Dieses kompakte Gebilde aus großzügigen Königen und sanftem politischem Handeln erfuhr nur einmal einen Bruch, als das politische Denken der Inka gezwungen war, sich auf dramatische Weise mit der Gewalt auseinanderzusetzen, die sich sogar im Mythos in die Handlungen der Menschen einschleicht, sie verstört und verwirrt. Garcilaso erzählt, der Inka Yahuar Huacac habe sich vom Schicksal gezeichnet gefühlt, weil seine Augen in der Kindheit blutige Tränen geweint hatten. Er lebte in der Furcht vor diesem unverständlichen Vorzeichen, wagte nicht, irgendwelche Kriegshandlungen zu unternehmen, er blieb zu Hause und sandte den Bruder in die Schlacht, »einmal erwartete er sich große Erfolge, dann wieder war er völlig mutlos aufgrund des schlechten Omens«. Endlich erfüllte sich das Zeichen, das ihn so sehr geängstigt hatte. Sein ältester Sohn wuchs heran und entpuppte sich als gemein, gewalttätig, frech, zornmütig, rachsüchtig: als ob eine feindliche Kraft in ihm das Gegenbild zu all dem schaffen wollte, was die mythische Gestalt des Inka ausmacht. Da verstieß der Vater den Sohn aus dem Königspalast und ließ ihn auf die Gebirgswiesen in der Nähe der Stadt bringen, wo die Viehhüter ihre Sonnenherden an den Flußufern grasen ließen, und er gebot ihm, sich unter sie zu mischen, wie der geringste der Hirten.

Die Zeit verging. Eines Tages, als der verstoßene Sohn zu Füßen eines Felsens ausgestreckt lag und die Sonnenherden hütete, erschien ihm ein Fremder, das Gesicht von einem langen Bart bedeckt und bis zu den Füßen in ein Gewand gehüllt. An einer Kette führte er ein Tier mit sich, das Krallen hatte wie ein Puma. Vielleicht war der Prinz wach, mit angespannten und übererregten Sinnen, in einem jener Zustände, da man ganz der Gegenwart zugewandt ist; vielleicht wurde er von einem jener Wachträume heimgesucht, die uns in einem Meer der Hellsichtigkeit unsere Zukunft und die der Welt vor Augen führen. Der bärtige Mann war der Gott Viracocha – der dunkle Gott der Tiefe und der Meeres –, und er enthüllte ihm, daß viele Völker der Provinzen von Chinchaysuyo dabei waren, sich gegen die Inka-Herrschaft zu erheben. Man vergegenwärtige sich diesen Skandal: Ausgerechnet der Grausame, der Ausgeschlossene wird von dem Gott heimgesucht, fast als ob der Bote aus dem Jenseits sich selbst und seine Prophezeiungen nur demjenigen enthüllen könnte, der außerhalb des mythischen Gebildes steht. Aber in dem Moment, in dem Viracocha den verstoßenen Sohn als Emanation seiner selbst erwählte, entriß er ihn der bösartigen Welt, in der er lebte, und schleuderte ihn an den Ort des Lichts. Der Sohn sammelte die Truppen, besiegte die Aufständischen in der Schlacht, bewahrte das Land vor dem Untergang und erwies sich als echter Inka, wie all die anderen, die vor ihm auf dem Thron gesessen hatten. Der Bruch war also ausgesöhnt. Ein Gewalttäter hatte die Perfektion des politischen Denkens der Inka verletzt, aber er war »erwählt« und vom Gott geweiht worden, der ihn in die heilige Sphäre der Macht zurückführte.

Welche Bedeutung die Gewalt nicht im Denken, sondern im täglichen Leben der Inkas hatte, ist schwer zu beurteilen. Alles deutet darauf hin, daß auch in Cuzco, wie in den großen Theokratien des Vorderen Orients, die dem Inka-Reich so sehr ähneln, die »Kinder der Sonne« gelogen und betrogen, beleidigt, verleumdet und getötet haben, dem blinden Taumel der Mordlust erlegen sind. Aber ebenso wahrscheinlich ist, daß die alljährlich beim Sonnenfest ausgeführten Riten und die Vermittlung des politischen Denkens die Gewalt gemildert und entschärft haben. Als das Ende des Reichs nahte und Garcilaso noch nicht auf der Welt war, wurde diese weise Ideologie von den Leidenschaften der Menschen zerrissen und zerfetzt wie ein hauchdünner und unnützer Schleier. 1528 führten Huascar und Atahualpa, die Söhne des Inka Huaina Cápac gegeneinander Krieg. Blut wurde vergossen, ganze Bevölkerungsgruppen ausgelöscht, und die Inka-Aristokratie sollte sich von diesem Schlag nie wieder erholen. Wenn wir Garcilaso glauben wollen, hatte man eine Figur wie Atahualpa nie zuvor auf dem Inka-Thron gesehen: Dieser machiavellistische Politiker, so listenreich wie verschlagen, so wild wie draufgängerisch, so sehr Wolf wie Löwe, schien eher der europäischen Geschichte anzugehören, wie ein Skandalon, das das Auge nicht betrachten darf. Bevor Europa auf den spanischen Schiffen herbeikam, war es in Cuzco schon anwesend, mit Atahualpas Macht ohne Weihe, ohne Verbindungen, ohne Mythos, ohne Licht und ohne Güte.

V

Dann kam das Ende. Voraus gingen ihm, wie dem Untergang von Ktesiphon, Konstantinopel oder Mexiko, düstere Vorzeichen. Sie reichten zurück bis in die Zeit von Huaina Cápac, als jemand prophezeit hatte, daß bald Fremde das Reich und die Religion von Cuzco vernichten würden. Während der Schatten des Untergangs auf den Garten aus Gold und Silber fiel, auf die federnden Weidenbrücken, die baumgesäumten Straßen, die Toten auf dem großen Platz, mehrten sich die Vorzeichen. Es gab Erdbeben, Springfluten und Dürre, fahle Kometen, die Schrecken verbreiteten. Während des Sonnenfestes erschien ein Kondor, der Bote des Sonnengottes, und ihm folgten einige Turmfalken, die versuchten, ihn mit Schnabelhieben zu töten. Als ob er den Gott um Hilfe anflehen wollte, ließ der Kondor sich auf den Platz herabfallen. Er war krank, bedeckt von einem Grind wie von der Räude, und hatte kaum Kleingefieder. Wenige Tage später starb er. Das letzte Vorzeichen war noch viel schrecklicher. In den klaren Stunden einer sehr hellen Nacht zeigte sich der Mond von drei riesigen Höfen umgeben: der erste rot wie Blut, der zweite von einem ins Grünliche gehenden Schwarz, und der dritte schien aus Rauch. Ein Wahrsager beobachtete diese Höfe und trat zu Huaina Cápac. Mit todtrauriger Miene und tränenerstickter Stimme, so daß er kaum reden konnte, sagte er: »Alleiniger Herrscher, du sollst wissen, daß deine Mutter, der Mond, als barmherzige Mutter dir verkündet, daß der Pachacámac, Schöpfer und Erhalter der Welt, deinem königlichen Blut und deinem Reich mit großen Plagen droht, die er auf die Deinen kommen lassen wird; denn jener erste Reif, den deine Mutter hat, der von der Farbe des Blutes, bedeutet, daß es, nachdem du gegangen sein wirst, bei deinem Vater, der Sonne, auszuruhen, zu erbittertem Krieg zwischen deinen Nachfahren kommt, bei dem viel von deinem königlichen Blut fließt ...; der zweite Reif, der schwarze, droht uns, daß aus Kriegen und Tod der Deinen der Untergang unserer Religion und unseres Staates und der Verlust deines Reiches erwachsen, und alles wird in Rauch aufgehen, wie es der dritte Reif anzeigt, der aus Rauch zu sein scheint.« Ein Bote unterbrach den Wahrsager. Er berichtete dem Herrscher, daß Fremde an der Nordküste seines Reiches entlangsegelten.

Als die Spanier nach Cajamarca und Cuzco kamen, erblickte ein Teil der Inkas in ihnen Ebenbilder von Viracocha. Ein heiliger Schatten, halb verehrungswürdig, halb schauerlich, umgab sie. Sie ritten auf riesigen Tieren mit silbernen Füßen; herrlich in ihrer Kleidung und Statur, hatten sie schwarze oder rote Bärte. Sie besaßen den Donner, und jemand hatte sie gesehen, wie sie hinter »seltsamen weißen Tüchern« versteckt mit sich selbst redeten, das Gesicht über Blätter gebeugt, wie eine Person mit einer anderen redet. Aber diese »weißen Blätter«, die die Inkas wohlweislich fern von sich gehalten hatten, erfüllten sie mit Staunen und Schrecken. Vielleicht verbarg sich genau hier, in diesen Seiten der Bibel, diesen Edikten und Depeschen, die die Spanier ihnen schickten, der geheime Feind, der all das zerstören würde, was sie am meisten geliebt hatten. Mit den Rüstungen, Gewehren, mit den Pferden und ihren silbernen Hufen hätten sie es aufnehmen können, aber wer konnte den unbegreiflichen Zauber des geschriebenen Worts besiegen? Als Pizarro einen Brief an Atahualpa schickte – erzählt eine wunderbare Quechua-Tragödie –, nahm der ihn, hielt ihn ans Ohr und lauschte lange. Dann erklärte er seinem Hofstaat, er höre nichts. Der Brief redete nicht, und was sollten diese Zeichen bedeuten? »Wenn ich ihn so herum betrachte«, sagte er, indem er den Brief vorzeigte, »ist es ein Ameisenhaufen. Wenn ich ihn andersherum drehe, scheint mir, es sind Spuren wie von Vögeln an einem schlammigen Flußufer. So herum betrachtet, sieht es aus wie Hirsche mit dem Kopf nach unten und den Beinen in der Luft. Und wenn ich ihn nur so ansehe, scheinen es Lamas mit gesenkten Köpfen und Hirschgeweihe. Wer soll das verstehen?« schloß er und schüttelte den Kopf. »Nein, nein, das kann ich unmöglich erraten.«

Der Zauber, der die Viracochas aus dem Osten umgeben hatte, verflog wie eine Wolke. Jeder Schein des Heiligen, jede Verehrung, jede Ehrfucht fielen von den Inkas ab, sie sahen in den Spaniern nur noch Menschen wie sie selbst – schlechter als sie selbst. Denn während sie sich so sehr bemüht hatten, die Gewalt einzudämmen, waren die Spanier die Verkörperung der entfesselten Gewalt, die sich an sich selbst ergötzt. Sie waren die pure, unausweichliche Kraft, der nichts etwas anhaben kann, weder Feuer noch Sonne, weder Kälte noch Berge mit ihren Gesteinsmassen und auch nicht die Abgründe des Meeres; die wilde und chaotische Kraft der Geschichte, die gekommen war, die zarte Geometrie ihrer geistigen Welt hinwegzufegen, die Verbindungen zwischen den zahllosen Dingen und die Ekstase der sakralen Zeit. Wenn ihre Handwerker die Fassaden und Wände der Tempel mit Gold verzierten, so wollten die Spanier dieses Gold besitzen – das in Wirklichkeit niemand besitzen kann, weil es nur ein versteinerter Funke der Sonne ist. »Sie waren blöde und wahnsinnig wie ein verzweifelter Mann«, sagte ein Indio aus der Zeit des Garcilaso, »der aus Gier nach Gold und Silber den Verstand verloren hat. Manchmal aßen sie nicht, weil sie an Gold und Silber dachten, manchmal veranstalteten sie große Feste, da es ihnen schien, als hätten sie es schon in Händen, all dieses Gold und Silber. Wie eine Hauskatze, die sich beruhigt, wenn sie die Maus gefangen hat, ansonsten lauert sie ihr weiterhin auf, und all ihre Aufmerksamkeit, all ihr Sinnen und Trachten sind auf die Maus gerichtet, und solange sie diese nicht fängt, hat sie keine Ruhe, und immer wieder kehrt sie dahin zurück, so waren diese ersten Menschen ...«

Der Zusammenbruch war fürchterlich. In wenigen Jahren verkam die große Inka-Aristokratie – die Nachfahren von Sinchi Roca und Pachacutec, von Túpac Yupanqui und Huaina Cápac – zu Schmarotzern, versessen nur auf Wappen, spanische Kleider und unverdiente Einkünfte. So großes politisches und organisatorisches Geschick, so große Geschmeidigkeit und Kraft, eine derartige *vis imperii*, eine so große Fähigkeit, das andere zu assimilieren, die Beherrschten zu stützen und zu umfangen – sie gingen in dem Rauch auf, der sich um die Mondscheibe gelegt hatte.

Oft muß sich Garcilaso de la Vega gefragt haben – als Junge, wenn er den Erzählungen seines Onkels lauschte, oder als Erwachsener, wenn er über sein gescheitertes Leben nachdachte –, warum alles so schnell und so kläglich zu Ende ging. Er vergaß, daß die Inka-Götter nicht unsterblich waren wie der neue Gott, an den er so glühend glaubte. Es waren hinfällige Götter, dem Verfall preisgegeben, und sie konnten sterben. Um sie am Leben zu erhalten, mußte man sie lieben, sie pflegen und mit der zärtlichsten Aufmerksamkeit hegen, ihre Bildnisse verehren, ihnen Opfer darbringen. Wenn die Indios keine Lamas oder keinen Maistrank opferten, würde die Sonne nicht mehr am Himmel leuchten, der Regen würde nicht mehr fallen, die Felder würden keine Früchte mehr tragen, die Tierherden würden eingehen, Krankheiten und Unglück jeder Art würden über das Reich hereinbrechen. Wenn der Inka – der die Verkörperung der Götter auf Erden war – auf skandalöse Weise ums Leben käme, würde die Sonne aufhören, der Erde das Gold ihrer Wärme zu spenden, Viracocha würde in ihren müden Schatten eingehen, und mit ihnen würden alle Götter der Steine und der Quellen sterben. Durch Ermordung des Inka Atahualpa lösten die Spanier bei den Inkas die Angst aus, ihre Götter seien tot. Der Himmel war leer, die Erde war leer; und von dem Augenblick an begann das um einen unsichtbaren Punkt herum konstruierte Gebäude sich aufzulösen, abzubröckeln, in den Abgrund zu stürzen.

Die Natur war als erste davon betroffen. Sobald die Augen der Götter bleiern erstarrten, wurden die Wolken schwarz und fielen vom Himmel. Der Mond schrumpfte zusammen, sein Gesicht krank und starr. Die Felswände stimmten Totengesänge an, der Fluß heulte in immensem Schmerz, Tränen flossen in Strömen, die Erde bebte, die Dauer der Zeit schrumpfte zusammen auf einen unmerklichen Wimpernschlag, die Elemente begehrten auf und brüllten, die Nacht breitete ihre Flügel aus, grenzenlose Leere umfing alle Dinge. Und die Indios, wie sollten sie mit dem Gewicht der toten Götter leben? Wenn Viracocha, der Sonnengott und die Huacas die Welt verlassen hatten, hatte es keinen Sinn mehr zu atmen, Mais zu pflanzen, über die baumgesäumten Straßen zu gehen, zu essen, zu lieben, zu zählen, zu sterben, tagtäglich die rituellen Gesten auszuführen. Alles war gleich: Alles war gleichermaßen erloschen und totenstarr, ebensogut konnte man sich bekehren und die Gewänder wechseln. Allein, ohne Vater und Mutter, ohne daß jemand sie schützte »am feinen Wogen seines Busens«, ohne daß jemand sie »unter die Flügel seines Herzens nahm«, sangen sie:

Unter fremder Herrschaft, gehäuft die Qualen
und zerstört,
verwundert, verloren, das Gedächtnis verwehrt,
allein;
tot der schützende Schatten
weinen wir
und wissen nicht, an wen und wohin uns wenden.
Wir reden im Fieber.
Wird dein Herz ertragen,
Inka,
dies unser irrendes,
verlorenes Leben
von unzähligen Gefahren umgeben, in der Hand anderer,
mit Füßen getreten?

Alles verfiel und ging zugrunde. Die kostbaren Bewässerungskanäle wurden nicht mehr instand gehalten, die sorgfältig angelegten Terrassen auf den Hängen der Anden stürzten ein, die Straßen wurden durch die spanischen Pferde und Fuhrwerke beschädigt, der Ertrag der Felder wurde geringer, die Vorratskammern wurden geplündert, die Konquistadoren metzelten die Lamaherden nieder. Die Inkas wurden aus ihren Häusern und Heiligtümern gezerrt, wo sie ein gemeinschaftliches Leben geführt hatten. Sie mußten die runden Hütten verlassen, die schon ihrer Form nach eine Huldigung an die Sonne waren, und sich in kleinen, rechteckigen Häusern einschließen, viel zu weit weg von ihren Feldern. Die Steuerlast nahm zu, und die Großgrundbesitzer brachten sich in den Besitz des Gemeinschaftseigentums. Diejenigen, die der Inka mit seinen »vielgestaltigen, mächtigen Händen liebkost hatte«, arbeiteten nun auch an Feiertagen auf dem Land des Grundbesitzers, sie bestellten die Felder des Provinzgouverneurs, leisteten Dienst in den Herbergen, wurden an die Nachbarprovinzen verliehen; und sobald sie heimgekehrt waren, kam jemand und holte sie mit Peitschenhieben wieder ab zu einer anderen Arbeit. Viele wurden in die Bergwerke von Potosí verschleppt, wo sie bei Kerzenlicht in der Grube arbeiteten, fünf Tage und fünf Nächte lang eingeschlossen im Schoß der Erde. Diesen aufgescheuchten, verschreckten, ziellos umherirrenden Wesen ohne bergenden Schatten und ohne Gedächtnis blieb nur eine Rettung: Wenn die Götter tot waren, konnten sie auch sterben. Viele erhängten sich, andere verhungerten oder kauten giftige Kräuter, und Mütter erwürgten ihre neugeborenen Kinder.

1537 zog Manco Cápac sich zurück in die Berge von Vilcabamba im Norden von Cuzco. »Dort wäre er vor den Christen sicher. Dort würde er kein Wiehern und Getrappel von Pferden hören, und ihre Schwerter würden das Fleisch seines Volkes nicht länger quälen.« Manco Cápac hatte sich in eine der geheiligten Regionen des Inka-Reichs zurückgezogen: inmitten von Bergen und tosendem Wasser der Flüsse und der tropischen Vegetation des nahen Amazonien. In Vitcos gab es eine *huaca*, also einen heiligen Gegenstand: Ein riesiger Felsblock aus Granit spiegelte sich in einer Quelle mit schwarzem Wasser. Und wer in dieses Wasser schaute, worin sich das weiße Ungetüm abzeichnete, war sich selbst entrissen, der Zeit, den gewöhnlichen Gedanken. Rings um den Granitblock wurde alles wieder wie in Cuzco, an den hohen Feiertagen. Mit den weißen und schwarzen Federn auf dem Kopf wurde der Herrscher wieder auf seiner Sänfte getragen, die Stimmen begrüßten voller Freude den Aufgang der Sonne und beweinten ihren Untergang. Der Inka opferte das Lama und den Maistrank, und das göttliche Getränk und das Opferblut liefen durch die Ritzen und Spalten des weißen Granits hinab in das schwarze Wasser, das sich einen Moment lang vor den Augen der Pilger kräuselte. Dann trat der König in den Tempel, hielt vor dem strahlenden Bildnis des Sonnengotts inne, sah vielleicht auf die Bäume, die Maispflanzen, die Schlangen, die Echsen, die Turteltauben, die goldenen und silbernen Pelikane, während jemand die Mumien der Inkas ins Freie trug. Manco Cápac erklärte, der christliche Gott sei nur ein bemaltes, stummes Stück Stoff, eins dieser Blätter, wo die Klauen der Vögel und die Hufe der Hirsche und Lamas ihre unverständlichen Spuren hinterlassen hatten. Währenddessen ließen die *huacas* die Gläubigen ihre Stimme hören, und alle konnten am Himmel die Sonne und den Mond erkennen. Eine kosmische Revolution bahnte sich an. Bald würde die alte Sonne sterben, und eine neue würde aufgehen. Alle *huacas* des Reichs waren wiedergekehrt, um dem christlichen Gott eine Schlacht zu liefern. Diesmal würden dieser Gott und die Spanier besiegt werden, die Invasoren würden ermordet, und das Meer würde über ihre Städte hereinbrechen und die Erinnerung daran für immer auslöschen.

Diese Palingenese fand nicht statt. Die Götter der Inkas, die »reichen und glücklichen Götter«, die das Wasser gebracht hatten, den Regen, das Licht, den Mais, das Wachsen und Zeugen, die Macht und den Ruhm – waren wirklich tot, wie die katholischen Priester behauptet hatten. Der Gott des geschriebenen Wortes hatte die Götter des lebendigen und geheimen Wortes besiegt. Das Sonnenlicht war bezwungen worden. 1572 wurde der letzte Inka, Túpac Amaru, gefangengenommen und nach Cuzco gebracht. In Trauerkleidung, die Hände gebunden, einen

Strick um den Hals, wurde Túpac Amaru durch die Straßen der Hauptstadt geführt, er ritt auf einem Maultier mit Zaumzeug aus schwarzem Samt. Zwei katholische Priester »sagten ihm Dinge zum Trost seiner Seele«. Der Richtplatz war auf dem Hauptplatz vom Cuzco vor der Kathedrale, an derselben Stelle, wo einst der Inka die Sonne anbetete. Tausende Indios waren aus allen Gegenden des Reichs zusammengekommen, um dem Tod ihres Herrschers beizuwohnen. Am Boden war kein Platz mehr, sie hingen aus den Fenstern, waren auf Mauern geklettert, auf die Dächer der Häuser, auf die Hügel rings um die Stadt, von denen aus man den Platz sehen konnte.

Als Túpac Amaru auf den Richtplatz stieg, stieß die Menge der Indios einen derartigen Schmerzensschrei aus, daß man hätte glauben können, »der Tag des Jüngsten Gerichts sei gekommen«. Diese Stimmen wurden zu einer einzigen: ein einziges Wort des Schmerzes, wie es derjenige ausstößt, der für immer aufgegeben und verlassen wird. Plötzlich erschien die Schwester an einem Fenster, und unter Schluchzen rief sie mit gebrochener Stimme: »Wohin gehst du, mein Bruder, Fürst und einziger König der vier *suyos*?« In dem Moment hob der Inka die rechte Hand und ließ sie wieder fallen, und mit einem Schlag hörte das Jammern und Wehklagen auf, alle hielten den Atem an, und auf dem Platz trat tiefste Stille ein, als ob kein lebendiger Mensch mehr da wäre. Das Gesicht den Inka-Oberhäuptern zugewandt, sagte Túpac Amaru laut in seiner Sprache: *Oiari guaichic*. Seine Stimme war müde, aber gefaßt, wie von einem, der alles durchlitten und vergeben hat. Er sagte, er hätte den Lauf seines Lebens beendet und sein Schicksal erfüllt. »Wisset, meine Herren«, setzte er hinzu, »daß ich Christ bin. Ich bin getauft worden, und ich will im Gesetz Gottes sterben. Und ich muß sterben. Wisset, daß alles, was ich und meine Inka-Vorfahren euch bisher gesagt haben – daß ihr Viracocha, die Sonne, die weißen Steine, Flüsse und Berge verehren sollt –, vollkommen falsch ist. Wenn wir behaupteten, daß wir mit der Sonne sprachen und daß sie uns mit ihren Ratschlägen half, dann war all das falsch.« Das letzte Wort war gesprochen: Der Sohn des Sonnengotts hatte seinen Vater verleugnet und damit alle Worte der Fürbitte und der Lobpreisung, die auf dem Platz von Cuzco ausgesprochen worden waren, die Opfer, die Rituale, die Gesten des Verbindens und Verknüpfens, den Gott der Erscheinung ebenso wie den unauffindbaren Gott des Schattens.

Die Zeit war nun um. Wie ein Opferlamm legte Túpac Amaru seinen Kopf auf den Richtblock. Der Henker kam näher, packte seine Haare mit der linken Hand und hieb ihm mit einem Schlag den Kopf ab, dann hob er ihn hoch, damit alle Indios ihn sehen konnten. In dem Moment begannen die Glocken der Kathedrale, der Klöster und der Kirchen, die sich in vierzig Jahren auf den Resten des Nabels der Welt erhoben hatten, ihr Totengeläut und erinnerten an die verschwundene Zeit. Der Körper wurde in der größten Kapelle der Kathedrale beigesetzt, der Kopf beim Richtplatz auf eine Lanze gesteckt. Zeugen berichten, er sei von Tag zu Tag schöner geworden, und nachts stiegen die Inkas von den Bergen herab, um die letzte Reliquie ihrer Götter zu verehren.

Porträt Montaignes

Vor längerer Zeit erzählte mir ein Freund, er kenne nur eine Art, Montaigne zu lesen: Er las ihn im Sommer. Jeden Nachmittag nahm er seine dreibändige Ausgabe der *Essais*, eine derjenigen, die von den verschiedenen Textfassungen keine Spur mehr erkennen lassen, und ging damit unter eine Fichte oder einen Lindenbaum an einem kleinen Fluß. Das war sein *locus amoenus*, wo auch die Alten ihre Dichter lasen. Ich glaube, mein Freund hatte unrecht. Mir scheint, der einzige Ort, an dem man Montaigne lesen kann, ist eine Bibliothek, möglichst eine von diesen großen, alten Bibliotheken des 16. oder 17. Jahrhunderts, die die Adelssitze und Klöster in ganz Europa schmücken. Die Bücherstellagen reichen hoch hinauf bis unter die Decke, ringsum laufen Galerien, wölben sich vor, springen zurück und führen zu den verschiedenen Regalen; und das von der Zeit glattpolierte Holz bewahrt das Helle und das Dunkle und die Knorrigkeit des Holzes, aus dem sie gemacht sind – Oliven- und Nußbaum, Eiche, Kirsche und Ulme –, so daß der Leser, wenn er mit seinem

Buch in der Hand dasitzt, meinen könnte, er sei in einem üppig wuchernden Wald, von dem auch die Bücher ein Teil sind.

Montaigne hatte seine Bibliothek im dritten Stock eines Turms. Von seinem Tisch aus übersah er mit einem Blick die in fünf Reihen aufgestellten Bücher, die da bereitstanden, sollten eine Frage oder eine Laune ihn zum Griff nach ihnen bewegen. Er besaß fast tausend Bände, von denen uns sechsundsiebzig erhalten sind, mit seinem Namen und teilweise seinen Anmerkungen darin. Er besaß Caesar und Plutarch, Terenz und Lukrez, Plotin, Philo von Alexandrien und Petrarca, die *História do descobrimento e conquista da India* von Lopez de Castañeda, die *Dialoge über die Liebe* von Leo Hebräus, die Werke von Erasmus, Polizian und Dionysios von Halikarnassos, von Theophrast, die *Cosmographia universalis* von Sebastian Münster, den *Katechismus* des Bernardino Ochino.

Aus den tausend Büchern wählte er siebenundfünfzig Sentenzen aus und ließ sie auf die Deckenbalken schreiben, so daß sie seine Arbeit als Kommentator von oben schützen oder verspotten konnten. »All diese Dinge, samt Himmel und Erde und Meer, sind nichts im Vergleich zur totalen Summe aller Summen« (Lukrez). »Ich verstehe nicht« (Sextus Empiricus). »Gott will nicht, daß einer wisse außer ihm« (Herodot). »Alle Dinge sind zu schwierig, als daß der Mensch sie begreifen könne« (Prediger Salomo). »Das Süßeste im Leben ist, an nichts zu denken« (Sophokles). Elf der Sentenzen entstammten dem Prediger Salomo, dem Lieblingsbuch aller skeptischen Mystiker oder der mystischen Skeptiker – den liebenswürdigsten Zeitgenossen dieser Erde. Aber der Großteil ist verfälscht oder manipuliert, weil unser Kommentator den Prediger Salomo so sehr liebte, daß er ihn nach seiner eigenen Fasson neu schrieb. Die Bibliothek hatte drei große Fenster »mit weitem und freiem Ausblick«, durch die der Hauch des Windes, die Sonnenstrahlen, der Schatten der Wolken, der Duft der Bäume und zweimal am Tag das *Ave Maria* hereindrangen. Wenn er ans Fenster trat, konnte er das Schloß sehen, den Hof, den Geflügelhof, wo die Hühner, Gänse und Enten sich zu seiner Nahrung bereithielten, und weiter in der Ferne die Hügel des Périgord, wo der Blick sich fast im Unendlichen verlor.

Montaigne log viel beim Schreiben. Oder vielleicht ist das nicht ganz der richtige Ausdruck: Er füllte seine Bücher mit Schwindeleien, ironischen und selbstironischen Spielereien, kleinen Theaterszenen, die gemeinsam von ihm und dem Leser aufzuführen waren, der in den *Essais* insgeheim überall anwesend ist. Die größte unter diesen Lügen war wohl die Behauptung, er habe kein Gedächtnis. Er erkenne fast keine Spur davon in sich, meinte er und behauptete, es gebe auf der Welt kein zweites so außerordentlich schwaches. Wenn er das sagte, dann wollte er die Natürlichkeit, Einfachheit, Spontaneität, die Beweglichkeit und absolute Präsenz seines Geistes verteidigen, die die Heroen der Erinnerung seiner Meinung nach nicht besaßen. In Wirklichkeit aber ist Montaignes Gedächtnis eines der umfassendsten des Abendlands, vergleichbar dem eines Dante, Petrarca, Shakespeare oder Goethe. Es umfaßte beinahe die ganze klassische Kultur und einen Teil der christlichen. Ein Wort, eine Andeutung, eine Anspielung genügten, schon waren die Worte und Bilder, war dieser ganze lodernde Bücherwald, den er in sich trug, präsent, erhob sich aus seiner Stille und stellte sich seiner Feder zur Verfügung, wie ein riesiges Konzert aus Tönen und menschlichen Stimmen.

Es war kein barbarisches Gedächtnis, wie Emilio Cecchi meinte. Er hatte nichts gemeinsam mit jenen großen ottonischen Künstlern, die die goldene Kanzel in Aachen mit dem Elfenbein, dem Kristall und dem Rautenmuster aus Ägypten und Byzanz schmückten – geraubte Schätze, die nun prunkvoll vor dem kaiserlichen Hof und dem feudalen Publikum ausgebreitet wurden. Montaigne verspürte eine Leere oder eine Lücke in sich, die durch den Reichtum der anderen gefüllt werden mußte. Ihm schien, sein Boden sei nicht imstande, besonders herrliche Blumen hervorzubringen. Beim Lesen pickte er sich mal hier, mal da ein Korn heraus, mal drei Verse, mal einen Satz, und insbesondere wenn er den wundervollen Plutarch las, wie konnte er es da unterlassen, ihm ganze Stücke zu rauben? Das Zitat funkelte dann wie ein Edelstein, und zugleich schuf es einen reich orchestrierten und zarten, fernen und kühnen Hintergrund für seine Rede, die sich im Vordergrund entwickelte. Schließlich wurde das Fremde – aber nichts ist jemals wirklich *fremd* in der Literatur – assimiliert: Der Satz des anderen fügte sich dem seinen ein, seiner in den des anderen, das eine Mosaiksteinchen fügte sich nahtlos ans nächste an. Lukrez und Seneca wurden sein eigen Fleisch und Blut. »Die Bienen holen sich von hier und dort her aus den Blumen ihre Beute, aber daraus machen sie Honig, und der gehört ihnen voll und ganz: Das ist kein Thymian mehr, kein Majoran.« Vielleicht hat es seit den *Bekenntnissen* des Augustinus kein Autor so souverän und großartig verstanden, den Reichtum des Bücherwissens in den nervösen und gehaltvollen Rhythmus seiner Prosa zu übersetzen.

Nichts würde ich lieber wissen, als wer und was, welche stumme und unbekannte Präsenz sich hinter den *Essais* verbirgt. An einer Stelle im zweiten Band sagt Montaigne, sie seien hervorgegangen aus einer »melancholischen Stimmung, hervorgerufen von der Trauer der Einsamkeit«. Giovanni Macchia sprach vor einigen Jahren von »heiterer Verzweiflung«, »wie sie einen Menschen ergreifen kann, der zum Reisen verdammt ist und der weiß, daß er nie irgendwo ankommen wird«. Aber war diese Verzweiflung wirklich und immer so heiter? Und entsprang die Trauer nur der Einsamkeit und dem abgeschlossenen Dasein im Turm? War da nicht noch anderes, Beunruhigenderes, Drängenderes, Akuteres?

An einigen Stellen der *Essais* glaubt man den Widerhall einer metaphysischen Niederlage zu vernehmen. »Es widerspräche der vollendeten Meisterschaft Gottes, wenn unser Glaube nicht durch das Universum bestätigt würde. Himmel und Erde, die Elemente, unser Körper und unsere Seele – alle Dinge wirken darin zusammen ... diese Welt ist ein hochheiliger Tempel, in den der Mensch zur Betrachtung von Bildsäulen hineingeführt wird: nicht solcher, die sterbliche Hände gestalteten, sondern jener – wie Sonne und Sterne, Gewässer und Erde –, die der göttliche Schöpfergeist unseren Sinnen als Abbilder der unzugänglichen Dinge zugänglich gemacht hat«, hatte er in der *Apologie für Raymond Sebond* geschrieben. »Alles auf Erden untersteht einem einzigen Gesetz und ist demselben Schicksal unterworfen.« Diese Sätze haben den Tenor der großen philosophischen Systeme der Renaissance. Das Universum ist eine wunderbare Kette von Beziehungen und Entsprechungen, die von den Sternen zu den Pflanzen, Steinen und zum Menschen reicht. Vielleicht meinte Montaigne, diesen »hochheiligen Tempel« zu beschreiben, wenn er von den »Bildsäulen« sprach, von den Gesetzen, den Phänomenen, den natürlichen und menschlichen Ereignissen – und die wunderbaren Beziehungen, die Sein und Erscheinung verbinden. Wenn das stimmt, dann glaubte auch er einen Moment lang an die *harmonia mundi* und an eine Theodizee.

Wenn das stimmt, so fällt aber dieser Versuch, die Weltenharmonie zu erklären und zu verklären, beim ersten Windstoß wie ein Kartenhaus kläglich in sich zusammen. Gleich am Anfang der *Essais* heißt es: »Wahrlich, der Mensch ist ein seltsam wahnhaftes, widersprüchliches, hin und her schwankendes Wesen!« Es gibt kein Gesetz des Bewußtseins, der Natur oder der Vernunft. Alles ist veränderlich, verliert sich, verschwindet, wie Wasser und Wind. Die Welt ist vom Zufall beherrscht. Vielleicht ist sie überhaupt nur ein Traum: »Wir wachen schlafend, und wachend schlafen wir.« Was den Menschen betrifft, dieses hohle, leere Wesen ohne Schönheit, Gesundheit, Weisheit und ohne alle wesentlichen Vorzüge, wird er von seinen Sinnen jämmerlich betrogen. Die menschliche Vernunft ist nichts weiter als eine Art Färberlauge und daher unfähig, irgendeine Wahrheit zu erkennen, nicht nur Gott betreffend, sondern auch den geringsten Gegenstand. Und dann hat der Mensch weder Willen noch Kraft. Er hat keine Person – weil er eine Anhäufung von erbärmlichen Bruchstücken ist. Er ist nichts als Meinen und Wähnen – das sich je nach den Völkern und Klimazonen und von Mensch zu Mensch ändert, und in demselben Menschen von Minute zu Minute. Und wenn sich Montaigne schließlich, um etwas Verläßliches und Solides zu fassen zu bekommen, sich selbst zuwendet, was findet er da? Auch nichts anderes, wieder nichts als Eitelkeit, Wechselhaftigkeit, Bewegung und Geheimnis. »Ich, der ich mich näher beobachte und stets im Blick behalte, wie eben einer, der nicht viel anderes zu tun hat, ... getraue mich kaum zu sagen, wieviel Unzulänglichkeit, ja Unvermögen ich in mir entdecke. Ich stehe auf so unsicheren und wackeligen Füßen, ich gerate so leicht ins Wanken und Schwanken und sehe die Dinge in so wechselhaftem Licht, daß ich mich nüchtern als einen andern empfinde denn nach dem Essen. Wenn meine Gesundheit mir lacht, oder ein schöner Tag mit seiner Heiterkeit, wie gut bin ich da zu haben! Kaum drückt mich aber ein Hühnerauge, und schon bin ich unfreundlich, mürrisch und nicht mehr ansprechbar.«

Nicht einmal Pascal, der sich beim Lesen von Montaigne freute, »die anmaßende Vernunft so vernichtend mit den eigenen Waffen geschlagen« zu sehen, war je so bissig gewesen. Unter allen Feinden des Menschengeschlechts – Cioran versichert uns, es seien seine einzigen Freunde – hat niemand unser Bild mit so wütendem Eifer und solcher Lust verunglimpft, mit soviel Einfallsreichtum, Vergnügen, Heftigkeit, mit solcher Bissigkeit, Bösartigkeit und Komik. Und im Grunde mit so unfaßlicher Sanftmut.

Aber jenseits der Eitelkeiten ist der ferne Gott, an den Montaigne glaubt: Ein »unbekannter« Gott, wie der, dem Paulus in Athen begegnet, namenlos, ohne Vernunft oder Intelligenz, ein Gott, den unsere Spekulationen und Annäherungen nicht erfassen können – sehr ähnlich dem »dunklen Gott« der Mystiker. Es gibt Passagen in den *Essais*, wo der Mensch, der Blindgeborene, der in der Nacht lebt, die Gnade erwartet: »... der nackte und leere Mensch, so daß er seine natürliche Schwachheit erkennt, die ihn für eine von außerhalb, aus der Höhe kommende Kraft empfänglich macht; als allen Menschenwissens entblößt und deshalb zur Aufnahme des göttlichen Wissens um so tauglicher, indem er sein eigenes Denken zunichte macht, damit der Glaube mehr Platz in ihm finde; ... als ein weißes Blatt, bereit, den Finger Gottes alle Worte nach dessen Gefallen hierauf niederschreiben zu lassen.« Stellenweise scheint es, als wollte die sanfte und kalte göttliche Gnade auf das weiße Blatt des Menschen herabkommen, ihn mit ihrem Licht erfüllen und nach ihrem Willen formen, ihn »ausnahmsweise« ins Reich des Himmels erheben. Das war der Moment, den die religiösen Geister, die

Montaigne gegen Ende des 16. Jahrhunderts lasen, erwarteten – wie der hl. Franz von Sales. Aber in den *Essais* stieg die göttliche Gnade nie auf das weiße Blatt des Menschen herab. Sie zeichnete nichts darauf. Gott blieb in der Höhe seines Himmels, ohne Namen und Taten, unergründlich in seinem Wesen. Montaigne wurde kein Mystiker.

Ich wüßte nicht zu sagen, was er wurde, sicher kein skeptischer Philosoph, und auch keines der anderen Etiketten paßt, die die Philosophiehistoriker noch dem geringsten der Autoren so gerne auf die Stirn kleben. In einer Art radikaler Umkehr ändern sämtliche Worte Montaignes ihren Sinn: Jetzt sind sie eine Sache und zugleich ihr Gegenteil. Während er einerseits die Eitelkeit geißelt, die Vielfalt und das Veränderliche, liebt er sie andererseits, als ob sie die kostbare Essenz des Universums wären. Er liebt die Natur, wenn sie spielt. Er liebt Phantasie und bizarre Launen, die Überraschung, das Erfinderische des Zufalls, der unsere Pläne und Absichten durchkreuzt. Er liebt den Wind: »Weiser als wir, hat er seine helle Freude am Sausen und Brausen und findet seine Erfüllung in dem, was seines Amtes ist, ohne auf Bestand und Dauer aus zu sein, die ihm wesensfremd sind.« Er liebt die Oszillation. Er liebt alles, was Schatten ist. Er liebt alles, was vermischt, konfus, zusammengesetzt und bunt ist – die Wollust, die vor Angst stöhnt und vergeht. Er liebt das Ungewisse und verwendet häufig Ausdrücke wie »vielleicht«, »gewissermaßen«, »ein wenig«, »man sagt«, »ich denke«. Er liebt die flüchtigen, bezaubernden, vergoldeten Erscheinungen – die uns weit weg führen von aller Gewißheit.

Den Menschen findet Montaigne anziehend aus denselben Gründen, derentwegen er ihn tadelt. Der Mensch ist diskontinuierlich, fragmentarisch, zusammengesetzt aus Bruchstücken, die jedes ein eigenes Leben führen; er kennt die Wahrheit nicht, aber er verfolgt sie und jagt ihr unermüdlich nach. »... ein großzügiger Geist bleibt niemals bei sich selber stehn; stets drängt er über seine Kräfte hinaus und überschreitet sie. Er setzt zu Sprüngen an, die weiter zielen, als er je gelangen kann. Wenn er sich nicht voranbewegt und die Sporen gibt, wenn er nicht ständig gegen Hindernisse anrennt und über sie hinwegsetzt, ist er nur halb in seinem Element. Was er verfolgt, hat weder Grenze noch Gestalt, was seine Kräfte speist, sind Verwunderung, Zweifel und Jagdlust.« Manchmal gibt es nichts Schöneres als das flüchtige Meinen – das sich verändert, wie Steine je nach der Fassung, in der sie ruhen, dunkler oder heller erscheinen. Angesichts dieses unerschöpflichen Loblieds auf Wind, Wasser und das Buntscheckige, wie soll man da nicht zu dem Schluß kommen, daß dieses phantastische, im Turm geschriebene Buch das daoistische Moment des Abendlands darstellt?

Montaigne wäre nicht er selbst, wenn er uns nicht eine weitere Kehrtwendung zumuten würde. Bisher hatte er uns gesagt, daß es keine Natur gibt, sondern nur Meinen und Gewohnheit. Je mehr er sich nun aber dem Alter nähert, desto nachdrücklicher preist er die Natur. Sie, die Mutter, beständig und ewig im Wandel, die geheimnisvolle und unergründliche, die gütige, weise und sanfte Mutter Natur, die uns glücklich und sicher führt, uns tröstet und bei der Hand nimmt. »Doch in der Natur ist nichts unnütz, nicht einmal das Unnütze.« Wir tragen sie in uns, und wenn wir ihr nach »der alten Weisung« folgen, wenn wir uns nicht von der Wissenschaft, der Meinung und vom Artifiziellen verführen lassen, können wir gar nicht fehlgehen und werden glücklich sein. »Glücklich, weil natürlich.«

In den *Essais* ist die Natur in der Figur des Sokrates verkörpert. Immer leidenschaftlicher bewundert Montaigne Sokrates. Seine metaphysischen Ideen sind ihm gleichgültig, die wirft er auf den riesigen Müllhaufen, auf dem die Hirngespinste des menschlichen Geistes versammelt sind. Er bewundert Sokrates, weil er nie zu Hause ist, weil er umhergeht, müßig ist, umherschlendert und die Leute befragt, mit ihnen plaudert, unentwegt neugierig auf die flüchtigsten Ereignisse und auf die erhabensten Gedanken. Er verzeiht ihm, weil er ein Dilettant ist und eine Figur aus der Komödie. Er liebt seine bezaubernde Natürlichkeit, Schlichtheit, seine dionysische Raserei, seine nie versiegende Gesprächigkeit – dreist und eitel wie seine eigene.

Auch Montaigne ist ein Dilettant, der größte unter den modernen Dilettanten, und er macht sich über sich selbst lustig, wenn er sagt, seine Überlegungen seien lediglich die Phantastereien eines Menschen, »der in seiner Jugend nur die äußerste Kruste der Wissenschaften gekostet hat ...« In seiner großen Bibliothek, zwischen einem Windhauch und dem Geschnatter der Gänse, unter der ironischen Schirmherrschaft seiner Sentenzen, macht er weder Pläne noch verfolgt er Absichten. »Da blättre ich einmal in diesem, einmal in jenem Buch, ohne Ordnung, ohne Plan; wie es sich eben ergibt. Bald hänge ich im Hin- und Hergehen meinen Tagträumen nach, bald halte ich meine Hirngespinste feste und schreibe sie auf, wie sie hier nun stehen.« Er weiß alles, aber wenn er schreibt, kann seine Feder vergessen, was er weiß (das Vergessen ist die Mutter der Erinnerung).

»Von den hundert Gliedern und Gesichtern, die jedes Ding hat, nehme ich mir jeweils eins vor, zuweilen um bloß daran zu lecken, zuweilen um seine Oberfläche abzutasten; öfter aber auch, um bis zu den Knochen vorzustoßen. Ich möchte nicht so breit, sondern so tief wie möglich eindringen, wie ich nur kann; am meisten liebe ich es, die Dinge hierbei von einer ungewöhnlichen Seite her in den Griff zu nehmen. Gewiß würde ich es wagen, einen Gegenstand von Grund auf abzuhandeln, wenn ich mich weniger gut kennte und vor meinem Unvermögen die Augen schlösse. So aber lasse ich hier ein Wort und dort ein andres als dem Ganzen zusammenhanglos entnommene Probestückchen fallen, ohne Plan und Versprechen, und bin deshalb weder dem Leser noch mir selbst gegenüber verpflichtet, mich streng an die jeweilige Sache zu halten.« Obgleich der Dilettant nicht das beschränkte und vollkommene Wissen des Spezialisten besitzt, hat er ihm gegenüber doch einen Vorzug. Er besitzt die *unmittelbare Erfahrung* von allen Dingen, über die er spricht. Er dringt in sie ein, taucht ein in den Fluß des universellen Wandels. Er ergreift die einzelne Sache, kostet sie, schmeckt sie, betastet sie mit der ganzen Sinnlichkeit von Geist und Körper. Seine Phantasie ist so groß, daß er sogar den eigenen Tod kosten kann, über die Grenzen der Erfahrung hinaus. So sind seine *Essais* (wie der Sprachgebrauch der Zeit nahelegt) eine »Übung«, ein »Vorspiel«, ein »Versuch«, eine »Probe«, eine »Nahrung«; ein »Kosten«, »Prüfen«, »Abwägen« und »Rechnen«; und natürlich auch eine »Gefahr« und ein »Risiko«.

Mit der ironischen Nonchalance des Dilettanten spielt Montaigne die Bedeutung seines Buches herunter. Was zählt, wiederholt er, ist sein Leben. »Mein Handwerk und meine Kunst ist es, zu leben.« »Einen sittlichen Wandel, nicht Bücher zuwege zu bringen ist uns aufgegeben ... Recht zu leben – das sollte unser großes und leuchtendes Meisterwerk sein!« »All meine Bemühungen dienten dem Zweck, mein Leben zu gestalten. Das ist mein Metier, das ist es, woran ich arbeite. Ich bin weniger ein Büchermacher als sonst etwas.« Aber wenn einer auf dieser Welt »Büchermacher« war, dann Montaigne, auf vollkommene und fast rührende Weise. Es gibt große Dichter, die ein Buch schreiben und sich um ihren Lebenswandel nicht kümmern, laufe er nun auf Erlösung oder Untergang hinaus, als ob sie das nichts anginge. Als hingegen Montaigne die *Essais* schrieb, machte, formte, baute das Buch sein Leben. Es löste sich von ihm ab, dachte über ihn nach, phantasierte über ihn und überlegte sich Dinge, die er sich nie vorgestellt hatte. Es änderte einen Paragraphen, überarbeitete einen anderen, und so veränderte schließlich das Buch Montaignes Leben. Seit er in den Turm gezogen war, ein Gefangener der *Essais* und des Turms, kannte Montaigne kein anderes Leben als ihres, sie wuchsen vor seinen Augen, veränderten und verschoben sich, wie ein fremdes, lebendiges Geschöpf. Aber genau deswegen kannte er sie bis ins kleinste Detail. Selten hat ein Schriftsteller mit solcher Präzision (weniger, wenn er uns hintergehen will) gesagt, wer und was sein Buch war. Die *Essais* standen ihm vor Augen wie ein unbestechlicher Spiegel, er brauchte nur darin zu lesen und uns erzählen, was er darin gesehen hatte.

Der Mann, der die *Essais* geschrieben hat (oder von ihnen geschrieben wurde), lebt unter einem doppelten astrologischen Zeichen. Seine Gemütsart sei »zwischen Fröhlichkeit und Schwermut angesiedelt«, schreibt er. Diese Kombination zwischen zwei astrologischen Zeichen ruft eine immense Phantasie und Einbildungskraft in ihm wach: den Wunsch nach allen möglichen Erfahrungen (und seien sie auch in einem Buch gemacht), die Liebe zu allen sichtbaren Dingen. Niemand ist maßloser als dieser Mann des Maßes. Angezogen von allen Dingen, die ihm nicht ähnlich sind, möchte er sich verändern, verwandeln, in Fluß geraten; er liebt das Reisen als einen natürlichen Zustand des Menschen. »Ja, ich bekenne es: Selbst im Traum oder im Wunschbild sehe ich nichts, was ich festhalten wollte. Allein Abwechslung und Genuß der Vielfalt finde ich (falls überhaupt etwas) lohnend.« Und mit Vergnügen nimmt er alle Dinge hin, wird ein anderer, beugt sich dem, was das Leben ihm auferlegt. Manchmal wirkt er kalt, hart, unempfindlich – wie alle Neugierigen, die gezwungen sind, sich innerlich zu verhärten, um sich nicht an ihre Erfahrungen zu verlieren. Gewöhnlich gelingt es ihm, ein bewundernswertes Gleichgewicht zwischen Extroversion und Introversion herzustellen, eines mit dem anderen zu verschmelzen. Wenn er reist, so um sich zu konzentrieren. Indem er sich zerstreut, findet er sich. Indem er etwas erreicht und erobert, verliert er sich. Er schreibt, um zu leben, er lebt, um zu schreiben. Wenn er an den Tod denkt, im Geist aus sich heraustritt und in die Gefilde des Jenseits fliegt, dann tut er das, um *hier*, unter uns besser leben zu können.

Das ist das Geheimnis Montaignes, das Geheimnis seiner *Ausgewogenheit*, wie man so sagt. All seine Phantasien, Exzesse, seine Wut, seine Zweifel, seine Schrecknisse, Ungeheuer, Schimären, sein Wahn – all das braucht eine Grenze und wird eingeschlossen in eine moderate und ausgeglichene Welt. »Man tut recht daran, dem menschlichen Geist so enge Schranken wie nur möglich zu setzen. Im Studium und in allem übrigen muß man ihm seine Schritte vorzählen und sie lenken, man muß ihm die Grenzen seines Jagdreviers planmäßig abstecken.« Wie es diesem grenzenlosen Geist gelungen ist, sein Maß zu finden, wie dieser völlig freie Mann es verstanden hat, sich in tausend Ketten zu legen – das ist ein Wunder, das wohl noch nie jemand erklärt hat. Oder es gibt nur eine einzige Erklärung. Indem es all seine Fluchten und Obsessionen aufzeichnete und beständig das Ziel der Jagd verschob und veränderte, hat das Buch die geschlossene und bewegliche Welt errichtet, in der Montaigne lebte. Das ist kein Gebirgsgipfel. Es ist eine schöne fruchtbare und blühende Ebene, zu der wir über einen sanft abfallenden Hügel auf schattigen, grasbewachsenen und blühenden Wegen gelangen und von der aus wir bequem alle Dinge sehen können, die vor und unter uns liegen. Welch köstliche Luft wir dort atmen, welche Süße, welche Freude, Harmonie und erhabene Natürlichkeit dort herrschen, welche Lieblichkeit und freundliches Fließen, welche beständige Auflösung all dessen, was angespannt und verwickelt ist!

In dieser Ebene gibt es ein Gebiet, das völlig aus dem Gleichgewicht herausfällt, in das Montaigne sich selbst eingeschlossen hat. Es ist das Feuer, der Furor, das Delirium, die Besessenheit, die göttliche Eingebung, die er aus seiner Lektüre von Platon-Texten kennt. Für Platons Metaphysik hatte er nicht viel übrig, aber kein Buch prägte ihn mehr und tiefer und nachhaltiger als das *Symposion* und der *Phaidros*. Der bewunderungswürdige Essay über die Freundschaft ist voller Anklänge daran. Der Dichter, den Montaigne in einem anderen Essay beschreibt, ist der Platonsche Begeisterte. »Nach Platon sitzt der Dichter auf dem Dreifuß der Musen und sprudelt im Furor der Entrückung wie eine Fontäne alles aus sich hervor, was in ihm aufsteigt, ohne hierüber nachzudenken und es zu wägen; daher entströmen ihm in stoßartigen Schwällen Dinge von unterschiedlicher Färbung und oft widersprüchlicher Substanz.« Mit derselben Begeisterung spricht Montaigne von der Dichtung, die unser Urteil aufhebt und zunichte macht; und vom plötzlichen Aufbrechen der Inspiration in ihm, wenn er seine »verrücktesten und tiefsten Phantasien« niederschreibt.

Trotz seiner Ausgewogenheit weiß Montaigne, daß die Glut der Poesie und des Wahns, die er wie eine seltene und kostbare Gabe in sich trägt, ihn in wer weiß welche Abgründe stürzen kann. Gebannt und voller Schrecken schaut er in diese Tiefen. Als er in Ferrara Torquato Tasso sieht, eingesperrt im Ospedale di sant'Anna, ein Überlebender seiner selbst, und wenn er in ihm einen der regesten und glühendsten melancholischen Geister erblickt, die es unweigerlich in den Wahnsinn treibt, meint er, einen verwandten Geist zu sehen, fast seinen Schatten. »In welchen Abgrund ist, gehetzt von seiner schöpferischen Unrast, jüngst Tasso gestürzt, einer der klügsten und genialsten unter ihnen … Hat diesen Geist nicht in der Tat seine eigne Lebendigkeit gemordet? Sein Klarblick, der ihn blind machte? Die angespannte, scharfe Wahrnehmungsfähigkeit seines Verstandes, die ihm den Verstand raubte? Sein eifriges, hingebungsvolles Studium der Wissenschaften, das ihn verblöden ließ? Diese ungewöhnliche Begabung für die Übungen des Geistes, die ihn um die Übungen des Geistes brachte?«

Die *Essais* sind ein noch größeres Wunder als ihr Autor. Montaigne weiß, wie »neu«, »extravagant« und »phantastisch« sein Buch ist, und gewiß nicht, weil er von sich spricht, das hatten viele vor ihm auch schon getan. Es war zugleich eine Enzyklopädie, wie sie in der Spätantike und im Mittelalter beliebt war, eine Sammlung möglicher und unmöglicher Fälle, die Quintessenz aller Bücher, die Montaigne gelesen hatte. Eine Diskussion über die höchsten Probleme des Kosmos, des Menschen und der Geschichte, und dann, unauflöslich damit verbunden, das Porträt eines Mannes und einer Erfahrung. Dieser Mann ist er selbst, und nichts amüsiert, erheitert und überrascht Montaigne mehr, der für sich selbst tiefe Sympathie empfindet und immer wieder über sich staunt. Sein Ich verändert sich in jedem Augenblick, sein Gedanke sucht sich selbst und drückt sich aus, während er sich sucht und dabei nach und nach einen Ausdruck findet, der ihm »vorläufig definitiv« erscheint. Und unterdessen spielt er mit diesem Ich-Buch, stellt es aus und stellt sich selbst aus, zeigt es vor und zeigt sich vor, negiert es und verneint sich und geht mit unendlichem Vergnügen von den *Essais* über zu sich selbst.

Gegenstand der *Essais* sind nicht die Ideen – Montaigne hätte es sich nicht im Traum einfallen lassen, etwas so Unnützes zu tun wie denken –, sondern »Phantasien«, »Schimären«, »phantastische Ungeheuer«, Obsessionen, Launen, die unter seinen Händen den Charakter von anschaulichen Bildern annehmen (»Grotesken« nannte er sie), oder von bizarren oder gewundenen Linien oder von einfachen Energiestößen. Es gibt keine einzige gerade Linie, als ob ein böser Fluch sie aus der Welt verbannt hätte. Alles ist Windung, Ecke oder Winkel, Schnörkel, Kurve, Rüsche oder Gekräusel, alles ist Bruchstück, Gedankensprung, Abwechslung, Abschweifung, Widerspruch, plötzliche und erhellende metaphorische Verkürzung.

Lange Zeit suchte Montaigne nach einem Modell, mit dem er sein Unternehmen rechtfertigen könnte, bis er in den letzten Jahren seines Lebens begriff, daß das Modell für seine Launen und Kapricen Platons *Dialoge* waren und ein paar kleinere Texte von Plutarch. Sie »scheuen vor solchen Wechselspielen keineswegs zurück, sondern lassen sich auf diese Weise mit wundervoller Anmut in die Winde treiben – selbst wenn es nur so scheint ... Ich liebe die hüpfende, Luftsprünge machende Gangart der Poesie. Sie ist, wie Platon sagt, eine leichtfüßig dahinschwebende, vom Daimon beflügelte Kunst ... Himmel, wieviel Schönheit liegt doch in diesem Abwechslungsreichtum, in diesen übermütigen Eskapaden – und eine um so größere, je lässiger und zufälliger sie wirken.« Bald fand er viele Namen für sein Buch. Die *Essais* wurden zur »Rhapsodie« oder zum »Spaziergang«, oder ein »Frikassee«, ein »Potpourri« oder eine »Intarsienarbeit«. Vor allem aber waren sie eine »Variation«; und für einige Jahrhunderte sollte Montaigne der Meister der musikalisch verbrämten literarischen Variation bleiben.

Mit der gewohnten Hellsicht definierte Montaigne seinen Stil: »Die Sprache, die ich liebe, ist einfach und natürlich: auf dem Papier nicht anders als aus dem Mund; eine Sprache voller Saft und Kraft, kurz und bündig, weniger geschniegelt und gebügelt als unverblümt und ungestüm.« Was uns Eindruck macht, ist die souveräne Geschwindigkeit der Bewegung: die Geschwindigkeit der Analogien und intellektuellen Verbindungen; die systematische Übersetzung von geistigen Daten ins Physische, die aus der inneren Tätigkeit eine sichtbare Tätigkeit macht, die sich im Raum abspielt; der Wechsel von Konzentration und selbstgefälliger Langsamkeit, von epigrammatischen Sätzen und enormen Satzungetümen. Je weiter die *Essais* fortschreiten, um so mehr ähneln sie einem Gespräch. Montaigne hat seinen Spaß daran, den Tonfall einer Stimme nachzuahmen, die spricht, plaudert, kommentiert, abschweift, ausmalt, rezitiert, sich darstellt, Zeit verliert, schwächer wird, triumphiert. Der Zuhörer ist nah und fern zugleich: Es ist Montaigne, der sein

Buch reden hört; es sind wir, die wir nach vier Jahrhunderten immer noch ein unendliches Gespräch mit ihm weiterführen.

Die *Essais* sind eines der großen Altersbücher, auch wenn das Alter Montaigne vielleicht nicht die Weisheit brachte, die er erträumte und verachtete. Hier und da bemerken wir fast verzweifelte Töne: »Ich fühle, wie mir [das Alter] trotz all meiner Verschanzungen Schritt für Schritt näher auf den Leib rückt. Ich halte stand, so gut ich kann. Wohin [es] mich aber letztlich führen wird, weiß ich nicht. Doch wie es auch ausgehen mag – mir genügt, daß die Welt wisse, von welcher Höhe ich herabgefallen bin.« »Meine Welt ist versunken, meine Schale geleert, ich gehöre ganz der Vergangenheit ... Die Zeit verläßt mich, ohne ihr Bleiben bleibt einem aber nichts.« Aber er wurde nicht ungern alt. Er fühlte sich freier als die Masken, hinter denen er sein Gesicht verborgen hatte; und er meinte, er könne nun freizügiger sein, fast schamlos. Wenn das ganze Leben ein Fließen gewesen war, so floh es nun dahin, entzog sich seiner selbst, mit einer Kühnheit, die nichts bremsen konnte.

Vorbilder gab es reichlich. Er hatte Cato geliebt, Caesar und Epameinondas; aber sein einziges Vorbild, während er sich auf den Tod zubewegte, war Sokrates. Sokrates mit den vorspringenden und allessehenden Stieraugen und seinem dionysischen Furor. Eine Art ständiger Rausch, eine schamlose Zurschaustellung durchziehen die letzten *Essais*. »Besonders zu dieser Stunde, da ich merke, wie sehr mein Leben an Zeit abnimmt, will ich, daß es an Gewicht zunehme; ich will der Schnelligkeit einer Flucht durch die Schnelligkeit meines Zugriffs Einhalt gebieten; ich will durch seine nachdrückliche Nutzung die Eile hemmen, mit der es mir entgleitet. Je kürzer ich das Leben noch besitze, desto tiefer und umfassender muß ich von ihm Besitz ergreifen.« Der Himmel ringsum war ruhig und klar, kein Wunsch, keine Angst und kein Zweifel, keine Schwierigkeit trübten ihn. Keine Hoffnung gaukelte ihm etwas vor. Er hatte nichts als die Gegenwart, die blanke Gegenwart. Und er verlangsamte die Zeit, verlieh jeder Minute ihre volle Bedeutung, »er untersuchte, kostete und käute jede Erfahrung wider«.

Obwohl die Gelehrten bezweifeln, daß Montaigne die *Be-*

kenntnisse des Augustinus je gelesen hat, scheint es mir unmöglich, daß er einen damals so beliebten Text nicht gekannt haben soll, einen Text, den alle, die er liebte, hochschätzten. Der Aufbau der *Essais* scheint freilich wie die – vermutlich unbeabsichtigte – Replik und Umkehr des »von Tränen triefenden Buchs«, das Petrarca so sehr liebte. Die *Bekenntnisse* beginnen mit der Erzählung des nichtigen Lebens eines Mannes und gelangen schließlich zu den Geheimnissen Gottes, der Zeit und der Schöpfung. Stückweise, häppchenweise beginnen die *Essais* von den höchsten Problemen des Universums zu reden, davon, wer der Mensch sei und was die Natur und ob es ein Gesetz gebe und was die Gegenwart Gottes sei. Sie mengen die Weltgeschichte hinein, vom alten Rom bis zu den Kannibalen, und das Leben und die Erfahrungen eines Mannes, der über diese Schimären nachgegrübelt hat. Gegen Ende kehrt sich alles um, konzentriert und verengt sich wie in einem Trichter. Der Gegenstand ist nur noch ein einziger: Michel de Montaigne, genauer: sein Körper. Wann er schläft, wann er frühstückt, ob er schwitzt oder unverdünnten Wein trinkt, welche Schmerzen ihm seine Nierensteine verursachen, welche Farbe sein Urin hat, wann er ausreitet, daß er Melonen und Saucen liebt, sich gerne kratzt, während er zähes Fleisch nicht mag. In dieser Umkehr zur Form eines Trichters liegt eine großartige Spottlust. Es gibt nur das – scheint Montaigne sagen zu wollen. Das ist alles. Das Universum mit seinen Göttern und Sternen und seinen Planeten auf vorgeschriebener Bahn hat sich auf den Körper eines Fünfundfünfzigjährigen reduziert, der an Nierensteinen leidet.

In einem berühmten Abschnitt von *Port-Royal* erzählt Sainte-Beuve vom imaginären Begräbnis Montaignes. »Montaigne ist tot. Sein Buch wird auf seinen Sarg gelegt.« Hinter dem Sarg geht Mademoiselle Gournay, die Schwiegertochter. Dann sind da Bayle und Naudé, »die offiziellen Skeptiker«. Dann folgt in Gruppen oder in einer Reihe der Zug all der anderen: Alle diejenigen, die aus seinem Buch Anregung bezogen, für ein Buch mit Maximen, Aufsätzen, Charakteren, Bekenntnissen, zu Komödien,

Briefen, Romanen und Erzählungen, oder auch nur, um ihrem Stil Glanz zu verleihen. Da sind La Rochefoucauld, La Fontaine, Madame de Sévigné, Molière, Saint-Évremond, La Bruyère, Fontenelle, Marivaux, Montesquieu, Voltaire und Rousseau ... In einer Ecke steht Pascal, sein Doppel und sein Feind, und betet.

Sainte-Beuve bemerkte nicht, daß es in dieser liebenswerten Gespensterschar, die aus allen Teilen der Erde zusammengekommen war, noch andere Schriftsteller gab, vielleicht die wahren Erben Montaignes, von denen er einige nicht kannte. Da war vor allem der ironische und spleenige Sterne: Im *Tristram Shandy* ist aus den *Essais* ein Labyrinth-Roman geworden, mit mehr Leere, Licht und Rauch. Ein Schüler Sternes, Denis Diderot, leitete vom Ton Montaignes die dreist-spöttische Tonart von *Rameaus Neffe* ab. Der größte romantische Essayist, Søren Kierkegaard, zeigte in *Entweder – Oder*, daß er Montaignes Lektion in Arabesken, Abschweifungen, Dissonanzen und Wechsel der Tonlage gründlich gelernt hatte: die unterbrochene, zerbrochene, zerstückelte Linie, der Wunsch, über das Buch hinauszukommen. Flaubert hatte überhaupt keine Ähnlichkeit mit Montaigne, und doch ist *Bouvard und Pécuchet*, das der menschlichen Dummheit ein Denkmal errichtet, aus Zitaten zusammengesetzt, wie die *Essais* es zum Teil auch sind.

Der echteste Sohn dürfte aber wohl der letzte sein, ich weiß nicht, ob es der allerletzte ist, er kam von weither, aus Wien und Genf, wo auch er sich, wie Montaigne, von seinem Buch die Lösung des eigenen Lebens erhoffte. Es war Robert Musil in seiner dreifachen Gestalt als Mathematiker, Offizier und *Monsieur le Vivisecteur*. Diese luftige und unwahrscheinliche Architektur, diese souveräne Skepsis, diese Liebe zur Enzyklopädie, dieses Gefühl der Leere, diese unentwegte Abschweifung und Plauderei, diese Liebe zu Metaphern aus dem physischen Bereich, die einen Gedanken zum Ausdruck bringen, alles das, was den *Mann ohne Eigenschaften* zusammenhält – ist das nicht vielleicht der letzte Nachhall des widersprüchlichen und schwankenden Buches, das im Turm geschrieben wurde, zwischen dem Geschnatter der Gänse und dem unendlichen Horizont?

Ich glaube, die Griechen der klassischen Antike – die Leser von Sophokles und Platon, die Bewunderer des Phidias und des Kerameikos – hätten jene großartige Meditation über den Tod sehr geliebt, die Nicolas Poussin auf seinem Gemälde *Et in Arcadia ego* anstellt. Das Bild hängt heute im Louvre. Sie hätten seinen Ernst gemocht, seinen tiefen Sinn fürs Tragische, und diese Ruhe, Heiterkeit und Harmonie, die aus wer weiß welch verborgener Quelle strömen und es möglich machen, das Reich des Todes mit einem leichten Satz zu überwinden. Ich weiß nicht, was Poussin von der griechischen Kunst wußte, was er mittels seiner überaus breiten römischen Kultur davon wahrnehmen konnte. Aber als er 1639 oder 1640 die düstren und dunklen Farben des Gemäldes auf die Leinwand aufzutragen begann, wollte er bestimmt jede Erinnerung an die barocken Vanitas-Darstellungen verbannen, die einige Jahre zuvor auch in seine Malerei Eingang gefunden hatten. Keines der gängigen Todessymbole taucht auf, weder Totenschädel noch Knochen, weder zerstörte Leiber noch Ruinen, keine Würmer, Schmetterlinge, Mäuse, Insekten oder

fauligen Früchte wie auf früheren Bildern. Und nicht einmal auf die Vergänglichkeit wollte er anspielen, die unser Ende herbeiführt und bedeutet. Nirgendwo eine Sanduhr, kein Brunnen, aus dem Wasser strömt und uns daran erinnert, daß der Mensch eine flüchtige Erscheinung ist, daß alles vergänglich ist und hinfällig auf dieser Welt.

Dem Anschein nach wollte Poussin selbst den Gedanken an den Tod verbannen. In die Mitte seines pastoralen Arkadien, das verlassen ist, ohne Hütten, ohne Herden, ohne Hirtenmusik und ohne Feste, stellte er einen massiven, fast kubischen Sarkophag, der wie ein Denkmal wirkt, ein Denkmal mit perfekten Ausmaßen, als ob die musikalische Kunst der Proportionen – diese ans Göttliche rührende Kunst – die Angst vor dem Tod überwinden könnte. Dann aber ritzte er eine schreckliche Inschrift in dieses Denkmal: *Et in Arcadia ego*. »Ich, der Tod, bin auch in Arkadien.« Seine Macht ist also grenzenlos, nicht nur auf der Erde, die wir bewohnen, auf dem Meer, wo wir uns selbst zu entkommen trachten, nicht nur unter den Sanduhren und den faulenden Früchten, sondern auch in jenem utopischen und seligen Land Arkadien, das der Zeit entrückt zu sein schien. Wer kann dem Tod trotzen? Der Mensch nicht; auch wenn nicht unbedingt ein Schäfer unter diesen Steinen liegen muß, wie Félibien vermutete. Und auch die Natur nicht, denn diese vertrockneten Bäume auf der rechten Seite des Bildes erinnern uns daran, daß die Lebenskraft der Natur sich unwiderruflich erschöpfen kann. Da ist nur er, der Ungenannte, der Tod, um so gegenwärtiger, da ungenannt. Und er beherrscht dieses Gemälde um so mehr, als es auf alle Todessymbolik verzichtet, beherrscht es wahrscheinlich mehr als alle kostbaren und prunkvollen Vanitas-Bilder des 17. Jahrhunderts: nackt, unpersönlich, unüberwindlich.

Wie tiefgründig dieses Bild ist, wie gedankenschwer! Unter den Gemälden Poussins, dieses wunderbaren Malers all dessen, was das Innere unseres Schädels bevölkert, ist es vielleicht das am meisten mit Gedanken befrachtete, auf dem sich Schritt für Schritt durch ihre verschiedenen Phasen hindurch die Meditation über den Tod artikuliert. Zunächst ist da der kniende Schäfer, der langsam mit dem Finger die Inschrift entziffert, ihr von unten nach oben folgt, sie in sich aufnimmt, in seinem Geist abwägt und beim zentralen Wort haltmacht: Das heißt, der Ungenannte herrscht *auch in Arkadien*. Der Schäfer wirft einen Schatten auf die Steine, der die Form der Sense hat, eines Todessymbols. Das ist kein Zufall: Weil der Mensch der schwächste Punkt im Universum ist, das hinfälligste unter den Geschöpfen, und der Schatten seine Projektion ist. So begegnen wir auf diesen Steinen zum zweiten Mal dem Tod: als Inschrift und als Sense. Und der Schatten verdeckt fast völlig ein Wort: *ego* – das Ich des Menschen, seinen hinfälligsten Teil. Anscheinend gibt es keine Rettung. Wir sind eingeschlossen in die Sphäre der Sterblichkeit, der wir nicht entrinnen können – wenn alle Menschen, sogar die, die Fragen stellen und nachdenken, einen Schatten werfen.

Der Schäfer links im Bild, der sich mit dem Arm auf das Grab stützt, wirkt unruhig, niedergeschlagen, abwesend, in tiefste Melancholie gehüllt. Er betrachtet die Buchstaben auf dem Grab nicht, er erkundet sie nicht mit der Hand wie sein Gefährte. Er scheint alles seit jeher zu kennen, als ob für ihn nichts im Universum ein Geheimnis hätte.

An diesem Punkt müssen wir unsere allmähliche Erkundung des Gemäldes – allmählich und gründlich wie die des Schäfers, der den Stein abtastet und befragt – unterbrechen. Der rechte Teil von *Et in Arcadia ego* ist völlig verschieden vom linken, widerspricht ihm und kehrt ihn um. Mit kräftiger und sanfter Hand führt Poussin uns in eine andere Welt, die nichts mit der arkadischen zu tun hat. Da ist die antik gekleidete Frau, im Gegensatz zu den halbnackten arkadischen Schäfern: Prächtig gekleidet ist sie, wie eine Göttin oder Priesterin oder eine allegorische Figur, in leuchtendem Blau und Gelb, sie scheint von anderswo zu kommen, von einem übernatürlichen Ort, der sich plötzlich in Arkadien aufgetan hat. In ihr, dem zweiten Zentrum der Bildkomposition, ist das Geheimnis des Bildes verborgen. Wer ist sie? Der Tod? Das Schicksal? Die Schrift? Eine schlichte Priesterin? Eine Göttin? Athene? Mnemosyne? Oder die Vernunft, wie Cesare Ripa meint?

Es gibt weder Zeugnisse dazu noch Parallelen, weder in der Malerei der Zeit noch bei Poussin selbst. Und jede Interpretation dieser Frauengestalt ist Zweifeln und Anfechtungen ausgesetzt. Ich möchte sie die »Muse der Vergangenheit« nennen. Sie hält den Kopf leicht geneigt und lächelt ernst, weil sie ein Wissen besitzt, dasjenige nämlich, das ihr aus der Abfolge der Zeiten erwächst. Sie ist traurig, weil jeder Versuch, in die Vergangenheit einzudringen, auf den Schatten stößt, auf den Abgrund des Todes, den Staub der Gräber. Sie ist aber auch ruhig und heiter, weil die Erzählung des Vergangenen die rastlosen und melancholischen Seelen beschwichtigt. Hinter dem Kopf der Frau erheben sich Bäume, die zum Teil fast vertrocknet sind, wie alles Tote, zum Teil aber grün, wie die Zeit, die sich reinkarniert und wiedergeboren wird und wieder Gegenwart wird. Zum Schluß kehrt sich alles um: Nicht mehr der Tod und sein schrecklicher Satz und die gespenstischen Farben des Schattens stehen im Mittelpunkt, sondern das Licht, das Leben und die Freude; mit dem leuchtenden Blau und Gelb des weiblichen Gewands erinnern sie an Poussins venezianische Jugend und verwandeln die Ängste und Todesgedanken, die in diesem Moment die beiden Schäfer noch bedrängen, in Musik.

Die Frau oder Göttin legt ihre Hand auf die Schulter eines dritten Schäfers. Sie tröstet und ermuntert ihn, sie teilt ihm ihre Weisheit mit, leicht wie ein ernstes Lächeln. Während der Schäfer, der den Tod erkundet, uns den Rücken kehrt, hat dieser dritte Schäfer uns sein Gesicht direkt zugewandt. Er wirft keine Schatten, er löscht das Ich nicht aus. Sein Gesicht ist hell und kühn, seine Gestalt scheint eine Gewißheit auszudrücken, und sein Finger weist noch einmal auf die Inschrift *Et in Arcadia ego*. Was teilt er uns also mit? Er vergegenwärtigt uns die Offenbarung, die ihm die Muse der Vergangenheit mit einer leisen Berührung der Hand zuteil hat werden lassen. Der Tod ist überall, auch in Arkadien, die Zeit verfolgt uns überall; aber ihr Schatten wird durch unseren Geist gebändigt, er erzählt von ihr und verwandelt sie in Leben, grün wie der Lorbeerbaum und farbig leuchtend wie das Kleid der Frau.

Die schlichte Geste der Göttin scheint das ganze Gemälde zu

bannen. Alles steht still, wie vielleicht auf keinem anderen Gemälde Poussins. Diese Landschaft wird sich nie verändern, diese Felsen, diese Büsche, diese Bäume, dieses Grab, diese Schäfer, ja, sogar diese Wolken sind dort und so wie sie sind *für immer*. Dieser Augenblick ist ewig, wie die schönen Proportionen, die gemessenen Gesten der Figuren, und die Harmonie der Körper und der Töne. Da ist kein Wasser mehr, keine Sanduhr, keine Zeit. Arkadien, das vom Tod besiegt schien, hat über den Tod triumphiert. Arkadien, der Ort, wo man den »Goldenen Zweig« pflückt, der uns zu den Geheimnissen der Welt führt.

Die Märchen des Basile

Wir wissen fast nichts über Giambattista Basile. Wir wissen, daß er 1575 in Neapel geboren wurde und 1632 in Giugliano starb. Daß er sich in Candia, Venedig und Mantua aufgehalten hat, Soldat, Seemann und Statthalter in Ortschaften und Städten Kampaniens und der Basilikata war; daß er der »Akademie der Extravaganten« von Candia und der neapolitanischen »Akademie der Müßiggänger« angehörte; und daß sein Meisterwerk postum und unvollendet zwischen 1634 und 1636 erschien. Aber wer war dieser »schmächtige und feurige Neapolitaner, nichts als Muskeln und Sehnen, schwarzhaarig und dunkelhäutig, mit buschigen Augenbrauen und großen, tiefschwarzen Augen«, wie Mario Praz ihn sich vorstellte und schilderte? Das bleibt uns völlig unbekannt. So genau wir auch die *Erzählung der Erzählungen*, also das *Pentameron* danach absuchen, da gibt es nicht einen Hinweis, keine Ritze oder Spalte, kein Guckloch und keinen Spiegel, in dem wir eine Spur oder auch nur einen Schatten von ihm erhaschen könnten. Kein Schriftsteller des 17. Jahrhunderts ist geheimnisvoller und unergründlicher, verborgen wie in einem Grab hinter den barocken Schnörkeln und märchenhaften Phantastereien seines Buches.

Basile besaß ein enormes Gedächtnis, in dem er, wie ein gebildeter Volkskundler des 19. Jahrhunderts, einen reichen Schatz an Märchen, Traditionen, Sitten und Gebräuchen, Sprichwörtern und Redewendungen, Kinderspielen aus Neapel und Umgebung aufbewahrte. Er tat »nichts weiter, als die alten Truhen des Gehirns ausleeren und in sämtlichen Verstecken des Gedächtnisses kramen«. Und dann warf er diese Erinnerungen in seinen Shakespeareschen Kessel, wie die Hexen in *Macbeth*, die zu ihrem »Höllenbrei« »Molchesaug und Unkenzehe« verwenden, »Hundemaul und Hirn der Krähe, Eidechsbein und Flaum vom Kauz, des Lästerjuden Lunge, Türkennas und Tatarenzunge, Hand des neugebornen Knaben, den die Metz erwürgt' im Graben«:

»Spart am Werk nicht Fleiß noch Mühe,
Feuer sprühe, Kessel glühe!«

Und wie munter Basiles Feuer flackerte, wie es in dem riesigen Kessel brodelte, und wie dicht, üppig und phantastisch der Hexenbrei war, den er in der *Erzählung der Erzählungen* zusammenmixte!

Vor dem Hintergrund dieses Feuers und dieses brodelnden Kessels müssen wir die Traktate des 17. Jahrhunderts über die Melancholie verstehen und lesen. Basiles *Pentameron* ist ein großer Mechanismus zur Überwindung und Auslöschung der Melancholie in der Welt. Zu Beginn des Buches erscheint die Tochter des Königs von Vallepelosa, die nie lacht, wie Heraklit. Und ihre Figur kehrt in anderen Gestalten wieder, die auch den Mund zu keinem Zeichen der Freude aufbekommen. Um seine Tochter aufzuheitern, ruft der König von Vallepelosa Akrobaten, Gaukler, Turner, Sänger, Tänzer und gezähmte Tiere herbei. Alles ist vergeblich; bis eine alte Hexe den Rock hebt, wie Baubo vor Demeter, und ihr buschiges Geschlecht zeigt. Bei diesem Anblick bekam Zosa »einen solchen Lachanfall, daß sie fast ohnmächtig geworden wäre«. Das Buch muß dieses anfängliche Gelächter Zosas wiederholen und vervielfachen: Die Erzählung ist das einzig wirkliche Heilmittel gegen die Melancholie, sie »läßt die Sorgen verfliegen, schickt die lästigen Gedanken fort und verlängert das Leben«. Und durch die fünfzig Erzählungen, die an fünf Tagen von zehn Erzählern erzählt werden, schallt dieses enorme Lachen, es leuchtet, explodiert, zeugt Leben, befruchtet die Erde, läßt Blumen sprießen, läßt Menschen und Feen zerspringen – obwohl sich in der Ferne, unergründlich und unerschöpflich, aber allgegenwärtig, der schwarze See der Melancholie ausbreitet.

Um die Melancholie zu besiegen, beschreitet Basile denselben Weg, den ihm Baubo, die alte Hexe, und viele Autoren des 16. Jahrhunderts schon gewiesen hatten: indem er das Leben der Welt auf vielfältigste Weise, mit immer neuen Phantasien, Erfindungen und Einfällen entwertet und herabsetzt. In erster Linie die zauberhafte toskanische Villa des Boccaccio, mit ihren Höfen, Loggien und Wandmalereien, Wiesen, Brunnen und wunderbaren Gärten – hier wird sie zu einem Reich des Gemeinen und Trivialen. Und die eleganten Erzähler des *Decamerone* – Pampinea, Fiammetta, Neifile, Panfilo und Filostrato – verwandeln sich in »die lahme Zesa, die krumme Cecca, die kropfhalsige Menica, die großmäulige Tolla, die bucklige Popa, die geifernde Antonella, die breitmäulige Ciulla, die triefäugige Paola, die grindige Ciommetella und die schlampige Iacova«. Und zweitens ist das Märchen, das eigentlich außerhalb der Zeit und im Nirgendwo spielt, hier angesiedelt in Neapel und Umgebung. Und fast alle Personen haben präzise Namen und haben zu einer bestimmten Zeit an einem bestimmten Ort gelebt, wie Cola Iacovo Aggrancatro di Pomigliano und seine Frau Masella Cernecchia di Resina.

Manchmal strahlt das Märchen noch in vollem Glanz: Das Gold blendet, das Silber quillt über, die Schmuckstücke blinken, die Diener wimmeln; in wundervollen Gärten gibt es Spaliere mit Pomeranzen und tief herabhängende Zedern; und die Damen stolzieren mit einem Spiegel und mit ihrem Riechfläschchen einher, geschmückt mit Diademen und Kolliers. Viele Figuren deklamieren ihre metaphorischen Gesänge wie die Tenöre, Baritone, Soprane oder Altistinnen einer künftigen Opernbühne. »Ich muß dich verlassen, mein schönes Neapel! Wer weiß, ob es mir vergönnt ist, dich noch einmal wiederzusehen, du Stadt, wo die Ziegel von Zucker, die Mauern von Marzipan sind … Ich kann nicht von dir gehen, lieber Markt, ohne zu wissen, wo ich meinen Schmerz zu Markte tragen soll. Wie könnt ich von dir scheiden, schöner Chiaia-Strand, ohne daß das Schifflein meines Herzens strandet? Lebt wohl, ihr Pastinaken und zarten Rübchen! Ade, ihr Eierfladen und Kastanienkuchen! ... Ade, du Blüte aller Städte, du Kleinod Italiens, du Liebling Europas, du Spiegel der Welt! Ade, du unvergleichliches Neapel, wo die Tugend ihre Grenzpfähle und die Armut ihre Marken aufgerichtet hat!«

Im allgemeinen ist Basiles Neapel plebejisch, arm, laut und obszön. »Streit unter Kutschern, Betrügereien von Schankwirten, Mord von Zöllnern, Gefahr lauert überall, Kackereien für Mistkäfer«; Schenken, Freudenhäuser, Spielhöllen, lose Dirnen. Nie zuvor in der italienischen Literatur war Neapel so lebendig und anschaulich dargestellt, nie haben wir diesen Geschmack, diesen Geruch, diesen Gestank wahrgenommen, von dem diese Seiten durchtränkt sind und den sie verströmen, wie vor vierhundert Jahren die Gassen und Straßen der Stadt. Zum einen Teil war Basile Moralist, der überall die Anzeichen der verkehrten Welt sah: »Possenreißer werden belohnt, Gauner hoch geachtet, Faulpelze geehrt, Meuchelmörder gedeckt, Kipper und Wipper geschützt, anständige Menschen wenig geachtet, Nichtsnutze ausgezeichnet.« Aber im Grunde interessierten ihn der Verfall der Sitten und die Mißgeschicke der Tugendhaften sehr wenig. Er lauschte und sah zu. Er machte lange Ohren, drückte ein Ohr an die Erde und hörte alles, was auf der Welt gesprochen wurde: finstere Machenschaften von Handwerkern, Winke von Kupplern, geheime Treffen von Verliebten, Klagen von Dienern, Hinweise von Spionen, das Gewisper von alten Weibern, Flüche von Seeleuten. Wie der scharfsichtigste und genaueste Visionär drang er bis ins feinmaschige Innere der Wirklichkeit vor: die Handarbeitslehrerin, die den Mädchen den Kreuzstich und das Säumen beibringt, das verirrte Hündchen, das seinen Herrn wiederfindet, ihn anbellt, abschleckt und mit dem Schwanz wedelt, oder die Tochter des alten Knausers, die sieben Speckschwarten in einem Töpfchen brät und gierig verschlingt.

Das Universum, für das Neapel die gleißende Metapher ist, präsentiert sich als Anhäufung aus Ungeheuern, Idioten und

Abfall. Da sind die Zwergmonstren mit einem Kopf größer als ein indischer Kürbis, mit warziger Stirn, dichten, zusammengewachsenen Augenbrauen, runzligen Lidern und schielenden Augen, sabberndem Mund; da sind die alten Weiber »das Gesicht quittengelb und runzlig, der Mund breit und schief, mit Hängebrust, verwachsenen Schultern, gichtsteifen Armen, lahmen und gebrechlichen Beinen und wahren Hakenfüßen«; da sind die Tölpel, Blöden und Idioten, die den Schwachsinn streifen und den Betrachter faszinieren und bezaubern; und all die Scherben von Krügen, die zerbrochenen Töpfe und Deckel, die Böden von Töpfen und Pfannen, die Ränder von Waschbecken, die Henkel von Amphoren ... Unter all diesem Abfall ist das Leben auf ein Minimum zusammengeschrumpft. Es wird gegessen und ausgeschieden. Alle fressen, schmausen, verschlingen, schlucken, mampfen, würgen, vertilgen, knuspern, knabbern und verputzen, was auf dem Tisch ist: Pasteten und Käse, Fleischklößchen, Makkaroni und Ravioli, Pastinaken und Blätterteig, Piccata und Überbackenes, Pudding und Kuchen; Neapel ist eine riesige Tortenstadt, die Basile mit Augen und Zähnen verschlingt. Gleich darauf entleeren sich alle. Der Kot nimmt alle Formen an, bringt komplizierte Formen hervor, Virtuosismen und barocke Maschinen, dringt ein in Wörterbücher, durchzieht die Sprache der Liebe; bis uns in einem Moment fast des Deliriums die Welt wie ein einziger Durchfall erscheint, der sich nach allen Seiten hin ausdehnt.

Ungeheuer, Zwerge, alte Weiber, Tölpel, Idioten, Fresser und Scheißer versammeln sich in den fünfzig Erzählungen zu einem einzigen Ziel und Zweck: Sie wollen uns zum Lachen bringen. Sie wollen in der melancholischen Zosa, in den Erzählerinnen und in uns Lesern das enorme Lachen aus vollem Hals auslösen, das schallende Gelächter, *hénaurme*, wie bei Rabelais und Flaubert, dionysisch, absurd, auf großartige Weise phantastisch, das die schwarze Pflanze der Melancholie für immer vernichtet. Im Buch lacht Zosa und heiratet ihren Prinzen. Und wir, lachen wir? Einige Erzählungen sind so unglaublich virtuos, daß auch uns vor Lachen die Tränen kommen. Freilich ist nicht sicher, ob wir am Schluß lachen. Das Universum des Basile ist so drückend schwer, so dicht und unentwirrbar, daß es uns manchmal erscheint wie der finstere Traum der Hexen in *Macbeth*, die weiter ihren Höllenbrei kochen.

Besser als jeder andere Märchenerzähler hatte Giambattista Basile begriffen, worin das Geheimnis des Märchens besteht. Nämlich gar nicht so sehr in der Beschwörung des Wunderbaren und Phantastischen als vielmehr im Aufbau einer vollkommen geometrischen Welt, in der sich Aktionen und Reaktionen mit abstrakter Genauigkeit entsprechen. Basiles Geometrien sind vollkommen, köstlich und überaus komisch. Er gab sich aber nicht mit den traditionellen Mustern zufrieden. Er wollte neue wiederkehrende Motive schaffen, die seinen Märchen den klaren und unverkennbaren Stempel aufdrücken sollten. So vervielfachte er die Sonnenauf- und -untergänge: Eine metaphorische Phantasie, die nur an den Grenzen des Menschlichen ihre Grenzen hat, wird in eine Formel gezwungen, die nun unendlich variiert wird.

Und so haben wir hier Sonnenauf- und -untergänge aller Art: realistische, pikareske, manieristische, poetische, spielerische, erlesene, parodistische, theatralische, feine, martialische und skurrile. »Des Morgens, wenn Aurora endlich den Nachttopf ihres Alten voller roten Nierengrieß aus dem Ostfenster werfen kann …« »Am Abend, wenn die Sonne wie ein Mistkäfer mit der Mütze auf dem Kopf in den Kerker des Westens getragen wird.« »Sobald die Sonne mit ihrem Strahlenpinsel den von den Schatten der Nacht geschwärzten Himmel getüncht hatte …« »Nun rollten die goldenen Kugeln der Sonne, mit denen sie auf den himmlischen Wiesen spielt, den Abhang des Abends hinunter.« »Noch war die Nacht nicht auf dem Paradeplatz des Himmels erschienen, um die Heerschau der Fledermäuse abzunehmen.« »Kaum war die Nacht hervorgekommen, um mit den Sternen ›Zieh mir den Vorhang‹ zu spielen.« »Als die Vögel, die Trompeter der Dämmerung, das Signal ›Aufgesessen‹ ertönen ließen, worauf die Tagesstunden sich in den Sattel schwangen …« »Als der Vorhang der Schatten von dem Schauplatz des Himmels fortgezogen worden war und Aurora heraustrat …«

In manchen Märchenbüchern gehört das Phantastische einer Welt an, die von der realen Welt strikt geschieden ist. Es herrschen andere Gesetze, und eine unmerkliche Scheidelinie hindert die Menschen daran, in die andere Welt hinüberzuwechseln, es sei denn, mit Hilfe von mächtigen, übernatürlichen Verbündeten. Hier aber im *Pentameron* sind alle Grenzen, alle Schranken und Scheidelinien gefallen. Die Feen, Zauberer und Ungeheuer wohnen überall, auf jedem Hügel, in jedem Dorf oder Schloß, wo Menschen sich zusammenfinden; oft sind sie menschlicher Abstammung: Kaufleute, Stallburschen oder arme alte Weiber. Nichts Alltäglicheres in dieser Welt als das magische Objekt oder die Verhexung – und es genügt, daß eine Taube sich zum Flug erhebt, damit eine verzauberte Atmosphäre über die deftigen Farben, Klänge und Gerüche der Märkte herabsinkt. So verschmelzen unter Basiles Händen reale und Märchenwelt auf wunderbare Weise: Sie verströmen denselben Duft. Und im zeitlosen Märchen wird das Neapel von 1628 oder 1630 erkennbar, als Basile es neugierigen und begehrlichen Auges durchstreifte.

Jeder Leser bemerkt die Anwesenheit der Feen, ganz gleich, ob sie die Töchter von Kaufleuten oder Wirten, von Bauern oder Königen sind. Man braucht nur genau hinzusehen, und schon wird die Fee vor unseren Augen zum Myrtenzweig und der Myrtenzweig zur Fee; und dasselbe geschieht mit einer Dattel, einer Eidechse, einer Schlange, einer Limone, einer Taube oder einem Vogel – sie kennen die Geheimsprache Salomos, die wir nie verstehen werden. So bilden die Reiche der Bäume, der Tiere und der Feen ein einziges Reich, wie in den primitiven Menschheitsmythen. Was unter dem Menschen steht, hat Fähigkeiten, Kräfte und hellseherische Begabungen, die der Mensch nicht kennt. Alles Märchenhafte ist an der Grenze dieser Reiche angesiedelt. Herrinnen der Metamorphosen, verwandeln die Feen sich unablässig, nicht weil sie dazu gezwungen wären, sondern weil dies ihre wahre Bestimmung ist.

Derart unter die Menschen gemischt, andersartig, aber von ihnen nicht zu unterscheiden, üben die Feen ihren Einfluß auf der Welt aus, wohin auch immer sie ihren Vogel- oder Zedernfuß setzen. Obwohl sie launisch und wechselhaft sind und darin der unbeständigen Fortuna gleichen, ist ihr Einfluß gewöhnlich hilfreich, angenehm und liebevoll. Nicht einmal die Ungeheuer machen da eine Ausnahme. Die Feen lieben Hochzeiten, einfältige Toren und ein glückliches Ende, ganz wie große Romanautoren. Aber ihr Einfluß reicht weiter. Er betrifft nicht nur die Handlung der Märchen, er betrifft vor allem die eigentliche Substanz, die Tiefenstruktur der Wirklichkeit. Wir haben gesehen, daß sie Herrinnen der Metamorphosen sind. Und wenn die Wirklichkeit bei Basile dauernd beseelt und vermenschlicht wird, wenn sich alles erzeugt und wiederzeugt, wenn die Möbel kleine Ebenbilder ihrer selbst zur Welt bringen, wenn ein Bett ein Bettchen gebiert, der Geldschrank ein Schränkchen, der Stuhl ein Stühlchen, der Nachttopf ein schön lackiertes Nachttöpfchen, wenn Katzen sprechen und Mäuse in Schenken verkehren, wenn die Toten in ihren Kristallsärgen wachsen und Mehlpuppen lebendig werden, dann wissen wir, daß offen oder insgeheim die Feen am Werk sind, die Basile durch die knisternde und wogende Weite seines Universums wandern läßt.

Und dann sind da die Menschen. Wenn sie sich verlieben, tun sie das mit einer solchen Leidenschaft, Heftigkeit und Zärtlichkeit, mit so betörender Sehnsucht, wie das in Märchenbüchern eher selten ist; eine Ausnahme macht da vielleicht Madame d'Aulnoy. Wie bei Chrétien de Troyes ist es Liebeswahn oder narzißtisches Delirium. Die Jagd führt den König von Fottombrone in einen Wald, wo er einen »Marmorstein« findet. Darauf sieht er einen eben getöteten Raben liegen, der den schneeweißen Stein mit dem Rot seines Blutes und mit dem Schwarz seiner Federn befleckt. »O Gott«, sagt er, und stößt einen tiefen Seufzer aus, »könnte ich nicht eine Frau haben, die so weiß und rot ist wie dieser Stein und so schwarze Haare und Brauen hat wie dieser Rabe?« Und er versinkt so sehr in diesen Gedanken, daß auch er eine Marmorstatue wird, »diesen Gedanken in seinem Herzen eingeschlossen wie ein Stein im Stein«. Der Prinz von Torrelunga verletzt sich an einem Finger, als er einen Ricotta aufschneidet. Zwei Blutstropfen auf dem weißen Käse »bilden eine so schöne und anmutige Farbenmischung ... daß er auf Idee kommt, sich eine so weiße und rosa Frau zu suchen wie ebendieser von seinem Blut gefärbte Ricotta«.

Aus einer Art Diskretion heraus wird die eigentliche Liebesszene selten dargestellt: Das Märchen vermeidet die erotische Erfüllung. Aber in *Der Myrtenzweig* gibt es ein vollendetes Beispiel dafür, von einer solchen Zärtlichkeit und Innigkeit, die durch die Wortspiele nicht abgeschwächt, sondern noch verstärkt wird. »Nun geschah es, daß der Prinz, als er eines Abends zu Bett gegangen war und die Kerzen schon gelöscht hatte, die Stille sich ringsum dehnte und die Menschen im ersten Schlummer lagen, das Schlurfen von Schuhen im Haus vernahm und jemand vorsichtig auf sein Bett zuschleichen spürte ... Als er jemand an seiner Seite fühlte und im Tasten auf etwas Weiches stieß, und wo er auf die Borsten eines Stachelschweins zu treffen vermeinte, da fand er etwas, das war viel feiner und molliger als armenische Wolle, sanfter und schmiegsamer als ein Marderschwanz, flaumig und zart wie das Gefieder des Stieglitzes. Da schloß er sie in seine Arme, in dem Glauben, es sei eine Fee, was sie ja auch wirklich war, umschlang sie wie ein Polyp und spielte mit ihr all die verliebten Spiele wie ›die stumme Spätzin‹ oder ›Steinchen im Schoß‹.«

Das Personal ist sehr groß. Da sind die wagemutigen Mädchen, die in Männerkleidern durch die Welt ziehen, auf der Suche nach dem Geliebten; die passiven und tugendhaften Frauen, die sich quälen lassen und ihre Peiniger lieben; die unschuldigen jungen Männer auf der Jagd nach Glück und Abenteuern; die Treuherzigen, die Einfältigen und viele andere mehr, in einem wimmelnden, bunten Durcheinander ... Aber da sind auch die Grausamen, die ihre Grausamkeit an den Menschen, den Pflanzen, Tieren und Feen auslassen. Manchmal sind es dieselben, die uns sanftmütig und gut erschienen waren: Sogar das poetische Aschenbrödel tötet seine Stiefmutter. Basile ergründet das Geheimnis der Grausamkeit nicht; er begnügt sich damit, sein Buch mit der grausamen Verbrennung der schwarzen Sklavin zu beschließen, während Zosa für immer von der Melancholie erlöst ist.

Wie Shakespeare war Basile ein großer Dichter der Zeit. In einer Art Binnenerzählung (der einzigen, die er je schrieb) zu den *Sieben Tauben* stellt er die Zeit selbst als geflügelten Mann dar, sein Haus, seine Mutter, deren Uhr, seine Lebensrhythmen und Gewohnheiten. Das Haus der Zeit steht oben auf einem Berg und ist eine Ansammlung von Trümmern, Abfällen und Ruinen. Die Mauern haben Risse, die Fundamente sind morsch, die Türen wurmstichig, das Hausgerät ist verschimmelt, alles ist verkommen und verfallen, es gibt zerbrochene Säulen und geborstene Statuen. Am Boden liegen Schlichtfeilen, Sägen, Sicheln und Sensen und Hunderte von Kesselchen mit Asche und mit Namen darauf wie: Korinth, Sagunt, Karthago, Troja und die Namen von tausend anderen untergegangenen Städten, deren Andenken hier ihrer Großtaten wegen bewahrt wird. Der alte Mann Zeit ist aber nicht nur ein Sammler von Plunder und von Abfällen. Er besitzt auch sehr weite und kräftige Flügel, mit denen er so schnell fliegt, daß wir ihn aus den Augen verlieren; er ist eine Art Kronos, der sich selbst und alle Dinge frißt und verschlingt und in sich neu keimen läßt und aus sich wieder hervorbringt.

Diese wunderschöne Geschichte stellt das Herz des *Pentameron* dar, der insgesamt ein Wunderwerk ist, mit dem Ziel, es der Zeit gleichzutun und sie auf diesen Seiten in Umlauf zu bringen, wie das eigentliche Blut des Buches. So jagt Basile im raschen Allegro einiger Märchen den weiten Krallenflügeln der Zeit hinterher; während er im Rhythmus der Metamorphosen, von Tod und Wiedergeburt, den die Feen dem Leben aufzwingen, den Aspekt der Zeit nachahmt, worin sie ständig verschlingt und wiedergebiert. Aber vielleicht war Basiles Ziel vor allem, sie anzuhalten. Die junge Heldin der *Sieben Tauben* nimmt die Gewichte von der Uhr, weshalb sie stehenbleibt und den alten zornigen Gott lähmt. Basile ging einen anderen, viel schwierigeren und ausgefalleneren Weg. Er hielt die Zeit durch Häufung und Schichtung der Metaphern an, sie zwingen uns, das Buch sehr langsam und unerhört aufmerksam zu lesen, wie gebannt, während die Dinge um uns herum von Eile und Hast hinweggefegt werden.

Basiles Prosa ist wie eine Blätterteigtorte mit tausend Schichten. Da häufen sich die Anekdoten, Anspielungen, Zitate, Sprichwörter, Metaphern, die neapolitanischen Ausdrücke, Sinn und Unsinn und Hintersinn; und die Schichten sind so dicht, daß wir uns mühsam in die Tiefe hinunterarbeiten müssen. Oberstes Gesetz ist die Worthäufung. Worte treten zu Worten hinzu: Jedes von ihnen versucht, den Gegenstand näher und genauer zu fassen, und zusammen bilden sie eine Klangvariation. Die Variationen folgen einander und streben auf einen großen Höhepunkt zu, während sie in ihrem Zusammenspiel ein kompaktes und in sich schlüssiges metaphorisches System bilden. Im Hintergrund steht Basile, der sich wie die Zeit das ganze Wörterbuch einverleibt und damit zugleich die Welt, als ob er nur so das Lachen freisetzen könnte, das uns und unser Leben vor dem Ruin bewahrt. Aber er wollte nicht das Barock parodieren und ironisieren, wie Benedetto Croce meinte. Ähnlich wie Shakespeare häufte er klassische Bilder an, petrarkische, realistische, komische, obszöne und unwahrscheinliche Bilder. All das diente dazu, sein Hexenfeuer anzufachen und höher lodern zu lassen:

»Spart am Werk nicht Fleiß noch Mühe,
Feuer sprühe, Kessel glühe!«

bis die Bilder Feuer fangen, sich ausbreiten und bersten, leuchtende und schillernde Lichtgarben an den Himmel malen, während wir am Boden geblieben sind und diese herrliche Macht der Vorstellungskraft bewundern.

Die *Erzählung der Erzählungen* ist eine Gefangene der Zeit. Sie ist eingeschlossen in ihre fünf kleinen Bändchen aus dem 17. Jahrhundert. Eingeschlossen in ihren unverständlichen Dialekt, der mir gewagter erscheint als die Sprache Pindars oder Aischylos'. Wenn wir sie aus der Zeit herauslösen wollen, müssen wir sie immer wieder ins Italienische übersetzen, wie es 1924 als erster Benedetto Croce getan hat. Er stellte sich ein paar Monate lang vor, er sei Basile und führe die *Phänomenologie des Geistes* durch die Straßen des Posilippo und auf der Chiaia spazieren. Von der neuen Übersetzung von Ruggero Guarini muß ich sagen, daß sie sogar noch schöner ist als die von Croce. Guarini hatte die ältere Übersetzung natürlich vor Augen; aber während Croce Basiles Prosa verschlankt und beschleunigt, respektiert er ihren großartigen und schwerfälligen barocken Duktus und bildet ihn nach. Dann streut er ein paar Blumen darüber und ein paar neapoletanische Kandisfrüchte, zum Andenken an jene Stadt aus Zucker und Marzipan, aus Blätterteig und Tausendschön, die wir eben gemeinsam mit ihm verschlungen haben.

Melancholie der Feen

Einige von uns läßt die Vorstellung nicht los, eine dünne Wand, ein leichter Schleier, ein hauchdünnes Etwas aus Luft und Gaze trenne unsere Welt von einem »geheimen Reich« mit vielen Bewohnern. Man braucht gar nicht weit zu gehen, braucht sich nicht wie die Seher der Antike mit Geist und Leib durch die Lüfte tragen zu lassen. Während wir über die Hügel wandern, an einer Quelle Rast machen, die Lichter und Schatten des Sonnenuntergangs betrachten, gehen wir schwankend am Saum des Traums entlang, man braucht nur genau hinzusehen. Da hebt sich der Schleier aus Gaze und Luft, und wir treten ein in die Welt, die dicht bei der unseren liegt, oder die vielen unsichtbaren Wesen mischen sich unter uns, enthüllen uns Geheimnisse, verkünden uns die Zukunft, erzählen uns Märchen und zeigen uns verborgene Schätze. Verläßliche Vermittler des Unsichtbaren sind selten. Vielleicht hat noch niemand soviel Aufmerksamkeit, soviel Sanftmut und gläubige christliche Demut auf das *Geheime Reich* verwandt und mit solcher Sorgfalt die mysteriösen Stämme der Elfen, Faune, Kobolde, Feen und *fairies* erkundet wie Robert Kirk, ein schottischer Presbyterianerpriester aus der zweiten Hälfte des 17. Jahrhunderts.

Robert Kirk war weder Seher noch Dichter: Er war ein gebildeter, unauffälliger Mann, und seine Kenntnisse des »geheimen Reichs« waren notgedrungen lückenhaft und unvollständig, wie sie das bei jedem von uns wären. Aber einer Sache war er sich sicher: Der Körper der Feen, der *fairies*, ist aus »kondensiertem

Wolkendunst« oder »geronnener Luft«, wie bei den neuplatonischen Dämonen; sie ernähren sich von den ätherischsten und flüchtigsten Körperteilen der Tiere; aber selbst dieser hauchzarte Körper scheint sie manchmal noch zu stören, sie legen ihn an und dann wieder ab, je nachdem ob sie erscheinen oder verschwinden, ganz als ob ununterbrochene Verwandlung ihre eigentliche Bestimmung wäre. Sie haben keine feste Bleibe, sie wechseln Wohnung und Ort, wie sie ihren Körper wechseln, beherrscht von einer dauernden Bewegung und Unruhe. Sie leben länger als wir, und wenn sie sterben, treten sie in ein neues Stadium ein, »weil jedes Ding sich in einem mehr oder weniger großen Kreis bewegt und sich in seinen Kreisläufen erneuert und verjüngt«.

Wenn wir sie sehen wollen, müssen wir unser Auge auf zwei Orte richten: Das untere Luftreich zwischen uns und den Wolken, die sie in ihren Körpern kondensieren, und die Ritzen und Spalten, die Höhlen und unterirdischen Gelasse, von wo man manchmal das Ächzen von Blasebälgen oder Hämmern vernimmt, und das ist die Musik der *fairy*-Schmiede. Wie Hermes haben auch sie die kosmische Aufgabe, zwischen Unten und Oben zu vermitteln, zwischen der Erde und den höchsten Höhen des Himmels, wo die Engel wohnen, zwischen den oberflächlichen Ritzen und den tiefsten Abgründen, wo die Geschöpfe des Bösen hausen. Denn sie sind doppelt, Luftgeschöpfe und Kreaturen der Unterwelt zugleich, wir dürfen uns nicht wundern, daß sie gleichermaßen aus Licht und Dunkel gewebt sind und daß wir sie am besten in der Dämmerung sehen, wenn Tag und Nacht sich im Zwielicht vermischen.

Was tun die *fairies*? Wie spielt sich das tägliche Leben ab im Geheimen Reich? Oft erwähnt Robert Kirk die Gesetze, Institutionen, Bräuche und Regierungen, die bei den Kobolden und Feen herrschen und die von den unseren völlig verschieden sind. Aber er weiß nichts Genaueres oder will uns diese Kenntnisse nicht mitteilen. Und er läßt uns in dem Glauben, die *fairies* führten ein dem unseren gegenüber bloß parasitäres Dasein, wie Doppelgänger, die leben, weil wir leben. Vorherrschend scheint bei ihnen der mimetische Instinkt. Wir werden geboren und gestillt, sprechen, spielen, heiraten, reisen, werden begraben; und sie ahmen unsere Geburt, unsere Spiele, unsere Hochzeiten, unsere Begräbnisse nach, wie verspielte Affen. Auf ihren Körpern aus geronnener Luft tragen sie dieselben Kleider wie wir – *plaids* in Schottland, *sunachs* in Irland –, und sie sprechen unsere Sprachen, Englisch oder Gälisch, wenn auch mit seltsamen Zischlauten. Vielleicht kommt der theatralische Instinkt – der Instinkt eines Shakespeare oder Goldoni – von ihnen, vielleicht ist jeder große irdische Schauspieler eine Fee oder ein verkleideter Kobold; und das mimische Talent, das uns am Abend erheitert, gibt es rein und vollkommen nur bei den unsichtbaren Geschöpfen. Jenseits des trennenden Schleiers liegen die *fairies* ständig auf der Lauer. Manchmal schießen sie ihre Pfeile auf uns ab, manchmal mischen sie sich unter uns, entführen ein menschliches Wesen – vorzugsweise ein Kind – und ersetzen es durch einen Doppelgänger. So verknüpft ein dichtes Netz aus Beziehungen, Übergängen, geheimen Verbindungen unsere Welt mit der Feenwelt.

Menschen, die schon einmal hinübergeglitten sind, berichten, die *fairies* lebten in großen Häusern, in denen es ständig hell ist von Lampen und Feuern, die ohne jeden Brennstoff auskommen, wie im himmlischen Jerusalem. Dort, im stets gleichbleibenden ewigen Licht, das sich aus sich selber speist, leben sie wie Engel. Aber Kirk enttäuscht uns. Diese Feen, Elfen und Kobolde, die wir für fröhlich hielten, weil wir es an ihrer Stelle wären, sind von tiefster Melancholie durchdrungen. Wenn sie hüpfen oder Purzelbäume schlagen, wenn sie tanzen, lachen oder spielen, so geschieht das nur, um ihren Schmerz zu verbergen; es ist eine falsche Heiterkeit, die nicht von Herzen kommt, ähnlich wie das starre Lächeln eines Totenkopfs. Ihre Trauer wird dadurch nur aufgeschoben. Wie wir besitzen sie Bücher: keine Romane oder Tragödien, keine Epen oder philosophischen Traktate, sondern nur Märchensammlungen. Und wenn sie sich die gegenseitig vorlesen in ihren hell erleuchteten Häusern, »werden sie von Anfällen einer bizzaren und orgiastischen Heiterkeit gepackt, als ob sie besessen wären und als ob in diesem Moment ein heiterer und leichterer Geist als ihr eigener in sie gefahren wäre«. Fragt man, warum sie so traurig sind, so antwortet uns

Kirk, daß sie ihr Schicksal nach dem Tod nicht kennen; oder daß sie dazwischen stehen, geteilte Geschöpfe sind, weder Engel noch Menschen, noch Teufel. Vermutlich täuscht er sich. Diese orgiastische, dionysische Melancholie, die die Feen ebenso beherrscht wie die antiken Dämonen, ist eigentlich die Quintessenz ihres Genius. Sie sind traurig, weil sie mehr verstehen als die Menschen, weil sie mehr Sehnsucht und mehr Verlangen verspüren als wir, weil sie das Unerreichbare begehren. Wohnte nicht die Melancholie in ihnen, würden sie ihre höchsten Vorzüge nicht kennen: das angeborene Wissen um die natürlichen Ähnlichkeiten und die Gabe der Hellsicht.

Während seines bescheidenen Lebens als Pfarrer von Balquhidder überzeugte Robert Kirk sich davon, daß Menschen mit dem »zweiten Gesicht« in das Geheime Reich hinübergehen können. Einige von ihnen, die vielleicht im Reich des Unsichtbaren Ländereien besitzen, bilden eine Erbfolge und geben ihr Wissen vom Vater auf den Sohn weiter. Obwohl er wußte, daß er diese Gabe nicht besaß, erforschte Kirk doch mit unermüdlichem Eifer die Eigenschaften dieses »zweiten Gesichts«; er befragte die Bibel, die antiken und neuplatonischen Zeugnisse, die schottischen Legenden. Schließlich gelangte er zu der Überzeugung, daß die Seher einen anderen Blick haben als wir, eine besondere Strahl- und Leuchtkraft des Auges, wie der Sonnenstrahl, der uns im atmosphärischen Dunst deutlich die einzelnen Atome erkennen läßt. Wenn in einer Art Anfall oder Besessenheit, Entrücktheit oder Wahn dieser Blick aktiviert wird, ähnlich dem der platonischen Seher oder der *fairies*, dann kann der Begabte um uns herum jene kleinen, zarten Körper aus geronnener Luft erkennen, wie sie tanzen, schauspielern, spotten, weinen oder weissagen.

Kirk machte sich keine Illusionen über diese Gabe. Das »zweite Gesicht« ist eine kurze und schreckliche Gabe. In den raschen und überaus intensiven Momenten der Erleuchtung entdeckt der Seher, während er die Augen ohne zu blinzeln weit offen hält, »mehr verhängnisvolle und schreckliche Dinge als angenehme«, da wir nun einmal ohne Schrecken nicht in Kontakt mit dem

Unsichtbaren treten können, wie Faust nicht ohne Schrecken zu den Müttern hinabsteigen kann. All das verwundert nicht. Obwohl Kirk sich bemühte, die *fairies* zu christianisieren, indem er sie in Engel minderen Ranges verwandelte, die dem Befehl Christi unterstehen, bleibt ihr Reich für ihn ein Ort des Ambivalenten. Manches Mal helfen sie uns und beschützen uns; häufiger aber quälen sie uns, verfolgen und plagen uns mit schrecklichen Träumen und bedrückenden erotischen Phantasien.

Dieser Schrecken hinderte ihn jedoch nicht, eine Utopie zu entwerfen, von der ich nicht zu sagen wüßte, ob sie eher naiv oder erhaben zu nennen ist, eine der großen Utopien jener Epoche, die alle möglichen Träume des menschlichen Geistes ausschöpfte. In den letzten beiden Jahrhunderten hatte der Fortschritt den Buchdruck gebracht, die Kunst der Seefahrt, die Feuerwaffen; die Menschen hatten gelernt, das unendlich Ferne mit Teleskopen, das unendliche Kleine mit Mikroskopen zu entdecken. Sollte ein analoger Fortschritt nicht ebenso das »zweite Gesicht« immer mehr verfeinern und schärfen können? Warum sollten wir nicht auch die luftigen und behenden Scharen der *fairies* besser kennenlernen können? Das wäre viel nützlicher und angenehmer als Japaner und Chinesen kennenzulernen. Kirk träumte davon, das schwierige und einsame »zweite Gesicht« der von Geburt an damit Begabten in eine allen zugängliche Technik zu verwandeln, die sich allen beibringen ließe wie eine Fremdsprache. Auf diese Weise hoffte er, eine systematische Verbindung zur Welt der Geister aufnehmen zu können. Daraus würde eine neue Wissenschaft hervorgehen, eine neue Diplomatie und neue Anstandsregeln, die vielleicht die menschliche Kultur verändern würden. Durch diesen neuen, ständigen Kontakt mit den Feen würden wir lernen, aufmerksamer zu sein, feinsinniger, phantasievoller und hellsichtiger. Wir würden denkwürdige Träume, Gedichte und Liebschaften haben. Vielleicht würden wir eine neue Schauspielkunst entdecken oder eine neue Art zu lachen. Statt für Cromwell, Napoleon, Rousseau oder Marx zu sterben, würden wir die wirklichen Herrscher im Geheimen Reich zu den Leitfiguren in unserem Leben machen: Shakespeare, Carroll, Yeats oder Dylan Thomas.

Wie alle Utopien des 17. Jahrhunderts war auch die Kirksche nicht zu verwirklichen. Immer perfektere Teleskope erlaubten uns, andere Galaxien zu entdecken, aber kein geistiges Teleskop oder Mikroskop hat es ermöglicht, den Tanz der *fairies* auf den Bergen Schottlands zu sehen oder ihre melancholische und orgiastische unterirdische Musik zu hören. Unser Auge strahlt nicht mehr, kein ekstatischer Wahn begeistert uns mehr. Die Feen, Elfen, Faune und Kobolde sind Relikte einer untergegangenen Kultur, und nur der eine oder andere Dichter oder Psychologe sieht in ihnen zeitlose Projektionen oder Archetypen des menschlichen Geistes. Aber letztlich ist es nicht weiter wichtig, ob wir die Feen in der äußeren Welt erblicken können. Wichtig ist, daß jeder von uns mit Dionysos oder Hermes, den Feen oder Kobolden eine intensive innere Erfahrung macht. Unser Ich ist eine schattige Höhle, aus der ein wimmelndes Völkchen von Gestalten ans Licht drängt, die uns mit Schrecken und Ehrfurcht erfüllen. Erst wenn sie alle vor unserem wieder strahlenden Auge vorbeigezogen sind, können wir wie Robert Kirk unser Geheimes Reich ohne Bedauern hinter uns lassen.

Feensalon

Zwischen 1785 und 1786, am Vorabend der Französischen Revolution, veröffentlichte der Buchhändler Cuchet unter dem Titel *Cabinet des fées* eine der bedeutendsten Sammlungen des 18. Jahrhunderts: vierzig Bände Märchen und phantastische Erzählungen, zweiundzwanzigtausend Seiten, geschrieben zwischen 1695 und 1760. Das Einmalige an diesen entzückenden Märchen, in denen sämtliche Schätze der Weltliteratur versammelt sind, ist, daß sie in einer Epoche entstanden sind, »in der die Wunder verschwunden sind«, wie Mademoiselle de la Force schrieb. Mit ihnen zusammen war auch die symbolische Kraft der alten Märchen verschwunden, ihre tiefe Wirklichkeit und die natürliche Macht der Einbildungskraft. In dieser Leere blieb nichts übrig als die Vernunft. Und die Vernunft wuchs über sich selbst hinaus und spielte leichter Hand mit sich selbst; dabei entwarf sie eine üppige phantastische Welt, die sich unendlich vervielfachte, ohne auf Widerstand zu stoßen, wie durch den Zauberstab eines anonymen kollektiven Gottes.

Vor ihrer Niederschrift wurden viele dieser Märchen mündlich erzählt: Am Hof Ludwigs XIV. und in den Salons von Paris, wo eine Vielzahl von Adligen und vermögenden Bürgern sich über Moral, Psychologie und Literatur unterhielt, über alle möglichen und unmöglichen Themen, und sich in der paradoxen Kunst der Pointe übte. Vor allem den schönsten und ältesten Märchen, wie denen der Madame d'Aulnoy, merkt man die mündliche Überlieferung an, man hört in ihnen förmlich dieses muntere, frische und leichte Französisch, das einige geniale Schriftsteller gerade erst erfunden hatten. Man sollte nicht meinen, man sei hier in die zeitlose Welt des Märchens eingetreten. Wir sind noch immer bei Hof: Wir sehen die Paläste, Zimmer, Höfe, Gärten, Feste, Lichter, Gebräuche, Begrüßungen, Verneigungen, Intrigen, Galanterien und Pirouetten am Hof Ludwigs XIV. vor uns, und wir hören dieses elegante mondäne Geplauder, das uns zu sagen scheint: »Wir sind nur zum Plaudern da.« Eine ganze Gesellschaft spiegelt sich im Märchen, ganz als könne sie die Repräsentation ihrer selbst nur im Medium des Wunderbaren dulden. Überall hören wir den Namen von Paris, der »schönsten Stadt der Welt«; und sogar im Gebüsch einer einsamen Insel finden wir Konfekt und Gebäck der berühmten Confiserie Le Coq. Manchmal kann man sich des Eindrucks nicht erwehren: Diese Erzählungen sind auf die Wände, die Gobelins, Sofas und Sessel im Schloß von Versailles gemalt und gestickt, wo in diesem Moment unter Posaunenklang die adeligen Damen und Herren Frankreichs eintreten und Platz nehmen.

Wenn Paris Luxus bedeutet, so haben wir hier den Exzeß, den Überfluß, das spektakulärste Überborden des Luxus, das es in der Literatur je gegeben hat. Da ist nichts als Schmuck: ein Herz aus einem Rubin, so groß wie ein Straußenei, mit fingerlangen Pfeilen aus Diamanten, und wie viele Smaragde und Topase und Perlen, und Blumengirlanden, die von der Sonne geformte Schmuckstücke sind und nach allen Richtungen funkeln und leuchten. Das Schloß der *Weißen Katze* hat goldene Tore, besetzt mit Karfunkeln, Mauern aus durchsichtigem Porzellan, auf denen alle Feen seit Erschaffung der Welt dargestellt sind, und als Türklopfer einen Rehfuß, der an einer Kette aus Diamanten hängt. Wie viele geschmückte Säle, Theatermaschinen, Feuerwerke, goldene Kutschen, weiße Pferde, achtspännige Karossen, Leibwächter in bestickten Jacken – und dreißig Feen, jede in einer Perlenmuschel, größer als die der Venus, mit Seepferdchen, die auf dem Wasser reiten, und Drachen, die durch die Lüfte fliegen …

Die bedeutendste dieser Erzählerinnen, Marie-Catherine Le Jumel de Barneville, Baronin d'Aulnoy, wäre gerne Mörderin geworden, aber es gelang ihr nicht, ihren Mann umzubringen, da wurde sie zur Freundin einer echten Mörderin, die regulär wegen Gattenmordes enthauptet wurde – ein Zeichen dafür, daß der glanzvolle und funkelnde Himmel der Märchenerzählerinnen die fürchterlichsten Leidenschaften verbarg. Madame d'Aulnoy ist eine große Schriftstellerin, der ich nur Giambattista Basile zur Seite zu stellen wüßte. Sie hatte sich Volksmärchen erzählen lasen, hatte die klassischen Autoren gelesen, insbesondere Ovid, Lukian, Tasso, Ariost, Straparola, *Die Erzählung der Erzählungen* und die preziösen Romane des 17. Jahrhunderts. Und sie bewunderte die hellenistische Malerei, wie sie sie in der Literatur geschildert fand und in der »heidnischen« Malerei der Renaissance. Mehr als alles aber bewunderte sie Apuleius und sein Märchen von *Amor und Psyche*, das vom 15. bis zum 18. Jahrhundert eine Popularität ohnegleichen genoß. Ich weiß nicht, ob Madame d'Aulnoy seine mystische Dimension wirklich begriff: die tragische Liebesbegegnung zwischen der Seele und ihrem Gott. Was sie daran liebte, war die Begegnung zwischen Personen, die entgegengesetzten Reichen angehören, und die unsichtbaren Stimmen, die unsichtbaren Hände, die Fackeln tragen, das Feuer anzünden, den Besucher entkleiden, kämmen und ihm das Essen auftragen.

In diesen Märchen gibt es nicht die geringste Spur von Gott: Keine Anrufung, kein Schrei und kein Gebet steigen zum Himmel auf. Die Feen haben den Gipfel der Welt vollkommen eingenommen, auch wenn sie manches Mal einem finsteren Geschick weichen müssen. Sie sind die eigentlichen Erben der Dämonen der heidnischen Spätantike. Wie die Dämonen sind sie zuweilen wohltätig; ein andermal neidische Zwerginnen voller Warzen, und dann entfalten sie eine erschreckende perverse Macht, die uns Angst einflößt und uns erschaudern läßt. Die Helden sind immer sehr schön: Schönheit ist Voraussetzung für Glück wie Unglück. Männer wie Frauen sind erlesen, geistreich, überaus elegant, vornehme adlige Damen und Herren bei Hof. Kaum treten sie auf – sie Gefangene in einem Schloß, er in einen blauen Vogel verwandelt, er Prinz, sie weiße Katze –, wissen wir, daß sie füreinander bestimmt sind. Plötzlich springt der Funke der Liebe über, sie brauchen sich nur anzusehen und in die Augen zu schauen, und die absolute Leidenschaft lodert auf, frivol und romanhaft, launisch und verzehrend. Kein psychologisches Wissen ergründet dieses unauslöschliche Feuer, die beiden Liebenden sind im Palast und im Wald und reden miteinander ohne Unterlaß – denn der *eros* in diesen Märchen ist in erster Linie Leidenschaft des Wortes, nicht der Körper.

Wie in den großen Initiationserzählungen steht im Mittelpunkt das Thema der Metamorphose. Der Prinz verwandelt sich in einen blauen Vogel, die Prinzessin in eine weiße Katze oder ein böses Weib. Und die Fee verwandelt den Ehemann in einen fauchenden Kater auf dem Dach oder in einen Frosch, in einen Kürbis oder eine Eule. Aber das Thema der Verwandlung hat viel von seiner symbolischen Kraft eingebüßt. Apuleius liefert lediglich den Anstoß für bezaubernde illusionistische Spielereien, die mehr dem Reich des Theaters angehören als dem des Sakralen. Alle verkleiden und maskieren sich hier, sie betrachten sich lange im Spiegel, als ob der Spiegel der Wesenskern dieser reflektierten und im Fluß befindlichen Wirklichkeit wäre. Oder die Spiegel treten in die Welt, und das Universum scheint uns von leichtsinnigen Masken bevölkert.

Zum Schluß bemerken wir, daß all die Feen, diese Prinzen und Prinzessinnen, Ungeheuer, Drachen und Geschöpfe des Himmels und der Meere in einem höfischen Theater zusammengekommen sind, gemeinsam mit Madame d'Aulnoy, die ihrerseits Bühnenbildnerin, Illusionistin, Maskenbildnerin und erste Schauspielerin ist. Der eine oder andere redet mit leiser Stimme, aber lieber deklamieren diese Akteure laut und stimmen Triller und Arien an. Die Herrin der Wunder ist stets am Werk. Maskerade folgt auf Maskerade. Der *deus ex machina* kommt vom Himmel herab oder steigt aus dem Abgrund herauf. Auf dieser Bühne liebt man überschwenglich alles Poetische, aber auch die Parodie und die Übertreibung, das Barocke und die Kaprice – wie der Tanz der zwölf als Mohren verkleideten Katzen zeigt oder der zwölf Affen in chinesischen Gewändern. Wir sind hier immer am Rand der Komischen Oper. Und das Erstaunliche ist, daß sich so der halb abenteuerliche, halb parodistische und märchenhafte Geschmack der »orientalischen Erzählungen« herausbildet, und zwar schon ein paar Jahre vor Erscheinen der *Märchen aus Tausendundeiner Nacht*. Man liebt das Kleine, das Winzige, wie die Nuß, die sich öffnet, und drin ist eine Haselnuß, in der wieder ein Kirschkern steckt, und darin eine Mandel, in dieser ein Weizenkorn, und darin ein Hirsekorn – und darin wiederum ein riesiges Tuch, das in bunten Farben das lebendige Universum darstellt.

Welches Fest, welche Heiterkeit, was für funkelnde Einfälle, welche Anmut der Spiele und Späße, als ob es die einzige Aufgabe des Märchens wäre, Freude hervorzubringen. Und trotz des maßlosen Luxus und Pomps der Dekorationen, welche Leichtigkeit! Alles ist durchzogen von Schmetterlingsflügeln, Federn von seltenen Vögeln, dem Wehen von Schleiern, dem Witz von Kobolden, von Chinoiserien und Flügen durch das transparente Blau des Himmels.

Das Exil der Schechina

Mit welch unerschöpflichem Eifer, mit welch jugendlicher Frische schafft Gott in den ersten Versen der *Genesis* und in den Psalmen die Dinge, indem er souverän die wirren und leeren Weiten ordnet, die es vor ihm gab. Ohne Rast, wie ein junger, phantasievoller und verschwenderischer Herr der Verwandlungen schafft er das Licht und legt es sich um wie einen Mantel; er trennt die oberen und die unteren Wasser, das Land und das Meer; er spannt die Himmel aus wie ein Tuch und fährt einher auf den Flügeln des Sturmes; er läßt die Berge sich erheben und die Täler sich senken, er läßt die Quellen hervorsprudeln und zu Bächen werden, und er tränkt die Berge mit Regen. Er schafft die Schößlinge, die grünen Pflanzen, die Samen tragen, die Bäume mit ihren Früchten, den Wein, der das Herz des Menschen erfreut, die Sonne, den Mond, die Sterne des Morgens, Lebewesen, die im Wasser wimmeln, die Wasserschlangen, die Sperlinge und die Störche am Himmel des Libanon, die Gemsen auf den Bergen, die Hasen in ihren Verstecken, die jungen Löwen, die nach Beute brüllen.

Der Gott des Isaak Luria, des großen jüdischen Kabbalisten des 16. Jahrhunderts, der die dramatischste gnostische Mythologie aller Zeiten geschaffen hat, hat diesen frischen Schwung verloren. Im Anfang tritt nichts aus ihm hervor, gibt es nicht die unerschöpfliche Bewegung des biblischen oder neuplatonischen Schöpfers. Wenn er das Unendliche ist, wie könnte ein Raum, eine leere und wirre Weite, ein Abgrund außerhalb seiner bestehen? Oder woraus könnte etwas hervorgehen? Wohin wir auch den Blick wenden, begegnen wir dem göttlichen Unendlichen. So ist die erste Handlung, die wir von ihm kennen, die, daß er sich zusammenzieht, sich zurückzieht, sich konzentriert, sich begrenzt, sich abschließt in der eigenen dunklen Tiefe, daß er sich von sich selbst in sich selbst zurückzieht und auf einen Teil der eigenen Ausdehnung verzichtet. In diesem leeren Raum läßt er eine Spur des göttlichen Lichtes zurück, die *Reschimu*, so wie in einer Flasche, die wir leeren, ein Tropfen Öl oder Wein zurückbleibt; und mit diesen Tropfen vermischt er einen Teil des Schattens – manche wagen zu sagen: des Bösen –, den er in sich selbst verbirgt.

Wenn wir uns fragen, warum er sich so begrenzt habe – ein Vorgang, der gegen alle unsere Vorstellungen von Gott verstößt –, können wir nur Vermutungen vorbringen. Mit diesem gewaltsamen Zusammenziehen in sich selbst hat er sich tiefer erkennen wollen: Wer sich begrenzt und sich bestimmt, erkennt sich (soweit solche Begriffe sich überhaupt auf die Geheimnisse Gottes anwenden lassen); dort unten, in den eigenen unzugänglichen Tiefen, dem eigenen Urteil ausgesetzt, findet er zu einer Besinnung auf sich selbst, die nicht denkbar gewesen wäre, als er in die Unendlichkeit ausgedehnt war. Und zugleich hat er sich gereinigt: Jetzt befindet sich ein Teil des Schattens, die »Schlacke«, die er in sich trug, außerhalb seiner, im aufgegebenen Raum.

Diese souveräne Tat des Sichzusammenziehens wird zum Ursprung der Welt. Hätte Gott sich nicht zusammengezogen und damit einen Ort außerhalb seiner selbst freigegeben, wäre die Welt nie entstanden; und die Tropfen des himmlischen Lichtes, vergleichbar den in der Flasche zurückbleibenden Tropfen Öl oder Wein, sind der Ursprung aller vom Psalmisten gepriesenen Gestalten: der Mantel des Lichts, das Tuch des Himmels, die Sterne des Morgens, die Flügel des Windes, die nach seinem Bild und Gleichnis geschaffenen Menschen, die Sperlinge am Himmel des Libanon, die Hasen in ihren Verstecken. So können wir jetzt das Paradoxon der gesamten künftigen Schöpfung verstehen. Was uns nur als Rückzug, als Zusammenziehen, als strenger Akt der Gerechtigkeit Gottes erschien, ist auch eine überreiche und zartfühlende Gebärde der Liebe gegenüber der Welt, denn er wollte, daß sie aus den Tropfen seines Lichts, aus seiner göttlichen Substanz, geformt werde; denn hätte er sie außerhalb seiner selbst gesetzt und entworfen, hätte sie um vieles weniger innig an seiner Substanz teilgehabt. Andererseits dürfen wir aber nicht vergessen, daß die Schöpfung nicht aus der Fülle Gottes hervorgeht, sondern aus seinem Rückzug, seinem Exil, seiner Abwesenheit. Die Welt, in der Luria und in der der neuzeitliche Jude lebt, ist somit eine doppelte Welt: ganz erfüllt von Gott und ganz leer von ihm; direkt aus ihm hervorgegangen und von ihm fallengelassen; liebevoll geschaffen und verlassen; Ort der Freude und des Exils.

Der göttliche Kosmos ähnelt einem Menschen, der einatmet und ausatmet und dabei den Brustkorb weitet und zusammenzieht; oder den Gezeiten, wenn das Wasser ansteigt und sich wieder zurückzieht. Nachdem er sich in sich selbst zusammengezogen hat, dehnt Gott sich aus, weitet, öffnet, offenbart er sich, gedrängt von der Macht der Liebe, und wirft das Licht seiner zehn Emanationen, die zehn *Sefirot*, in den Raum. Dieses Licht ist zu gleißend und blendend, als daß der Raum es ertragen könnte; und so wird es in zehn »Gefäße« verschlossen und verschnürt. Die Gefäße sind nicht alle gleich. Die ersten drei sind rein, unvermischt und vollkommen; die übrigen sieben sind gebildet aus Lichtmischungen geringerer Art, wo Gott die letzten Unreinheiten ausschließt, die ihn verdunkeln.

Wohl bleibt das Los des Universums einen Augenblick im Gleichgewicht, wenn nämlich die Leuchtkraft und die Kraft der »Gefäße« sich vollkommen ausbalancieren. Hätte dieser Augenblick sich in der Zeit erstreckt, würden wir alle Sünde, Fall, Teilung und Trennung nicht kennen. Aber dieses Gleichgewicht dauert, wenn es überhaupt je bestanden hat, nur einen Augenblick. Die Kraft des reinen göttlichen Lichtes ist zu erhaben, über alles hinausragend, triumphierend, zu »schrecklich und wunderbar«, wie Nachman von Bratzlaw gesagt hätte, um irgendeine Verdunkelung zu vertragen. Die schwereren und unreinen »Gefäße« der sieben niedrigeren *Sefirot* springen unter dem heftigen Aufprall des Lichtes in Stücke; und die göttlichen Funken zerstreuen sich in jeden Winkel der künftigen Schöpfung – in die Menschen, Juden und Heiden, in die Tiere, in die Seen, in die Bäche, die Flüsse, die Meere, in die Giftpflanzen, in die Steine, in die Speisen. Die Funken sind überall, aber sie sind verbannt, entehrt, erniedrigt, Gefangene der dämonischen Mächte; sie schweben in den Dingen wie in versiegelten Brunnen, sind zusammengedrängt in den Wesen wie in gemauerten Höhlen, oder sie schwirren im Raum wie Schmetterlinge, in ihrem verliebten Taumel um das Licht. Alles wird befleckt, zerbrochen, zerstückelt. Alles ist Trostlosigkeit und Verzweiflung. Der Baum des Lebens scheidet sich vom Baum der Erkenntnis, das Oben vom Unten, das männliche Geschlecht vom weiblichen, das Leben vom Tod; die Thora wird in sechshunderttausend Buchstaben zersplittert; ein heftiger Gewittersturm, der das Meer austrocknet und Wüstenstriche zu Meeren macht, verwüstet die Erde. Auf dieser verwüsteten Welt erheben die Vögel, die Bäche, die Hügel, die Abgründe und Sandflächen ihre Wehklage; und die Menschen irren umher ohne Ziel, nachdem ihre Freundschaften zerbrochen sind.

So zeigt die theologische Imagination des Isaak Luria und des späten Judentums noch einmal das dramatische Paradoxon, das ihm zugrunde liegt. Einerseits ist der »Bruch der Gefäße« Teil des von der Vorsehung bestimmten Prozesses der Emanation und der Offenbarung Gottes. Wie das Samenkorn die Schale aufbrechen muß, wenn es wachsen und blühen soll, so zerbricht das Licht die Gefäße, um sich im Universum auszubreiten. Aber wer könnte bestreiten, daß dies alles auch eine schreckliche Katastrophe ist? Wenn Gott versucht hatte, das eigene Licht vom eigenen Schatten zu reinigen, so sind jetzt seine Funken vermischt, verunreinigt, Gefangene des Dämonischen. Die Konsequenz, die einige Schüler Lurias tatsächlich gezogen haben, ist offensichtlich. Alle Löcher, alle Unvollkommenheiten, alle Unsicherheiten, die Brüche, die wir in der Existenz dieser Welt beklagen, sind kein Zufall. Wenn wir nach dort oben blicken, in diese Abgründe reinen Glanzes, in die Bewegung der Emanation der *Sefirot*, entdecken wir die gleiche Katastrophe. Die Vollkommenheit Gottes ist ein Punkt, verborgen im Herzen des Unendlichen, in der Mitte, wo er sich erkennt und sich spiegelt – aber die Augen unserer theologischen Vorstellungskraft sind nicht imstande, ihn wahrzunehmen.

Nach dem »Bruch der Gefäße« und der Sünde Adams durchquert die letzte der *Sefirot*, die *Schechina*, das weibliche Antlitz Gottes, als Verbannte das Universum. Sie, die mit der Intensität der Sonne blendend gestrahlt hatte, leuchtet jetzt nur mit einem schwachen, blassen und weißen Widerschein, wie ein »heiliger Mond«, beeinträchtigt, verkleinert, bedeckt mit Schatten und Flecken. Mit immer erneuerter Qual stellen die Fabeln des größten chassidischen Geschichtenerzählers des 18. Jahrhunderts, des Nachman von Bratzlaw, sie in diesem Exil dar: einmal als Prinzessin, die der Vater oder der Mann – schuldlos – aus dem Reich gejagt hat, dann als die Tochter des Armen; einmal als eine wunderschöne Frau, die ein Pirat zur Sklavin machen will, dann als eine Magd, die die niedrigsten Arbeiten in den Wirtshäusern der Erde ausführt; dann wieder als Witwe, die in Schwarz gekleidet zu Füßen der Mauer Jerusalems weint: gedemütigt, vergewaltigt, verleumdet, mit allen menschlichen Schwächen behaftet, wie die großen Frauengestalten des gnostischen Mythos. Eingehüllt in Gewänder, die das Gesicht verdecken, flieht sie; sie verschwindet, verbirgt sich – und es bleiben nur die Spuren von ihr zurück: Fußspuren der Schritte, abgelegte Kleider – Strohhalme, die denen unter uns, die tiefer zu blicken vermögen, den Übergang offenbaren.

Auf einer seiner Reisen kommt ein chassidischer *Rabbi* bei Anbruch der Nacht in eine kleine Stadt, in der er niemanden kennt. Er findet keine Unterkunft, bis ein Gerber ihn mit zu sich in sein Haus nimmt, im tristen Gerberviertel. Er möchte das Abendgebet sprechen, aber der Geruch des Leims ist so scharf, daß er nicht ein einziges Wort herausbringt. Er verläßt das Haus und geht zum Lehrhaus, das schon alle verlassen haben. Während er mit gebeugtem Haupt betet, begreift er mit einem Mal, daß die *Schechina* im Exil gelandet ist und verlassen im Gerberviertel steht. Er bricht in Weinen aus über den Kummer der *Schechina*, vergießt alle Tränen, die das Leid und die Angst in seinem Herzen angesammelt haben, bis er ohnmächtig zu Boden fällt. Während er leblos daliegt, vom Weinen zuinnerst erschöpft, erscheint ihm die *Schechina* in ihrer Herrlichkeit: ein blendendes Licht in vierundzwanzig Farbabstufungen. »Sei tapfer, mein Sohn!« sagt sie zu ihm, »große Leiden erwarten dich, aber fürchte dich nicht, denn ich werde mit dir sein.« Wenn die Herrlichkeit Gottes auch erniedrigt und verletzt worden ist, so leuchtet sie doch siegreich wie immer. Die kleinen göttlichen Funken haben sich überallhin verbreitet, wie der Sauerteig, der das Brot durchsäuert, sie sind überall – vertraut und zugleich schmerzlich – gegenwärtig. Jetzt sind sie verborgen und leuchten heimlich an Orten, wo sie am Beginn der Zeiten wohl nicht gewagt hätten, sich niederzulassen: in den armseligen Gasthäusern von Lublin und Witebsk, in den Läden der Metzger, in den Werkstätten der Steinhauer und der Flickschuster, in den Vierteln, wo der scharfe Geruch des Leims aufsteigt, im Herzen der Übeltäter, in den Tieren, in den Steinen, in den Pflanzen.

Ihre Reise fortsetzend, gelangt die *Schechina* dorthin, wo der Mensch betäubt am Boden liegt, im Schlaf und in der Trunkenheit der Schuld. Sie steigt aus ihrer Kutsche; sie schüttelt ihn und versucht ihn aufzuwecken; aber keine Stimme, kein Gebet, keine zarte Berührung der Hände kann ihn wachrufen. Da bricht alles Wehklagen aus ihr heraus; sie nimmt das Tüchlein, das das Strahlen ihres Antlitzes verbirgt, sie schreibt mit ihren Tränen darauf, legt es neben ihn, erhebt sich und setzt ihren Weg fort. Als der Mensch aus seinem Schlaf erwacht, hält er das Tuch gegen die Sonne; er erkennt kaum lesbare Zeichen, die die Tränen auf dem Stoff zurückgelassen haben, und liest Tausende von Lettern, die wie auf einer Buchrolle eng zusammengedrängt dastehen.

Das von den Tränen getränkte Tuch ist die Thora, das Gesetz des jüdischen Volkes. Es ist sicher nicht die Thora, die Gott vor der Schöpfung geoffenbart hatte, »mit weißem Feuer in schwarzes Feuer eingebrannt«, in der alle Kombinationen der Sprache versammelt sind. Die *Schechina* hat mit den Tränen den Ursprung der Welt, die Sünde, die Sintflut, die Suche nach dem Gelobten Land, die Geschichte von David und Salomo, die Rufe der Propheten, die bittere Weisheit des *Kohelet*, die Liebesekstase des *Hohenliedes* auf das Tüchlein geschrieben: die Thora, die wir in diesem Geschlecht, nach der Sünde Adams, kennen. Aber Nachman von Bratzlaw weist uns darauf hin, daß alle diese Geschichten und diese Gebote, alle diese Beispiele von Herrlichkeit und Macht nur Zeichen sind; wir müssen darin die Ängste und Schmerzen des weiblichen Antlitzes Gottes wahrnehmen. Wenn wir, wie der Mann in der Fabel, das Tüchlein gegen das Licht der Sonne halten, dann sehen wir vielleicht, wie sich in diesen Ängsten weitere, tiefere, kaum noch ertragbare Geheimnisse offenbaren.

Die Welt, in der der Kabbalist und treue *Chassid* lebt, ist ein Ort des Exils und der Fülle, des Schreckens und des Wunders. Wenn er sie durchläuft, widerfährt ihm, was Nachman von Bratzlaw erzählt. Er verirrt sich nachts im Wald und hört zuerst eine furchtbare Musik: Schreie von wilden Tieren, das Brüllen von Löwen und Leoparden; und das Zwitschern der Vögel – der Klang, von dem es heißt, er sei die heilige Sprache der Himmel – erscheint ihm dann als abscheulicher Lärm. Aber er hört auf einmal sorgfältiger hin, mit aller Aufmerksamkeit des Ohres und der Seele, und versucht, in diesem Stimmengewirr die anfangs dünne und schwache, dann immer kristallreinere, schallende und herrliche Stimme der gefangenen *Schechina* wahrzunehmen. Da wird er sich bewußt, daß die nächtliche Musik des Exils in Wahrheit »ein schrecklicher und wunderbarer Klang« ist. Sie ist ein Lied zu Ehren der von Gott verherrlichten *Schechina*: »So schön, daß sie zu hören eine schrecklich starke Freude ist; und alle Freuden stehen weit zurück hinter der Freude, die diese Melodie auslöst.« So findet der *Chassid* schließlich im dunklen Wald der Welt die Schönheiten der Schöpfung, die Jahrhunderte zuvor die begeisterte Naivität des Psalmisten entzückt haben: die Hülle des Lichtes, das Tuch der Himmel, die jubelnden Sterne des Morgens, die grünen, wachsenden Gräser, die Sperlinge und die Störche über den Himmeln des Libanon, die Hasen in ihren Schlupfwinkeln.

In diesem Exil, in dem er seinem König zugleich fern und nahe ist, verhält er sich wie der Prinz in einer wunderschönen Fabel. Dieser Prinz lebte fern von seinem Vater, er war voll Heimweh, aber er konnte sich nicht mit ihm treffen. Eines Tages kam ein Brief von seinem Vater, und sein Herz wurde von Freude und Sehnsucht erfüllt: »Oh, wenn ich zurückkehren könnte, um meinen Vater zu sehen«, rief er aus, »oh, wenn ich ihn berühren könnte und wenn er mir nur die Hand entgegenstreckte! Mit welcher Freude würde ich jeden Finger küssen! O mein Vater, o mein Herr, o Licht meiner Augen! Oh wenn ich nur deine Hand berühren könnte!« Während er so aus Heimweh nach seinem Vater seufzte und sich danach sehnte, ihm nahe zu sein, stieg in ihm ein Gedanke auf: »Habe ich nicht den Brief meines Vaters in der Hand? Und hat er nicht diesen Brief mit seiner Hand geschrieben? Ist ein Schreiben des Königs nicht das Werk seiner Hand?« Er liebkoste den Brief, drückte ihn an sein Herz und sagte: »Das Schreiben des Königs ist die Hand des Königs.« So lebt der *Chassid*: fern vom Vater, und ihm doch so nah wie keiner von den Söhnen Gottes.

Der Jude, der in dieser doppelten Situation lebt – denn in der jüdischen Welt der Diaspora hat alles doppelte Bedeutung: der Urraum Gottes, der »Bruch der Gefäße«, das Exil der *Schechina*, die Musik im Wald –, wird von gegensätzlichen Gefühlen übermannt. Wenn Gott erniedrigt worden ist, wie soll man dann nicht voll Verzweiflung und Angst sein und die unaufhaltsamen Tränen der *Schechina* vergießen? Wie Nachman sagt, sollen wir zu Gott schreien und unser Herz zu ihm erheben, als hingen wir an einem Haar und als brauste der Sturmwind bis zum Herzen des Himmels und als wüßten wir nicht, was tun, und als hätten wir beinahe keine Zeit mehr zu schreien. Wenn jedoch andererseits die göttlichen Funken überall gegenwärtig sind, wie soll man sich dann nicht von Überschwang, von Glut, von Trunkenheit erfassen und den Tränen der Freude vollen Lauf lassen? Wenn wir nicht sprechen können, dann sollen wir uns ekstatischen und absonderlichen Tänzen hingeben, wie die Derwische sie ausführen. Auch wenn dein Herz unglücklich ist, »kannst du wenigstens ein fröhliches Gesicht zeigen. Im Grunde deines Herzens magst du traurig sein, aber wenn du dich verhältst, als wärest du glücklich, wirst du dir auf lange Sicht die wahre Freude verdienen.« Diese gegensätzlichen Gefühle zu vereinen, im selben Augenblick angstvoll und glücklich zu sein, unter Tränen zu lachen und beim Lachen zu weinen, ist womöglich ein Zeichen der absoluten Vollkommenheit, die wir »Heiligkeit« zu nennen gewöhnt sind.

Während er, den Spuren der umherirrenden *Schechina* folgend, den zugleich von Mißtönen und Harmonien erfüllten Wald der Welt durchschreitet, versucht der gläubige *Chassid* die göttlichen Funken, die in die Gewalt des Bösen gefallen und dort gefangen sind, zu befreien, sie zusammenzuführen und die verlorene Einheit des Lichtes wiederherzustellen. Seine Aufgabe ist unermeßlich. Er vergißt das nie, nicht einen Augenblick, auch nicht, wenn es den Anschein hat, er würde gedankenlos auf dieser Welt leben. Er erfüllt seinen Auftrag, wenn er mit akribischer Aufmerksamkeit die Buchstaben der Thora erforscht, wenn er betet, wenn er Geschichten und Fabeln erzählt, in denen er, wie Nachman von Bratzlaw, einen Teil der unzugänglichen Wahrheit andeutet und so versucht, die Seelen, die mit ihm in einer Art Wahlverwandtschaft verbunden sind, aus den Schalen des Bösen zu lösen. Wenn er mit gewissenhafter Liebe den Stein bearbeitet, befreit er die im Stein gefangenen göttlichen Funken; wenn er auf seinem Flickschustertisch mit Sorgfalt das Leder zuschneidet, befreit er die darin gefangenen Funken; wenn er, die Speisegesetze einhaltend, sich ernährt, befreit er die im Fleisch und in den Kräutern gefangenen Funken; wenn er in Ehrfurcht das Ritualbad vollzieht, befreit er die im Wasser gefangenen Funken; wenn er sorgfältig sein Haus oder seine Werkstatt fegt, befreit er die in den Mauern und in der Mohrenhirse gefangenen Funken; und wenn er auf dem Krankenbett die Medizin zu sich nimmt, erlöst er die Funken, die in den Giftpflanzen verborgen sind. Keine Theologie hat uns je gelehrt, daß wir es vermögen, die von Gott abgefallenen Formen zu retten, und hat zu einer so glühenden frommen Teilnahme an den Begebenheiten des alltäglichen Lebens angeleitet.

Es war der Ratschluß Gottes, daß Israel über die ganze Welt zerstreut werden sollte: nach Ägypten, nach Rom, nach Spanien, in die zahllosen elenden Ghettos in Rußland und Polen; und der *Chassid* erfährt leidvoll, daß er aus der Heimat vertrieben wurde, daß er in der Zerstreuung und in der Knechtschaft der Heiden lebt, um die in den Herzen aller Völker zerstreuten Funken zu sammeln. Er darf nichts fürchten: nicht das Böse, die Dunkelheit, die Finsternis; kühn und unerschrocken muß er in jene Abgründe hinabsteigen, in die »Reiche der anderen Seite«, um die Seelen und die Lichtteile zu befreien, die Gott dort versteckt hat. Er weiß, daß er ein schreckliches Wagnis eingeht, weil die dämonischen Mächte auch ihn zum Gefangenen nehmen können. Viele sind von dieser Reise in die Abgründe nicht wiedergekehrt; aber wenn Geduld und Liebe, Zurückhaltung und Glut, Verschwiegenheit und List sich vereinen, wenn die Seele sie »locker am Zügel führt«, kann sie den Punkt finden, wo das Böse dem Guten ähnlich ist, und sie kann es »umzingeln, beugen und in sein Gegenteil verwandeln«.

Wenn alle Lichter schließlich vereint sind, wird ihm die Thora die Geheimnisse und die Wortkombinationen offenbaren, die bis dahin verborgen waren. Es wird dann nicht mehr nur ein von Tränen benetztes Tüchlein geben, das von den Schmerzen Gottes getränkt worden ist; all die leeren Räume, alle Zwischenräume zwischen den Buchstaben, die seine Augen jetzt nicht lesen können, werden dann Tausende von Bedeutungen offenbaren, und die sichtbaren und unsichtbaren Buchstaben werden, auf jede denkbare Weise kombiniert, neue Worte bilden. Nachman von Bratzlaw spielt in seinen Geschichten immer wieder auf diese künftige Wiederherstellung an, wenn Gott und die *Sefirot*, die *Schechina* und der Mensch, die Buchstaben des Namens Gottes sich vereinigen werden. Aber diese Zeichen erwecken in uns, die wir sie lesen, nicht die Empfindung, die sie in seinem gequälten Herzen erwecken mußten. Das eigentliche Thema seiner Erzählungen ist der Riß: die Wesen, die schmelzen und glühen im Verlangen, sich zu vereinigen. Das Herz der Welt sehnt sich nach dem Quell auf dem hohen Berg: Sie sind weit voneinander entfernt und füllen beide den Abgrund des Mangels auf, Rätselworte und Gedichte rezitierend; zwei getrennte Vögel, die in der Welt ein einziges Paar bilden, bauen das Nest in Ländern, die tausend Meilen voneinander entfernt sind, sie wehklagen laut, wenn es Abend wird, und rufen den Gefährten mit Namen.

Ich könnte nicht sagen, warum die Wiederherstellung vergleichsweise blaß dargestellt wird. Konnte sie vielleicht nur vorsichtig angedeutet werden, mit leichten Anspielungen, wie alles, was zum Reich der Hoffnung gehört? Oder weiß Nachman unbewußt, in der tragischen Tiefe seines Exils, daß die Wiederherstellung nie geschehen wird, daß die kosmische Katastrophe nie Erlösung finden wird, daß Gott nie das Exil verlassen wird, in das er sich zurückgezogen hat, daß die Funken des zerstreuten Lichts von den weichen und sorgfältigen Händen des Menschen nie gesammelt und zusammengeführt werden können?

Der Messias als Verräter

I

In der Mitte des 17. Jahrhunderts erwartete Israel die Erlösung. In den polnischen Ghettos und in den reichen Gemeinden von Amsterdam und Livorno, in Palästina, in Marokko, in der Türkei, in den im Jemen zerstreuten Gruppen wußten viele, daß sich am Beginn der Zeiten im Himmel eine Katastrophe ereignet hatte. Das himmlische Licht hatte die zehn »Gefäße« zerbrochen, die es enthalten hatten; und die Funken hatten sich in jeden Winkel der künftigen Schöpfung zerstreut – wo sie in der Verbannung Gefangene der dämonischen Mächte wurden. Alles war befleckt, zerbrochen, zerstückelt. Es war jetzt die tägliche Aufgabe jedes Juden, die Funken des göttlichen Lichts zu befreien. In einer demütigen und gewissenhaften Anstrengung, Tat für Tat, Tag für Tag, Ritus für Ritus, setzte jeder Jude die zerstückelte Einheit Gottes wieder zusammen. Wenn dann alle Funken aus der Finsternis befreit sein würden, dann wäre die Zeit des so lange erwarteten und so lange erhofften Messias da; und die Geschichte der Menschheit würde beschlossen werden.

Manch einer pflegte ungestümere und kühnere Hoffnungen. Sollte der Messias wirklich so langsam kommen, wie ein Samenkorn, das sich von der Schale befreit? War sein Antlitz noch eingehüllt in die Nebel der Geduld? Oder würde im Gegenteil ein dramatischer Einbruch über die Weiten der Geschichte fegen wie in den Versen der *Apokalypse*? Und war der Messias ganz nahe, wie das Schwert des Engels Gottes? Überall begann man die Nachricht zu verbreiten, daß das Ende bevorstünde: Gewalttätigkeiten, Verwüstungen, Kriege, Unheil, Hungersnöte, Preisgabe Gottes und seines Gesetzes, Verderbtheit und Häresie würden der messianischen Zeit vorausgehen. Die Kabbalisten von Safed, in Italien und in Deutschland verkündeten, daß das Jahr 1648 das letzte Datum für die Erlösung sei: In jenem Jahr würde die Thora ihre Geheimnisse offenbaren. Dann kam wieder die Enttäuschung. Kein Messias verkündete sein Wort. Niemand erfuhr die Geheimnisse der Thora. Zehntausende Juden wurden in Polen ermordet, »und die Hunde fraßen ihr Fleisch«. So wurde alles noch einmal aufgeschoben – in diesem ständigen Aufschub, in dieser ewigen Vertagung, in dieser ängstlichen Anspannung ohne Entspannung, die über die Jahrhunderte das Geheimnis der jüdischen Existenz ausgemacht hat.

Der letzte Messias, Sabbatai Zwi, wurde im August 1626 in einer aus der Peloponnes stammenden Familie geboren. Sein Vater war Geflügel- und Eierhändler und später Makler und Handelsagent. Sabbatai wurde am 9. Ab geboren – einem schicksalhaften Tag, dem Tag der Zerstörung sowohl des Ersten wie des Zweiten Tempels, an dem Tag, an dem nach einer rabbinischen Legende der Messias ans Licht treten würde. Er hatte den *Talmud* und den *Sohar* gelesen; er hatte bei einem Rabbiner die Schrift studiert, er lernte die Reinheit, die Frömmigkeit und die Einsamkeit einer asketischen Jugend kennen wie Tausende andere Jugendliche, die sich dem Gott Israels weihten. Er vollzog Ritualbäder vor der Küste von Smyrna, zusammen mit seinen Mitschülern, die ihn freudig auf die Felder begleiteten, um sich dem Studium des Wortlauts der Thora zu widmen. Aber er hatte nichts von einem Religionsgründer an sich. Er hinterließ keine denkwürdigen *logia* wie Jesus Christus; und seine Schriften sind bescheiden. Er hatte schon eine Gabe, die dann Propheten, Sultane und verzückte Narren bezaubern sollte: eine würdevolle und sanfte Liebenswürdigkeit, die die Herzen rührte. Er war groß, gut gewachsen, mit einem leuchtenden Antlitz. Er liebte den Gesang, die Musik, die Psalmen. Wenn er spanische Liebeslieder sang, zum Beispiel *Meliselda*, so verwandelte er diese glühenden Noten der irdischen Liebe in Worte, die die Seele für ihren Gott empfindet.

Die Krankheit verlieh ihm die Gabe, die er sonst niemals besessen hätte. Er litt, wie man heute sagt, unter einer »manisch-depressiven Psychose«, oder er kannte, wie man früher gesagt hätte, die mit äußerster Schärfe zusetzenden Qualen der Melancholie. Manchmal ließ ihm die Angst keine Ruhepause, ja nicht einmal die Zeit zum Lesen. Er war dann energielos, ohne Antrieb, beherrscht vom Geist der Verfolgung; er wandelte zwischen Dingen, die ihm keinerlei Bedeutung zu haben schienen: bar jeden Wertes, tot und schweigsam. Dann wiederum bemächtigte sich seiner ein Enthusiasmus, eine Euphorie, ein erhebendes Glücksgefühl bis hin zur Ekstase; Anwandlungen von Schwärmerei und Überreiztheit erzeugten in ihm einen dionysischen Enthusiasmus. Aus seiner Vorstellungswelt sprudelten verführerische und bunte Phantasiegestalten; und der Geist wurde von Visionen und Prophezeiungen geradezu überfallen. Die anderen sahen ihn dann wie verklärt: Das Antlitz leuchtete, und wenn man ihn anblickte, war es, als blicke man ins Feuer. Niemand anderes als ein Melancholiker war besser geeignet, zum Messias eines Volkes zu werden, das die eigene Geschichte als einen Zyklus extremer Gegensätze auffaßte – nach dem Bild eines Gottes, der sich ausdehnt und sich zusammenzieht, der gibt und fallen läßt.

II

Wir wissen nicht, wann der jugendliche Asket in sich die messianische Berufung erwachen spürte. Vielleicht gab es Vorzeichen, Anzeichen, Ahnungen bei ihm. Schließlich hörte er – in einer seiner Phasen der Hochstimmung – eine Stimme, die zu ihm sagte: »Du bist der Retter Israels, der Messias, der Sohn Davids, der Messias des Gottes Jakobs: Du bist der, der berufen ist, Israel zu befreien, das Volk von den vier Enden der Erde zu sammeln im Herzen Jerusalems, und ich schwöre bei meiner rechten Hand und der Stärke meines Arms, daß du der wahre Erlöser bist und daß es außer dir keinen Erlöser gibt.« Er wurde umkleidet vom Licht des Geistes Gottes; er sprach den unaussprechlichen Namen Gottes aus; er sah den Glanz der *Schechina*, der weiblichen Ausstrahlung des Herrn; und ein Wohlgeruch – seine Jünger behaupteten, daß es der Duft des Garten Eden war – ging von seinem Körper aus. Ab diesem Zeitpunkt begann er, »befremdliche Handlungen« zu vollziehen: Verstöße gegen das Gesetz. Wahrscheinlich wußte er nicht einmal, aus welchem Antrieb heraus er die Verletzungen und den Bruch des Gesetzes beging. Vielleicht mußte der Messias alles zerbrechen, was festgefügt war? Sollte die neue Thora auf einem Trümmerhaufen geboren werden? War das Paradoxon ihre Norm? So müssen wir seine höchst ungewöhnliche Hochzeit interpretieren. Er wußte, daß in Livorno ein jüdisches Mädchen namens Sara lebte, die bekräftigte, sie würde nur den Messias heiraten. Es hieß, sie wäre eine Dirne; und ein Engel habe ihr ein »Kleid aus Fellen« übergeben, das Eva vor 6000 Jahren hergestellt hatte. Als Sabbatai von dieser Legende erfuhr, ließ er das Mädchen per Schiff von Livorno kommen. Er heiratete »die Braut des Messias«: Er brach das Gesetz, er verband sich mit einer Dirne, wie es beim Propheten Hosea hieß: »Geh, nimm dir eine Dirne zur Frau.« Ohne es zu wissen, verhielt er sich wie die ersten Gnostiker.

Er durchstreifte den Orient, wobei die jüdischen Gemeinden ihn teils anhörten, teils auspeitschten und verjagten. Er kam nach Jerusalem, erwarb dort ein Haus, in dem er sich, von einem Sabbat zum nächsten fastend, einschloß, und er verbrachte oft Tage in der Einsamkeit der Berge und Höhlen der judäischen Wüste. Er war in Hebron, wo er in einem von vielen Kerzen erhellten Raum die ganze Nacht wachte und mit einer von »Freude und Frohsinn« süßen Stimme die Psalmen rezitierte. Als er in Ägypten ankam, erlitt er einen seiner Depressionsanfälle, und er sah nur noch das graue Antlitz der Angst vor sich. Alle Hoffnungen und alle messianischen Träume verließen ihn.

Zu dieser Zeit lebte in Gaza ein junger Rabbiner, Nathan, der ein äußerst strenges Leben geführt hatte. »Ich beachtete das Gesetz in Armut«, hatte er gesagt, »und meditierte darüber bei Tag und bei Nacht. Ich bin nie der Lust des Fleisches gefolgt, sondern habe mir immer neue Kasteiungen und Formen der Buße mit all meiner Kraft auferlegt.« Er hatte alle Eigenschaften, die Sabbatai Zwi fehlten: gründliche Bildung, intellektuelle Originalität, Ausdauer, literarisches Talent, unermüdliche Energie. Er wurde von Büßern aufgesucht, zeigte ihnen den Grund ihrer Seele und sagte ihnen, was sie tun müßten, um die Harmonie wiederzufinden. Während er allein in einem Zimmer stand und mit umgelegtem Gebetsschal und angelegten Gebetsriemen die Bußgebete rezitierte, hatte er eine Vision: Er sah Feuersäulen, die Tage der Schöpfung, die Erscheinung Gottes, den himmlischen Thronwagen. An den Seiten des Wagens sah er das Bild

Sabbatai Zwis eingezeichnet, wie nach einer bekannten rabbinischen Legende das Bild des Patriarchen Jakob auf dem Thron der Ehre eingezeichnet war. Und sein Mund sprach die Prophezeiung: »So spricht der Herr. Siehe dein Retter kommt. Sabbatai Zwi ist sein Name. Er wird schreien, jauchzen und tönen, er wird seine Feinde besiegen.«

Als Sabbatai erfuhr, daß in Gaza ein Mann lebte, der die Büßer empfing, verließ er Ägypten und suchte ihn auf, um den Frieden des Herzens zu finden. Er war jetzt kein Messias mehr, sondern nur ein kranker Mensch. Die beiden trafen einander, und der junge Rabbi enthüllte Sabbatai seine Vision. Dieser lächelte sanft: »Der Messias, das bin nicht ich. Eine Zeitlang habe ich es geglaubt. Ich hatte meinen messianischen Wahn, aber jetzt habe ich ihn überwunden.« Die beiden blieben zusammen. Sie gingen nach Jerusalem und nach Hebron, zu den Gräbern der Patriarchen und der Heiligen. Nathan hörte zu, wie Sabbatai sein Leben erzählte: von der frommen Jugend, von der Krankheit, von der plötzlichen Erleuchtung und der Angst, von den messianischen Träumen; und allmählich wuchs in Sabbatais Seele die Bereitschaft, die Überzeugung des Freundes anzunehmen. Als sie nach Gaza zurückkehrten, machte Nathan die erste öffentliche Proklamation: Sabbatai Zwi war der Messias, würdig, König über Israel zu sein. Er fiel in Trance wie ein Prophet des alten Israel; und er vollführte einen ungestümen ekstatischen Tanz, bis er plötzlich ohnmächtig wurde, während um ihn herum der ekstatische Gesang der jüdischen Gemeinde erschallte. Jetzt hatte Sabbatai seinen Propheten gefunden. Am 31. Mai 1665 ritt er zu Pferd durch die Straßen von Gaza, wie Jesus so viele Jahre zuvor durch die Straßen Jerusalems geritten war, während die Menge rief: »Gelobt sei der, der da kommt im Namen des Herrn!«

Während der begeisternden und höchst eindringlichen Tage in Gaza und Jerusalem offenbarte ihm Nathan seine Bestimmung als melancholischer und innerlich zerrissener Messias. Als nach dem »Bruch der Gefäße« einige Partikel des göttlichen Lichtes in die Tiefe des Abgrundes gefallen waren, war auch die Seele des Messias dorthin gefallen. Sie war seither nicht mehr zurückgekehrt. Dort unten in der Tiefe war die Wurzel seiner Seele von einer »Schale« umhüllt worden, von einer dämonischen Hülle, von der Hülle Jesu: Die Seelen von Sabbatai und Jesus waren Zwillinge geworden, zusammengebunden durch eine sonderbare Beziehung der Identität und der Gemeinsamkeit. Der Messias war jetzt kein reiner Geist mehr, er war eine mit Schatten behaftete Seele, verdunkelt und befleckt vom Bösen; ein Erlöser, der selbst erlöst werden mußte. So fand das Leben Sabbatais seine Erklärung: die Angstanfälle, die ihn quälten wie Hiob, die Neigung zum Verbotenen und dessen Anziehungskraft, der Antrieb, »befremdliche Handlungen« zu vollziehen, die die Norm verletzten. Jetzt, in diesen fiebrigen Monaten des Jahres 1665, war klar, welche Aufgabe er hatte. Er sollte nicht das Böse bekämpfen, wie es die Menschen des Gesetzes tun. Kühn und fest, behutsam und inbrünstig, heimlich und listig sollte er in die unermeßlichen Herrschaftsbereiche des Bösen eindringen; er sollte das Böse mit reinem Herzen begehen, um es aufzuheben und in den Bereich der Heiligkeit emporzuheben, er sollte im Herzen der Finsternis bleiben, bis er alle Funken des göttlichen Lichts, die in den Abgrund gefallen waren, erlöst hatte; und er sollte seine »Schale«, Jesus, in dem die Rabbiner nur den schlimmsten Feind Israels sahen, retten und heiligen. Er sollte nicht einen himmlischen Funken und nicht einen Strohhalm des Bösen übergehen. Es mußte alles gerettet und geheiligt werden. Es mußte alles erlöst werden. Wenn er seine Reise in die Abgründe – keine Reise mit allen Gefahren zu Wasser und zu Lande war je so gefährlich – vollendet haben würde, würde die Welt wiederhergestellt sein.

Vielleicht fürchtete sich Sabbatai Zwi vor einer solchen Aufgabe, angesichts derer alle Menschen gescheitert waren. Aber Nathan – sein Paulus – bestärkte ihn. Die Zeit war nahe. Während er sich in den Abgründen des Bösen aufhielt, hatte die stille Bemühung von Millionen Juden den größten Teil der göttlichen Funken befreit, die Lichter der himmlischen Strahlen warteten darauf, vereinigt zu werden; und die *Schechina* – armselig, zerrissen und auf der Erde umherirrend – wartete darauf, emporzusteigen »zur Krone ihres Bräutigams«. Binnen kurzer Zeit würde er, Sabbatai Zwi, allein mit der Gewalt der Gesänge und der Lobeshymnen, ohne zu einer Waffe zu greifen oder Blut zu vergießen, die Macht vom türkischen Sultan entgegennehmen. Wie in der *Apokalypse* würde die Zukunft noch schreckliche Ereignisse bringen: die Rebellion des von seinen Ratgebern verführten Sultans; Leiden, Folter und das messianische Blutbad ... Am Ende wird Sabbatai auf einem himmlischen Löwen an die Ufer des Flusses Sambatyon zurückkehren; er wird einen Drachen mit sieben Köpfen an den Zügeln führen, der die Feinde mit dem Feuer seines Mundes töten wird. Alle Könige, alle Völker werden sich zu Boden werfen. Die Verbannten werden zurückkehren. Der wiederaufgebaute Tempel von Jerusalem wird vom Himmel herabsteigen. Angesichts dieser Vision, die so leuchtend und so deutlich war, konnte Sabbatai nicht länger zweifeln. Er war der Messias; und im Unterschied zu den anderen jüdischen Messiasgestalten war er göttlichen Ursprungs. Er entdeckte, daß der kabbalistische Zahlenwert des Gottesnamens Schaddai gleich war wie der Zahlenwert seines eigenen Namens, so daß die Buchstaben seines Namens in den ersten Versen der *Genesis* enthalten waren und der zweite Vers so ausgelegt werden konnte: »Und der Geist Sabbatai Zwis schwebte über dem Wasser.« Und so sagte er, in einer Verzückung, die jedem Juden als eine Blasphemie erscheinen mußte: »Ich bin der Herr, euer Gott, Sabbatai Zwi.«

Es bedurfte nur noch eines letzten Schrittes: alle Moralgesetze aufzuheben, alle von der Thora vorgeschriebenen Riten, die für die Juden durch die Jahrhunderte hindurch das Wesen der Religion ausgemacht hatten. Das Leben stand nicht länger unter dem Schatten des Baumes der Erkenntnis – der die Welt in zwei entgegengesetzte Sphären, das Gute und das Böse, das Heilige und das Profane, das Erlaubte und das Verbotene, zerteilt hatte –, sondern im Licht des Baumes des Lebens, in dem es keine Unterscheidung zwischen dem Guten und dem Bösen mehr gab. Die geistliche Thora des Ursprungs, die nach Adams Sündenfall von der stofflichen Thora verdunkelt worden war, war zurückgekehrt, um sich in ihrer ganzen Reinheit zu offenbaren. So hob Sabbatai die Vorschriften auf, die verboten, Fettes zu essen; er änderte den Kalender; er schaffte das mitternächtliche Trauerritual für das Exil der *Schechina* ab. Auch die Gebete wurden abgeändert. Die Kabbalisten hatten einmal festgelegt, daß nicht der unendliche Gott, *En-Sof*, Gegenstand der Meditation und des Gebetes sein solle, sondern die verschiedenen göttlichen Irradiationen. In dieser glorreichen Wiederkunft der Zeiten verkündete Sabbatai, die Juden müßten dahin zurückkehren, die uranfängliche Gottheit anzubeten; und er sprach vor allen die endgültig wiederhergestellten Buchstaben des Unaussprechlichen Namens Gottes aus.

So begann Sabbatai seine Mission. Er ging zusammen mit einigen Jüngern, nach Jerusalem. Er ritt wieder auf einem Pferd durch die Straßen, gekleidet in einen grünen Mantel, dessen Farbe an das Paradies erinnern sollte. Im Juli 1665 war er in Damaskus und in Aleppo. Massen von Männern, Frauen und Kindern warfen sich ihm zu Füßen und stammelten Prophezeiungen; die Legende wußte zu erzählen, daß, als Sabbatai über die Straßen des Orients zog, ihn nachts eine Legion von Wesen – Schatten oder Engel? – begleitete, die morgens wieder verschwand. Ende des Sommers 1665 war er in Smyrna. Zunächst führte er wieder das geordnete Leben des frommen Mannes: Gebete in der Synagoge, Almosen für die Armen, Ritualbäder im Meer. Dann überkam ihn eine Erleuchtung. Er erschien in der Synagoge, »königlich gekleidet«, und stimmte so melodiös die Morgenpsalmen an, daß alle begeistert waren.

Eines Tages ließ er Jünger vor sich her gehen, die eine silberne Schüssel voll Zuckerwerk trugen, während andere mit Blumenvasen ihm folgten. Er hatte einen silberbeschlagenen Fächer in der Hand, sein »königliches Szepter«, mit dem er die Köpfe seiner Anhänger berührte. In Abänderung des Rituals schritt er die Stufen hinauf, die zum Thoraschrein führten, und schlug mehrere Male mit seinem Szepter dagegen. Er ordnete an, daß der Unaussprechliche Name Gottes ausgesprochen würde. Dann nahm er eine Thora in die Arme und stimmte das Lied *Meliselda* an: Er war der Liebhaber der Tochter des Herrschers, der mystische Bräutigam der Thora. Ein Zeuge schrieb: »An diesem Tag leuchtete sein Antlitz wie eine brennende Fackel, die Farbe seines Bartes wie Gold und aus seinem Mund, der vorher ganz gewöhnliche Worte gesprochen hatte, strömten jetzt Worte, die jeden, der sie hörte, zittern ließen. Fortwährend sprach er von Dingen, die seit der Gabe des Gesetzes am Berg Sinai nicht mehr gehört worden waren.« Während der Enthusiasmus die Seele Sabbatais durchglühte, wurde der Enthusiasmus der Juden von Smyrna zur kollektiven Raserei. Sie erblickten Feuersäulen; sie sahen, wie die Himmel sich vor dem Gotteswagen auftaten; wie Elias durch die Straßen von Smyrna wandelte, bekleidet mit den Lumpen eines Bettlers. Das ganze jüdische Smyrna gab sich dem Überschwang hin. Der Handel brach zusammen; an die Stelle von Gastmählern, Tänzen, Prozessionen und nächtlichen Fackeln traten Bußübungen, Geißelungen und Ritualbäder. Sabbatai proklamierte sich vor der Menge zum Messias, und er verteilte die Reiche der Welt unter seinen gläubigen Anhängern.

Die Kunde verbreitete sich über die ganze Welt. Sie wurde weitergegeben von jüdischen Kaufleuten, von den unzähligen jüdischen Verlagshäusern oder von den Rabbinern, die ein Kommunikationsnetz zwischen den Gemeinden aufgebaut hatten; sie wurde weitergegeben von Tausenden von Juden, die wie eine geduldige und gewissenhafte Ameisenkolonie sich Schlupfwinkel geschaffen hatten inmitten der gefühllosen und grausamen christlichen Welt. Die Briefe aus Gaza und Smyrna erreichten Hamburg im November 1665. Sie trafen in den Häfen von Venedig und Livorno ein, sie wurden in Italien verbreitet, von dort nach Polen, Holland, England; ein weitere Welle von Briefen aus der Türkei erreichte den Orient. Die Nachrichten wurden in Kleinschriften und Büchern verbreitet; die Gebete und liturgischen Regularien Nathans wurden in alle Sprachen übersetzt. Die ganze jüdische Welt war zutiefst aufgewühlt, seien es die armseligen Juden im Jemen, sei es die bedrohte Bevölkerung in Polen, seien es die vornehmen aristokratischen Sephardim von Amsterdam und Livorno, die ihr Vermögen dem Messias anboten. Die Leiden von eintausendsechshundert Jahren waren nicht vergeblich gewesen. Die Pforten der Wonnen waren aufgetan. Die Zeit, in der der Himmel die Verheißungen der Propheten einlösen würde, war gekommen.

Die Legende bemächtigte sich der Ereignisse von Gaza und Smyrna und begann mit ihren Zutaten. Auf die christlichen Kirchen waren große Steine vom Himmel gefallen; die Moschee von Aleppo in Syrien war vom Erdboden verschluckt worden; der Berg Sion, auf dem Sabbatai Zwi an der Seite von Elias und Michael erschienen war, war von Dunkelheit und Nebel eingehüllt worden; die zehn Stämme Israels, die sich vor urdenklichen Zeiten in der Wüste verloren hatten, waren an der Grenze zu Arabien aufgetaucht, hatten Mekka erobert und bedrohten nun Gaza. Niemand verstand ihre Sprache. Sie waren mit Schwertern, Pfeil und Bogen sowie Lanzen bewaffnet, und ihr Führer war ein Asket, ein *heiliger Mann*, der alle Sprachen verstand. Sie waren zehntausend, hunderttausend, dreihunderttausend, drei Millionen; die Türken waren nicht imstande, ihnen entgegenzutreten: Die Schwerter und Musketen, die gegen die zehn verlorenen Stämme gerichtet wurden, wandten sich zurück gegen die Angreifer und streckten sie selbst zu Boden. Der Großtürke hatte Sabbatai Zwi eine königliche Krone auf das Haupt gesetzt, hatte ihn zu seiner Rechten reiten lassen und bereitete einen Angriff auf Russen und Polen vor. In Jerusalem war der Tempel von unsichtbaren Händen wiedererrichtet worden.

Überall breitete sich der Bußwahn aus. Manch einer fastete drei Tage oder eine Woche; mancher nahm bei der Morgenröte das Ritualbad und bekannte öffentlich seine Sünden; mancher stand nachts auf und wälzte sich im Schnee; mancher geißelte sich; mancher hörte auf, Geschäfte zu machen, schloß die Werkstatt, erstattete unrechte Gewinne, verschenkte Dinge und Güter; mancher lebte auf den Feldern, bekleidet mit Sackleinen, bedeckt mit Asche, fastend und um die Ankunft des Messias betend; mancher hörte auf, Texte auf der Bühne zu rezitieren, da für solche Nichtigkeiten keine Zeit mehr sei; mancher tanzte wirr auf der Straße; reiche Jünglinge heirateten arme Waisen aus Liebe zum Himmel; die Ungebildeten versuchten einen Gelehrten für sich zu finden, der sie in der Thora und im *Talmud* unterrichten sollte, und sie verbrachten ihre Zeit in der Synagoge … Viele beschlossen, nach Jerusalem zu gehen, um dort auf die triumphale Erscheinung des Messias zu warten. Die Reicheren rüsteten Schiffe aus, mit denen sie die Gebeine ihrer Toten überführten. Die armen Juden aus Polen und Griechenland glaubten, sie würden auf einem großartigen Wolkenteppich nach Palästina gebracht.

III

Am 8. Februar 1666 wurde das Segelschiff von Sabbatai Zwi, mit dem er nach Konstantinopel gelangen wollte, von zwei türkischen Schiffen aufgebracht und in den Hafen eskortiert. Der Messias wurde gefangengenommen. Die Wachen prügelten mit Knüppeln auf die Gruppen von Juden ein, die ihm entgegengekommen waren, um ihm ihre Ehrerbietung darzubringen. Die Gefangennahme hatte keinerlei religiösen Grund. Der Großwesir des Sultans fürchtete vielmehr den Stillstand des wirtschaftlichen Lebens in den jüdischen Gemeinden, die im türkischen Handel eine vorrangige Rolle spielten. Sabbatai wurde vor den Diwan gebracht, wo er den Großwesir beeindruckte, wie später auch den Sultan. Wir wissen nur, daß der Wesir einige Tage danach einen Handel vorschlug: Wenn die Juden einhunderttausend Real (Löwentaler) zahlen würden, würde Sabbatai Zwi freigesetzt. Der Messias lehnte ab. Die Haft, zunächst in einer dunklen und schmutzigen Zelle, dann in einer geräumigeren Zelle und schließlich auf der Festung von Gallipoli, war seine Bestimmung. Der stoffliche Kerker, in den ihn die Heiden geworfen hatten, war das Symbol für seine Gefangenschaft in den Abgründen des Bösen, wie ihm Nathan von Gaza kundtat. Und sofort bemächtigte sich die Legende auch dieser Episode. Der Messias war nicht zum Gefangenen geworden. Als die Soldaten gekommen waren, um ihn festzunehmen, war er in den Himmel aufgestiegen, und der Erzengel Gabriel hatte seine Gestalt angenommen; dort oben umgaben ihn Legionen von Engeln, die ihm die Geheimnisse Gottes offenbarten.

Er lebte abgeschlossen in der Festung, in rote Gewänder gekleidet. Die Thora-Rolle in seinen Händen war ebenfalls rot umwickelt. Rot war die Farbe des Gerichts und der Rache Gottes, die zu Beginn der messianischen Ära ihre Gewalt noch steigern würden. Alles um ihn war fürstlich, wie im Palast Salomos.

Die Wände des Raumes waren mit goldenen Teppichen verhängt, und der Fußboden mit aus Gold und Silber gewebten Matten bedeckt. Der Tisch war aus Gold und Silber. Sabbatai Zwi aß von Tellern und trank aus Bechern, die mit Edelsteinen besetzt waren. In der Rechten hielt er ein goldenes Szepter, in der Linken einen Fächer mit einem Griff aus Silber; er verbrachte die Tage damit, die Psalmen oder Hymnen zum Lob Gottes zu singen. Die Türken behinderten den Zustrom der Pilger nicht. Die »Gläubigen« kamen aus Moldawien, aus Polen, von Jerusalem, aus Anatolien, aus Spanien. Sie aßen und tranken zusammen mit Sabbatai Zwi; und wenn sie dann wieder heimgekehrt waren, beschrieben sie »die Herrlichkeit, die sie gesehen hatten, den Überfluß von Gold und Silber, kostbaren Stoffen und Zierat, die königlichen Gewänder, in die Sabbatai Zwi gekleidet war, die große Anzahl von Dienern, die Ehrungen, die ihm die Völker entgegenbrachten«. Es gab in der Festung einen messianischen Schreiber: Samuel Primo. Sabbatai Zwi schrieb an seine Schüler. »Der einziggeborene Gottes, Sabbatai Zwi, der Gesalbte des Gottes Jakobs und Retter Israels, Friede... Fürchtet nichts, denn ihr werdet die Herrschaft über die Völker ausüben, und zwar nicht nur über die, die sich auf der Erdoberfläche finden, sondern auch über die Geschöpfe, die in der Tiefe der Meere sind.« Er versprach denen Straferlaß, die am Grab seiner Mutter gebetet hatten; und er ordnete an, daß das Fasten am 9. Ab, dem Gedenktag der Zerstörung des Tempels, aufgehoben würde, um den Tag seiner Geburt festlich zu begehen.

Die Katastrophe kam unvorhergesehen, und sie war nicht vorauszuahnen. Im September 1666 wurde Sabbatai Zwi an den Hof des Sultans geführt. Während einer Versammlung des Kabinetts, an der auch ein konvertierter Jude teilnahm, wurde ihm der Vorschlag unterbreitet, abzufallen, andernfalls würde er zu Tode gemartert. Sabbatai zögerte nicht. Der Messias beging Verrat. Unter dem Namen Mehemed Effendi wurde er in das Ehrenamt eines »Hüters der Palasttore« erhoben. Hatte er seine eigenen messianischen Ansprüche und seinen Gott vergessen? Fürchtete er um sein Leben? Hatte er keine Bedenken, die Menge seiner Anhänger vor den Kopf zu stoßen? Er war voller Angst und innerlich zerrissen; er war dabei, das Unterscheidungsvermögen zwischen Wirklichkeit und Vortäuschung, zwischen seiner türkischen Kleidung und seiner jüdischen Seele zu verlieren. Ein Gedanke kam ihm zu Hilfe. Wie Mose am Hofe des Pharao gelebt hatte, so mußte er zum Apostaten werden und in der äußeren Erscheinung eines Türken leben, um sein Volk zu erlösen. Es war notwendig, daß die Sonne von der Finsternis verschlungen wurde, bevor sie im Orient mit neuem, grellem Glanz wieder aufgehen konnte.

Unermeßlich waren Überraschung, Schmerz, Bestürzung und Verzweiflung unter den Juden. In Briefen wurden die Gemeinden in ganz Europa informiert. Boten kommentierten die Nachricht, Rabbiner diskutierten und stritten miteinander, Botschafter wurden nach Gallipoli geschickt. Alle fragten sich, warum der Messias Verrat begangen hatte. Viele kehrten zu den alten religiösen Gebräuchen zurück; bei vielen anderen aber hielt der neue Glaube dem Skandalon stand, und sie versuchten das Unerklärliche zu erklären. Einige glaubten, daß nur der Schatten von Sabbatai Zwi auf der Erde zurückgeblieben sei, während Leib und Seele in den Himmel erhöht worden seien; andere meinten, er habe sich verstellt, um vom Sultan die Regierungskunst zu erlernen; einige meinten, er habe Verrat begangen, um die Juden, denen eine schreckliche Verfolgung drohte, zu retten; oder sie glaubten, er habe sich geopfert, um die Seelen aller Heiden vor der Verdammnis zu retten. Mehr als jeder andere war Nathan in Gaza erschüttert; aber er verlor seinen Glauben nicht, vielmehr durchsuchte er sorgsam die Schrift nach einer Rechtfertigung, und er verkündete: »Der Messias mußte sein befremdliches Werk ausführen und seine befremdliche Tat vollbringen.« Es genüge nicht, daß er die in den Abgründen verlorenen himmlischen Funken berge. Indem er den Turban aufgesetzt habe, sei das Gute in das Böse verwandelt worden, um es aufzureiben, zu zermürben und von innen her in Nichts aufzulösen: wie die Würmer in die Bäume eindringen, an ihnen nagen und sie zerstören, indem sie sie von innen zerfressen.

1600 Jahre zuvor hatten die Christen ihren Glauben als ein Skandalon erlebt: der Messias, der Erlöser, der Sohn Gottes, am

Kreuz hingerichtet wie ein Verbrecher. Jetzt mußte der jüdische Glaube mit einem noch viel erschreckenderen Skandalon zurechtkommen: der Messias – ein Apostat, und er mußte die ganze religiöse Spannung dieses Paradoxons aushalten. Einige waren in der Lage, es zu verstehen: die Nachkommen der Marranen der Iberischen Halbinsel. Sie hatten während der Verfolgungen des 14. und 15. Jahrhunderts zu Hunderttausenden die Taufe empfangen und hatten weiter an den Gott Israels geglaubt, und nach der Flucht aus Spanien waren sie zurückgekehrt zur Verehrung des Thora-Schreins. Der Messias hatte gehandelt wie sie; er hatte abgeschworen; er lebte wie die Königin Esther, die am Hofe des Königs Ahasver eine marranische Existenz geführt hatte. Aber was war nun zu tun? Sollten alle abfallen? Die meisten glaubten, daß der Messias im Namen aller gesündigt hatte; nur er konnte ohne Gefahr dieses Schicksal auf sich nehmen. Andere meinten, daß eine allgemeine Apostasie erfolgen müsse. Man dürfe den Messias in der schrecklichsten Phase des Kampfes gegen die Macht der Dämonen nicht allein lassen. Alle mußten mit ihm in den Abgrund hinabsteigen, bevor sich seine Pforten wiederum schlossen.

1667 verließ Nathan von Gaza Palästina und lebte bis zu seinem Tod wie ein Landstreicher und Flüchtling. Er behauptete, seine »Reiseroute sei ihm durch eine himmlische Stimme vorgeschrieben, die ihn immer begleiten würde«; »auf ihr Geheiß hin reiste er, auf ihr Geheiß hin rastete er«; er hielt sich eine bestimmte Zeit in Smyrna auf, in Adrianopel (wo er Sabbatai Zwi wiedersah), in Saloniki, auf Korfu; und von dort brach er zu einer Reise nach Italien auf, deren Ziel er sorgsam verheimlichte. »Den Grund für alles das kann man nicht offenbaren, geschweige denn der Feder anvertrauen, ausgenommen gegenüber erfahrenen Kabbalisten, aber bald wird alles offenbar werden. Glücklich, der da wartet …« In Venedig führte er Streitgespräche mit den Rabbinern. Er ging nach Bologna, Florenz, Livorno, wo er zwei Monate blieb; dann reiste er nach Rom ab, wo er nur eine Nacht blieb, in einem Gasthof für mittellose Reisende, inkognito. Eine alte rabbinische Legende erzählt, daß der Messias – wie Sabbatai Zwi am Tag der Zerstörung des Tempels geboren – seit

Jahrhunderten verborgen unter den Bettlern und Aussätzigen vor der Engelsburg lebte. Vielleicht wollte Nathan in diesem zerlumpten Haufen den *wahren* Messias entdecken – den anderen Messias, dem er noch nicht begegnet war? Oder er wollte in Erfahrung bringen, ob für das jüdische Volk ein neues Licht der Hoffnung aufleuchten könnte? Bei der Morgendämmerung begab Nathan sich zur Engelsburg, wo der Papst wohnte, und er ging den ganzen Tag lang, ohne müde zu werden, versunken in tiefe Meditation, immer wieder um den Papstpalast herum, wobei er magische Formeln der Zerstörung in die Luft schrieb. Dann warf er eine mit Prophezeiungen und Verfluchungen beschriftete Rolle in den Tiber. Die beiden magischen Handlungen hatten denselben Sinn. Während Sabbatai Zwi in das Reich des Bösen eingedrungen war und sich ihm gebeugt hatte, indem er die Gestalten des Bösen anzog, hatte er, Nathan, sein Prophet, gegen den Abgrund gekämpft, allein, ohne jede andere Hilfe als die magische Kabbala, ohne sich zu verkleiden, ohne sich zu ergeben, ohne auch nur einen Ritus oder eine Überzeugung aufzugeben, die er von den Vätern ererbt hatte.

Die letzten Jahre im Leben von Sabbatai Zwi waren von einem noch rascheren Wechsel zwischen Erleuchtungen und Ängsten geprägt. Wenn er sich glücklich fühlte, schrieb er: »Ich kann allen Weizen sammeln und ihn in eine Scheune bringen, und nicht ein Korn wird verlorengehen. Und wenn aus Versehen ein Vogel ein Korn schluckt, dann werde ich es aus seinem Schnabel zurückbekommen – denn es ist das Ziel der Wiederherstellung, daß nicht eine Seele Israels verlorengeht.« Bizarrerweise unterschrieb er mit *Turco* – da die hebräischen Buchstaben dieses Wortes kabbalistisch die Bedeutung »der Berg Gottes« haben; und Gott konnte sich auf ihm niederlassen wie auf dem Berg Sinai. Wenn ihn die Angst überfiel, schrieb er: »Wie lange, o Herr, willst du wegwerfen und verschmähen, willst du mit deinem Gesalbten zürnen, willst du den Bund deines Knechtes zunichte machen, seine Krone entweihen, indem du sie zu Boden trittst, so daß er zum Gespött für seine Nachbarn wird? Ich bin heute ein Mann der Schmerzen, mit der Krankheit vertraut, geschlagen von Gott, ermattet von Kummer, wie ein Schaf zum Schlachten geführt ...«

Im September 1672 wurde Sabbatai unter der Anschuldigung, Gott gelästert und den Islam verraten zu haben, eingesperrt; und er wurde nach Dulcigno im heutigen Montenegro deportiert. Er lebte eingeschlossen in seine Vorstellungswelt, hoffte auf wer weiß welche Erlösung, schnitt Holz im Wald und schrieb *Das Mysterium des Glaubens*, worin er dem *En-Sof*, der primordialen Gottheit, alle Macht abspricht. Er nimmt die Rolle des Moses redivivus an: Er formte in der Abschlußnacht des Pessach-Festes eine Schlange aus Silber und setzte sie auf einen Stab. Am 17. September 1676 starb er, fünfzig Jahre alt. Viele glaubten, Gott habe ihn in den Himmel aufgenommen. Drei Jahre darauf starb, nach einem Wanderleben, das immer ängstlicher wurde, auch Nathan von Gaza in Skoplje in Mazedonien. Auf sein Grab wurde geschrieben: »Deine Schuld ist gesühnt, Tochter Sion.« Sollen wir von Schuld reden? Und war wirklich alles gesühnt? Das große Unterfangen, die gefangenen göttlichen Funken zu befreien, war wieder einmal fehlgeschlagen. Die Funken sind immer noch da, vor uns, eingeschlossen in die Steine, in die Pflanzen und in die Herzen; und sie warten auf das rechte Tun unserer Hände.

Das Licht der Nacht (II)

I

Im Juni und Juli 1791 weilte Mozart allein in Wien. Am 4. Juni war seine Frau zusammen mit dem Sohn Karl zur Kur nach Baden gefahren, und sie war schwanger mit einem weiteren Kind: dem sechsten, dem zweiten, das überleben sollte, und dem einzigen, das wie der Vater mit »des Tones Macht« zu kämpfen versuchte. Von Wien aus schrieb Mozart jeden Tag an seine Frau mit jener zärtlich liebevollen Unschuld, die uns immer wieder verwundert. »Denkst Du wohl so oft auf mich, wie ich auf Dich? – alle Augenblicke betrachte ich Dein Portrait – und weine – halb aus Freude, halb aus Leide!« hatte er einmal von einer seiner Reisen an Constanze geschrieben, und jetzt beteuerte er: »Ich hoffe Dich Samstag umarmen zu können, vielleicht eher …

denn ich habe mir vorgenommen, in Deiner Umarmung auszuruhen; – ich werd es auch brauchen ... mir fehlt nichts als – Deine Gegenwart.« Er empfahl ihr, sich warm zu halten, erinnerte sie an seine Ermahnungen »wegen der Morgen- und Abendluft«, machte sich Gedanken um ihren kranken Fuß; er wartete sehnsüchtig auf ihre Briefe; und wenn sie nicht ankamen, hatte er den ganzen Tag schlechte Laune. Er dachte an nichts anderes, als in eine Kutsche zu steigen, die Strecke, die ihn von ihr trennte, zurückzulegen und sich in ihrer »Umarmung auszuruhen«.

Seine Liebesbeteuerungen erinnern oft eher an die Zärtlichkeiten des Papageno als an die erhabene Liebesglut des Tamino: *bestes Herzensweibchen* nennt er seine Frau, mit den Worten, die auch sein Vogelmensch gebraucht: »Fang auf – fang auf – bis – bis – bs – bs – lauter Busserln fliegen in der Luft für Dich – – – bs – da trottelt noch eins nach.« »O stru! stri! – ich küsse und drücke Dich 1095060437082mal (hier kannst Du Dich im Ausprechen üben) und bin ewig Dein treuester Gatte und Freund«, schreibt er einmal. Dann fügt er mit seinem Spaß für Nonsens-Wortspiele hinzu: »und sei ewig meine Stanzi Marini, wie ich ewig sein werde Dein Stu! – Knaller paller – schnip – schnap – schnur – *Schnepeperl*« Er macht den Harlekin, den Pulcinella, den Salzburger Hanswurst. Er vermengt die Vulgärsprache, die er gelernt hat, als er jahrelang mit Pagen und Kutschern zu Tische saß, mit den Purzelbäumen des venezianischen Maskenspiels und den luftigen Spielen der romantischen Elfen.

Aber diese fröhlichen und kindischen Pirouetten können uns nicht täuschen. Hinter ihnen wird eine neurotische Sehnsucht spürbar, eine Liebe, die nimmt und sich verzehrt, eine geistige Anspannung, die vernichtend wirken konnte. Während die Monate vergehen, werden die Briefe immer hastiger geschrieben, als wollte er den Schlag der Minuten festhalten oder die schrulligsten und spannendsten Dinge, die um ihn herum geschehen. Die Nerven zucken unaufhörlich über das Papier; das Thema wechselt mit jeder Zeile, die Stimmung steigt und fällt, sie wird fröhlich und verdüstert sich; das Schriftbild wird schlangenlinienförmig und zerfällt in tausend kleine Striche. Vor einiger Zeit hatte er seiner Frau bekannt: »Wenn die Leute in mein

Herz sehen könnten, so müßte ich mich fast schämen. – Es ist alles kalt für mich – eiskalt«; und jetzt schreibt er: »Ich kann Dir meine Empfindung nicht erklären, es ist eine gewisse Leere – die mir halt wehe tut – ein gewisses Sehnen, welches nie befriedigt wird, folglich nie aufhört – immer fortdauert, ja von Tag zu Tag wächst – wenn ich denke ... welch traurige, langweilige Stunden ich hier verlebe – es freuet mich auch meine Arbeit nicht ... gehe ich ans Klavier und singe etwas aus der Oper, so muß ich gleich aufhören – es macht mir zuviel Empfindung – basta!« Diese Kälte, diese Leere, diese Sehnsucht, diese Angst – kein Wort hätte sie je, unter keinen Umständen, beruhigen können.

Oft verließ er morgens um fünf, nachdem er nur wenig geschlafen hatte, die Nummer 970 in der Rauhensteingasse, als würde ihn ein Dämon aus dem Haus zerren. Wer ihm zu dieser ungewohnten Stunde begegnete, hielt ihn wohl für einen »Schneidergesellen«, der zur Arbeit ging. Er streifte lange durch die Straßen, während die Sonne – die Sonne, der er gerade sein letztes Werk widmete – die Bäume und die alten Häuser von Wien golden zu färben begann. Tagsüber trieb ihn die Unruhe quer durch die Stadt, er wurde bedrängt von gegensätzlichen Gedanken, gequält von realen und eingebildeten Ängsten. Er machte Besuche, gab Unterricht, hielt nach Freunden Ausschau, die ihm einen Vorschuß geben könnten, mit dem er die Schulden zahlen wollte, die er gemacht hatte, um andere Schulden zu begleichen. Er schlief manchmal zu Hause, dann wieder im Haus von Leitgeb, Franz Gerl oder Schikaneder. Er aß im Wirtshaus, da er Angst hatte, allein zu sein, oder bei einem Freund, der ihm zu Ehren ein kleines Bankett gab, wo Mozart dann Champagner und große Gläser mit Punsch trank. Abends spielte er, wenn es ihn nicht ins Theater zog, Billard; manchmal zu Hause, allein, »zusammen mit dem Herrn von Mozart, dem Kompagnon von Schikaneder«, öfter in einem Kaffeehaus in der Nähe, wo er jene menschliche Wärme fand, die er so unbedingt brauchte.

Manchmal blickten die Freunde mit Sorge auf diesen kleinen und mageren Mann, dessen Gesicht ein wenig aufgedunsen wirkte, mit seinen blaßblauen Augen, den schönen blonden

Haaren, die dünn und gelockt auf die Schultern fielen. Er hatte immer gute Laune. Aber auch wenn er von ausgelassenster Fröhlichkeit war oder wenn er mit seinem durchdringenden und scharfen Blick um sich sah, schien es, als dächte er an etwas anderes, das ihn ganz in Anspruch nahm. Was das war – ein musikalisches Motiv, ein ferner Gedanke, eine Empfindung, die sich hinter den anderen Empfindungen versteckte –, konnte niemand sagen. Dann wurde er ganz unvermittelt sehr ernst und bestimmt. Er ging zum Fenster, trommelte mit den Fingern auf die Fensterbank und gab Antworten, die immer vager und unbestimmter wurden, bis er schließlich nichts mehr hörte und wie ohne Bewußtsein wirkte. Nie kam er zur Ruhe. Morgens, während er sich das Gesicht wusch, ging er im Zimmer auf und ab und schlug dabei eine Ferse an die andere. Bei Tisch nahm er die Serviette an einem Zipfel und wand sie aus; er bewegte sie unter der Nase hin und her, während er mit dem Mund seltsame Grimassen zog. Die kleinen, flinken Hände waren ständig in Bewegung: Er strich über die Manschetten, über ein Bein oder einen Arm; er spielte immer mit irgend etwas – mit seinem Chapeau, mit der Uhrkette, mit einer Stuhllehne – gleichsam Klavier; er steckte die Hände in die Taschen und zog sie wieder heraus, als könnte er nur so seine Unruhe besänftigen.

II

Wenige Monate zuvor, im März, hatte er zu Hause einen alten Freund aus Bayern vorgestellt, Emanuel Schikaneder, der das Theater auf der Wieden in der Vorstadt von Wien leitete. Schikaneder hatte in seiner Jugend bei bäuerlichen Festen aufgespielt. Er war Wandermusiker gewesen und hatte sich dann einer der Theaterkompanien angeschlossen, die Goethe im *Wilhelm Meister* schildert: Er zog zu Fuß oder mit Kutschen über die schlammigen und unsicheren Straßen Deutschlands und Österreichs, gab Vorstellungen in den Theatern der Städte, der Provinz, auf dem Land oder auf den kleinen erlesenen Bühnen des Hofes; er kannte den Beifall und den Unmut des Publikums, das

Elend und den unverhofften Reichtum, die Leichtigkeit und die großen Ambitionen des Theaterlebens. Er schrieb Dramen, Operetten und Singspiele oder entwarf barocke Zauberpossen; er spielte im *Hamlet*, in *Macbeth*, in *Romeo und Julia*, in den *Räubern*, in *Don Carlos*, in *Clavigo* oder in komischen Stücken, wo er mit unterschiedlichen Mitteln seiner Stimme die erheiterndsten Effekte abgewann.

So steuerte Mozart immer häufiger die Wiener Vorstadt an. Das Theater auf der Wieden gehörte zu einem großen Adelspalais, wie sie heute noch in den frommen Tälern Tirols anzutreffen sind. Der Gebäudekomplex umfaßte sechs Höfe, zweihundertfünfundzwanzig Zimmer, zweiunddreißig Treppen – auf denen ständig ein Strom von Adligen und Bürgern, von Männern und Frauen aus dem Volk und von Schauspielern unterwegs war –, eine Kirche, eine Apotheke, ein Wirtshaus, eine Presse, eine Mühle, verschiedene Werkstätten, als müßte das Haus mütterlich für alle Bedürfnisse seiner Bewohner vorsorgen. Im weiträumigsten Hof gab es einen Garten, einen Brunnen und ein kleines Holzhaus, wo Mozart und Schikaneder gemeinsam an der *Zauberflöte* arbeiteten. Wir würden gerne wissen, worüber der geniale Stümper und der kleine Musiker mit dem aufgedunsenen Gesicht, der nur noch wenige Monate leben sollte, miteinander gesprochen haben. Wie sie die Handlung der Oper einrichteten, welche Abänderungen, welche Lösungen Mozart vorschlug, welche Verse von seiner Hand stammen, wie er die Wörter aufnahm, die der andere anbot ...

Zwischen diesen Holzwänden unternahmen Mozart und Schikaneder ihre Reise nach Ägypten, so wie ein halbes Jahrhundert später Flaubert dem Lauf des Nils folgte. Sie hatten fast alles gelesen, was ihre Zeit vom hellenistischen Ägypten wußte, während das andere Ägypten, das Ägypten des Cheops, des Mykerinos und Ramses des Zweiten, damals noch unter dem schützenden Wüstensand verborgen lag. Sie konnten alte und moderne Bücher zu Rate ziehen. Wahrscheinlich blätterten sie in der *Bibliotheke*, der Universalgeschichte, des Diodoros Siculus, und in der Abhandlung Plutarchs über Isis und Osiris; nicht ausgeschlossen ist, daß sie die großen Sammlungen von Athanasius

Kircher, Jablonski, Montfaucon und Caylus eingesehen haben; sie zogen den Roman *Sethos* von Abbé Jean Terrasson zu Rate, den Aufsatz *Über die Mysterien der Ägyptier* von Ignaz von Born, und sicher lasen sie begeistert das letzte Buch der *Metamorphosen* des Apuleius.[1]

Sie standen mit ihrer begeisterten »Ägyptomanie« nicht allein. Im gleichen Zeitraum des Jahres 1791 schrieb Nicolas de Bonneville, daß Isis das grundlegende Wort des Universums sei: *Isis* flüstert und schnaubt die Stimme des Feuers; *is-is* schreit das Wasser, wenn man brennendes Feuer darin eintaucht; *is-is* zischt die Schlange, das Symbol des kühlen Giftes, das vom Feuer der Natur verschlungen wird. Die Muttergottes, die den neugeborenen Jesus stillt, ist eine Wiedergeburt der Isis, die Horus stillt; der Tod, der Abstieg in die Unterwelt und die Auferstehung Christi sind eine Wiederholung des Schicksals von Osiris. Diese verehrungswürdige Religion, die Quelle jedes Glaubens und aller Weisheit, hat in allem ihre Spuren hinterlassen. Notre-Dame in Paris wurde über der Ruine eines Heiligtums der Isis erbaut; und die Kirchen des französischen Mittelalters mit ihren Tierkreiszeichen, ihren monströsen Tierdarstellungen, den Darstellungen der Arbeiten im Jahreslauf, den reiche Trauben tragenden Weinstöcken, den Schiffen und Spitzbögen waren ein letztes Echo der alten Tempel von Theben und Dendera, das über die Jahrhunderte weitergeleitet worden war. Alles schien bereit zu sein für eine Wiedergeburt der ägyptischen »Mysterien«.[2] Wie sich die ka-

[1] Das nützlichste Buch zu den ägyptisch-hellenistischen Quellen der *Zauberflöte* – nur sie werden hier behandelt – ist das von Siegfried Morenz, *Die Zauberflöte*, Münster-Köln 1952. Ich möchte hier noch auf drei weitere Bezüge hinweisen: Die Namen Tamino und Pamina, die Mozart und Schikaneder aus wer weiß welchen Quellen übernommen haben, sind ägyptischen Ursprungs; sie müßten eigentlich Pa-Min und Ta-Min heißen, das heißt »Diener« und »Dienerin des Gottes Min«. Palmen mit Blättern aus Gold finden wir sowohl in den Händen der Priester des Apuleius (XI, 10) wie auch der Priester Mozarts (2. Akt, 1. Auftritt); und die seltsamen Pyramiden en miniature, die in der Zauberflöte die Priester als Laternen auf den Schultern tragen (2. Akt, 20. Auftritt), finden sich schon in den ägyptischen Gräbern.

[2] Ich entnehme diese Beobachtungen dem reichhaltigen Buch von Jurgis Baltrušaitis, *La quête d'Isis*, Paris 1967, bes. S. 27–69.

tholische Kirche zwei Jahrhunderte zuvor fast zur Alchemie der Hermetik bekehrt hätte, so malte sich jetzt das Europa der Aufklärer, der Freimaurer und der Revolutionäre eine universale Religion nach dem Vorbild der ägyptischen Riten aus.

Diese Religion – die Religion des Apuleius und des Gérard de Nerval – lebte unter dem Zeichen einer großen Muttergottheit. Isis war »die Gebärerin aller Dinge, die Herrin der Elemente«; sie herrschte über den Lichtbogen des Himmels und die heilsamen Brisen des Meeres, sie gab der Sonne ihr Licht und ließ die Erde kreisen, sie machte, daß die Jahreszeiten wiederkehrten, und ließ die Samen und Keimlinge wachsen; Isis war die »heilige und immerwährende Retterin des Menschengeschlechts«, die mit sanfter Zuneigung auf die Bedürfnisse der Unglücklichen blickte und die Menschen vor den Schlägen des Schicksals schützte (*Metamorphosen* XI 5, 25). In der *Zauberflöte* gibt Isis der Königin der Nacht »den tiefschwarzen, in dunklem Glanze strahlenden Mantel« und das Gefunkel ihrer Sterne. Sonst bleibt keine Erinnerung an sie. Der liebevolle mütterliche Einfluß steigt nicht aus ihrem Schoß auf die Erde; nur ihr bloßer Name ertönt, von den Trompeten und Hörnern begleitet, auf den Lippen der Priester.

Und ähnlich bleibt auch das ägyptische Ambiente, mag es in den Einzelheiten noch so genau und sorgfältig gezeichnet sein, doch nur Bühnenhintergrund, eine trügerische und erdachte Szenerie, die jede Landschaft der Erde umfassen kann. Die Pyramiden, die Tempel, die Palmen erheben sich neben einem mittelalterlichen Schloß. Das blattreiche und felsige Arkadien von Poussin grenzt an einen Zypressenwald, an einen Garten im italienischen Stil und an eine Bergschlucht mit rauschenden Wassern; und hinter den Kleidern der Isis-Priester verstecken sich japanische Gewänder und türkische Tische. Alles muß nach Theater riechen, nach außergewöhnlichen Bauten, nach Bühnenzauber; alles muß einem bunten Pasticcio gleichen, zusammengemixt, um Kasse zu machen. Viele der Zuschauer, die über Monate hin das Theater auf der Wieden füllten, glaubten, nichts weiter als eine entzückende Kinderfabel zu sehen, einen Schwank zur Unterhaltung des Wiener Volkes. Nur der eine oder andere unter ihnen begriff, welch tiefe Geheimnisse Mozart mit einem Scherz, mit einem Capriccio, mit einer lockeren Anspielung zu verhüllen gewußt hatte.

III

Gegen Ende Juli war die *Zauberflöte* so gut wie fertig. Trotz Einsamkeit und nervöser Erschöpfung während der Komposition der Oper hatte Mozart nie aufgehört, jenen possenhaften Geist zu kultivieren, der ihm half, die allzu große Angespanntheit sich entladen zu lassen. Wenn er sich ans Klavier setzte, überließ er sich nur zu gerne seinem außergewöhnlichen parodistischen Talent. Er führte ein Thema einmal ernst, dann burlesk durch; einmal raste er Hals über Kopf über die Tastatur, dann bewegte er sich langsam, flehentlich und kläglich unter der um Töne bettelnden Menge. Wenn dann noch der Champagner sein Feuer weckte, begann Mozart, eine Opernszene darzustellen. Wie Glasperlen ahmte er die Stimme einer Primadonna nach: »*Dove, ahi dove son io*«, rief sie verzweifelt. »*O Dio! questa pena! O prence! O sorte ria … io tremo … io manco … io moro!*« Dann barsten die gegensätzlichsten Akkorde auf dem Klavier, wie der Feuerwerkskörper einer fernen Granate über einem Haus, und die alten Freunde und die Tagesbesucher lachten Tränen.

Was immer er machte, Mozart konnte nicht aufhören, an die *Zauberflöte* zu denken. Ob er sich mit Bekannten unterhielt, ob er mit Freunden Billard spielte oder ob er in der Kutsche nach Baden fuhr, immer arbeitete er innerlich an seiner Musik; er begann zu pfeifen, zu brummen, zu trällern und zu summen, mit hoher Stimme zu singen, und er ertrug es nicht, dabei gestört zu werden. Er zog ein Notizbuch aus seiner Manteltasche und notierte darin seine eben ausgedachten Melodien, wie ein Dichter seine Verse auf Fahrscheinen skizziert. Ganze Szenen formten sich allmählich in seinen Gedanken, bis sie schließlich eine fast endgültige Gestalt gewannen. So konnte er, kaum daß er am Schreibtisch saß, mit einer Lockerheit und Schnelligkeit schreiben, die mancher als hastig hätte beurteilen können. Wenn andere sein Zimmer betraten und irgendwelche Themen erörterten – Theaterklatsch, Geschichten vom Hof, Geld- oder Frauengeschichten –, konnte er, scherzhaft oder bissig, darauf antworten, ohne das Schreiben zu unterbrechen. Schließlich trat er ans Klavier, im Kerzenschein, in der mütterlichen Stille der Nacht, oder im Schein des Tages. Der Blick, so oft zerstreut und verloren, wurde ruhig und gesammelt; die schönen kleinen Hände bewegten sich sanft und natürlich über die Tasten; jede Bewegung der Muskeln schien ein Gefühl auszudrücken; und das Auge der Gäste blickte gerne auf ihn, wie das Ohr gerne die Vollkommenheit der Klänge hörte.

Von dieser Oper – so verschieden von dem Menschen, der sie komponiert hat – möchte ich versuchen, die Handlung zu erzählen. Ich werde sie erzählen, als handle es sich um ein Buch, zu vier Händen geschrieben von einem Impresario und Freimaurer, der nicht vergessen hatte, daß er einmal Wanderschauspieler war, und von einem Musiker, der an Nephritis litt. So werden meine Worte gedämpft, dunkel und hohl sein, weil sie nicht einmal im entferntesten ein Echo der Musik Mozarts wiedergeben können. Sie werden nicht versuchen, diesem geheimnisvollen Flüstern zwischen dem Leben und dem Tod, diesem sanften Atem, dieser transparenten Kraft auf die Spur zu kommen, diesem flüssigen, beweglichen Elan, der jeden Akkord mit sich zieht: zum Wasser und zum Feuer, zur Luft und zur Erde – und vielleicht über das Wasser und die Erde, über die Sphäre der Luft und die Sphäre des Feuers hinaus.

IV

Die Geschichte der *Zauberflöte* hat eine Vorgeschichte, die eine Art Kosmogonie entwirft. Vor der Geburt von Tamino und Pamina hat ein Herrscherpaar über die Welt regiert: ein Sonnenkönig, dessen Namen wir nicht kennen, und die mächtige Königin der Nacht. Aus ihrer Vereinigung wird Pamina geboren. Zwischen dem männlichen und dem weiblichen Prinzip, dem Licht und der Finsternis, bestand damals ein wechselseitiger Einklang: denn der König schnitt die Zauberflöte aus dem

Strunk einer tausendjährigen Eiche, in einer Zauberstunde, bei Blitz und Donner, beim Dröhnen des nächtlichen Gewitters; er schnitt sie mit Hilfe der Königin, der dieser Moment als der Herrscherin des Zaubers der Nacht gehörte. Manch einer könnte glauben, daß zu der Zeit Harmonie geherrscht habe zwischen den gegensätzlichen Prinzipien und nur das Gute die Erde genährt habe. In Wirklichkeit war die Vereinigung zwischen den beiden Herrschern eher ein Kompromiß als eine liebevolle Umarmung. Mit Herabsetzung hielt der König die Gattin fern »von den Wesen, die dem weiblichen Geist unbegreiflich sind«; auch war die Macht des Königs nicht insgesamt heilsam. Er trug auf der Brust einen »siebenfachen Sonnenkreis«, das Zeichen seiner Macht, die »alle Dinge umfaßte«. Wie sie in ihm verkörpert war, war die Sonne eine Macht, die brennt und austrocknet; die Leben gibt und nimmt, die die Vegetation auslöscht, die mütterliche Kraft der Feuchtigkeit aufsaugt, die Erde unfruchtbar und unbewohnbar macht.[3]

Mit dem Tod des Sonnenherrschers brachen die Reiche des Lichtes und der Finsternis auseinander, sie wurden zu Feinden, und das Gleichgewicht der Welt wurde empfindlich gestört. Die Königin wurde besiegt. Sie lebt jetzt eingeschlossen in ihren Palast, der voll von Vögeln ist, umgeben von der dichten Vegetation eines Waldes. Ein Tempel erinnert noch an ihren Kult: Drei Damen bieten ihr ihre Dienste an; aber sie hat den »Sonnenkreis« ihres Gatten verloren, und die Tochter, die einzige Erinnerung an das Licht, wurde ihr entrissen und ist gefangen im Palast des Sarastro. Der »Sonnenkreis«, das Symbol der Macht, ruht auf der Brust ihres Rivalen, der von einem Volk von Priestern und Sklaven verehrt wird.

Wenn Sarastro in der *Zauberflöte* die Bühne betritt, kehrt er

[3] Ich weiß nicht, woher Mozart und Schikaneder den »siebenfachen Sonnenkreis« genommen haben. Die Vermutung von Morenz, der auf einen Passus bei Diodoros Siculus (I, 49) verweist, ist nicht überzeugend. Weitere Verweise bei Alfons Rosenberg. *Die Zauberflöte*, München 1972, S. 76. Ich halte es für wahrscheinlich, daß der Kreis jedenfalls den negativen oder zwiespältigen Aspekt der Sonnenkraft ausdrücken soll, für den bei den Ägyptern die Gestalt des Typhon steht (Plutarch, *Über Isis und Osiris*, 33).

von der Jagd zurück und steigt aus einem Triumphwagen, der von sechs Löwen gezogen wird, während ein Chor von Trompeten, Pauken und Stimmen begeistert seinen Namen wiederholt: »Es lebe Sarastro! Sarastro soll leben!« Er ist ein solarer Priester-König, wie sie in den Theokratien des Alten Orients geherrscht haben. Er besitzt übermenschliche Eigenschaften: eine Art sechster Sinn läßt ihn die verborgensten Gedanken und Gefühle der Menschen sehen, die Liebe und die Vergehen, die unsere Seele im geheimen schmiedet; und die Götter offenbaren ihm ihre Absichten. Ernste Gesänge, feierliche Musik, majestätische Riten, eine dunkel geheimnisvolle und ehrwürdige Atmosphäre geben seiner Gestalt Tiefe und Widerhall.

Aber ein ägyptischer Pharao oder ein babylonischer König hätte nie die Sätze ausgesprochen, die Sarastro mit seiner tiefen Baßstimme singt und mit denen er sich den Tugenden der Vernunft und der Toleranz, der Freundschaft und der Vergebung und der Langmut verschreibt. Ohne etwas von dem verehrungswürdigen Nimbus, der ihn umgibt, zu verlieren, ist der orientalische Priester-König zu einem Meister der Freimaurer geworden, der in Wien lebt und ein Zeitgenosse Mozarts ist. Wie in den Zeremonien der Freimaurer entfernt er die Frauen aus den Mauern seines Palastes und seiner Tempel, denn sie sind der Hort des Aberglaubens und der Heuchelei, der Planung schrecklicher Listen, leeren und unaufhörlichen Geschwätzes und können ohne die Führung eines Mannes nicht richtig handeln. Der sehnsuchtsvolle Antrieb der Liebe hat in seinem exklusiv männlichen Reich, zwischen den Prozessionen der Priester, den Umzügen der Sklaven und den Jagdunternehmungen keinen Platz.

Zurückgedrängt und verbannt, entfernt wie eine Gefahr und ein Alpdruck, dringt schließlich die Liebe auch in die Mauern des Palastes und in die Tempel ein, und zwar in Form eines höchst grotesken erotischen Wahns. In einer Art ironischer Umkehrung möchte der Anführer der Sklaven des Sarastro, Monostatos, ein flinker und ungestümer Schwarzer, alle Frauen besitzen. Dieser Wahn wirft einen ersten Schatten auf die Welt Sarastros. Bald merken wir, daß es nicht der einzige ist. Wie alle

Verfechter der Vernunft glaubt Sarastro, die Menschen könnten mit Gewalt zu ihrem Glück gezwungen werden; er raubt Pamina und läßt sie einkerkern, um sie dem mütterlichen Einfluß zu entziehen. Und da gibt es ein noch beunruhigenderes Detail. Wenn Mozart und Schikaneder erzählen, wie Sarastro Pamina geraubt hat, haben sie ein klassisches Vorbild im Sinn: den Raub der Persephone, der Tochter der Demeter, durch Hades, den Gott der Unterwelt und des Todes. Wie sollen wir diesen leisen Hinweis, der in der *Zauberflöte* zwischen den Zeilen verborgen ist, verstehen? Birgt die Seele Sarastros so zwiespältige Aspekte in sich, daß man ihn in eine Gestalt der Finsternis verwandeln kann? Es ist nicht leicht, diese Anspielung zu verstehen.[4] Aber sicher geht das Licht Sarastros von einer verblaßten Sonne aus: Es ist ein vornehmes und begrenztes, ein feierliches und strenges, ein ma-

[4] Der Raub der Pamina durch Sarastro wurde früher mit der Umkehrung der Handlung im Libretto erklärt, die die Freimaurer von Mozart verlangt hätten. Dadurch sei Sarastro, der ursprünglich als böse konzipiert war, zu einem wohltätigen Herrscher und die Königin der Nacht aus einer unglücklichen Mutter zur Verkörperung der Mächte des Bösen geworden. Es gibt kein Zeugnis, das diese Umkehrung stützen würde, sie ist sicher legendär. Aber selbst wenn es einen Beweis dafür gäbe, muß der Leser trotzdem die *Zauberflöte* als einen einheitlichen Text interpretieren; es ist schlicht undenkbar, daß Theaterleute wie Mozart und Schikaneder nicht imstande gewesen wären, das frühere Konzept in das spätere umzuformen oder entsprechend anzupassen.

Allerdings stimmen der Raub der Persephone und der Raub der Pamina in den Einzelheiten nicht überein. Im (homerischen) *Hymnos auf Demeter* (429 ff.) und bei Ovid (*Metamorphosen* V, 288 ff.), die Mozart und Schikaneder höchstwahrscheinlich vor Augen hatten (der Mythos war allerdings so bekannt, daß sie ihn auch auf einem Bild oder in einer Art Handbuch finden konnten), öffnet sich die Erde, und Hades entführt Persephone auf seinem Wagen. Um Pamina zu rauben, verwandelt Sarastro sich, denn er hat »die Macht, sich in jede erdenkliche Gestalt zu verwandeln« (1. Aufzug, 5. Auftritt), wie Proteus, der zu Wasser, Feuer, Baum und Tier werden kann. Dieser Sarastro-Proteus ist wirklich einzigartig, und es scheint sich nicht mit dem in Übereinstimmung bringen zu lassen, was wir sonst von ihm wissen. Die einzige Hypothese, die ich vorzubringen wage, ist folgende: In der Universalgeschichte des Diodoros Siculus (I 62) konnten Mozart und Schikaneder lesen, daß der Proteus der griechischen Erzählung in Wahrheit ein ägyptischer Pharao gewesen sei, der seine Fähigkeit zur Verwandlung durch die enge »Symbiose« erhielt, in der er mit den Priester-Astrologen stand. Vielleicht schreiben sie Sarastro die Fähigkeit zur Verwandlung zu, um das Bild seiner priesterlichen Königswürde zu vervollständigen. Die Hypothese könnte noch dadurch gestützt werden, daß in diesem Zusammenhang auch der »Löwe« als königliches Symbol genannt wird.

jestätisches und monotones Licht. Auch er brauchte den sanften Schleier, den die Nacht über alle Dinge wirft.

Während Sarastro ein Priester-König ist, hat die Königin der Nacht eine viel größere Würde: Sie ist eine Göttin. Wenn sie sich zwischen zwei Bergen, die sich spalten, auf der Bühne zeigt oder plötzlich aus der Versenkung heraufsteigt, so kündigt uns der heftige Donner der Töne an, daß eine viel schreckenerregendere Kraft, die viel älter und heiliger ist als Sarastro, vor unseren Augen erschienen ist. Sie erinnert an zwei Göttinnen, die die Spätantike in eine einzige Göttin vereinigt hat. Ihr »schwarzdurchwebter Schleier, der von unheilvollem Glanz leuchtet« und den kein menschlicher Blick durchdringen kann, ist der Schleier der Isis; und die Sterne, die auf dem Mantel der ägyptischen Gottheit flimmern, schmücken jetzt, als blasse Theatersterne, ihren Thron. Sie selbst gleicht vor allem der Demeter, der *mater dolorosa*, die die mit einem dunklen Schleier bedeckte Erde durchstreift und in den Bereichen, wo die Sonne untergeht und wo sie aufgeht, die Spuren der verschwundenen Tochter sucht.[5] Wenn die Königin sich an das angstvolle Beben, die Gebete und die vergeblichen Fluchtversuche Paminas erinnert, zerreißt es ihr das Herz – und kein Schleier verbirgt mehr ihr Antlitz und die unendliche Schönheit der Stimme.

Im zweiten Akt verfinstert sich ihre Gestalt. Die schmerzensreiche Demeter wird zu einer Erinnye, die zu den Göttern um Rache fleht, die die Flamme des Todes und der Verzweiflung herabruft, die ihre Tochter verleugnet und jedes Band der Natur zerreißen will, wenn die Tochter nicht Sarastro tötet, um ihm den »Sonnenkreis« der Kraft zu entwinden. Trotzdem dürfen wir sie nicht mit den anderen nächtlichen Gottheiten ihrer Zeit zusammenwerfen: mit der Herrin der kosmischen Katastrophen, in die Goethe sie in seiner Fortsetzung der *Zauberflöte* verwandelt; oder mit der »Mutter Nacht« des *Faust*, die anfangs sich das Licht geboren hat und jetzt aus ihrem wunderbaren Schoß die

5 Für den Bezug auf Isis vgl. *Metamorphosen* XI, 3–4, und Plutarch, *Über Isis und Osiris*, 9. Aus Apuleius (XI 2) konnten Mozart und Schikaneder auch entnehmen, daß Isis und Demeter in eins gesetzt wurden.

schreckenerregenden Gestalten zieht, die die Erde durchstreifen. Die Königin der Nacht ist spröde, zerbrechlich, wehrlos. Vielleicht ist sie nur ein Nachtfalter: einer dieser großartigen und wunderschönen Schmetterlinge von fast menschlicher Ausstrahlung, unendlich traurig und düster, mit dunklen, Augen gleichenden Flecken auf den Flügeln, wie sie Giandomenico Tiepolo geradezu mit der Mozart eigenen Anmut gemalt hat.

Der Raum, über den sie ihre Flügel breitet, ist weit, prächtig und ungewöhnlich. Es gibt dort keinen Nachtmahr, der uns den Schweiß auf die Stirn treibt, und auch nicht das bizarre und von Phantasmen und Schatten gekräuselte Volk; nicht die grauenvolle Stimme des »steinernen Gastes«, die Don Giovanni mit sich reißt; nicht die »unermeßliche, unbegrenzte, unerforschliche Finsternis«, in der sich unser Leben verliert. In der *Zauberflöte* umfaßt der liebenswürdige Raum der Nacht die Dinge, die es im Reich Sarastros nicht gibt: das süßeste Feuer der Liebe, die Schätze, die die Schmerzen in unserer Seele zurücklassen, die Vögel mit den buntfarbenen Federn, die Vogelmenschen, die in der Einfachheit der Wälder leben, die friedenschaffende Kraft der Musik. Wenn wir die Stimme dieser nächtlichen Welt vernehmen wollen, müssen wir ihr nur unser Gehör schenken. Zwischen den Trompeten, den Violinen, den Pauken, den Hörnern und den Kontrabässen, die Mozart auf dem Theater erklingen läßt, hören wir dreimal den Ton der Zauberflöte, die der sterbende König seiner Frau als Erbe hinterlassen hat. Sie ist kein vornehmes Instrument wie die Lyra des Orpheus.[6] Aber kaum daß Tamino sie spielt, laufen die wilden Tiere herbei, um zuzuhören, oder halten in ihrem Lauf inne; die traurigen Stimmungen werden fröhlich, die gefühllosen Menschen verlieben sich; und das Toben der Elemente besänftigt sich. Allein die aus dem Herzen der Nacht gebo-

[6] Im 8. Auftritt des 1. Aufzugs ist die aus einer Eiche geschnittene Flöte hingegen eine »goldene Flöte«. Ich weiß nicht, ob es sich um einen der zufälligen Irrtümer handelt, wie sie in so vielen Romanen vorkommen, oder ob Mozart und Schikaneder auf der Bühne der Elemente den sicher goldenen Trompeten des Sonnenreiches des Sarastro die unterschiedliche Beschaffenheit der nächtlichen Flöte gegenüberstellen wollten. Flöten werden auch in der von Apuleius beschriebenen Prozession der Isis gespielt; sie waren dem Osiris heilig (*Metamorphosen* XI 9).

rene Musik bereitet die Harmonie der Welt vor, in die sich so viele Menschen vergeblich zu versenken versucht haben.

Der Flügel der Nacht schützt auch Papageno, der uns bei seinem ersten Auftritt – mit dem Vogelbauer mit verschiedenen Vögeln darin und seinem Faunenflötchen – wie ein einfacher Vogelfänger erscheint. Er lebt in diesem abgelegenen Winkel der Erde, schläft in seiner Strohhütte; und er weiß von nichts. Er weiß nicht, wie er das Licht der Welt erblickt hat, wer sein Vater und seine Mutter sind; er kann sich nicht vorstellen, daß es andere Berge, andere Wälder gibt und daß es außer den wenigen Menschen, die er kennt, noch andere gibt; und irgendein Streben nach Weisheit ist ihm völlig fern. Er will nur »essen, trinken und schlafen«. Durch die Wälder schlägt er sich durch bis zum Palast des Sarastro, er sieht Schwarze und Priester, begegnet Wunderdingen und Gefahren, ohne seine Natur zu ändern. Er ist verlogen, furchtsam, geschwätzig, fröhlich und kindlich; voll naivem Verlangen und von einfältiger Schlauheit, zugleich grob und anmutig, wie der Hanswurst des Wiener Volkstheaters, der lange vor ihm geboren wurde und noch ein Jahrhundert nach seinem Auftreten lebendig war.[7]

Dann geben Mozart und Schikaneder zu verstehen, daß Papageno ein Vogelmensch ist, der Sohn einer Dienerin der Königin und wer weiß welch himmlischen Geschöpfes; und daß seine Federn wohl ebenso grell und vielfarbig sind wie die der Vögel, die er in seinem Vogelbauer eingeschlossen hat. Die Sicht, die er von den Dingen hat, ist vogelmäßig; seine Empfindungen sind zugleich die Empfindungen eines Vogelfängers und eines Vogels, der sich irgendwie in unserer Welt verloren hat. Wenn er daran denkt, die Damen zu umwerben, dann stellt er sich vor, sie mit dem Netz zu fangen und zu Dutzenden in seiner Hütte eingeschlossen zu halten wie die Fasane, die Rebhühner und die Pfauen, die er an die Dienerinnen der Königin abliefert. Die Liebe, von der er träumt, ist kindlich »süß«: dem geliebten Geschöpf

[7] Ein Vogelsteller mit Leim taucht, unter einer Menge von Masken, vor dem Beginn des Festzugs der Eingeweihten, auch in den *Metamorphosen* des Apuleius auf (XI 8).

zärtliche Küsse geben, es an die Brust drücken, es in den Armen wiegen wie ein Kind, alle die süßen kindlichen Gefühle ausdrücken, die – wie Mozart sagte – »im Herzenskämmerchen« geboren werden, und seine Papagena mit Bonbons, Marzipan und süßen Feigen füttern, als wäre der Wald, in dem er lebt, eine große Wiener Konditorei.

V

Unmittelbar bevor sich der Vorhang zur *Zauberflöte* hebt, erweckt der Atem der Musik die Erwartung von etwas Einzigartigem. Ein Prinz auf der Flucht, verfolgt von einem Drachen, betritt als einziger die mit Felsen und Wald bestückte Bühne. Er ist vom fernen Orient hierhergelangt – in dieses Land ohne Namen, in dem sich Ägypten, Österreich und Italien vermischen. Wir wissen nicht, wie und warum er gekommen ist: Ob der Vater ihn in den Herrschaftsbereich der Königin geschickt hat, um auch den Ort der Nacht auszukundschaften; oder ob die Götter, die über sein Schicksal wachten, ihn vom Weg haben abirren lassen, damit er seine Bestimmung finden kann. Obwohl Tamino von weither kommt, kennen wir ihn bestens. Er ist der Heros der Schiller-Zeit: der junge und arglose Held, vornehm und rein, der bis jetzt weder sich selbst noch die Welt kennt; voll Elan, Eifer und hohen und unbestimmten Eingebungen.

Als ihm die drei Damen das Bildnis von Pamina zeigen, sieht er sonst nichts mehr, und er hört keines der Worte, die um ihn herum ertönen. Die Liebe packt ihn; so wie Pamina sich verliebt, ohne ihn gesehen zu haben, als sie erfährt, daß ein Prinz sich in sie verliebt hat. Es ist die Liebe der Erzählungen und der Dramen Shakespeares. Dieses Wort taucht durch das ganze Buch hindurch immer wieder auf, es wird von jeder der Personen wiederholt, schließlich sogar von denen, die es nicht kennen, wie Monostatos und Sarastro. *Die Liebe* ist der Traum eines jeden Geschöpfes, der Antrieb, der das Leben glücklich macht und jede Qual versüßt; sie steht höher als die Weisheit der Priester, sie ist imstande, die zerrissene und zerteilte Welt zu vereinen. Sie folgt den Gesetzen der Natur und erlaubt uns, bis an die Schwelle zu gelangen, wo die Gottheit wohnt. Aber sie tönt in jedem Herzen mit unterschiedlichen Akkorden wider. Im Herzen Taminos ist sie ein loderndes Feuer, das sein Innerstes erfaßt und in den Himmel hebt. Im Herzen von Pamina erinnert sie an die verzweifelte und dunkle Leidenschaft der Mutter. Niemand spricht wie sie von den »Wonnestunden« des Glücks, die sie eben erblickt hat, niemand weiß wie sie um die Schmerzen der allzu großen Liebe, die zurückgewiesen und verschmäht zu werden glaubt.

Die Abenteuer der *Zauberflöte* sind der Wechsel der Stunden, die verfließen und aufeinanderfolgen: des Lichtes, das Finsternis wird, und der Finsternis, die wieder Licht wird. Zu Beginn, als Papageno singend und die Flöte blasend aus dem Wald tritt, ist es Morgen; und Sarastro steigt am warmen Mittag von seinem Löwenwagen. Dann neigt sich der Tag langsam zur Dämmerung. Es blitzt und donnert, und die Welt wird in eine schreckliche Finsternis gehüllt, in der die Reise Taminos beginnt. Stunden vergehen. Aus dem geschlossenen Raum der Pyramiden beginnt der Chor der Priester den Glanz des Lichtes anzurufen; und drei Knaben steigen vom Himmel herab und künden an, daß bald die Sonne wiederkehren wird, um ihre »goldene Bahn« zu durchlaufen. Die Gefahren der Nacht sind noch nicht überwunden. Erst wenn Tamino und Pamina das Wasser und das Feuer durchschritten haben, wird die volle Sonne, die Sonne ohne Schatten und Flecken, die Erde erleuchten und sie in ein leuchtendes Schauspiel verwandeln.

Ebendiese Reise geschieht in der Seele eines jeden Menschen, der den Ausruf Taminos wiederholen kann: »O ewige Nacht, wann wirst du schwinden? Wann wird das Licht mein Auge finden?« Aber der Sieg, den die Sonne jeden Morgen mühelos feiert, wird für uns zu einer schmerzlichen Anstrengung: eine mühevolle und geheimnisvolle Initiation. Die ersten Prüfungen, die Tamino auferlegt werden – die Verpflichtung zum Schweigen, das Haupt verhüllt –, sind die Prüfungen, die wir von der Einweihung in die griechischen »Mysterien« kennen: das große *silentium mysticum*, das Lucius und Psyche in den *Metamorphosen* einhalten müssen, Lucius eingehüllt in ein grobes Leinentuch,

Psyche bedeckt von einem Leichentuch, und die junge verschleierte Braut in der *Villa dei Misteri* in Pompeji, die darauf wartet, in die geheimen Zeremonien eingeführt zu werden.[8] Doch scheinen diese harten Prüfungen in der *Zauberflöte* leicht und fast läppisch zu sein. Während des ersten Teils seiner Reise hat Tamino Papageno als Gefährten, der seinen Mund nicht halten kann, der Angst hat vor der Finsternis, der Fieber vortäuscht, der von seinen Leckereien und seiner Papagena träumt und gierig von den Speisen und dem Wein kostet, die aus der reichen Küche Sarastros geschickt werden. So erscheint uns dank Papageno das, was auch hier ernst, schmerzlich und tiefsinnig ist, bloß eine hübsche volkstümliche Posse zu sein.

Die große Prüfung muß erst noch erfolgen, und diesmal wird kein Papageno sie mit seinen Scherzen auflockern können. Gegen Ende der Nacht, in der schrecklichsten Stunde, wenn, wie Baudelaire sagte, »die Seele wie die Lampe mit dem Taglicht ihren Kampf ficht, die Luft voll ist von Seufzern der Dinge, die entweichen, und in den Hospitälern den Sterbenden in ungleichmäßigen Stößen das letzte Röcheln entfährt«, gelangt Tamino vor zwei Berge. An einem stürzt ein Wasserfall herab, von dem ein schwarzer Nebel bis zum Horizont aufsteigt; der andere speit Feuer und färbt den gegenüberliegenden Horizont rot, gleichsam als Ankündigung der Morgendämmerung. Tamino muß »das Feuer, das Wasser, die Luft und die Erde« durchqueren, wie in den *Metamorphosen* des Apuleius Lucius »durch alle Elemente« geführt wird. Wir fragen uns, ob Tamino, so jung und unerfahren, die schreckliche Prüfung allein, ohne menschliche oder übernatürliche Hilfe, wird bestehen können. In diesem Augenblick tritt ihm Pamina, geläutert durch den Schmerz, zur Seite. Sie nimmt ihn an der Hand und sagt: »Ich werde aller Orten an deiner Seite sein. Ich selbsten führe dich, die Liebe leitet mich!« Die Frau, Tochter der Nacht und ihrer Leidenschaften, die Sarastro und die Seinen für ein niedrigeres Wesen gehalten

8 Vgl. die folgenden Parallelstellen in den *Metamorphosen*, Schweigen: IV 33, V 11, XI 11, 15, 22, 24; verhülltes Haupt: IV 33 u. XI 23. Vgl. Reinhold Merkelbach, *Roman und Mysterium in der Antike*, München–Berlin 1962.

haben, befreit den unerfahrenen Prinzen des Orients aus den Gefahren der Nacht und des Todes. Es spielt keine Rolle, daß Isis in der *Zauberflöte* in ihre Tempel eingeschlossen bleibt oder sich in ihren gestirnten Himmeln verliert. Die ganze liebevolle und mütterliche Kraft der Frau ist gesammelt in diesem blonden Mädchen mit den schwarzen Augen, die, ohne es zu wissen, zur »immerwährenden Retterin des Menschengeschlechts« wird.

Während die Elemente toben, fordert Pamina Tamino auf, die Flöte zu spielen. Der Klang der Musik der Nacht erklingt auf dem Theater; und der zarte Ton besänftigt Hitze und Feuer, das Tosen des Wassers, das Geheul der Winde. Nach kurzem Warten schreiten Tamino und Pamina unverletzt aus den Flammen, so wie – in einem anderen Mysterienroman ägyptischer Prägung – Chariklea auf einen Scheiterhaufen steigt und die Flammen vor ihrem Schritt zurückweichen. Damit haben Tamino und Pamina den Schrecken und der Todesgefahr getrotzt, indem sie an der »Grenze des Todes« (*Metamorphosen* XI 23) einander Beistand leisteten. Wie der hl. Paulus schreibt, wurden die Christen, wenn sie in das Wasser eintauchten, mit Christus auf seinen Tod getauft, und sie sind mit ihm begraben und auferweckt worden und wandeln jetzt mit ihm in einem neuen Leben (*Brief an die Römer* 6,2–5). Die letzte Prüfung ist abgeschlossen. Die Elemente haben Tamino und Pamina geläutert, und sie sind nun Mysten der Isis und zugleich wahre Christen, entsprechend dem Austausch zwischen den Religionen, der die Phantasie in den letzten Jahren des 18. Jahrhunderts beflügelte.[9]

Auf der Bühne der *Zauberflöte* ereignet sich unterdessen, worauf die Welt seit Jahrtausenden gewartet hat. Die alte Spaltung ist zu Ende. Das aus dem Land der Sonne stammende Prinzip umarmt die Tochter der Königin der Nacht: Der Tag und die Nacht,

[9] Mozart hat in dieser Szene die Themen von drei Musikstücken aufgegriffen: aus dem Choral *Ach Gott, vom Himmel sieh darein*, der auf die Zeit Luthers zurückgeht; aus dem Choral *Christ unser Herr zum Jordan kam* und aus dem Kyrie der *Missa sancti Henrici* von Heinrich Biber. Paolo Isotta hat darauf hingewiesen, daß er so mit seiner Musik auf die drei Personen der Trinität anspielt. Die Einweihung in die Isis-Mysterien ist zugleich eine Einweihung ins Christentum.

das männliche und das weibliche Prinzip begegnen einander in der Liebe. Die *harmonia mundi* lebt unter uns. Das ganze Theater ist eine Sonne, Sarastro steht oben, und der Jubel der Trompeten feiert den Triumph des himmlischen Lichtes. Aber was bedeutet dieser Triumph? Ist die Nacht wirklich »vernichtet«? Entgegen dem Anschein ist das männliche Freimaurer-Reich Sarastros – mit seinen Ketten, seinen Sklaven und der destruktiven Macht des »Sonnenkreises« – zu Ende gegangen. Während Tamino und Pamina ihren Weg gehen, nährt sich das Licht der Sonne an den überreichen Quellen der Nacht; es nimmt deren Schätze auf – die Musik, die Liebesleidenschaft, den Schmerz, die Natur, die Spiele der Vogelmenschen; und es läutert sie und bringt sie zum Strahlen, während es sich selbst läutert. So hat die Königin der Nacht ihren früheren Reichtum verloren. Es bleiben ihr nur Raserei und Rache; und unter Blitz und Donner stürzt der Nachtfalter in den Abgrund, aus dem er nie mehr emporsteigen wird.

Auf der Bühne öffnet sich ein neues Zeitalter: Eine neue Schöpfung wird geboren, etwas, das es noch nie gab, nicht einmal als Paminas Vater und Mutter auf der Erde herrschten. Wenn Mann und Frau sich lieben, wenn die Tugend und die Gerechtigkeit den Weg unserer Existenz begleiten, wenn die holde Ruhe in unser Herz einkehrt, »dann ist die Erd' ein Himmelreich und Sterbliche den Göttern gleich«. Wie in den hellenistischen »Mysterien« sind Pamina, Tamino, Sarastro, seine Priester, und wir alle, die wir lesend und hörend an ihrem Schicksal teilhaben, Isis und Osiris ähnlich geworden.

Hat Mozart – unruhig, umherirrend, berührt vom Hauch des Todes, während er seine Hände über die Tasten bewegte, den Taktstock des Dirigenten in der Hand hielt oder während seiner letzten Lebenstage in Gedanken der Vorstellung folgte, die ohne ihn stattfand – wirklich an diesen unmöglichen Traum geglaubt? An die *harmonia mundi*? Daß die Menschen den Göttern gleich seien? Die *Zauberflöte* ist eine Fabel für Kinder und ein Gleichnis, für engelgleiche Geschöpfe bestimmt, die die Finsternis und das Licht durchqueren, mit einem Palmenzweig in der Hand. An Fabeln und Gleichnisse stellt man keine Fragen, und man erhält keine Antwort von ihnen; oder alle Fragen und alle Antworten.

L'Infinito

Sempre caro mi fu quest'ermo
colle,
E questa siepe, che da tanta
parte
Dell'ultimo orizzonte il guardo
esclude.
Ma sedendo e mirando, inter-
minati Spazi di là da quella, e
sovrumani
Silenzi, e profondissima quiete
Io nel pensier mi fingo; ove
per poco
Il cor non si spaura. E come il
vento
Odo stormir tra queste piante,
io quello
Infinito silenzio a questa voce
Vo comparando: e mi sovvien
l'eterno,
E le morte stagioni, e la pre-
sente
E viva, e il suon di lei. Così tra
questa
immensità s'annega il pensier
mio:
E il naufragar m'è dolce in
questo mare.

Das Unendliche

Stets lieb war mir der einsame
Hügel
und diese Hecke, die den
größten Teil
des fernen Horizonts dem
Blick verbirgt. Doch sitzend
und schauend –
unendlicheWeiten hinter ihr
und übermenschliches
Schweigen und tiefste Ruhe
stelle ich mir in Gedanken
vor; und wenig fehlt,
daß das Herz erstarrt vor
Angst. Und wie den Wind
ich rauschen höre in diesen
Blättern,
vergleiche ich jenes Schwei-
gen ohne Ende mit dieser
Stimme hier: Und in den Sinn
kommen mir
die Ewigkeit und die abgestor-
benen Zeiten und die jetzige
und belebte und deren Klang.
Und so versinkt im Unermeß-
lichen mein Denken,
und Schiffbruch ist mir süß in
diesem Meer.

Als Leopardi *L'Infinito* ersann, saß er auf der Erde, ganz auf sich selbst zurückgezogen, hinter der Hecke; dieses nicht sehr hohe Hindernis hielt »den größten Teil des fernen Horizonts« des sanften Landes, das ihn von allen Seiten wie ein Meer umgab, vor dem Blick verborgen. Während er über das Unendliche nachdachte, mußte er um sich eine Grenze haben, eine Hecke, eine Mauer; er mußte sich in einem imaginären Kerker aufhalten, hinter dem allein er wie ein Gefangener in größter Sehnsucht sich in unbegrenzte Räume verlieren konnte. Man könnte sich fragen, warum er dann jemals das Haus verlassen hat, über die Felder geschritten und den Hügel hinaufgestiegen ist. Genügte ihm nicht sein Zimmer? Wie Pascal und Rousseau wußten, wie auch er selbst sehr gut wußte, wie Dostojewskij es in seinen Jahren im Gefängnis erfahren sollte: Sind nicht das abgeschlossenste und dunkelste Zimmer, das von der Wirklichkeit am entferntesten liegt, die abgeschiedenste Bastille, die quälendste Klausur der vollkommene Ort, um sich in Gedanken ganze Welten vorzustellen? Aber in jenem Frühling oder jenem Herbst lebte Leopardi in einer viel komplizierteren Situation: Er mußte das Unendliche dahaben, griffbereit, um es hinter sich zu lassen und sich mit dem Geist ein anderes zu bauen.

Zusammengekauert gegen die Hecke gelehnt, abgeschieden vom weiten Meer und den blauen Bergen, gab es nur einen Raum, in dem seine Augen sich verlieren konnten: die Höhe des Himmels. Wohin »schaute« er dann? Nach oben, in die Höhe? Wie wir wissen, liebte er die Vorstellungen, die das Unendliche für unsere Phantasie bereithält: eine Baumallee, deren Ende wir nicht sehen; ein Turm, der sich allein über einen unsichtbaren Horizont zu erheben scheint; eine Zimmerflucht; eine endlos lange und schnurgerade Straße; das Licht der Sonne oder des Mondes, ohne daß man sie selbst sieht und ohne daß man die Lichtquelle kennt; das Durchdringen des Lichts in Bereiche, wo es unscharf wird, wie in einem Röhricht, im Wald, auf einem halboffenen Balkon; alle Stellen, an denen das Licht sich mit dem Schatten vermischt ... Nichts hätte ihn also mehr begeistern müssen als die Wechselspiele, die das Licht der Sonne mit den ständig sich ändernden und neu sich bildenden Formen der Wolken anstellte, die vom Apennin zum Meer ab- oder vom Meer zum Apennin aufstiegen; Licht, das zum Schatten, und Schatten, der zum Licht wurde. Aber in diesem Augenblick wollte er sich nicht um die Schauspiele des Unbestimmten kümmern; mit asketischem Willen verbot er sich jede Phantasterei.

Seine Augen blickten nicht in die Höhe, nicht auf die Blätter der Hecke ganz nah an seinem Kopf. Wie Ungaretti bemerkt hat, blickte er mit leeren und blinden Augen, mit geistesabwesenden Augen, die nichts sahen, mit Augen, die sich nach innen wendeten, um die reine innere Schau wahrzunehmen.

So auf sich selbst konzentriert, jede äußere Realität außer acht lassend, begann sein Geist schöpferisch zu werden (»mi fingo«; »stelle ich mir vor«). Wie ein Taucher taucht er in die eigenen Tiefen ein; in die Tiefe, die er, wenn er ein Mystiker gewesen wäre, »la fine pointe de l'âme« genannt haben würde. Er wußte in diesen Monaten, vielleicht noch unbewußt, bald aber mit größter Klarheit, daß sein Unterfangen nahezu unmöglich war. Der menschliche Geist kann das Unendliche nicht ergreifen. Wie er im *Zibaldone* schreiben wird, ist weder unsere Erkenntnis- noch unsere Liebesfähigkeit, noch unsere Vorstellungskraft »des Unendlichen oder des unendlichen Begreifens« mächtig, sondern nur »des Unbestimmten und des unbestimmten Begreifens«, so daß wir von diesem Traum immer nur die Erscheinungen, nie aber die Substanz zu fassen bekommen. Wenn je, dann erfassen wir es, solange wir noch »Kinder, Primitive, Unwissende, Barbaren« sind, nicht aber, wenn wir, wie Leopardi mit 21 Jahren, alle Bücher gelesen und seit einiger Zeit begonnen haben, all die Gedanken zu erkunden, die das Reale und das Mögliche in uns wecken. Wir werden *L'Infinito* nie verstehen, wenn wir diese Tatsache vergessen. Dieser Versuch, den Leopardi unternommen hat, mit leeren und blinden Augen zu sehen, war das verzweifelte Wagnis, der letzte Versuch, etwas zu denken, das streng genommen undenkbar ist.

Sein Versuch war noch viel schwieriger, da er sich anstrengte, einen Tropfen des reinen Unendlichen zu erfassen, der mit nichts Äußerem vermischt sein sollte. Als er in Gedanken die »unendlichen Weiten« durchstreifte, hätte er sich die unzähligen Welten vorstellen können, die sie füllten, er hätte sich ihre Zahl und ihre außerordentliche Masse vorstellen können, hätte die Sterne einen nach dem anderen zählen können, hätte sich die Galaxien vorstellen können – »jene … Sternenbänder im Grenzenlosen, die uns wie Nebel scheinen« –, er hätte, wie jemand aus dem Altertum, auf die bald langsame, bald schnelle kristallene Musik der Sphären hören können. Er hätte allerorten die schwindelerregende Bewegung wahrnehmen können. Er hätte, wie es jeder Mensch tut, den Gedanken des Unendlichen mit dem Gedanken der Ewigkeit verbinden können, der seine natürlichste Analogie zu sein scheint. Aber er tat nichts von alledem. Mit einer übermenschlichen Anspannung löschte er den Gedanken an die Sterne aus seinem Geist, den Fluß der Bewegung, jede Vorstellung von Zeit und Ewigkeit. Um einen reinen Tropfen des Unendlichen – die entfernteste, extremste, seltenste und wesentliche Sache, die der Mensch formen kann – erfassen zu können, mußte er es leer, unbeweglich, herrscherlich still vorstellen. Es war etwas Erschreckendes darin. Es war so, als würde jemand von uns versuchen, sich Gott jenseits aller Worte, aller Zeit, aller Ewigkeit, aller Zahl vorzustellen: gleich einem unbeweglichen und unsichtbaren Punkt am Himmel.

Alles deutet darauf hin, daß Leopardi neben der Hecke oder nach der Rückkehr in das Haus, das Tintenfäßchen vor sich, während er begann, die Buchstaben mit seiner klaren Kalligraphie auf das Papier aufzutragen, den wohl berühmtesten Gedanken Pascals im Sinne hatte: »Le silence éternel de ces espaces infinis m'effraye.« Auf diesem Gipfel angelangt, »erschreckte sich« auch das Herz von Leopardi. Pascal war erschrocken, weil gerade in den Himmeln, wo, wie die Alten gelehrt hatten, die Hand oder das Zeichen Gottes wahrzunehmen sei, er die erschreckende Abwesenheit von Ihm fand. Und es war ihm, als fühlte er sich allein in der Schöpfung »wie ein Mensch, den jemand im Schlaf auf eine verlassene und schreckliche Insel gebracht hat«. Leopardis Ängste waren viel komplexer – er war an die Abwesenheit Gottes gewohnt, aber es gelang ihm nicht, den unmöglichen Gedanken des Unendlichen auszuhalten und zu reflektieren, ohne von der Vergangenheit, der Gegenwart, der Zukunft, der Ewigkeit – der Zeit, die ihn bald empfangen und so liebevoll wiegen würde – umfangen zu sein, mußte ihn erschüttern. Wenn es erlaubt ist, hinsichtlich eines Gedichts, wo alles der Vermutung offensteht, eine Vermutung auszusprechen: Er hat wohl für einen Augenblick jenen Tropfen des Unendlichen in seinen Geist eingeschlossen; und dann hätte er diesen Gipfel verlassen und die unendlichen Weiten und das übermenschliche Schweigen hinter sich gelassen, auch wenn das Rauschen des Windes ihn nicht wieder geweckt hätte. So stehen wir vor einem Paradoxon. Leopardi dachte, daß allein das Unendliche die Sehnsucht des Menschen nach Lust erfüllen kann: »die unendliche Lust, die in der Wirklichkeit nicht gefunden werden kann«; und als er sie begrifflich zu fassen bekam, entzog er sich ihr erschauernd.

Diese Betrachtung eines Augenblicks weckte zunächst unbewußt, dann bewußt, in seinem Gedächtnis weitere Erinnerungen. Es gab einen geheimen Bezug zwischen »dem übermenschlichen Schweigen und der tiefsten Ruhe« des Unendlichen und der unbeweglichen stillen Ruhe des Nichts. Einige Jahre später, als er im *Cantico del gallo silvestre (Der Gesang des wilden Hahnes)* das Ende der Welt ausmalte, verwendete er die gleichen Worte wie in *L'Infinito* und in *La vita solitaria (Das einsame Leben)*: »Es wird eine Zeit kommen, da dieses Universum, und die ganze Natur, ausgelöscht sein werden ... Von der ganzen Welt, und von den unendlichen Wechselfällen und Drangsalen der geschaffenen Dinge, wird nicht einmal eine Spur übrigbleiben; nur ein nacktes Schweigen und tiefste Ruhe werden den unermeßlichen Raum füllen.« Er macht einen letzten Schritt. Er glaubte, daß die Materie – »die gesamte Masse des Universums, die *assemblage* aller Globen« – ewig, aber endlich sei. Das Unendliche war »eine Idee, ein Traum, und keine Wirklichkeit; zumindest haben wir keinerlei Beweis seiner Existenz, nicht einmal per Analogie«. Angesichts dieses ewigen Kerkers der Materie glaubte er, daß nur das, was nicht existiert, die Negation des Seins, das Nichts, grenzenlos sein könne und daß es darauf hinauslaufe, daß das Unendliche »im wesentlichen dasselbe ist wie das Nichts«. Wir können uns vorstellen, mit welch erschrockenen Augen er damals das sanfte Idyll wiedergelesen hat, das er am Ende seiner Jugendzeit verfaßt hatte.

In diesem Augenblick, mitten im 8. Vers, wird das Gedicht von einer gewaltsamen Zäsur unterbrochen, die Leopardi mit feinfühliger Hand versteckt, in dem er uns eines dieser »und« vorsetzt, die uns in die Irre führen wie hypnotisierende Schatten im sanften und erschreckenden Meer des Unendlichen. Der Wind, der bis jetzt geschwiegen hat, rauscht; wir wissen nicht, ob in den uns unbekannten Bäumen, die bei der Hecke stehen, oder in den Blättern der Sträucher, die die Hecke bilden, neben der Leopardi sich niedergelassen hat. Mit dem Wind taucht die Begrenzung wieder auf, das »hier«, »diese«, die Leopardi mit dem Denken aufgehoben hatte. Die Stimme des Windes löschte die absolute Konzentration des Geistes auf die eigenen Abgründe aus; sie vertrieb das Unendliche, das sie geschaffen hatte, sie läßt die Wirklichkeit, die wir vergessen hatten, wieder erstehen. Wenn die Wirklichkeit wieder ersteht, dann wird auch die Zeit wieder geboren – die schreckliche Verschlingerin, die große Spenderin von Trost und Ermunterung, von der Leopardi sich abgewandt hatte.

Wenn wir verstehen wollen, was in diesem Augenblick geschah, müssen wir uns an die Zeit erinnern, die Rousseau im September und Oktober 1765 auf der Insel im Bieler See verbrachte. Er hatte aus dieser Insel ein »Dauergefängnis« machen wollen, und hatte gewünscht, daß ihn jemand für sein ganzes Leben dorthin verbannt hätte und ihn an jeder Kommunikation mit dem Festland und mit der Welt hindern würde – so wie vielleicht Leopardi nie mehr seinen imaginären Kerker bei der Hecke hätte verlassen wollen. Wenn es Abend wurde, setzte Rousseau sich an einer versteckten Stelle an das Ufer des Sees. Die Unruhe der Wellen, das Auf und Ab des Wassers, sein beständiges Rauschen, das aber manchmal anschwoll, nahmen seine Sinne gefangen, vertrieben jede Bewegung, jede Unruhe, jeden Gedanken aus seiner Seele; und sie weckten eine verschwommene und köstliche *rêverie*, in die versunken ihn die Nacht überraschte. Es war ein ekstatischer Zustand; eine Art Hypnose; in der absoluten Leere des Bewußtseins lief ohne sein Zutun eine ununterbrochene Bewegung von Bildern, Farben und Tönen ab, als undeutliche Metamorphosen des inneren Erlebens; und wenn ab und zu ein leiser und vager Gedanke aufkam, dann lösten sich diese leichten Gedanken sofort »in der Gleichförmigkeit der beständigen Bewegung« auf, die ihn einhüllte.

Ein halbes Jahrhundert später geschah etwas Ähnliches bei der Hecke. Leopardi liebte die vagen Töne. Gesänge, die von fern her erklangen oder die sich allmählich verloren; Gesänge, die in den Bögen eines Zimmers widerhallten, das er kurz verlassen hatte; den Krach des Donners oder das Rauschen des Windes in den Bäumen eines Waldes. Dies war für ihn die Stimme des Unendlichen – die er zu Beginn des Gedichtes ferngehalten hatte und die jetzt in ihrer Sanftheit zurückkehrte und auf ihn einwirkte. Wie das gleichmäßige und monotone Rauschen der Wellen des Sees die Seele von Rousseau in den Ozean der Träumereien gesungen und versenkt hatte, erlaubte das ebenfalls gleichförmige und monotone Rauschen des Windes im Laubwerk dem Denken Leopardis, sich dem Wogen seiner *rêveries* zu überlassen.

Das Bewußtsein Leopardis war um vieles aktiver als das Rousseaus. Als der Wind durch die Bäume rauschte, überließ er sich nicht mit der Hinfälligkeit eines Blattes ihrem Rascheln, wie Rousseau es am Ufer des Sees getan hätte. Wieder einmal versuchte er ein intellektuelles Experiment, indem er gegensätzliche Begriffe nebeneinander stellte. Das Unendliche, das er eben mit dem Geist geschaffen hatte, und die Begrenzung des »hier«, das übermenschliche Schweigen und das unvermutete Rauschen des Windes. Aber er war noch vorsichtiger als zu Beginn: Er schuf nicht mehr mit dem Denken eine rein gedankliche Realität; er begnügte sich, zwei Dinge nebeneinander zu stellen. Und unmittelbar darauf, hervorgerufen vom unaufhörlichen und einschmeichelnden Rauschen des Windes, erfolgt der Umschwung. »Und in den Sinn kommt mir die Ewigkeit ...« In diesem Augenblick wird sein Geist passiv; und es steigen vor ihm Wirklichkeiten auf, die es schon gibt, die nicht er geschaffen hat – die Ewigkeit, die Vergangenheit, die Gegenwart: Wirklichkeiten, die in den Tiefen seines Gedächtnisses begraben waren wie ein altehrwürdiges Gut, die jetzt, da zum Schluß, in dem kleinen von der Hecke begrenzten Raum, vor den Blicken des Denkens eine weite, fremde Fläche bilden. Wellen von *rêveries* wogten vor seinem Bewußtsein, füllten und überhäuften es bis zur Begeisterung und zum Hypnotismus.

Rousseau teilt uns nicht mit, welchen Inhalt seine »wirren, aber köstlichen« *rêveries* hatten, als er am Ufer des Bieler Sees saß oder ausgestreckt auf einem Kahn lag, die Augen auf den Himmel gerichtet. Er zog es vor, sie im Vagen zu belassen; ihre Faszination bestand nicht in ihrem Inhalt, sondern in der kontinuierlichen und unbestimmten Musik, die sie umgab; wenn er sie erzählt hätte, hätte er fürchten müssen, wieder in die Zeit zurückzufallen, die er um jeden Preis hinter sich lassen wollte. Leopardi, dieser vortreffliche Mathematiker des Geistes, bemühte sich hingegen, mit Präzision und äußerster Konzentration den Fluß der Empfindungen zu beschreiben, denen er ausgesetzt war. Er machte Licht. Mit einer fast geometrischen Genauigkeit, die in der Literatur so selten ist, bescheidet er sich zu sagen: »Und es kommt mir in den Sinn die Ewigkeit / Und die abgestorbenen Zeiten, und die jetzige / und belebte und deren Klang«. Der Inhalt seiner *rêverie* war also das Meer der Zeit; jene Zeit, die Rousseau abschaffen wollte, und die er vor dem Schrecken des reinen Unendlichen rettete. Alle ihre Dimensionen – außer der Zukunft – sind da, in seinem Denken, unter dem Schutz des Kerkers der Hecke.

Wenn wir verstehen wollen, was sich hinter diesen so schmucklosen Worten verbirgt, müssen wir wiederum eine Vermutung zu Hilfe nehmen, wobei wir versuchen, vom weißen Papier und von der Hand, die die Worte schreibt, zurückzugehen zum Geist, der sie in sich gebiert. Eine erste Gegebenheit verwundert uns. Leopardi gelangt zum Ewigen nicht auf dem für einen europäischen Geist natürlichen Weg, der im Unendlichen ein Bild und eine räumliche Vorwegnahme des Ewigen sieht; um dorthin zu gelangen, ist es für ihn nötig, daß die Stimme des Windes, die Begrenzung, das »hier«, das »das« in Gegensatz tritt zum Unendlichen. Was die Vergangenheit betrifft, die »abgestorbenen Zeiten«, stieg in ihm die gleiche Angst auf, die ihn in *Sera del dì di festa (Der Abend nach dem Fest)* überfiel, als sich ihm »heftig« das Herz zusammenschnürte, »als er daran dachte, wie alles in der Welt vergeht / Und fast keine Spur hinterläßt«. Ich glaube, daß seine Empfindungen noch komplizierter waren. Als er einen Raum von vielen Jahrhunderten begrifflich fassen wollte, fühlte er in seiner Seele »eine unbestimmte Empfindung, die Vorstellung von einem unbegrenzten Raum«, in dem er sich verlor; obwohl er wußte, daß es Grenzen gab (die Vergangenheit war nicht das Ewige), »bemerkte er sie nicht und wußte nicht, wo sie wären«. Zu denken, daß eine Sache *für immer* zu Ende wäre, daß sie *niemals mehr* wiederkehren würde, erweckte in ihm ein Gefühl des Schmerzes und der Melancholie; und doch war in dieser Melancholie und in diesem Schmerz ein seltsames »Lustgefühl« enthalten, und zwar aufgrund eben des vagen und unbestimmten Widerhalls, den jede für immer beendete Sache in seinem Innern weckte. Wie zuletzt, erhob sich das Gefühl der Gegenwart, das schon im Rauschen des Windes eingeschlossen war. War auch sie tot, hinfällig, ohne Bestand, wie die Kommentatoren meinen? Mir scheint es nicht so. Die Gegenwart, die die *rêverie* ihm zutrug, war lebendig, tönend, wie der Text in aller Klarheit sagt.

In seinem Geist kreuzten sich jetzt die unterschiedlichsten Empfindungen: das Unendliche und die Wirklichkeit, das Schweigen und die Stimme des Windes, das Ewige und die Zeit, die Vergangenheit und die Gegenwart. Während er zusammengekauert an der Hecke hockte, beschwor das Ewige seine unbegrenzte Macht herauf, rief das Vergangene alle die unbestimmten Gedanken und die lustvolle Melancholie wach, die ihn umfing, bot das Gegenwärtige den tönenden und vergänglichen Glanz seines Lebens; und während der äußerst bewegliche Gedanke fortfuhr, das Schweigen und die Stimme nebeneinander zu stellen, da schlug das Ewige Wellen und glitt auf der Zeit dahin, die Vergangenheit auf der Gegenwart, bis schließlich alle Dimensionen der *rêverie* in einer einzigen Dimension zusammenflossen, in ein einziges »Meer«. An diesem Punkt war jede Kontrolle des Geistes verloren; der Fluß der Empfindungen schwappte über ihn hinweg und nahm ihn in Besitz, ohne noch einem Hindernis zu begegnen. Aber was war denn dieses »Meer«? War es das »Unendliche«, das Leopardi als Titel für das Gedicht wählte? Ein kleiner Hinweis kann uns vom Gegenteil überzeugen. Leopardi sorgt dafür, daß dieses Wort im vorletzten Vers seines Manuskripts gelöscht wird. Das Rauschen des Windes hatte die Konzentration Leopardis darauf unterbrochen, und jetzt war das reine Unendliche, auf das wir alle verzichten müssen, nur eine Erinnerung, versunken im vielfältigen Streifzug der *rêveries*. Das »Meer«, die »Unermeßlichkeit«, in die es sich verlor, war das »Unendliche«, zu dem nur der Mensch gelangen kann: oder ein unreines Unendliches, vermischt mit der Zeit, dem »hier«, der Gegenwart.

So schließt sich der Kreis. Das Gedicht, das so stolz mit der Schaffung eines geistigen Unendlichen begonnen hatte, schließt mit dem Schiffbruch des denkenden Ich im vagen und hypnotisierenden Meer der Assoziationen. Wenn wir uns auf den Standpunkt des denkenden Ich stellen, endet alles in einem Desaster: Das Ich versinkt im Fluß der Assoziationen. Aber dieses Desaster ist der höchste Triumph, der größte Sieg. Er ist die Süße; die Ekstase; eine Freude, die den Geist bis zum Rand füllt, gegenüber der reichsten Vielfalt der Empfindungen und dem glücklichen Tod des Ich. Das Denken, das das Unendliche hatte berühren wollen, hat einen sehr kurzen Triumph gefeiert; und sofort die Bitterkeit der Angst. Für Rousseau wie für den jungen Mann, der noch kurz zusammen mit uns neben der Hecke kauert, besteht das wahre Glück in der passiven Hingabe an die Bilder, die etwas, das fein ist wie ein Spinnennetz – kaum ein Rauschen des Windes in den Blättern –, aus dem Nichts erweckt und ihnen aufträgt, sanft in unsere zur Ruhe gekommene Seele einzudringen.

Epilog

Das Ende der Welt

Unmittelbar vor Ausbruch der Krankheit bemerkt der Schizophrene ein beunruhigendes Gefühl von Benommenheit. »Da ist etwas, sag mir, was es ist«, sagt eine Schizophrene zu ihrem Mann. Als der Gatte sie fragt, was denn los sei, beharrt sie: »Aber ich weiß es doch nicht. Trotzdem ist da etwas.« Was ist also dieses »Etwas«, das der Kranke nicht auszudrücken vermag? Der Widerschein der Sonne auf der Straße, einige in der Zeitung gedruckte Zeilen, Stuhlreihen in einem Salon – sie sind nicht mehr das gewohnte Licht des Himmels, die gewohnten Nachrichten, die jeden Morgen unsere Aufmerksamkeit erwecken oder uns erschüttern, die gewohnten Gegenstände, die das allzu leere Theater der Wirklichkeit füllen, sondern sie spielen dunkel auf eine Bedeutung an, die über sie hinausweist. Niemand kann sagen, worin diese Bedeutung besteht; niemand kann verstehen, welche Worte hinter der Erscheinung der Welt verborgen sein mögen. Sie stehen da und sprechen, ohne sich verständlich machen zu können mit unbekannten Schattenstimmen. Mit einem Mal beginnen die Dinge schnell zu laufen, auf ungestüme und erregte Weise, bis sich die Bewegung umkehrt in eine angespannte Bewegungslosigkeit und ein fürchterliches Schweigen. Der Kranke hat den Eindruck, daß gleich eine schreckliche Katastrophe ausbrechen wird, auf die die verborgenen Bedeutungen vielleicht hinstrebten. Er wartet, hält, von der Angst eingeschnürt, den Atem an, und nichts geschieht. Die Bewegungslosigkeit wird noch bewegungsloser, das Schweigen noch beklemmender; und seine Angst wächst bis zur Unerträglichkeit.

Und dann tritt endlich die Katastrophe ein – die so ersehnte und gefürchtete Katastrophe, auf die der ganze Organismus des Kranken ausgerichtet ist. Der Kranke läuft voll Unruhe durch die Straßen; es leuchtet kein Stern, es ertönt keine Glocke. Er irrt lange Zeit umher. Die Häuser liegen im Dunkel. Nachdem er bei einem Haus geläutet hat, erscheint Licht in den Fenstern; und die Sterne beginnen einer nach dem anderen wieder zu leuchten, und auch der Mond. Aber es ist nur ein Augenblick der Erleichterung von äußerster Kürze, denn unmittelbar danach beginnt der Wind über die verlassenen Weiten hin vor Angst zu brüllen und so das unmittelbar bevorstehende Ende der Welt anzukündigen. Der Mond verschwindet wieder, die Sterne flackern und stürzen dann auf die Erde, der Himmel birst entzwei. Geheimnisvolle Botschaften berichten, daß die Venus überflutet ist, daß die Sternbilder sich auflösen, daß die Kassiopeia in eine einzige Sonne zusammengepreßt wird, und eine Stimme schreit: »Jetzt können sich nur noch die Pleiaden retten!« Die Katastrophe breitet sich aus wie eine Seuche. Die Sonne wird blaß, sie verdunkelt sich langsam und gibt keine Wärme mehr ab. Die Menschen beginnen unterirdische Gänge zu graben und steigen in das Reich der Toten hinab; und sie gewöhnen sich daran, in unterirdischen Höhlen zu hausen. Die Vulkane speien Lava aus. Das Wasser verschwindet aus den Ozeanen; oder es steigt und überzieht die Erde und die Abgründe mit ihrem Mantel aus eisiger Flüssigkeit.

Wie sollen wir diese Bilder interpretieren? Jung glaubte, daß die im Unbewußten verborgenen archetypischen Kräfte das Ich des Schizophrenen in Besitz nehmen. Es gibt Psychoanalytiker, die meinen, daß dieses Empfinden das Ergebnis einer starken Unterdrückung der Instinkte sei. Vielleicht ist nur eines sicher. Während die apokalyptischen Bilder auf den Schizophrenen einstürmen, überschreitet er die dünne Barriere, die die Welt, in der wir leben, von jener Welt trennt, wo – nackt, entfesselt und ungezähmt – die Kräfte der Krankheit triumphieren. Es ist ein schrecklicher Übergang, bei dem viele Dinge für immer zerstört werden und manche Dinge aus der Tiefe der erschütterten Seele an die Oberfläche treten, als wollte der Wahn eben jetzt, kaum daß er ausgebrochen ist, seine visionäre und kreative Macht feiern. Der Psychoanalytiker dechiffriert diese Bilder und führt sie auf ihren psychologischen Gehalt zurück, um den Kranken zu verstehen und ihn zu heilen. Wir aber blicken erschrocken und fasziniert auf das Schauspiel des Wahns, und wir können nicht anders, als die enorme metaphorische Kraft zu bewundern, mit der der Schizophrene seine Verwundung ausdrückt.

Was geschieht »jenseits«, im Land, das sich hinter der Pforte öffnet? Was geschieht in dem unermeßlichen und grenzenlosen Land der Schizophrenie? Anscheinend geschieht nichts. Nachdem er das Ende der Welt kennengelernt hat, zeigt sich mancher Kranke als versiert in geschliffener Konversation, als geistvoller Plauderer, der unterhaltsame Anekdoten erzählt und aus den Werken der großen Schriftsteller zu zitieren weiß; und währenddessen erfaßt er alle Bilder und Töne und bewahrt sie sorgfältig im Gedächtnis. Ist er also nur deshalb in die Apokalypse eingetreten, um uns mit *bon mots* zu versorgen? Aber wir sollten uns vom Anschein nicht täuschen lassen. Während er sich geistreich mit uns unterhält, ist der Kranke hinter einer dichten, unsichtbaren und undurchdringlichen Glaswand verborgen. Er wird ganz und gar von einer Angst beherrscht: daß die Blicke der anderen durch die Oberfläche in das Innere seiner Seele dringen könnten; daß die anderen menschlichen Wesen ihn mit ihrer unerträglichen liebevollen Umarmung verschlingen oder ersticken könnten. Aus irgendeinem unklaren Grund fühlt er sich nur sicher, wenn er weder verstanden noch geliebt wird. Und deshalb verbannt er – um die anderen zurückzudrängen – jede Emotivität und Empfindungsfähigkeit aus seinem Herzen, er wird kalt wie Stein oder wie Eisen, und sein Blick versucht zugleich, die anderen in eine Ansammlung von Steinen zu verwandeln. Und so bewegt er sich: mit leerem Herzen, mit erloschenem Herzen, mit einem Herzen aus Stein. Manchmal wartet er verzweifelt darauf, daß eine Welle von Liebe wiederkehrt, um die Welt zu erwärmen, die er selbst zu Eis hat werden lassen; öfter aber haben seine Gesten, die immer gekünstelter werden, seine mal schwülstigen, dann wieder elliptischen Worte und seine beängstigenden *bon mots* nichts Menschliches mehr.

Mit einem Herzen aus Stein blickt der Schizophrene auf das Schauspiel der Wirklichkeit. Er sieht sie durch einen Schleier; die Töne erreichen ihn wie durch eine Mauer; und es scheint ihm, als trüge er eine dichte Membran über der Haut. Die Dinge scheinen ihm unendlich weit entfernt, verkleinert, verblaßt, verschlossen, ohne das kräftige Relief der Konturen – wenige kümmerliche Bäume, wenige verlassene Häuser, wenige Gaslichter. Der Schizophrene hält Ausschau, und die Welt erscheint ihm neu und unbekannt. Jedes Ding, das er sieht, jede Person, der er begegnet, jeder Gedanke, der ihm durch den Kopf geht, scheint ihm irreal. Wie ein Kind berührt er – in Hast und mit Nachdruck – mehrmals jeden Gegenstand und wiederholt für sich seinen Namen. Dann nimmt er – unfähig, die unsichtbare Barriere zu überwinden – eine angezündete Zigarette zwischen die Finger, drückt mit den Fingern auf die Augen, reißt sich büschelweise Haare aus, als könnte ihm nur noch der Schmerz ein Gefühl für die Wirklichkeit vermitteln. Alles ist sinnlos. Die ganze Welt ist nur ein sinnloses und absurdes Schauspiel auf dem Theater. Die Pflanzen und die Blumen, die ihn einmal mit ihrer Süßigkeit getröstet haben, scheinen ihm jetzt als papierene Dekoration, die Menschen wie groteske Gliederpuppen. Dann lösen sich Zeit und Raum vor seinen Augen auf. Das Universum ist zerrissen, zerteilt, zerfetzt in Tausende von Teilen; alle Teile eines Gegenstandes sind mit einer dicken schwarzen Linie umgeben; die Bilder folgen chaotisch aufeinander, sie haben keinen Bezug zueinander, sie erscheinen wie Steinchen eines riesengroßen Mosaiks, das eine geheimnisvolle Hand in der Luft durcheinandergewirbelt hat.

Erschreckt vom Riß durch das Universum blickt der Schizophrene wieder auf sich selbst. Er scheint von Anfang an eine andere Person zu sein. Wenn er sich sprechen hört, spricht eine andere Person; wenn er etwas tut, ißt, geht, dann ist es ein anderer, der handelt, ißt und geht; ein anderer, dem er wer weiß wo auf den beschwerlichen Wegen der Existenz begegnet ist. Es scheint ihm, als wäre er nur der einsame und teilnahmslose Beobachter des eigenen Lebens. Dann, mit einem Mal, gelingt es ihm, sich selbst wiederzuentdecken. Er existiert. Oder, besser gesagt, statt des beseelten Menschen, der einmal seinen Namen trug, agiert eine Marionette mit größter Genauigkeit und Präzision, als hätte sie eine Rolle auswendig gelernt. Wenn er sich aufmerksamer beobachtet, entdeckt er, daß die wundersame Marionette möglicherweise nichts anderes ist als ein Toter, ein von Gott verlassener auf der Erde lebender Toter. Und so bedrängen ihn wieder die früheren Gedanken, die jetzt noch grausamer sind. Er ist weder ein »anderer« noch eine Marionette, er ist weder lebendig noch tot. Er existiert gar nicht, und er hat nie existiert; er ist nur ein leerer Abgrund, aus dem teilnahmslose Gebärden aufsteigen; oder ein auf der Theaterbühne des Universums verlorener Gegenstand. »Wer gibt mir die Gewißheit«, ruft er, »daß diese Decke auf meinen Beinen eine Decke ist und daß ich ich bin? Nichts beweist, daß ich nicht die Decke bin!« Nicht einmal auf die Leere ist Verlaß. Bald bricht auch dieser Raum in eine Vielheit von Ichs und partiellen Nicht-Ichs auseinander, wie das Universum in Millionen Teile zersplittert ist; und jedes dieser Ichs kämpft gewaltsam gegen die anderen Ichs und schlägt, verspottet und tötet seine Rivalen.

Schließlich verbirgt sich die Vielheit von »Ich« und »anderen«, von »Marionetten« und von »Toten«, von »Leere« und von »Trümmern« in einer tiefen Höhle, um sich gegen die Anschläge zu verteidigen, die die Wirklichkeit und er selbst gegen ihn ausüben. Aber auch da unten gibt es keine Rettung; denn der Wahn, der ihn in der Wirklichkeit angefallen hat, dringt in die Höhle ein und verwandelt sich in einen Wahn von Phantasmata und schnürt ihn ein, jagt ihn, erstickt ihn. Der Schizophrene nimmt einen einzigen Schimmer von Rettung wahr, der ihm manchmal scheinbare Erleichterung bringt. Eingeschlossen in die Höhle, steht er völlig unbeweglich da, mit starrem Blick und ausgestreckten Armen. So beruhigen sich die zerstörerischen

Impulse, der Wirbel der Wirklichkeit hält an, der Krieg zwischen den Fragmenten des Ich macht eine Pause: So kann vielleicht die äußere Welt schließlich gerettet werden. Er steigt auf einen Stuhl und hält die Zeiger der Pendeluhr an. Wenn er gefragt wird warum, antwortet er: »Ich möchte den Gang der Welt in die Katastrophe aufhalten. Ich möchte den Lauf der Zeit anhalten, die Ewigkeit fixieren!« Die absolute Bewegungslosigkeit ist ein Ziel, das nur mit Übung zu erreichen ist. Der Schizophrene lernt, einen Farbklecks auf der Mauer zu fixieren, oder einen Faden der Decke, der dunkler ist als die anderen, oder einen Rostfleck auf der Serviette. Wenn ihn die Ärzte oder das Pflegepersonal mit ihrer Freundlichkeit verfolgen, wenn Boten ihm Nachrichten von zu Hause bringen, dann klammert er sich mit den Augen an den Fleck, dringt in ihn ein, durchdringt ihn, versenkt sich in ihn bis ins Innerste seiner Atome, löst sich in ihm auf – bis dieser winzig kleine Punkt das einzige in der Welt wird, was er kennt.

Die Monate verstreichen, die Jahreszeiten, die Jahre. Als der Schizophrene die Klinik betreten hatte, erlebte er die letzten Tage des Weltuntergangs. Wenn er sich an diese Augenblicke erinnern könnte, hätte er das Gefühl, in einer glücklichen Zeit zu leben. Das Universum, das damals noch lebendig und glühend war, ist vollkommen versteinert. Er lebt jetzt im Land der Kälte und des Eises, zu dessen Entstehung er selbst beigetragen hat. »Ich bin in einen Eispanzer eingeschlossen, ich bin in den eisigen Weiten Rußlands verlorengegangen. Wie soll ich meinen Weg wiederfinden? Die Menschen sind in ihren Eispanzern nicht mehr zu erkennen. Ich bin selbst erstarrt im Eis. Feuer, bitte Feuer!« Vom Himmel kommt ein unerbittliches Licht herab, das blendet und dem Schatten keinen Raum läßt. Aber dieses Licht wärmt nicht, denn es kommt von einem schrecklichen elektrischen Apparat, den jemand an die Stelle der Sonne gerückt hat. Eine Kranke, die dieses Land erreicht hat, glaubt die »Königin von Tibet« zu sein. Sie hat keinen Hof, keinen Palast, keinen Schatz, kein königliches Kleid. Wer Königin von Tibet ist, lebt allein in einem fernen Land, getrennt von allen anderen, wo der Zutritt verboten ist. Diese Königin herrscht nicht über Menschen, sondern nur über »die verlassene und vom erbarmungslosen elektrischen Licht vereiste Einsamkeit«. Dieses eisige Tibet ist nichts anderes als ein Bild des mütterlichen Schoßes. Nachdem sie alle Katastrophen des Universums und des Ich ausgekostet hat, ist die Kranke regrediert in den Zustand des Fötus; und sie lebt eingeschlossen in dem Bauch mit einem unbestimmten Lächeln, das auf den Lippen erstarrt.

Zwischen den Eispanzern und dem erbarmungslosen Licht, zwischen den abgeschlossenen und trostlosen Bergen von Tibet ist die Welt zu Ende. »Ich habe keinen Namen mehr, die Eltern sind keine Eltern mehr, alle sind tot, die Erde bringt nichts mehr hervor, es gibt nichts mehr auf der Erde, weder Weiße noch Schwarze, es gibt kein Afrika und kein Amerika mehr, es gibt keine Sterne, keine Bäume, keinen Frühling, keinen Winter, es gibt keine Jahreszeiten mehr. Die Bäume sind tot. Es gibt keine Tage mehr. Und auch keine Jahre und Jahrhunderte mehr. Es gibt nichts mehr.« Während er fasziniert den Flecken fixiert, schweigt der Schizophrene; oder die Worte, die aus seinem Mund kommen, sind hermetische und gegenstandslose Formeln, chiffrierte Zeichen, die keiner versteht. Jetzt sind wir wirklich »jenseits« angekommen, jenseits des Lebens, jenseits selbst des Herrschaftsbereichs der Schizophrenie, im Leeren, im Nichts, und kein Schrei zerreißt hier die tödliche Stille der unüberwindbaren Nacht.

Nachbemerkung

Gedanken und Empfindungen, die in diesem Buch wiedergegeben werden, sind vielen Büchern und Abhandlungen verpflichtet, die nicht genannt werden. Nennen möchte ich wenigstens (für *Saturn und die Melancholie*) Raymond Klibansky, Erwin Panofsky und Fritz Saxl, *Saturn und Melancholie*; (für *Der Messias als Verräter*) Gershom Scholem, *Sabbatai Zwi. Der mystische Messias*.